개정판

동북아시아의 외교와 안보

21세기 동북아 어디로 가는가?

• 윤 영 미 저 •

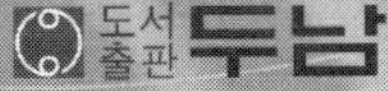

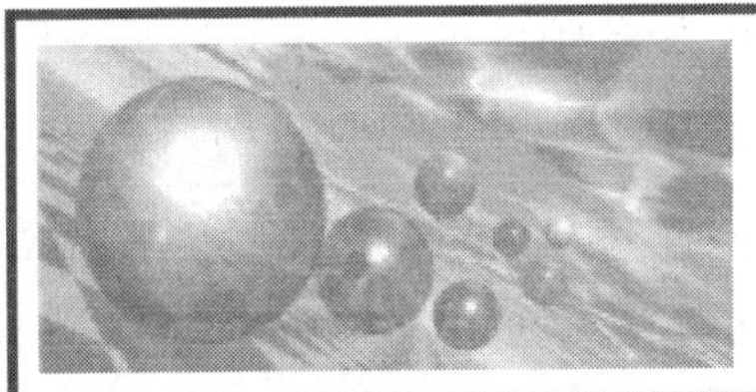

서 문

19세기 후반의 경제 상황을 두고 경제학자 존 케네스 갈브레이드(John Kenneth Galbraith)는 “불확실성의 시대(The Age of Uncertainty)”라고 지적한 바 있다. 이는 마치 21세기 동북아시아의 외교안보 상황을 표현한 듯하다. 현재 동북아시아 지역은 한치 앞도 내다볼 수 없는 불확실성의 시대에 직면해 있다고 해도 과언이 아니다. 어느 지역 못지않게 다양한 역사와 문화를 가진 민족과 국가들이 경쟁과 협력을 모색하고 있기 때문이다. 물론 현 시점에서 동북아시아 지역의 불확실성을 초래하는 가장 큰 원인은 북한의 핵위협이라고 할 수 있다. 북한의 핵무기 개발 및 실험과 미사일 발사 실험은 한반도를 넘어 동북아시아 지역의 안보불안을 증폭시키고 있다.

더불어 한반도 정세를 둘러싼 외교안보의 불확실성은 미국, 중국, 일본과 러시아 등 지역강국들이 충돌하는 동북아시아의 “지정학적 구조”로 인해 더욱 심화되어 왔다. 세계 경제대국으로 부상한 중국은 경제대국에서 군사대국으로의 도약을 꾀하면서 동북아에서의 전통적 지위 회복을 추구하고 있다. 러시아 또한 1990년대 체제전환기의 혼란을 극복하고 2000년대 들어서면서 “강한 러시아 건설”의 기치를 내세우며 동북아에서의 부활을 시도하고 있다. 경제대국 일본 역시 54년 만에 자민당에서 민주당으로의 정권 교체를 통해 “보통국가(normal state)”를 지향하고 있다. 군대보유를 부인하는 평화헌법이 개정될 경우 일본이 지역 군사대국으로 발전할 것이라는 우려를 낳고 있다. 현재 일본의 자위대 활동은 주변국을 압도하면서 전 세계적으로 활동영역을 넓혀가는 중이다.

이렇듯 2차 세계대전 이후 동북아시아 지역에서 한미동맹과 미일동맹을 중심으로 미국의 균형자적 역할이 확대되어 왔음에도 불구하고 동북아는 중국과 러시아 그리고 일본 간의 갈등과 협력이 늘 상존하고 있다.

그러나 안보 불확실성이 심화되는 탈냉전기, 동북아시아의 안보 위협요인들은 오히려 평화공존의 필요성을 더욱 강조하는 계기가 되고 있다. 중-러 양국은 경제적 필요에 따라 새로운 협력관계를 모색해 온 결과 국경을 둘러싼 오랜 갈등과 반목을 해결했고, 반면 러-일 양국의 영토분쟁은 여전히 미해결인 채로 양국의 평화조약을 가로막는 최대 갈등요소로 남아 있다. 비록 종교 갈등은 표출되지 않고 있지만, 에너지 확보, 북한의 핵 위협, 대량파괴무기 확산방지, 테러, 군비경쟁, 환경오염 등은 동북아시아의 안보 불확실성을 증폭시키는 요인을 작용하고 있다.

동북아시아 국가들의 안보협력을 대표하는 가장 중요한 사례가 북핵문제 해결을 위한 6자회담이라 할 수 있다. 사실상 다자안보협력은 탈냉전 신국제질서 하에서 발생하는 다양한 비대칭적 안보위협 요인들을 해결하기 위해 당사국들이 쌍무적 또는 다자적 논의를 통해 적극적인 해결책을 모색할 수 있는 적절한 대화채널로 작동한다. 향후 북핵 6자 회담을 필두로 동북아의 다자안보협력은 역내 국가들 간의 분쟁방지와 예방외교, 위기관리 그리고 분쟁의 평화적 해결에 기여할 수 있는 대화 채널로 발전할 것으로 보인다. 이로써 협력과 갈등의 순환 고리를 보편화시키는 중요한 기능으로 정착될 수 있을 것이다.

본 저서에서는 한반도를 중심으로 동북아에서의 주요 외교안보 아젠다(agenda)를 다룬다. 지난 100년 동안 청-일전쟁, 러-일전쟁, 태평양전쟁, 그리고 한국전쟁을 거치면서 핏빛어린 대립과 갈등의 역사적 생채기를 갖고 있는 동북아시아는 21세기 글로벌 시대를 맞아 새로운 외교안보 이슈와 아젠다에 직면해 있다. 이 책에서는 동북아시아에서의 국경 및 영토분쟁, 동북아철도 연결, 신고유가 시대의 에너지 문제, 한미동맹과 주한미군 재배치 등에 관련된 외교안보 의제들을 집중적으로 탐구하지만, 궁극적으로는 동북아시아 국가 간의 평화적 갈등관리와 협력 모색에 지향점을 두었다. 안보 불확실성 시대에 그래도 우리가 지향해야 할 바는 이러한 안보불안을 평화적으로 관리함으로써 보다 평화로운 세상을 만들어 나가는 것이라는 신념을 갖고 있기 때문이다.

이 책이 탈냉전기 동북아시아의 외교안보에 관심이 있거나 연구하고자 하는 독자들에게 조금이나마 도움이 되기를 기대한다. 다양한 쟁점에 대해서 신뢰할 만한 자료를 수록하고자 노력했지만 부족한 부분이 많을 것으로 생각된다. 독자의 질정과 이해를 구한다. 이 책에 실린 총 12편의 글은 그동안 필자가 발표했던 논문들을 수정 및 보완한 것이다. 이 가운데 세 편의 글(7장, 9장, 12장)은 각각 에너지경제연구원의 이성규 박사, 평택대학교 강휘원 교수, 선문대학교 허태회 교수가 공동 집필한 것이다. 해당 논문을 이 책에 실을 수 있도록 흔쾌히 허락해 주신 세 분께 깊이 감사드린다.

이번에 개정판을 새로 내면서 오타를 꼼꼼히 바로 잡을 수 있도록 많은 도움을 준 국문과 졸업생 최고은 학생과 2009년 2학기 “국제정세와 동북아 외교관계”를 수강했던 학생들에게도 감사한 마음을 전하고 싶다. 또한 본문 내용을 알기 쉽게 설명할 수 있도록 관련 “지도”의 삽입을 제안해준 동료 교수들에게도 진심으로 감사드린다.

끝으로 이 책이 세상에 나올 수 있도록 도서출판 두남과 좋은 인연을 엮어주신 평택대학교 조현수 교수와 바쁜 일정에도 불구하고 한걸음에 달려와 물심양면으로 도와주신 도서출판 두남의 이승구 상무님께 고마움을 전한다.

2010년 3월 20일

윤 영 미

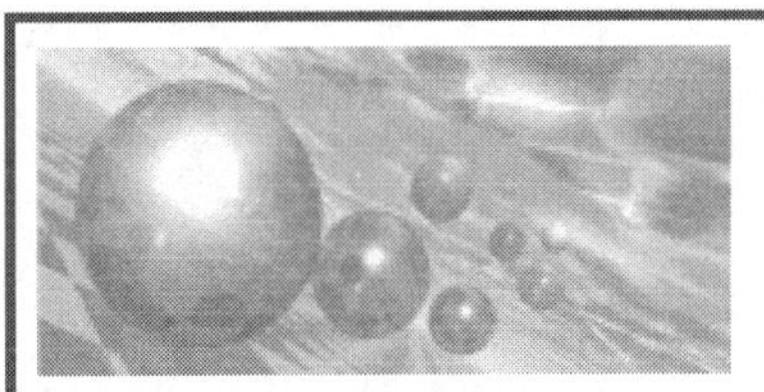

차 례

제1편 •• 동북아 영토분쟁의 갈등과 협력

제2편 ●● 동북아 철도 연결의 현황과 파급효과

제3편 ●● 동북아 에너지 외교의 정책과 전망

제 1 편

동북아 영토분쟁의 갈등과 협력

제1장

탈냉전기 중-러 영토분쟁

아무르강 국경획정을 중심으로

I 탈냉전기 중－러 새로운 관계의 모색

1989년 5월 미하일 고르바초프와 등소평의 베이징 정상회담은 40여 년간 양국 관계의 발전에 걸림돌이었던 국경분쟁 해결의 획기적인 외교성과를 구축했다. 수차례 상호방문을 통한 정상회담의 협상 과정 속에서 양국간 지역적 연대감이 조성되었고 국경선 재획정과 관련 논쟁이 되고 있는 지역을 명확히 명시함에 목표를 두었다(Roy Medvedev, 1986 : 48-9; Robert H. Donaldson and Joseph L. Nogee, 1998 : 239). 양국 국경선 인근 지역에서 상호 경제 교류협력 강화는 증진되었고 중-소 국경지역의 신뢰구축 합의에 기초하여 1990년대 본격적으로 국경분쟁 종식을 위한 정치적·경제적 상호교류가 활발히 추진되었다.

특히 러시아 시베리아 및 극동지역[1]은 중국과 인접한 지리적 특성을 이용한 국경무역을 통해 경제 활성화 및 새로운 형태의 다양한 연계망 구축이 가능해졌다. 1990년 초 양국간 무비자 방문은 경제교류 및 상호방문의 활성화에 기여했다. 수십 년 간 폐쇄되었던 국경선은 1992년 3월 5일 베이징에서 서명한 "무역과 경제 협력" 협정 체결로 더욱 공식화 되었다. 양국간 최혜국 보장과 통관 규정 완화도 포함되었다(Yurii Tsyganov, 1998. 6 : 1-8). 한편 1990년 초부터 러시아 극동지역으로의 대규모 중국인 상인과 불법노동자들의 이주 급증은 정치적·사회적 문제가 되었다(Vladimir S. Miasnikov, 1994 : 34). 1991년 5월 중-러 "동부 국경지역"에 관한 협정에 이어 1994년 9월 "서부 국경지역"에 관한 협정이 서명되었다(Kommersant-Daily, 1995. 1. 17 : 4). 따라서 양국은 1991년과 1994년 동안 전체 국경선의 98%를 획정하는 협정을 체결했으며, 특히 지난 수년간 여러 차례에 걸친 정상회담을 통해 과거 중-소 및 중-러 간에 제기되었던 대부분 국경문제를 해결했다.

2004년 10월 말 중-러 양국의 전략적 동반자에 기초한 실질적인 협력 관계는 양국간 분쟁의 소지로 남았던 하바로프스크(Khabarovsk) 지역의 국경까지 포함하는 외교적 성과를 이끌었다. 따라서 양국 관계 발전의 가장 큰 걸림돌이자 오랜 분쟁이었던 국경분쟁은 해결되었고, 이는 고르바초프에서 옐친과 푸틴에 이어지는 구소련과 러시아연방의 지속적인 상호방문을 통해서 정치적, 경제적, 군사적인 전략적 동반자 관계의 형성 및 유지와 발전에 근본적인 기여를 하게 되었다.

이와 같은 배경 하에 본 장은 중-러 국경선 재획정 과정은 어떻게 전개되었는지? 이에 대한 러시아연방 내의 상이한 여론의 쟁점은 무엇이었는지? 국경선 재획정 과정이 21세기 양국 관계 진전에 미치는 시사점과 전망은 무엇인가? 라는 질문을 중심으로 집중적으로 고찰해 볼 것이다. 이하의 글 구성은 다음과 같다. 제Ⅱ장에서는 아무르강과 우수리강 주변의 중-러 국경 논쟁의 역사적 배경과 양상을 분석해 보고, 1991년 중-러 국경선 협정에 대한 러시아연방 내의 여론과 극동지역의 입장에 대해 살펴본다. 제Ⅲ장에서는 21세기 "중-러 전략적 동반자 관계" 발전에 국경선 획정이 미치는 시사점에 대해 고찰해 본다. 제Ⅳ장에서는 마지막으로 중-러 전략적 동반자 관계의 전망에 대해 조망해 볼 것이다.

Ⅱ 중-소 국경선 획정 논쟁의 역사적 배경과 양상

중국공산당이 1949년 설립되면서 중-소관계는 개선되었고 우호적인 관계는 1960년까지 지속되었다. 그 주된 이유를 중-소 국경선에 관한 역사적인 논쟁에 두고자 한다. 제정러시아의 동아시아 지역으로의 경제군사적 팽창전략은 1858년 5월 아이훈 조약(Aigun)을 통해서 아무르강 지역과 1860년 11월 베이징(Beijing) 조약을 통해서 우수리강 지역을 획득했다. 아이훈조약은 중국과 제정러시아의 국경선을 아이훈강에서 아무르강을 지나 동해로 설정했다. 중국은 185,000평방 마일을 구소련에 양도한 최초의 중-러간 "불평등 조약"을 체결하게 되었다(R. K. I. 1984 : 74). 니콜라이 이간츠예프(Nikolay Igantyev) 장군이 서명한 베이징 조약에 따르면 중국은 우수리강과 동해 사이 40,000평방 마일의 추가 영토를 러시아에 양도해야 했다(P. P Karan, 1983 : 25). 중-소-북한의 국경지역인 현 러시아연방의 하산 지역(Khasanskiy rayon)은 러시아에 편입되었고 새로운 국경선이 설정되었다. 양국간 국경선 설정은 두 조약에 근거하며 1989년 국경선 재획정 논의까지 변동이 없었다. 그 후 1930년대 중반 일본의 만주 지역 점령으로 러시아의 아무르강과 우수리강 지역의 모든 섬들을 일본이 관할하게 되었다. 이런 일련의 역사적 사건으로 인해 당시 일부 영토의 병합에 따른 국경선 설정에 대한 혼선이 초래되었다(Sevodnya, 1995. 2. 17 : 3).

1963년 중국은 극동지역의 국경 문제를 소련정부에 공개적으로 제기했고, 중-소 국경분쟁은 1969년 3월 우수리강 섬 영유권을 놓고 대규모 무력충돌로 대립하게 되었다. 가장 극심했던 분쟁지역은 우수리강의 다만스키(Damanski)섬 지역이다 :

> 소련과 중국의 국경선 보초들 간의 유혈 충돌로 상당한 수의 인명피해가 초래되었다. 이 전투는 우수리강에서 1969년 3월 2일과 15일에 발생하였으며 1.5마일의 0.5마일 크기의 작은 무인도에서 일어났다. 이곳은 러시아인들에게는 다만스키(Damanski)섬으로, 중국인들에게는 전바오(珍寶)섬으로 잘 알려져 있는 곳이다. 하바로프스크로부터 남쪽 110마일, 블라디보스토크(Vladivostok)에서 북쪽으로 250마일 떨어져 있는 곳이다(Alan J. Day, 1985 : 92).

이런 유혈충돌로 양국 국민들간 불신 조성과 양국간 교류 단절이 초래되었다. 국경을 맞대고 있는 거대한 사회주의 국가들은 국민들의 자유로운 접촉, 이주, 경제교류가 허용되지 않았다(James Clay Moltz, 1997 : 187). 탈냉전기 이전까지 동 지역은 외부와 고립된 채 중-소 근경부근에는 엄청난 병력 증강이 뒤따랐다.

중-소 국경분쟁 관련 협상은 동부와 서부 국경지역으로 분리되어 수년간의 협상 끝에 달성된 외교적인 성과였다. 고르바초프는 집권 후 1987년 8월 국경 문제에 관한 회담을 중국에 제기했다. 중국과의 국경 분쟁지역에서의 긴장관계 해소 방안으로 1987년 말 중-소는 "주요항해수로(Thalweg)"에 관한 협정을 체결했다(Gerald Segal, 1990 : 88-89). 1988년 10월 동 협정에 근거해 서부 국경지역을 포함한 국경선 분쟁을 해결하기 위해 공동 조사단이 구성되었다(Vestnik, 1988 : 30). 1989년 5월 고르바초프의 베이징 방문 이후 양국간 국경선 협정이 서명되었다.[2] 동 협정에는 몽골, 북한, 중국, 러시아의 아무르주, 하바로프스크, 연해주 지역까지 이르는 국경선이 포함되었다. 국경선의 총길이는 4,300km이고 강을 따라 3,700km가 포함되었다. 동시에 중앙아시아와 연결된 중국의 국경선에 관한 협상도 진행 중이었다(Tikhookeanskaya Zvezda, 1993. 3 : 1; RA Report, 1993. 7 : 57).

양국은 1991년 5월 중순 동부 극동지역 국경선에 관한 합의를 도출했고(Vestnik Ministerstva inostrannykh del SSSR, no. 7, 1991 : 38-39), 러시아연방 하원의 비준은 동년 11월 "국제 현안과 경제 협력"에 근거해서 성립되었다(Moscow Russian Television Network, 1992 : 2. 13). 연해주(Primorskii)의 약 1,500헥타르와 두만강의 일부분이 중국에 양도되어야 하는데, 이는 중국이 동해지역으로의 접근이 가능해짐을 의미한다(Vladivostok News, 1996. 4. 17 : 1). 중국은 칸카이(Khankai)지역에서 300헥타르의 들판을, 우수리 지역에서 960헥타르의 삼나무숲, 하산지역의 두만강을 따라 330헥타르의 땅을 러시아로부터 양도 받게 되었다(Interfax, 1995. 2. 8). 그러나 하바로프스크의 볼쇼이 우스리스크(Bolshoy Ussuriyskiy)와 타라바라이(Tarabarovskiy)지역의 총면적 350㎢ 근방의 두 섬과 아무르강(이 지역의 총면적은 58㎢) 상부의 볼쇼이(Bolshoy)섬은 포함되지 않았다. 러시아의 안드레이 코즈레브(Andrei Kozyrev) 외무부 장관은 이들 섬 영유권 논쟁은 추후 회담을 통해서 재개해야 함을 강조했다(Radio Moscow, 1992. 2. 19).

1992년 2월 13일 러시아연방의 상원은 1991년 5월 중-러 동부 국경선 협정을[3] 찬성 170표와 반대 0표, 기권 6표로 승인했다. 이로써 중-러 양국간 새 국경선은 공식화 되었다(Genrikh Kireev, 1997 : 17). 1992년 2월 말 중국의 전국인민대표회의에서도 동 협정이 승인되었고(Leszek Buszynski, 1996 : 191), 1992년 3월 코즈레브 외무장관은 베이징 방문을 통해 중국 외무부 장관과 협정 승인 문서를 교환했다(Beijing Review, 1992 : 12). 1992년 12월 옐친의 중국 방문으로 양국은 정기적인 상호 교환 방문을 통해 전략적 동반자 관계임을 확인하면서 동시에 협력 범위를 확대 발전하기로 합의했다. 러시아연방은 중국으로 양도하게 될 섬을 "공동경제개발지역"으로 설정하자는 제안을 했다. 양국간 영토 이양 관련 절차는 1993년 봄에 시작해 1997년까지 진행하기로 결정되었다(Tass, 1993, 10.1). 1999년 12월 중-러 국경조약 의정서가 양국간에 교환되었다.

중앙아시아의 카자흐스탄, 키르기스스탄, 타지키스탄과 중국과의 서부 국경 획정 대한 협상은 1990년 시작되었다. 1992년 12월 이들 국가들과 러시아의 공동 대표단은 베이징에서 1991년 체결한 중-러 협정을 재확인하기 위해 중국 고위 관리들과 회동했다(RA Report, 1993 : 35). 당시 장쩌민 중국 국가주석의 1994년 9월 모스크바 방문으로 양국은 몽골지방과 카자흐스탄 사이의 55km 상당의 서부 국경지역 협정에 서명했다(Tass, 1994. 9. 2). 또한 1996년 4월 중국 상하이에서 러시아, 중국, 카자흐스탄, 키르기스스탄, 타지키스탄 대표들은 5개국 공동 국경선에 대한 "군사협력강화" 협정에 서명했다(Diplomaticheskii vestnik, no. 5, 1996 : 17; Grigory Karasin, Far Eastern Affairs, 1997 : 27). 따라서 7,500km에 이르는 동-서 국경선의 98%가 확정되었고 이는 연해주의 아무르강과 우수리강을 포함한 중앙아시아의 카자흐스탄, 키르기스스탄, 타지키스탄까지 포함되었다(Izvestiya,

1992, 4. 22 : 6).

이와 같이 러시아연방은 중국과의 전략적 동반자 관계를 바탕으로 오랜 현안 문제 해결을 바탕으로 양국 국경지역의 안정과 경제협력 강화는 물론이고 중앙아시아 지역의 안보 및 테러에 대한 공동 협력까지도 도출하게 되었다. 1996년 4월 중국과 러시아, 구소련으로부터 분리 독립한 중앙아시아 3개국인 키르기스스탄, 카자흐스탄, 타지키스탄을 중심으로 상하이-5개국 협의기구가 발족되었다. 이를 통해 국경선 획정 및 국경지대 안정화 방안 모색 등이 협의되었다. 1999년 이들 5개국 정상들이 비쉬켄트 정상회담에서 국경분쟁 해결, 지역안보와 경제협력의 적극적인 추진에 합의한 공동선언을 발표하였다. 이로써 중국과 러시아 및 중앙아시아 국가들의 관계가 본격적으로 발전할 수 있는 계기가 마련되었다. 최근 상하이-5개국 이외에 추가로 우즈베키스탄이 가담하여 상하이 6개국의 협의기구로 확대 발선하였다. 2001년 6월 상하이에서 상하이협력기구(SCO)로 출범하여 2002년 중국과 러시아 및 중앙아시아 지역의 반테러 연계망 구축을 위한 지역협력기구 수립 협정까지 체결하였다. 2004년 6월 SCO의 6개국 정상회담이 개최되었고 양국은 상호투자와 지역협력 확대에 대한 친선우호 협력을 논의했다.

반면 1991년 중-러 국경선 획정 협정은 러시아연방 일부 하원들의 반대와 러시아 극동지역 의원들의 심각한 반대에 직면했다(Interfax, 1995. 2. 7). 극동지역 주지사와 의원들은 1991년 중-러 국경 협정에 대해서 "러시아는 중국에 러시아 본토를 양도하고 있다,"고 반박했다(Vladimir Shlapentokh, 1995. 9 : 310). 러시아 내 신문과 TV언론은 국경문제에 대한 기사와 논평으로 가득했고 각계각층에서 활발한 논의가 진행되었다. 몰츠(Moltz)는 "극동 정치가들과 언론의 주 논쟁은 경제적 손실에 대한 우려라고 지적하기도 했다. 동시에 중국에 양도하게 될 섬은 역사적으로 오래된 러시아인들의 방목지이자 어업 중심지역으로 경제적 손실에 대한 염려이자 아무르강 연안의 중국 선박 진입은 국가적 좌절감을 고조시켰다고," 지적했다(James Clay Moltz, 1995. 6 : 517).

예를 들면 국경을 통해서 몰려오는 중국인들에 대한 극동지역의 정치인들과 주민들의 불만은 더욱 심화되었다(Guardian, 1996. 4. 30). 중국과의 경제협력 증진에 대한 긍정적인 측면과 아울러 중국 상인들과 노동자들에 대한 부정적이고 적대적인 성향도 강력히 제기되었다(Guardian, 1996. 4. 22 : 8). 러시아인들이 주장하는 몇 가지 대표적인 불만은 다음과 같다 :

① 중국인들에 의한 사기업 확대와 부동산 투자
② 급증하는 중국인들에 의한 아파트 부족 현상
③ 중국 사업가들과 러시아 관료와 연계한 부패 사례 증가
④ 저가에 구입해가는 러시아의 원자재
⑤ 러시아 내 값싼 중국산 화학비료, 장비와 소비재의 판매 증가
⑥ 중국인 이주와 불법 이주자들에 의한 범죄의 증가
⑦ 희귀 동물과 건강관련 식품에 대한 판매증가에 따른 환경문제 대두
⑧ 불법 중국인 노동자 및 상인들의 대거 유입과 불법 중-러 합작 투자의 증가 등(Vladivostok New, 1998. 7. 10 : 1).

학자들은 이런 상황을 “밀고 당기는(push-pull) 방식의 경제”로 표현했으며 특히 중국인들의 유입에 의한 인구급증은 양국 국경지역에 새로운 긴장을 초래했다. 장기적으로 러시아 국민들은 국가 안보와 영토보전에 관하여 우려했다(Eric Hyer, 1996 여름/가을호 : 295). 러시아인들은 중국 상품의 질과 중국 무역상들의 행동에 상당한 불만을 표시하였으며 극동지역내의 중국인들에 대한 반감은 또 다른 형태의 정치이슈가 되었다(Rossiiskievesti, 1997. 5. 6).

중-러 국경선 재획정 협정에 관한 연방정부의 입장도 각양각색이었다. 하원의원, 군부, 다른 지역 의원들도 협정에 반대했다(South China Morning Post, 1992, 3. 17 : 10). 그 당시 국경협정에 관한 다양한 기사에 의하면 러시아연방이 중국에게 양도할 영토는 극동정부와 대표자들의 자문 없이 중앙 연방정부 차원에서 진행되었다. 지방정부와 논의 없이 일방적으로 연방정부의 결정에 의한 것으로 극동지역의 지도자들은 모스크바의 결정에 상

당한 비판을 가했으며 동부 국경선에 대한 중-러 협정에 제재를 가했다(Interfax, 1995, 3. 9). 1993년 말 중앙정부와 극동지방 정부간의 충돌은 "러시아연방 국경선 설정 위원회"에서 중국으로 섬을 양도한다는 발표이후 항의는 더욱 거세졌다. 당시 극동지방의 일부 정치인들의 중국 방문이 취소되었다(Interfax, 1995, 3. 7).

앞서 언급했듯이 연방 체제 하에서 지방정부와의 사전 논의 없이 국경협상이 비밀리에 진행되었으며 협정에 대한 지방 정치인들의 의견을 제대로 표출할 기회를 보장 받지 못했다는 점에 가장 큰 불만이 표출되었다. 이들은 계속해서 모스크바 연방정부를 겨냥하여 항의를 했고, 1991년 국경협정의 무효를 요구하였다(Alexander Lukin, 1998. 9. 826-828). 심지어 1969년 국경 부근의 유혈 충돌로 수많은 러시아 병사들의 목숨을 앗아간 우수리강의 다만스키섬 반환을 중국에게 강력히 요구하기도 했다(Guardian, 1996. 4. 22). 대표적으로 하바로프스크와 연해주 주지사들이 중심이 되어 동 협정을 강력히 반대하였다. 1993년 9월 말 하바로프스크 주지사 이사예프(Viktor Ishaev)는 중국 선박의 아무르강과 우수리강 항해를 가능케 했던 조약문 제8장에 반대하는 성명서를 발표했다. 이사예프가 체르노미르딘(Viktor Chernomyrdin) 총리에게 보낸 항의문에 담긴 내용의 일부는 다음과 같다 :

> 1992년 가을이후 중국의 군함은 강을 자유로이 출입할 수 있는 특권을 얻었고 이는 러시아의 내 수역을 침입하면서 하바로프스크까지 진입할 수 있게 되었다. 이런 이유로 중국인들은 러시아의 안보뿐만 아니라 어업과 다른 권리까지 침범하고 있었다. 협정으로 인해 엄청난 수의 중국인들이 하바로프스크로의 이주가 허용되는 기회를 제공받았고 지방정부의 논의 없이 중국과 합의한 연방정부는 비난을 받았다. 국경지역의 경제적 상황은 급속도로 악화되었으며 이사예프는 1991년 국경선 협정 무효화를 중앙정부에 요청하였다(Radio Rossii Network, 1993. 9. 29).

또한 연해주 주지사 나즈드라텐코(Nazdratenko)는 국경선 설정이 부당하고 비이성적인 방식으로 진행되었다고 주장했다. 동 협정에 대한 문제 제기에도 불구하고 1992년 비준된 것에 대해 강력히 항의했다. 나즈드라텐코는 연해주의 15㎢의 영토가 중국으로 양도되었고 두만강의 일부 지역도 포함되어 있어서 동해지역으로의 진입이 용이해졌음을 언급했다(Sevodnya, 1995. 5. 17).[4] 그는 아울러 "우리는 중국에게 한 치의 땅도 양보할 수 없다,"고 제기했다(Obshchaya Gazeta, 1995. 5. 11-17 : 8).

이렇게 중-러의 국경선 협정은 당시 정치적 논쟁의 핵심으로 부상했고 일부 다른 연방의 정치인들과 주지사들도 나즈드라텐코의 의견에 동의했다. 연해주에 파견된 옐친 대통령 수석대표인 이그나텐코(Vladimmir Ignatenko)도 Interfax와의 인터뷰에서 "우리는 1860년의 베이징 조약을 검토하면서 현재의 지도와 100년 전의 지도를 비교해 보았다. 우리는 가까운 이웃나라와 친선 관계를 유지하고 싶지만 만약 조금이라도 땅을 양보하게 된다면 미래에는 걷잡을 수도 없이 많은 주변 국가들이 러시아로부터의 영토를 요구할 것이다,"라고 언급했다(Tass. 1995. 3. 7). 또한 러시아연방회의의 부의장 아나톨리(Anatoliy Doloaptev)는 연해주 국경지역을 방문했고 1991년 국경 협정이 부당하다는 의견을 표명했다(Izvestiya, 1995. 2. 10). 1995년 2월 블라디보스토크의 주정부는 옐친 대통령이 모든 중-러 국경 협정이 중지되어야 한다는 내용의 결의안을 통과시켰다. 결의안의 주요 내용은 옐친 대통령은 연해주와 관련된 국경 협정을 재협상해야 하며, 이고르(Igor Levedinets) 하원 의장은 러시아의 영토 보전이 급선무이며 중국에 부당하게 영토를 양보하는 것에 타협해서는 안 된다고 강조했다(Tass, 1995, 2. 22).

계속되는 이러한 논쟁과 성명 그리고 연방하원 의원들 강한 반반에도 불구하고 1991년 중-러 국경협정 이행 절차는 진행되었다. 1994년 9월 장쩌민 주석과의 모스크바 정상회담에서 옐친 대통령은 "동부 국경선의 핵심지역인 아무르강과 우수리강"에 관한 문제를 해결하기 위해 노력할 것이라고 강조했다.[5] 러시아 외무부는 이런 노력이 중국과 러시아간 관계에 신뢰

구축의 근원이 될 것이며 동시에 1991년 동부 국경 협정을 재검토는 옳지 못하다고 발표했다. 러시아는 영토를 포기하는 것이 아니라 오히려 획득하는 것으로 한카이(Hangkai) 구역에서 중국 정부도 러시아에 약 80헥타르의 영토를 양도하는 내용을 재강조했다. 국경선 재획정은 양국의 영토의 교환을 의미하는 것으로 연해주의 정치인들은 이에 대해 언급하기를 꺼려했고 오히려 국경선 문제를 제기하면서 자신들의 정치적 입지를 강화하려는 의도였다고 반론하기도 했다(Interfax, 1995. 2. 8). 아울러 일부 하원 의원들과 극동의 주지사와 의원들은 국경지역의 팽배한 긴장감이 향후 중-러 관계 정상화에 미칠 어려움을 제대로 이해하지 못하고 있으며 국경선 협정 이행은 러시아연방의 대중국 관계 증진에 최우선 하는 정책의 하나임을 거듭 강조했다(Moscow Voice of Russia World Service, 1995. 2. 25).

1995년 3월 코즈레프(Kozyrev) 외무부 장관은 중국을 방문했고, 1991년 동부 국경선 협정 이행에 대한 연방정부 입장을 표명했다. 그는 중국 정부가 서부 국경선과 관련한 1994년 양국 협정이 하원의 승인을 받게 되기를 기대한다고 했다(Izvestiya, 1995. 3. 3). 그는 다음과 같이 언급했다 :

> 러시아는 1991년 동부 국경선 협정 이행을 통해서 양국의 상호 신뢰를 증진하는데 기여할 것이다(Tass, 1995. 3. 2).

그의 중국 방문은 양국 정부의 가장 중요한 현안이었던 국경선 재획정임을 다시 한 번 확인하는 것이었다(Sevodnya, 1995. 3. 25 : 2). 전국인민대표대회 상무위원회 위원장 리펑(Li Peng)과 옐친 대통령은 1995년 6월 모스크바에서 또 한 차례의 회담을 갖고 공동성명서를 통해 "명실공히" 1991년 중-러 동부 국경선 협정에 충실할 것임을 천명했다. 양국은 1995년 7월 국경선과 관련한 중-러 6차 회담을 진행했다. 양국 대표들은 아무르강과 우수리강을 포함한 러시아와 중국 사이의 국경선과 관련 중요한 문서들을 논의하고 승인했다(Tass, 1995. 7. 20). 1996년 4월 옐친 대통령은 베이징을 방문, 장쩌민 주석과 함께 다시 한 번 1991년 국경선 협정을 엄격히 준수할 것과 논쟁이 되고 있는 지역에 대해서 협상을 계속 할 것임을 강조하였다 (Financial Times, 1996. 4. 25). 아울러 중-러간 전략적 협력관계를 확대 발전할 것이며 옐친은 동북아에서 중국과의 관계가 러시아 외교의 "최우선 사항"이라고 거듭 확인했다. 상호 신뢰와 협력을 바탕으로 양국관계는 21세기를 지향하는 "전략적 동반자 관계"로의 발전과 경제 및 외교협력 강화를 바탕으로 한 14개의 협정을 체결하였다. 이로써 양국은 국경분쟁 해결 의지를 확인하고 긴밀한 유대관계를 공고히 함으로써 대서방 공조의지를 피력했다. 1997년 1월 프리마코프(Primakov) 외무부 장관은 "1991년 중-러 국경선 협정"은 1997년 말에 마무리될 것이라고 선언했다. 동년 4월 말 장쩌민 주석의 방러로 양국은 "국경지역병력감축협정"에 조인과 전략적 동반자관계를 강화했다. 따라서 1960년 말 중-소 분쟁 이후 최상의 협력관계를 구축하게 되었으며,[6] 오랜 협상 끝에 1997년 11월 옐친은 중국과의 국경선 설정을 최종적으로 승인했다(Diplomati- cheskii vestnik, 1997 : 9-10). 국경선 획정을 통한 중국과의 관계 정상화에 주력하는 연방정부의 방침에 따라 극동지역과 언론들의 반대에도 불구하고 뜨거운 논쟁의 대상이 되었던 아무르강과 우수리강 수역은 중-러 "국경선 공동성명서"에 의해 새로운 역사의 출발을 모색하게 되었다.[7]

Ⅲ 21세기 중-러 전략적 동반자 관계의 발전

2001년 양국 정상회담에서 향후 20년 동안 도모해 나갈 "중-러 우호협력조약"을 체결함과 동시에 전략적 동반자 관계의 토대를 구축하게 되었다. 구체적 주요 내용을 살펴보면 다음과 같다. 양국의 국경지역에서 경제협력 강화, 무역과 과학기술 분야에서의 협력 모색, 중앙아시아 국가들과의 국경지역에서의 상호 신뢰구축과 평화유지 협력, 세계적인 차원에서 안정적이고 민주적이며 공정한 새로운 국제질서 구축을 위한 양국의 긴밀한 협력 등이었다.

이러한 조약에 의한 양국의 더욱 공고화된 관계는 2004년 10월 중순 중-러 수교 55주년을 경축하기 위해 후진타오 주석의 초청으로 성사된 중-러 베이징 정상회담에서 다시 한 번 "전면적인 협력적 동반자 관계"가 공식화되었다. 양국이 발표한 7개항의 공동 성명서의 골자는 앞서 살펴본 대로 2001년에 서명한 "중-러 우호협력조약"에 기초하며 2005년부터 2008년까지 양국이 실천해 나가야 할 부문별 협력 방안으로 "액션플랜(행동계획)"이었다. 두드러진 양상은 경제 분야의 전면적인 협력을 위한 중장기 계획으로 세계 2대 석유수입국으로 부상한 중국이 초미의 관심을 보이고 있는 에너지 개발 및 협력 문제를 비롯해 양국 간 교역 증대, 첨단 과학기술 분야의 협력, 러시아의 세계무역기구(WTO) 가입 등이 포함되었다. 안보 분야에 대한 협력 공고화도 담겨있으며 특히 북한 핵문제에 대해서는 한반도 비핵화를 지지하고 6자 회담의 조속한 재개와 대테러에 대한 연계망 구축과 유엔과 안보리의 공조 역할을 강조했다.[8)]

이번 정상회담에서의 가장 큰 성과는 양국의 경제 및 정치 협력 강화를 전제로 한 21세기 전략적 협력동반자 관계에 기초한 중-러 국경선 획정에 있다. 특히 국경선 관련해서는 "중-러 변계동단(邊界東端) 보충협정"을 포함한 국경선 재획정에 대한 문서에 서명했고 동시에 공동성명이 발표되었다. 채택된 보충협정은 헤이룽(黑龍)강 중류의 헤이샤쯔섬을 비롯한 중국 동북부 지방의 하중도와 삼각주 등 일부 미해결 지역에 대한 경계 문제 해결이었다. 1949년 중국 정부가 들어선 이후 4,300㎞에 달하는 1964년부터 분쟁이 심화된 된 국경지역 섬 영유권 문제의 해결이며 40여 년 동안 지속된 중-러 국경분쟁의 종식을 의미했다. 국경선 재획정 문서에 서명한 리자오싱 중국 외교부장은 "양국의 전략적 협력동반자 관계가 더욱 공고해질 것"이라고 언급했으며, 세르게이 라브로프 러시아 외무장관은 "300여년의 양국 관계사에 기념비적 의미를 갖는다"고 평가했다.[9)]

구체적으로 양국은 1991년 아무르강 일대의 국경을 획정할 때 미해결 지

〈그림 1-1〉 중·러 새 국경선 획정

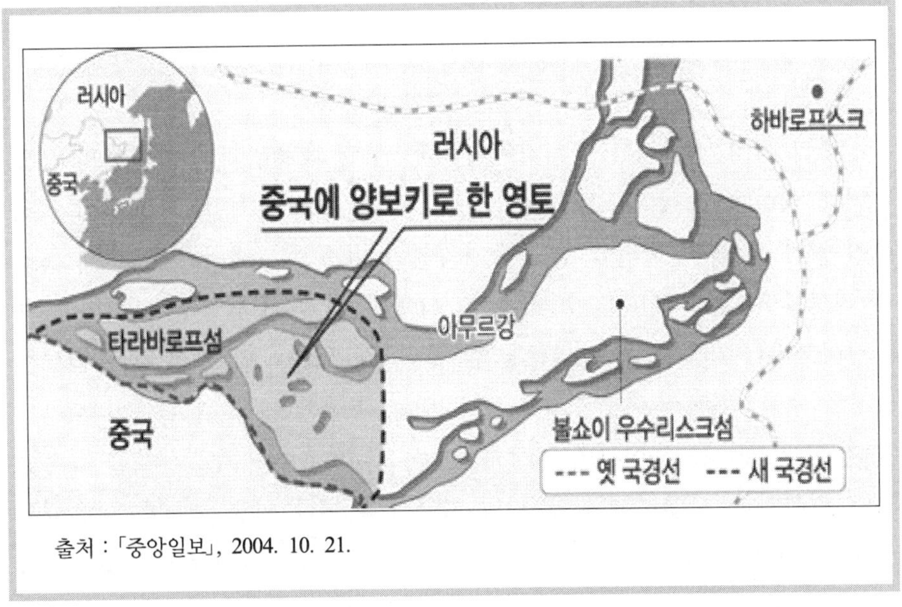

출처 : 「중앙일보」, 2004. 10. 21.

역이었던 이 섬들을 절반씩 나누기로 합의했다<그림 1-1>. 2004년 10월 중순 합의에 의하면 러시아 동부 하바로프스크 인근 아무르강(헤이룽장·黑龍江)에 있는 타라바라이섬(중국명 인룽·銀龍) 전체와 볼쇼이 우수리스키섬의 일부를 중국으로 귀속되었다. 그 동안 동 지역은 러시아연방의 영토였지만 중국은 자국 영토로 지도에 표시해오고 있었던 중-러 분쟁의 소지를 안고 있던 곳이었다. 그러나 중국으로의 귀속 문제는 러시아연방 내에서 실제로 논쟁의 여지가 많았다. 앞서 살펴본 바와 같이 동 지역은 1689년 네르친스크 조약과 1858년 아이훈 조약에 의해 러시아 영토로 확정되었다. 일반적인 논쟁은 340년 동안 중국정부가 하지 못했던 것인데 결국 1991년 국경협정을 통해 오히려 국경선은 중국측 강변에서 러시아 극동의 아무르강 수로 쪽에 근접하게 되었고, 중국인들은 아무르강 수역의 절반을 얻게 되었다. 볼쇼이 우수리섬과 타라바로프섬의 총면적은 서울의 절반이 넘는 337km²로 비옥한 농지로 인해서 인근 마을에 거주하는 러시아 농민들이 국경경비대의 경호를 받으며 농사를 짓고 있는 곳이었다. 러시아의 한 경제학자는 동 지역은 "하바로프스크의 목줄기를 겨누고 있는 단검으로 긴장 상태로 몰아갈 수 있는 곳이며, 하바로프스크의 쿠릴섬으로 간주되는 극동 지역의 절반인 남부지역 전체를 의미한다"고 주장하였다(중앙일보 2004. 10. 21).

논쟁의 핵심은 러시아 극동지역에 대한 푸틴 대통령과 연방정부의 극동 지역에 대한 태도였다. 모스크바는 중국을 필요로 하지만, 극동은 필요로 하지 않는 것일까? 국익을 위해서 지역민의 의견을 고려하지 않은 채 어떻게 영토를 중국에 양도할 수 있을까? 사전 협의 없이 발생한 사태에 대해 러시아 하원은 최종적으로 비준을 할 것인지? 필요에 따라 더 많은 영토를 양도할 수도 있는 여지를 시사해 주고 있는 것일까? 이러한 질문이 제기되었다. 한편 중국은 푸틴과의 정상회담에서 러시아에 대규모 투자를 약속했지만 러시아는 시베리아 송유관 및 가스관의 중국 연결 요구를 수용하지 못했다. 중국은 러시아의 WTO 가입에 대해 적극적인 지지를 표명함으로써 그 대가로 분쟁의 소지가 남아 있던 영토를 이양하는 조약을 맺었다는 주장도 제기되었다.

 중－러 관계의 시사점과 전망

국경을 사이에 두고 중-러 양국은 1969년 우수리강에서의 무력충돌 후 군사적 긴장이 지속되어 정치적·경제적 교류와 협력을 통한 공식적인 관계 증진까지 약 40여년간 차단된 역사적 경험을 했다. 1980년대 중반 고르바초프는 구소련과 중국과의 관계에서 가장 마찰이 심했던 현안 문제 해결 모색을 추진하였다. 그의 외교적 접근은 1989년 5월 베이징 방문으로 구체적 합의점을 모색하기 시작했다. 베이징 정상회담에서 양국은 앞으로 국경에 배치된 병력 감소와 국경 분쟁의 해결에 대한 초안을 작성하기 시작했다. 고르바초프 뒤를 이은 체제 전환기 러시아연방의 옐친 대통령도 중국과의 관계 개선과 진전에 주력했다. 1990년대 초 양국의 국경 개방은 러시아연방과 극동지역에서의 불법 중국인 체류자 증가와 저임금 중국 노동자들의 이주증가 등의 부정적인 요인을 제공하기도 했다. 아울러 국경선 재획정 과정에서 반대 여론과 일부 정치가들에 의한 반박 성명도 역시 활발히 전개되었다. 한편 중-러 관계 증진은 중국인의 투자 증대에 따른 합작회사 및 중국인 사기업의 급증 및 중국의 대러시아 국경무역의 확대와 국경지역인 연해주를 중심으로 중국 상인들의 경제활동이 활발해져 지역 경제의 활성화에도 기여했다.

2004년 10월 중순 베이징 정상회담을 통해 양국은 새로운 관계 설정을 중심으로 에너지 자원 협력을 매개로 다극화 추진에 협력하고 있었다. 시베리아 송유관의 중국노선인 다칭 경유 노선 합의 등 대형 프로젝트를 중점적으로 추진하기로 서명했다. 러시아 입장은 시베리아 송유관은 앙가르스크~나호드카 일본 노선을 고수하지만 중국의 다칭 지선을 연결하는 방안과 송유관 대신 철도를 이용한 육로 수송에 의한 석유 공급 확대 방안 추진을 제안했다. 2004년 200억 달러 달성을 목표로 하는 양국간 교역 규모를 2010년까지 3배 이상에 도달을 하기 위해 경제 협력 확대에도 합의를 했다. 천연가스 매장량 세계 1위, 석유 매장량 세계 3위의 자원대국 러시아와 국경을 맞대고 있는 중국은 대러시아 석유 및 천연가스 확보를 위한 에너지 외교를 전개하지 않을 수 없었다. 중국은 2004년 예상 석유 소비량이 2억4000만t에 달하는 세계 2위의 소비대국으로 수요의 44%를 수입에 의존하고 있었다. 따라서 중국 정부는 러시아와의 경제교류를 통해 낙후된 국경지대 및 서부지대의 발전을 촉진 및 1993년 이후부터 본격화된 러시아로부터의 에너지 공급과 개발 참여 확대가 대러시아 외교의 핵심이 되었다. 중장기적인 면에서 양국은 국경지역 안보 구축, 에너지 및 자원 공급과 개발, 무역, 투자와 정보의 상호교류를 위해서도 필요한 상호협력 증진을 위한 전방위 외교가 계속 전개될 전망이었다.

이상과 같이 중-러의 전략적 동반자 관계의 핵심은 국경지역의 안정화와 경제적 상호이익 추구에 공동 협력 대응으로 전략적 공동이익을 바탕으로 양국간 국경선 재획정을 통해 국경지대의 안정화와 안보 구축에 대한 공동 협력 추진에 있었다. 1989년 5월부터 2004년 10월까지 약 16년 동안 지속적인 정상회담의 협상과정을 통해서 국경분쟁의 종식이라는 성공적인 외교 사례를 도출했다. 물론 러시아연방 내 섬 영유권에 대한 반대 여론도 간과할 수 없었지만 궁극적으로 오랫동안 양국의 경제발전과 안보위협이 되었던 국경분쟁 요인의 종식은 국경지역 안정과 경제발전을 추진 및 변경지역의 안정화를 꾀하는 성과가 되었다. 더욱이 체첸의 분리독립과 신장-위구르를 중심으로 하는 이슬람 분리주의 운동에 공동 대처 모색과 테러 억제를 위해 양국은 협력을 모색하지 않을 수 없게 되었다.

마지막으로 중국과 러시아는 국경지역의 안보 구축에 바탕을 둔 경제적 상호 이익 추구 즉 경제발전을 최우선 순위으로 간주할 것이다. 러시아는 중국과의 국경분쟁 종식을 통해서 러시아가 중국의 서부 대개발에 협력하는 대신 중국이 시베리아 및 극동개발 투자 및 참여를 촉진할 것이다. 중국과의 경제협력은 러시아 경제의 아시아 태평양 지역과 연결 및 WTO가입에 대한 중국의 적극적인 지지 구축에 대한 보장책의 일환으로 간주될 것이다. 양국간 국경분쟁 종식 및 국경선의 재획정은 동북아 지역의 안보의 새로운 국제관계의 패러다임의 구축이자 경제협력 추진의 중요한 기저를 제공할 것이다. 나아가 양국은 SCO를 중심으로 중앙아시아 지역과의 경제협력 및 반테러 지역협력 강화를 통해 신뢰와 평화구축의 공고화를 지속적으로 추구해 나갈 것이다.

▌미주 ▌

1) 1960년 이래로 중국 군인과 민간인은 소련 국경선을 정기적으로 침범했다. 1963년 약 3,000건 이상의 중국인 불법 침입 사례가 보고되었다. 한 해 동안 10만 명이 연루되는 4,000건 이상의 동일한 사례들이 발생했다. 중-소 국경선 문제에 관한 역사적인 논쟁과 발전 과정에 대해 자세한 분석은 다음을 참고 바람(George Ginsburgs, 1993 : 261-320).
2) 양국은 국제법에 의거하여 상호 자문과 이해를 통해 동부와 서부 국경선 문제를 허용 가능한 범위 내에서 해결하기로 합의했다(Vestnik, 1989 : 30).
3) 러시아연방은 계속해서 소련 시기에 결정된 국제조약의 권리와 의무를 이행했다(Diplomaticheskii vestnik, 1992 : 72-37; Moscow TV, 2. 13).
4) 당시 중국정부는 기존의 러시아 극동지역과 경쟁하게 될 항구 건설을 피력했다.
5) 양국은 "건설적 동반자관계"를 선언하고, 상대국가에게 핵무기를 사용한 선제공격이나 핵공격 대상으로 삼지 않겠다는 점도 아울러 상호 확인했다.
6) 양국은 정상회담을 통해서 세계의 다극화 경향과 새로운 국제질서 건설에 주안점을 두었고 NATO의 동유럽 지역으로의 팽창에 의한 군사 블록화에 경계를 표명했다. 또 이념과 체제의 차이로 인해 강대국의 타국의 내정 간섭에 반대함을 역력히 강조했다.
7) 또 양국은 국제법에 의거하여 상호 자문과 이해를 통해 동부와 서부 국경선 문제를 허용 가능한 범위 내에서 해결하기로 합의했다.
8) http : //www.china.com.cn/chinese/PI-c/680635.htm(검색일 : 2004. 10. 16).
9) http : //www.china.com.cn/chinese/PI-c/680709.htm(검색일 : 2004. 10. 18).

▌참고문헌 ▌

본 장은 「교양사회」 시대의 논리(2006 겨울), No.6에 실린 글을 수정 및 보완했음.

Buszynski, Leszek(1996), Russian Foreign Policy after the Cold War, Westport : Praeger.

Day, Alan J.(1985), China and the Soviet Union 1949-84, London : Longman.

Donaldson, Robert H. and Nogee, Joseph L.(1998), The Foreign Policy of Russia : Changing Systems, Enduring Interest Armonk, New York : M. E. Sharpe.

Karan, P. P(1964), "The Sino-Soviet Border Dispute," *Journal of Geography*, Vol. 63, No. 5.

Karasin, Grigory(1997), "Long-Term Strategy for Russian-Chinese Partnership," *Far Eastern Affairs*, No. 2.

Ginsburgs, George(1993), "The End of the Sino-Russian Territorial Disputes," *The Journal of East Asian Affairs*, No. 7. Vol. 1.

Lukin, Alexander(1998. 9), "The Image of China in Russian Border Region," *Asian Survey*, Vol. 38, No. 9.

Moltz, James Clay(1997), Politics and Economics in the Russian Far East : Changing ties with Asia-Pacific, London : Routledge.

_______(1995. 6), "Regional Tensions in the Russo-Chinese Rapprochement," *Asian Survey*, Vol. 35, No. 6, 1995, 6.

Medvedev, Roy(1986), China and the Superpowers, Oxford : Basil Blackwll.

Miasnikov, Vladimir S.(1994), "Present Issues between Russia and China : Realities and Prospects," *Sino-Soviet Affairs*, Vol. 18, No. 2.

_______(1998), "Russia and China : Prospects for Partnership in the Asia-Pacific Region in the 21st Century," *Far Eastern Affairs*, No. 6.

Hyer, Eric(1996 여름/가을호), "Dreams and Nightmares : Chinese Trade and Immigration in the Russian Far East," *The Journal of East Asian Affairs*, Vol. X, No. 2.

Segal, Gerald(1990), The Soviet Union and the Pacific, London : The Royal Institute of International Affairs.

Shlapentokh, Vladimir(1995. 9), "Russia, China and the Far East : Old Geopolitics or a New Peaceful Cooperation?" Communist and Post- Communist Studies, Vol. 28, No. 3.

Tang, Peter S. H(1962), Russian Expansion into the Maritime Province : The Contemporary Soviet and Chinese Communist View, Washington, DC : Research Institute on the Sino-Soviet Bloc.

Tsyganov, Yurii(1998), "The General Framework of Sino-Russian Relations," *Russian and Euro-Asian Bulletin*, Vol. 7, No. 6.

Tsui, Tsien-hua(1983), The Sino-Soviet Border Dispute in the 1970s, Ontario : Mosaic Press.

Diplomaticheskii vestnik(1992), No. 4-5.

Diplomaticheskii vestnik(1996), No. 5.

Diplomaticheskii vestnik(1997), No. 12, 1997.

RA Report(1993), No. 15.

Vestnik Ministerstva inostrannykh del SSSR(1991), No. 7.
Vestnik(1998), No. 9; No. 16; No. 22.
「중앙일보」 2004. 10. 22.
「Izvestiya」 1992. 3. 9.
「Kommersant-Daily」 1995. 1. 17.
「Moscow Russian Television Network」 1992. 2. 13.
「Guardian」 1996. 4. 30.
「Interfax」 1995. 2. 8.
「Izvestiya」 1992, 4. 22; 1995. 2. 10.
「Radio Moscow」 1992. 2. 19.
「Radio Rossii Network」 1993. 9. 29.
「Rossiiskievesti」 1997. 5. 6.
「Sevodnya」 1995. 2. 17.
「South China Morning Post」 1992. 3. 17.
「Tass」 1993. 10. 1.
「Tikhookeanskaya Zvezda」 1993. 3.
「Vladivostok News」 1996. 4. 17.
http : //www.china.com.cn/chinese/PI-c/680635.htm(검색일 : 2004. 10. 16).
http : //www.china.com.cn/chinese/PI-c/680709.htm(검색일 : 2004. 10. 18).

제 2 장

탈냉전기 중–러 국경지역의 변화

러시아 극동으로의 중국인 이주

탈냉전기 중 – 러 국경개방

1장에서 살펴보았듯이, 중-소간 오랜 갈등의 소지였던 국경선 협상은 1980년 중반 미하일 고르바초프의 등장으로 물꼬를 트기 시작했다.[1] 1989년 5월 고르바초프의 베이징 정상회담에서 국경지역에서 신뢰구축 분위기가 조성되기 시작했고 냉전시기의 수십 년 간 폐쇄되었던 국경선은 1992년 3월 5일 베이징에서 서명한 중-러 간 "무역과 경제 협력을 위한 협정" 체결로 공식적인 양국 국민들의 출입이 허용되었다. 한편 러시아 극동지역으로 대규모 중국인들의 이주현상이 나타났다. 이런 중국인들의 대규모 러시아 극동지역으로의 이주는 1990년 초 이후 서서히 증가했으며 심지어 극동지역에 거주하고 있는 불법 중국인 체류 문제는 정치적・사회적인 문제로 불거지기 시작했다. 따라서 극동지역의 정치인들과 러시아인들은 몰려드는 중국인들에 대해서 불만을 표시하기 시작했다(Guardian, 1996. 4. 30). 중국인들과의 경제협력 증진으로 발생하는 이익도 컸지만 러시아인들은 그들의 남쪽 이웃인 중국인들에게 적대적인 성향을 가지게 충분했다(Guardian, 1996. 4. 22).

이런 맥락 하에 본 장에서는 러시아연방의 체제 전환기인 1990년부터 1998년을 중심으로 극동지역으로의 대규모 중국인들의 이주와 정착과 이에 대한 러시아연방정부의 정책을 집중적으로 고찰해 보고자 한다. 이하 글의 구성은 다음과 같다. 제Ⅱ에서는 탈냉전기 러시아 극동지역의 인구변동을 집중적으로 살펴보고, 제Ⅲ장에서는 중국인 이주의 주요 요인 분석과 이에 대한 연방정부의 정책 특징을 분석해 보고, 제Ⅳ장에서는 향후 중-러 양국에 미칠 영향과 전망에 대해서 고찰해 보고자 한다.

 탈냉전기 러시아 극동지역의 인구변동 현황

1990년대 체제 전환기 러시아 극동지역은 경제 혼란과 위기 속에서 연방정부의 경제지원은 감소되었고 아울러 인구 구성에도 많은 변화가 발생했다. 이는 러시아인들의 출생률 감소와 사망률 증가와 동시에 급증하는 중국인의 이주와 정착에 기인했다. 러시아 극동지역으로의 중국인 유입으로 인해 특정지역에서는 중국인 이주민 수가 현지 러시아인들의 수와 동등하거나 이를 초과하는 사례가 발생하기도 했다. 1994년 6월 Izvestiya 지역신문에 따르면 연해주(Primorskii krai)의 포그라니치니(Pogranichnyi) 지역의 총인구 18,000명 중 8,000명이 중국인이었다(Izvestiya, 1994. 6. 7). 또한 실례로 하바로프스크 라자(Lazo)지역은 100여명의 러시아인이 거주했는데 50여명의 중국 노동자가 거주하는 농장에서 러시아인 노동자는 단 3명 이었다. 아울러 중국인들의 장기 거주에 대한 우려도 문제가 되었다. 파티잔스크(Partizansk) 지역 역시 7,000명의 러시아인을 초과하는 15,000명의 중국인들이 거주하고 있었다. 하바로프스크 인근의 집단농장에서는 100명 이상의 중국 농부들이 러시아 경찰을 공격하는 문제가 발생했다. 이들은 러시아 경찰들이 도둑들로부터 자신들의 작물을 보호해주지 않았다고 경찰을 비난하였고 경찰 기동대가 출동해서야 중국 농민들에 의한 폭동을 저지할 수 있었다(Report, No. 16, 1994. 1).

체제 전환기 중국 국경지역에서 러시아 극동으로 이주하는 중국인들의 증가 현상은 러시아연방 및 극동지역의 가장 중요한 정치적·사회적 문제가 되었다. 가장 큰 문제는 얼마나 많은 중국인들이 이주하느냐 보다는 얼마나 많은 중국인들이 러시아에 거주하고 있는가에 초점이 모아졌다. 러시아 내의 중국 불법 체류자의 정확한 수치는 알 수 없었으나 1992년 약 500,000명의 중국인들이 방문 또는 상업을 목적으로 러시아로 이주했다(RA Report, No. 17, 1994. 7). 1992년 약 138만 명이었던 중국인 이주민은 1993년 176만 명으로 증가했다(David Kerr, 1996 : 949). 1995년 3월 합법적인 절차를 통해 러시아로 이주한 중국인은 3백만 명이었고 불법적으로 이주한 중국인은 5백만 명이었다. 러시아 극동지역의 의회 자료에 따르면 1998년 5월에 10,000에서 150,000 명의 중국인들이 극동지역에서 불법 상거래와 불법 고용되었다. 더불어 1,000여명 이상이 관광이나 단수노동 비자 소지자였다. 세관원 페도토프(Fedotov)는 "지금과 같은 현상이 지속된다면 20-30년 이내 중국인이 극동지역 인구의 대다수를 차지하게 될 것이며 이는 곧 러시아 영토를 잃게 되는 결과로 이어질 것이다"고 말했다(The Moscow Times, 1998. 5. 27). 연방이민국은 이와 같이 증가하는 중국인들은 주로 연해주와 하바로프스크를 중심으로 10년 안에 압도적으로 증가할 것이라는 우려를 표명했다. Rabochaya Tribuna 신문은 극동과 러시아연방 내 여타 지역으로 유입되는 중국인들에 대해 아래와 같이 보도했다 :

> 중국인들이 시베리아와 극동지역으로의 유입은 마치 "폭풍"과도 같았다. 작년에는 백만 명 이상이 러시아 중심부로 이주했으며 이런 상황이 지속된다면 20년 뒤 중국인이 동 지역의 대다수를 차지하게 될 것이다. 러시아연방 정부가 이런 현상을 과연 어떻게 효과적으로 막을 수 있을까?(VecherniyNovosibirsk, 1995. 2. 2).

중국문제 전문가인 루킨(Lukin)은 "중-러 국경지역 경제협력에서 가장 중요한 부산물 중 하나는 국경지역에서 중국인의 증가"라고 했다. 그는 중국의 이 같은 "인구팽창"은 극동지역의 인구변동에 대단히 위협적임을 시사했다(Alexander Lukin, 1998 : 824). 또 헌팅턴(Huntington)은 "중국의 경제적 역동성은 시베리아와 극동 전역에까지 번졌다"라고 했다. 또한 "중국인 이외에도 한국인과 일본인들도 동 지역에서 경제적 진출 기회를 엿보고 있다"라고 덧붙였다(Samuel Huntington, 1998 : 243). 트레닌(Trenin)은 그의 책 「러시아의 중국문제」에서 중국의 유입에 관해 문제를 제기했다. 중국과 국경을 접하고 있는 러시아 극동의 연해주, 하바로프스크와 아무르주에서 중국인들에 의한 독점시장이 형성 되었다. 이러한 현상을 두고 그는 또한 "양국간 국경지역 경제 협력 증진과 더불어 분명하고 일관성 있게 집행되는 이민정책의 부재는 러시아인과 중국 이주자들간의 마찰을 초래하여 충돌을 야기할 것 이라고 경고하기도 하였으며, 결국 러시아와 중국 간의 국가간 충돌로 확대될 것이다"라고 했다(Dmitri Trenin, 1999 : 40).

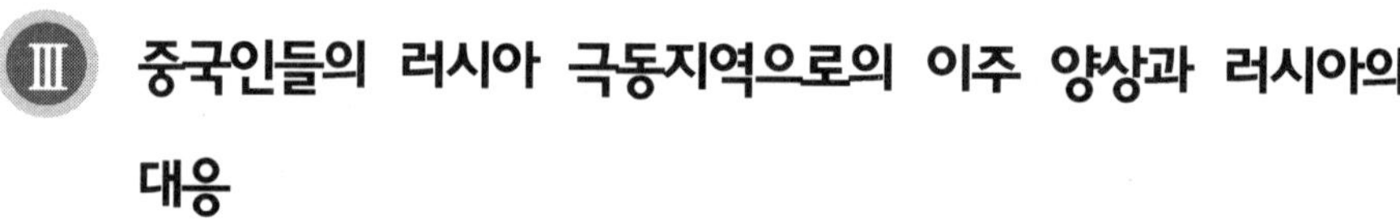

Ⅲ 중국인들의 러시아 극동지역으로의 이주 양상과 러시아의 대응

3.1. 국경개방과 국경지역의 경제활동

러시아 극동지역에서 중국인의 증가에 대해 많은 이유가 있었지만 주목할 만한 주요 요인을 4가지로 분류해서 살펴보면 다음과 같다. 첫째, 중국과 극동의 국경지역 주변에서 경제관계의 급속한 변화였다. 1992년 이전 러시아 회사와 무역을 하는 중국국경 회사들은 중국정부로부터 규제를 받았다. 규제는 수출을 500,000달러 미만으로 하고 러시아와의 합작회사에는 50명 이상의 중국인 노동자가 일할 수 없었다. 그러나 점차로 증가하고 무역이 성공적이었기 때문에 이러한 규제조치는 1992년 초에 수출무역 규모를 1백만 달러까지 그리고 합작회사에서 100명의 노동자까지 허용되었다(SUPAR Report, No. 1992. 7. 13). 이러한 양국간 국경무역의 변화는 러시아 극동지역과 중국의 헤이룽장(Heilongjiang)을 중심으로 점차 증가했다. 1990년대 초부터 중국정부는 러시아와 국경을 접하는 세 개의 주요 도시인 헤이허(Heihe), 쑤이펀허(Suifenhe)와 훈춘(Hunchun)에서 경제적 특권과 자유를 허용했다. 이는 산업과 지역개발을 통해 경제건설에 목적을 둔 것으로 중국 관료들은 국경지대에 인접한 많은 도시에 특별 구역을 설정했고 러시아인들이 자국의 물건을 구매하도록 유도했다. 한 예로 연해주 뉴스는 다음과 같이 보도했다 :

> 중국 국경도시인 쑤이펀허는 1991년만 해도 10,000여명의 인구였는데 러시아 보따리 장사꾼이나 관광객들의 증가로 180,000정도의 규모로 증가했다. 쑤이펀허의 약국과 미장원 등에는 중국어와 러시아어로 간판이 흔하게 되었다. 러시아 상인들은 백 달러짜리 지폐가 가득한 현금을 들고 이곳에서 다양한 중국음식을 먹고 러시아 시장에다 팔만한 값싼 물건을 사갔다.

러시아연방 출입국 관리사무소에 의하면 1996년 러시아 관광객들과 무역상 들이 중국 국경지역에서 구매한 상품은 약 15억 달러 규모였다. 또한 연해주 주정부의 자료에 따르면, 1997년도 연해주 출신의 러시아 관광객들이 소비한 금액은 호텔에서 쇼핑까지 모두 3억5천만 달러였다(Vladivostok News, No. 171, 1998. 7. 10). 아울러 중국인들은 연해주에서 가장 큰 중국시장을 형성했다. 특히 중국 국경에서 72km 떨어진 우스리스크(Ussurisk)는 연해주에서 세 번째 큰 도시인데, 이곳에는 1,000에서 2,000명의 중국인들이 상점을 운영하고 있었다. 시장은 칸막이와 도매상 저장고로 되어 있고 하얼빈(Harbin), 쑤이펀허 및 주변 도시에서 매입한 상품을 판매했다. 판매 물건들은 주로 벽지나 직물, 계산기, 스웨터, TV등이 판매되었다. 우수리스크의 중국인 상인들의 생활수준은 다음과 같았다.

이들은 주로 시장을 중심으로 생계를 꾸려 나갔다. 시장은 마치 콘크리트 벽을 연상케 하였다. 삼엄한 경비 속에 백여 명의 남녀가 컨테이너 형태의 거주 지역에서 생활하고 있었다. 그들의 거주지는 단층으로 일렬로 이어져 있고 컨테이너 하나 크기 정도의 방으로 철로 만든 셔터가 채워져 있었다.

상점은 한 달에 2,000루블(약 $323)로 겨우 잠잘 수 있는 비좁은 공간으로 대부분 방에는 수도 공급이 되지 않았다. 따라서 방안에 두 개의 큰 우유 통을 두고 한 통에는 물을 담아두고 또 한 통에는 하수를 모아 두었다가 일주일에 한 번씩 트럭이 오면 각자 용기에 모아둔 생활하수를 버렸다(Vladivostok News, No. 171, 1998. 7. 10).

이와 같이 중국인의 시장은 연해주 주변의 도시에서 흔히 찾아 볼 수 있었다. 이들은 값싼 중국제 일상 소비재, 음식(과일이나 채소)과 의류 등을 판매하였다.[2] 그리고 중국과 러시아는 국경지역에서 상호 이익을 증진하기 위해 많은 공동 노력을 기울였는데 대표적인 한 예로 아무르강을 가로지르는 3km 구간의 다리 건설이었다. 헤이룽장 지역의 헤이허와 러시아 극동의 아무르주의 수도인 블라고베스쉔스크(Blagoveshensk)를 연결하는 공사였다. 다리가 완성되면 중국과 러시아는 다른 국경지역과도 연결을 확대 발전시켜 직접투자와 협력을 강화하기로 계획했다(Amurskaya pravda, 1993. 3. 4). 1993년 5월 아무르강 다리를 건설하기 위해 중국과 러시아 양국의 조정위원회가 블라고베스쉔스크에서 개최되었다. 회담에서 양측은 다리 건설을 위한 실질적인 초기 준비 작업을 착수할 것을 확인했고(Amurskaya pravda, 1993. 5. 15), 1994년 1월 양국은 다리가 건설될 양측에 자유경제 교역지대를 설치하고 물자와 인원의 수송센터를 두기로 합의했다.[3] 1995년 4월 양국 전문가들은 베이징에서 다리건설을 위해 논의를 더욱 진전시켰다. 양국 정부는 모스크바에서 회담을 통해 다리 부설 비용은 양측에서 각각 부담하기로 결정했다. 그 후 다리 건설은 착수되었고 최종적으로 1998년 12월 완료되었다. 공사비용은 2억 5천만 달러였고 예정대로 러시아는 절반의 비용을 부담했다(Rossiyskiye vesti, 1995. 3. 29).

3.2. 러시아 극동지역의 중국인 계약 노동자

러시아 극동지역으로의 중국인 이주 증가의 두 번째 이유는 노동력 부족에 따른 외국인 노동자 유입 현상이었다. 구소련 연방은 극동지역 개발을 위해 북한 노동자들과 계약을 체결했다. 이들은 주로 1967년부터 하바로프스크에서 목제 산업에 종사해 왔고, 1975년부터 아무르주에서 고용되었다(Ann C. Helgeson, 1990 : 75). 1988년에는 농장과 공장에는 3만 명의 북한 노동자가 있었는데 그 이후 점차로 중국 노동자로 대체되었다(Hao Yufan, 1991 : 239-240).

헤이롱장에서 파견된 중국측 대표단은 주택, 편의시설, 호텔, 공항 건설과 채굴용 기반 조성에 중국인 고용 합의서에 서명했으며, 목재, 콘크리트 공장, 원자재 공장 건설 등에서도 중국인 노동자를 고용합의서도 체결되었다(SUPAR Report, 1989 : 4). 1992년 초부터 극동지역의 기업들은 지방정부의 허용 하에 중국인 노동자를 고용하기 시작하였다. 따라서 1988부터 1993년에 걸쳐 약 1,302개의 고용합의가 이루어 졌으며 76,000여명에 달하는 중국인들이 고용계약에 따라 국경을 넘어 극동지역으로 이주했다. 1993년 극동의 남부지역에서 고용된 30,000여명의 외국인 노동자 가운데 3분의 1은 중국이 차지했다. 이들은 대부분 연해주지역에 집중되었다. 또한 연해주 근방의 유태인 거주지역을 중심으로 중국인 노동자는 점차 증가해 1999년 8월 약 600명 정도가 비로비잔(birobizhan) 농장지역에 고용되었다. 일부 러시아 농부들은 중국 노동자들의 기술에 크게 의존하였다. 연해주의 중국인 노동자 수는 1994년 7,895명에서 1995명 8,349명으로 증가했다(New York Times, 1999. 8. 1).

3.3. 비자정책과 중국인 이주 현황

중국인들의 이주 증가의 세 번째 주요인은 국경 개방 초기 중국인들이 극동지역으로의 이주가 제도적으로 허용되었기 때문이었다. 중국인들은 주로 “외교관, 공무원, 일반”으로 분류된 여권으로 러시아에 입국할 수 있었다. 공무원 여권을 가진 중국인들은 러시아 비자를 받을 필요가 없었다. 중국 국영기업을 통해서 손쉽게 공무원 여권을 받을 수 있어서 러시아로의 이주가 급증한 요인이 되었다. 1993년 말 여권과 비자를 신청한 중국인 수는 약 8,000명 정도였고 러시아 내무성에 의하면 매일 약 20만 명의 중국인들이 중-러 국경지역을 통해서 러시아로 이주한 것으로 추정되었다 (Interfax. 1993. 11. 17).

그러나 중국인 불법 이민이 증가하자 러시아연방은 중국정부에 국가간 여행 협정 재협상을 요구했다. 1992년 러시아 의회는 새 출입국관리법을 통과시켰고 공무원 여권을 폐지했다(외교관 여권과 일반 여권만이 허용되었다). 이러한 러시아정부의 결정에 중국정부는 응하지 않았고 중국인들은 문제의 소지가 있는 공무원 여권을 계속 사용했으며 양국간 비자를 둘러싼 갈등은 심화되었다. 결국 러시아연방은 1993년 2월 “중-러 세관 협정” 체결을 위해 중국정부에 공식 협상을 요청했다(RA Report, No. 1994. 7. 17).

아울러 극동지역 경찰과 국경 경비대와의 공조를 통해서 보다 엄격한 비자 및 세관 규제를 강화했다. 강한 여론의 압력 특히 러시아연방정부는 일방적으로 국경 폐쇄라는 조치까지 취하게 되었다. 이런 사태에 직면하자 중국은 거의 1년에 걸친 계속되는 협상 끝에 비자 및 세관 통제에 대한 이견을 좁히고 1993년 12월 모스크바에서 러시아와 협상에 임했고 협정에 합의하였다. 협정 결과에 의하면 1994년 1월부터 러시아는 중국인의 불법 이주를 막기 위해서 새로 신설된 비자 규정을 실시하였다. 앞서 언급한 공무원 여권이 폐지되었고 중국인들이 러시아 비자를 받기 위해서 때로는 수 개월의 과정이 요구되는 러시아인들로부터 초청장을 의무화 하였다. 중국정부는 결국 러시아정부의 새 비자 정책을 수용하였고 일반여권을 보유한 모든 중국인에게 비자를 받기 위해 초청장이 요구되었다. 이러한 새 비자 규정은 1994년 2월 말에 발효되었다.[4)]

중국정부가 러시아의 새 비자정책을 수용한 이후 1994경부터 중국인들은 무비자로 러시아에 입국할 수 있는 새로운 방법을 모색하였다. 중국인들의 극동지역의 입국 방법을 좀 더 살펴보면 다음과 같다. 그 단적인 예로 중국인 단체 관광에 합류해서 국경을 통과한 후 단체에서 빠져 나오는 것이었다. 새 비자 규정에 의하면 중국 여행사와 러시아 여행사에 등록된 중국 관광객들은 러시아 극동지역에 단기간 무비자 여행이 허용되었다.

따라서 수천 명의 중국인들이 관광단체로 러시아에 도착 한 후 불법 체류자로 일자리를 찾아 관광 단체에서 이탈을 했다(James Clay Moltz, 1995. 6 : 523). 당시 국경 수비대의 자료에 의하면 러시아를 방문한 중국 관광객 중에 약 50%의 중국인들만이 러시아를 떠난 것으로 추정되었다. 이러한 유형의 중국인 불법 이민을 통제하기 위해 중국측 관광회사에게 단체 관광객들의 이탈에 대한 책임을 부과했다. 따라서 관광회사는 “이탈한 사람들”을 추방하는데 드는 비용을 지불할 의무를 부담해야 했으며, 밀입국을 시도하는 중국인들을 통제하지 못한 것에 대한 책임을 부과하여 면허가 취소될 수 있도록 법적규제를 강화하였다. 관광회사는 모든 관광객들이 본국으로 되돌아오는 책임을 지게 되었고 관광객 신분을 알리는 서류를 첨부하지 않은 관광객들은 러시아로의 입국이 허용되지 않았다. 외국인들은 정해진 호텔에서만 투숙을 해야 했다(RA Report, No. 1994. 7.17). 러시아정부는 또한 중국산 물품의 수입을 억제하기 위해 중국과의 교역에 높은 수입 관세를 부과하였다. 연해주는 주기적으로 불법 중국 이민자들을 체포했고 중국으로 송환 조치를 감행하였다. 당시 동 지역에서 체포된 불법체류자 1,657명 중 75%가 중국인이었다(Vladivostok Daily, 1994. 7. 2).

결국 이러한 규제는 중국인의 러시아 극동지역의 입국에 필수적인 비자 규제 강화와 중국 상품에 대한 높은 수입 관세 부과는 전적으로 연방정부의 결정에 따른 것으로 극동으로 이주하는 중국인의 수의 감소를 초래하였다. 이는 또한 양국 국경무역의 교역량의 심각한 감소가 초래되었다(Tass,

1995. 4. 16). 특히 아무르주의 대(對)중국 러시아 수출이 81%나 감소하였고(1993년의 1억 달러에서 1994년 19백만 달러로 감소), 국경무역의 중요한 지역인 중국의 헤이룽장 역시 같은 시기에 45%의 감소 추세를 보였다. 아무르주의 외무부 차관 쿨레쉐프(A. A. Kuleshev)는 연방정부의 새 비자 정책과 관련해서 연방정부에 불만을 제기했다. 그는 중국인들이 아무르주의 자유로운 입국허용으로 불법 이주 문제가 야기했다는 것을 인정했다. 그러나 그는 아무르주가 1993년에 강화된 새 비자 제도를 도입하지 않도록 모스크바를 상대로 로비를 했다는 것도 언급했다. 최종적으로 새로운 비자가 1994년에 도입되었을 때, 이전의 비자가 아무르주와 중국 국경과 경제협력의 증진에 우호적인 환경 조성에 주요한 요인으로 작용했기 때문에 “무비자” 정책을 고수하였다. 다음은 아무르주에 도입된 “새 비자”와 관련된 공문 내용의 일부였다 :

> 중국과의 무역은 생필품 부족을 채워줄 뿐만 아니라 중국에 상품을 수출하는데 종사하는 러시아인들의 생계와도 밀접한 관련이 있었다. 연방정부가 실시한 새 비자 정책은 중국인 관련 경제 활동에 제약을 끼쳤고 또한 주 재정에 납부하는 세금이 줄어드는 사업상의 이익을 크게 감소시켰다. 1994년 주정부가 관련기업으로부터는 50억 루블과 연방정부에는 20억 루블에 달하는 손실이 초래되었다(FBIS-China, 1994. 6).

국경무역의 감소에 따른 상호 보완적이면서 동시에 추가적인 경제 손실을 막기 위해서 헤이룽장 지역과 아무르주 관리들은 1994년 6월 경제와 무역관계를 증진하고 양국 경제협력을 발전시키는 일련의 17개항 합의에 서명했다.[5] 러시아연방은 단순 무역 상인들간의 물물교환 형태의 경제교류보다 새로운 형태의 확대된 경제협력 조성을 위해서 새로 시행된 비자 제도의 유용성을 강조했다.

3.4. 불법 중국인들의 이주와 범죄증가

중국인의 러시아 극동지역으로의 이주의 또 다른 요인을 살펴보면 한편으로 중국인들의 불법 이주와 이들이 연루된 범죄가 증가했다는 점을 주목해야 한다. 연방정부와 연해주는 이러한 중국인 범죄 증가의 주요 원인을 중국과의 국경 개방으로 간주했다(Transition, 1995. 9 : 68). 1991년 약 90명의 중국인 밀입국자들이 체포되었다. 1992년 약 150명이 정도가 체포되었고, 1993년 1월부터 8월 동안 약 200명에 달했다. 이들은 불법 거래의 80%의 주역으로 주로 인삼 캐기, 밀렵, 밀거래를 위해 극동지역으로 밀입국했다(Segodnya, 1993. 9. 30). 1994년 초 연해주에는 20명 이상의 야생인삼을 캐는 중국인들이 체포되었고 세관을 피해 밀수를 한 대규모의 단체들이 체포되었다. 극동지역의 국경 경비대에 의하면 약 7백만 루블 상당의 생활용품들이 밀수 되었고 중국인 밀수업자들의 러시아 내에서의 밀거래 품목은 종종 알코올, 마약, 의복, 신발이었다. 양모, 모피, 귀금속, 소비재, 야생 동식물들이 다시 중국으로 밀반입되었다(Vostok Rossii, 1993. 8. 18). 더욱이 밀입국한 중국 상인들은 전통적인 중국 약재와 식용용 멸종 위기의 동물을 포획해갔다. 예를 들면, 1998년 극동지역의 세관 검사관들은 상당량의 녹용(킬로 당 400달러 상당)에서부터 불법적으로 재배한 13,000달러의 인삼에까지 많은 상품을 압수했다. 중국인들은 개구리, 자라 등 다양한 식용 동물들의 자연적인 생태계를 파괴했으며 그 피해가 증가했다(Vladivostok News, 1998. 10. 7).

중요한 문제는 중국인의 불법 이주에 러시아인들의 상당한 협조가 이루어지고 있었다. 아무르강을 따라 위치한 비로비드잔 지역에는 불법 중국인 체류자들의 집합소로 악명이 높았는데 중국인들을 러시아로 밀입국에 관여한 러시아 조직이 해산된 곳이었다. 이러한 문제를 해결하기 위해 강을 따라 5km 간격의 국경지대 수비를 강화했고 동 지역 주민들과의 접촉을 특별한 허가증을 가진 사람들에게만 한정했다(Priamurskie vedomosti, 1994. 4. 26). 또한 극동지역은 유럽과 미국으로 밀입국을 시도하는 중국인들에게 잘 알려진 통로였다. 러시아 국경 수비대는 뇌물을 받고 불법 이주를 허용하기도 했다. 미국정부는 이런 문제 해결에 협력하지 않는 러시아 정부당국에 강한 불만을 나타냈다. 미 국무부는 러시아가 중국 마피아들의 새로운 활동무대가 되고 있음을 제기했다(Komsomolskaya pravda, 1994. 6. 22).

중국인 관련 범죄 증가에 러시아인이 연루된 문제를 해결하기 위해 1992년 8월 양국은 국경 수비대 회의를 개최하였다. 수차례 접촉 후 1995년 2월 양측의 국경 수비대의 대표들이 하바로프스크에서 합의서에 서명했다. 합의서의 주요 내용은 수비대들에게 무기, 마약, 현금 및 기타 상품들이 불법적으로 거래되는 것을 막을 수 있는 권리를 부여했다. 협상 내용의 주요 골자는 중국정부가 중국 밀입국자와 범죄자들을 상대로 러시아 법이 적용되는 것을 지지했다(Tass, 1995. 2. 11). 1995년 8월 또 한 번의 협상이 진행되었다. 연방 국경사무소 관리국에 의하면 1995년 1월에서 7월까지만 500명 이상이 새로운 국경법을 위반한 사람들이 중국과 러시아 국경의 검문소에서 체포되었고, 50여 개의 무기를 압수했다(Kommersant-Daily, 1995. 8. 26).

양국간 협상은 성공적이었고 연해주의 경찰들은 지속적으로 불법 중국인들에 대한 보고서를 작성했고 중국인 밀수업자들과 밀입국자들을 체포했다(Izvestiya, 1995. 12. 27). 극동지역의 국경관리국은 1994년에서 1998년 동안 중국인 13,000명 이상을 추방했다. 그 중 3,000명은 1998년 1월에서 5월까지 추방되었다. 그 이후 지역신문은 극동지역에서의 중국인 이주자들과 중국인 불법 체류자의 숫자도 줄었다고 보도했다 아무르주 블라고베스쉔스크의 국경 수비대에 의하면 1998년 8월에 있었던 경제 불황에 의해 하루에 국경을 드나드는 사람들의 숫자가 2,500명에서 250명 이하로 줄었다고 보도했다. 또한 연해주의 고로데코브스키(Grodekovskii) 철도를 통해 들어오는 중국인 관광객 숫자도 550명에서 35명으로 현저히 줄었다(Izvestiya, 1999. 6. 30).

 중-러 국경지역 변화와 시사점

이상과 같이 러시아와 중국 사이의 국경선 설정은 1987년에 제기되어 양국간의 관계를 강화하기 위해 양국은 러시아 극동지역에 있는 아무르강과 우수리강 주변의 작은 섬을 양도했다(자세한 내용 1장 참조).[6] 중요한 것은 국경선 재획정 과정에서 러시아와 중국은 긴 세월 동안 저지되었던 양국간 국경무역과 교류가 가능해졌다. 그 과정에서 동북아 지역에서 양국의 안정된 관계와 상호 유익한 협력을 조성하는데 중요한 걸음을 내딛게 되었다. 이런 결과에는 긍정적인 측면과 부정적인 측면을 동시에 고려해 볼 수 있다. 중국상인들과 노동자들의 러시아로의 대량 이주가 포함되며 그 중 대다수는 불법으로 이주가 급속하게 발생했고 일부 마약밀거래를 하는 범죄자들까지 포함되어 있어 문제의 심각성을 더했다. 여기에다 중국의 값싼 저 품질의 제품들이 러시아 시장을 장악함으로써 상황을 더욱 악화시켰다. 이는 곧 극동지역 내의 반중국인 감정을 조성하기도 했다. 동시에 앞서 살펴보았듯이 동 지역이 겪고 있는 노동력 부족에 대한 중국인 노동자들의 유입은 동 지역의 경제개발에 활력을 제공하게도 했다.

증가하는 중국인 불법 이주자를 줄이기 위해서 양국정부는 강화된 비자정책을 도입했고 상호 협의에 서명했으며, 국경 수비대의 역할 강화로 법적인 규제를 강화하기도 했다. 양국은 지속적인 외교적인 협상과 접촉을 통해서 상호 신뢰에 바탕을 둔 경제적 교류 및 교섭 확대를 통해 국가간 갈등을 해결한 대표적인 국제분쟁 사례가 되었다. 이와 같이 러시아 극동과 중국 북부지역은 지리적 인접성으로 경제적 상호 의존도가 크게 증가하는 계기가 되었다. 양국의 국경지역을 중심으로 지속적으로 경제 교류 확대 및 강화에 목표를 둔 상호간의 윈-윈 전략은 주변국에게 시사해주는 바가 크다.

▮ 미주 ▮

1) 더 자세한 중-러 상호 국경선 협상은 제1장을 참조 바람.
2) 필자는 1996년 9월 연해주에 자료 수집 및 전문가 인터뷰를 위해 방문했는데 많은 중국 상인들을 거리 곳곳에서 쉽게 만날 수 있었고 값싼 중국 생활용품과 식품을 직접 구매하기도 했다.
3) 새로운 경제지역은 양 국가의 국경에서 각각 10㎢의 면적을 말한다(Financial Times, 1994. 1. 5).
4) 필자 역시 1996년 9월 블라디보스토크를 방문했을 비자를 받기 위해 공식적으로 초청장을 연해주 극동대학에 근무하는 러시아 학자를 통해서 받아야 했고 도착 후에 근처 경찰서에 등록했는데, 소정의 등록비 수수료를 지불했다.
5) 17개의 합의 사항들은 과학, 기술, 그리고 문화교류, 통관절차, 조정과 공문을 제공하는데 필요한 상호간의 업무이며 양측은 모든 현금이나 물물교환 거래에 동의했고 현금으로 모든 관련 무역을 통관하는데도 동의했다.
6) 연해주(Primorskii)의 약 1,500ha와 두만강의 일부분이 중국에 양도되어야 하며 이로써 중국이 동해로의 접근이 가능해짐을 의미한다(Vladivostok News, 1996. 4. 17); 중국은 칸카이(Khankai) 지역에서 300ha의 들판을, 우수리 지역에서 960ha의 삼나무 숲, 하산지역의 두만강을 따라 330ha의 땅도 양도 받게 되었다(Interfax, 1995. 2. 8).

▮ 참고문헌 ▮

본 장은 "중・러 국경지역의 변화 -러시아 극동으로의 중국인 이주 및 활동을 중심으로, 1990~1998,"「이순신연구논총」순천향대학교(2004 가을・겨울), 제3권에 실린 글을 수정 및 보완했음

Helgeson, Ann C.(1990), "Population and Labour Force," in Allan Rodgers (ed.) *The Soviet Far : Geographical Perspectives on Development*, London : Routledge.

Huntington, Samuel(1998), *The Clash of Civilizations and the Remaking of World Order*, London : Touchstone.

Kerr, David(1996), "Opening and Closing the Sino-Russian Border : Trade, Regional Development and Political Interest in Northeast Asia," *Europe-Asia Studies*, Vol. 48, No. 6.

Lukin, Alexander(1998), "The Image of Chinain Russian Border Region," *Asian Survey*, Vol. 38, No. 9.

Moltz, James Clay(June 1995, “Regional Tensions in the Russo-Chinese Rapprochement,” *Asian Survey*, Vol. 35, No. 6.

Segal, Gerald(1990), *The Soviet Union and the Pacific*, London : The Royal Institute of International Affairs.

Trenin, Dmitri(1999), Russia’s China Problem, Moscow : Carnegie Moscow Centre.

Yufan, Hao(Summer 1991), “The Development of the Soviet Far East : a Chinese Perspective,” *Korea and World Affairs*.

Yun, Yeongmi(July 2001), Setting the Political Agenda in the Russian Far East in the Post - Soviet Era, *Unpublished Ph.D Thesis* at Glasgow University.

Transition(1995), Vol. 1, No. 17, September, 1995.

Diplomaticheskii vestnik(1996), no. 5, 1996.

Vestnik Ministerstva inostrannykh del SSSR(1991), no. 7, 1991.

「Guardian」 1996. 4. 30.

「Financial Times」 1994. 1. 5.

「RA Report」 No. 16, 1994. 1.

「RA Report」 No. 17, 1994. 7.

「South China Sunday Morning Post」 1994. 7. 10.

「SUPAR Report」 No. 1992. 7. 13.

「Tass」 1995. 2. 11.

「The Moscow Times」 1998. 5. 27.

「The New York Times」 1993. 8. 25.

「Vladivostok News」 1998. 7. 10.

「Xinhua」 1993. 3. 2.

「Amurskaya pravda」 1993. 3. 4.

「Komsomolskaya pravda」 1994. 6. 22.

「Rossiiskiye vesti」 1997. 5. 6.

「Vostok Rossii」 No 33, 1993. 8. 18.

제 3 장

탈냉전기 러-일 영토분쟁

남쿠릴 섬 분쟁의 양상과 전망

I 끝나지 않은 러-일 영토분쟁

우리 인류는 공간 안에 존재하며 공간을 개발하는 동시에 파괴하면서 인간 활동에 적절한 변형을 시도하며 발전하고 있다. 풍부한 원료를 획득하기 위해 지속적인 탐험과 정복이 되풀이되면서 지배 영역 확대를 둘러싼 다툼이 있어왔다. 이는 종종 국가간 알력과 분쟁의 요인으로 작용하고 있다. 특히 국제정치의 주체들은 안보를 지키기 위해 자국과 주변국에 대한 지정학적 전략을 연구하고 우위를 선점하기 위한 영향력 확대를 끊임없이 모색하고 있다(이영형, 2002 : 9). 탈냉전기 러-일 양국의 관계정상화에 최대 걸림돌이 되고 있는 영토영유권 분쟁도 이런 맥락에서 파악해 볼 수 있다. 명치유신 이후 지속적으로 전개된 일본의 대외팽창 정책과 1890년대 초 시베리아횡단철도(TSR) 부설을 중심으로 제정러시아의 아시아로의 남진정책과의 충돌이 오늘날 양국 간 영토영유권 분쟁의 출발이 되었다. 당시 동아시아 패권을 향한 일본의 대외팽창적인 외교정책은 아시아에 대한 유럽 국가들의 침략정책에 동조하면서 동 지역을 점령하는 정책을 추진했다. 청-일전쟁(1894～1895)에서 승리한 일본은 한반도와 만주지역에서의 세력 확대를 위해 러시아와의 충돌이 불가피했다. 러-일전쟁(1904～1905)에서 승리한 일본은 한반도와 만주에 이어 사할린과 쿠릴열도 전체를 장악하게 되었다. 그 후 2차 세계대전 말 소련의 무력 점령에 의해 오늘날까지 러시아의 영토로 남아있다.

남쿠릴 4개 섬 분쟁은 단지 당사국인 러-일 양국만의 문제가 아니다. 탈냉전 시대 지정학적 환경의 변화에도 불구하고, 전략적으로 러시아연방의 태평양 진출로이자 일본의 해양세력 확대와 관련을 갖는 동북아 국가들의 안보전략과도 밀접한 연관성을 갖는다(윤영미, 2005 : 216). 1980년 중반 고르바초프의 등장 이후 러-일 양국은 수차례 정상회담을 통해 영토문제 해결을 통한 평화조약 체결과 경제협력 증진에 합의한다는 데 공통된 인식을 갖고 있었다. 그러나 양국의 경제지원과 영토반환이라는 서로 다른 입장에서, 영토문제에 대한 뚜렷한 합일점을 도출하지 못하고 있다. 특히 1994년 유엔해양법협약에 따른 200해리(370.4km) 배타적 경제수역이 선포된 이후, 바다 밑의 땅이 가치 있는 땅으로 급부상함에 따라 일본의 동북아 지역에서의 영향력 확대는 독도 및 조어도를[1] 포함한 주변국들과 산재한 많은 섬들에 대한 영유권 분쟁으로 남아있다. 일본의 영토 영유권 주장은 팽창전략과 함께 풍부한 수산 및 지하자원 확보에 발판을 두고 있으며 해양에 대한 지정학적 공간의 중요성을 증폭시키는 요인이다. 자국영토 수호하에 민족주의가 강하게 일고 있어 해양질서 및 권익 확대를 둘러싸고 세력 재편과정이 더욱 심화되고 있다.

러-일 양국의 동 지역에 대한 접근은 정치적, 군사 안보적, 경제적으로 포기할 수 없는 전략적 요충지로서 전후 지금까지 러-일 양국 간 갈등과 협력의 외교관계를 주기로 되풀이 하게 만든 결정적 요인이 된다. 남쿠릴 4개 섬을 포함하는 쿠릴열도는 수심이 깊은 부동해로 오호츠크해에서 태평양으로 이어지는 러시아 극동함대의 통로인 전략적 요충지다. 인근해역은 쿠릴해류와 일본해류가 만나는 세계최대 어장으로 명태・대구・청어・연어・가재・털게・다시마 등 일본 전체 어획량의 10% 이상을 생산할 수 있는 풍부한 수산자원을 보유하고 있는 곳이다(서남열, 1999 : 160; 윤영미, 2003/2004년 겨울 : 149-151). 이러한 군사적 및 경제적 의미는 양국 간 쿠릴열도를 둘러싼 "소유와 반환"의 지정전략을 더욱 복잡하게 만들고 있다.

이런 맥락에서 본 장에서는 탈냉전기 러-일의 영토분쟁을 러시아의 "지배당위성과 일본의 고유영토론” 접근에 기초해 양국의 영유권 분쟁을 정치적, 경제적, 군사 안보적인 관점에서 고찰해 보고자한다. 이하의 글 구성은 다음과 같다. 제Ⅱ장에서는 러-일 영토분쟁의 핵심이 되고 있는 남쿠릴열도 점령의 역사적 배경과 양국의 소유권 논쟁을 살펴보고, 제Ⅲ장에서는 양국의 영토분쟁 해결의 최대 걸림돌인 정치적, 경제적, 군사안보적 관점을 집중적으로 분석해 볼 것이다. 제Ⅳ장은 본 논문의 종합으로 러-일 영토분쟁의 시사점과 향후 전망에 대해서 조망해 볼 것이다.

Ⅱ 러-일 영토분쟁의 이론적 접근과 인식 : 고유영토론 vs 지배 당위성

2.1. 남쿠릴 4개 섬의 역사적 반환 논쟁

일본의 대러시아 외교정책의 최우선 현안 과제는 영유권 논쟁이 전개되고 있는 북방영토(일본식 호칭으로 북방 4개 섬이라고도 함)에 있다. 러시아식 호칭은 남쿠릴열도(Southern Kurils, 이하 남쿠릴 4개 섬이라고 함)이다.[2)] 남쿠릴 4개 섬은 현재 러시아에 속한 사할린 남부 쿠릴열도의 일부이다. <그림 3-1>에서 보듯이 이들 4개 도서의 총면적은 4,996km²로 오키나와의 약 4배이며 홋카이도와 러시아의 캄차카반도 사이에 징검다리 모양으로 늘어선 22개의 쿠릴열도 가운데 최남단의 홋카이도 동북쪽에 위치한다. 에토로후(擇捉), 쿠나시리(國後), 시코탄(色丹) 3개 섬과 여러 개의 작은 섬으로 된 하보마이(齒舞)군도를 말한다(Vitaly Gaidar, 1994 : 43-52). 동 지역에 1만 9,000여명이 거주하고 있으며 러시아 극동의 사할린주가 관할하고 있다.[3)]

역사적으로 17~18세기 쿠릴 4개 섬에는 일본인도 러시아인도 아닌 아이누족(소수민족으로 현재 일본에 남아있다)이 거주하고 있었다. 러-일의

〈그림 3-1〉 쿠릴 4개 섬(북방영토)

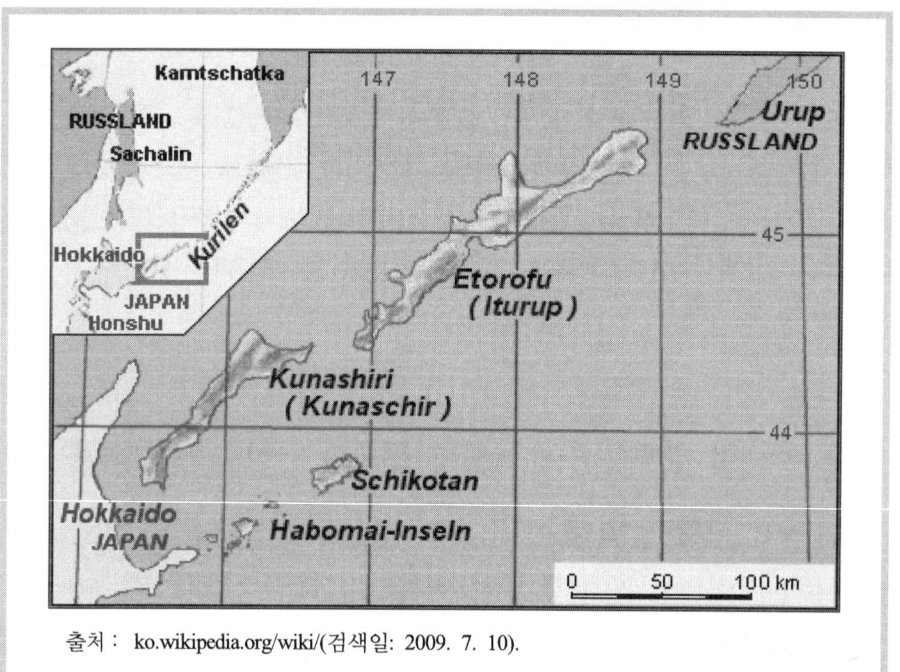

출처 : ko.wikipedia.org/wiki/(검색일: 2009. 7. 10).

영유권 분쟁은 19세기 초 당시 시베리아를 넘어 동진정책을 추진하고 있던 제정러시아가 사할린과 쿠릴 열도까지 남하했을 당시 홋카이도를 넘어 북상하고 있던 일본과 충돌로 재개 되었다. 아이누족과 상관없이 제정러시아와 일본은 1855년 일본 시모다(下田)에서 시모다 화친조약(러·일 우호통상조약)을 체결했다(V. Kozhevnikov, Otchet simpoziuma, 1995 : 13). 동 조약은 러-일 양국간 최초의 국경선 획정 조약으로 쿠릴열도의 22개 도서에 대한 분할 문제가 합의되었다. 남쿠릴 4개 섬은 일본의 영토로, 나머지 쿠릴열도 18개 도서는 러시아 영토로, 사할린은 러시아와 일본이 공동관리하기로 했다. 그러나 사할린 지역에 대한 러시아의 팽창정책으로, 1875년 양국간 세인트 피터스버그조약을 통해서 사할린과 쿠릴열도의 영토교환조약이 성립되었다. 양국의 공동 관리 하에 있던 사할린을 러시아에 귀속시키는 대신, 남쿠릴 4개 섬을 포함한 쿠릴열도 전체가 일본에 귀속되었다.

그러나 1890년대 시베리아횡단철도 건설을 통해서 계속되는 러시아의 한반도와 만주지역의 세력 확대는 일본의 대륙진출에 대한 직접적인 위협으로 간주되었다. 1894년의 청-일전쟁에서 승리한 일본은 1900년대 초부터 한반도에서의 러-일 양국의 세력분할 개입을 본격화했고,[4] 그 결과 양국간 포기할 수 없는 이권 경쟁이 1904년 러-일전쟁으로 확산되었다. 1904년 2월 인천 앞바다에서 일본의 선제공격과 함께 전쟁이 발발하게 된다. 러-일전쟁에서 일본의 승리와 미국의 중재에 의해 러-일 양국은 1905년 9월 "포츠머드 강화조약"을 체결하고,[5] 동 조약에서 일본은 북위 50도 이남의 남부 사할린을 러시아로부터 강제로 할양 받았다. 1855년 시모다 조약에 의해서 관리한 적이 있던 사할린 남부지역을 다시 점령하게 된 것이다. 이로써 일본은 북방도서 전체와 남부 사할린을 2차 세계대전 말까지 점령하게 되었는데, 궁극적으로 러시아의 동진정책은 일본의 한반도 및 만주진출에 의해서 저지되었다(최장근, 2005 : 61-64).

2차 세계대전 말, 1945년 2월 얄타회담에서 미국과 영국은 소련에게 참전을 요구했는데, 스탈린에게 "독일이 항복한 후 3개월 이내에 소련이 대일본전에 참전한다면, 1905년 포츠머드 조약의 결과로 상실당한 북위 50도 이남의 남사할린 및 쿠릴열도에 대한 소련의 영토권을 인정하겠다"고 약속했다(В. К. Зиланов, 1995 : 17). 동년 7월 포츠담 회담에서도 이를 재차 확인함에 따라 소련은 8월 대일본전에 참전하였고, 남부 사할린 및 쿠릴열도 전체를 점령하였다. 소련의 참전은 결국 쿠릴열도에 대한 일본과의 영유권 분쟁의 새로운 시발점이 되었다(홍완석, 2002 여름 : 329).

일본은 러시아의 쿠릴 4개 섬 무력점령을 국제법 위반이라고 규정하고 대형 경제협력을 제시하면서 러시아와 협상을 진행해왔지만 4개 섬 일괄반환이라는 가시적 성과를 달성하지 못했다. 러-일 영토분쟁의 핵심은 "쿠릴 4개 섬"이 쿠릴열도에 포함되느냐의 여부에 대한 양국의 상이한 해석과 인식에서 출발한다. 이것은 일본정부가 주장하는 "고유영토론"에 근거한 것인데, 주요 논쟁을 살펴보면 다음과 같다.

첫째, 역사적으로 일본이 주장하는 쿠릴 4개 섬의 법률적 근거는 1855년 체결한 시모다 조약에 근거한다. 쿠릴 4개 섬 중 "하보마이 군도와 시코탄"은 홋카이도의 일부였고, 쿠나시리와 에토로후는 시모다(1855)조약 이래 일본고유의 영토였다는 일괄된 주장을 한다. 동 조약 2조에 의해서 일본과 러시아와의 국경은 에토로후섬 이남의 4개 섬으로 정해졌으며, 러시아가 일본의 영토로 인정함으로써 일본이 통치해온 고유한 영토였다는 것이다(최덕규, 2005. 8. 29). 그 후 1875년 러시아에게 사할린을 양도하고 쿠릴열도 18개 섬을 인수하였으므로 "쿠릴 4개 섬과 쿠릴열도는 별개"라는 주장이다.

둘째, 아울러 2차 세계대전 전후 소련이 쿠릴열도에 대한 영유권을 근거로 제시한 얄타협정(1945년 2월)은 연합국의 수뇌들 간에 전후처리 방침을 진술한 것으로 동 협정은 당사국인 일본이 배제된 상태에서 이루어진 "비밀 협정"으로써 법적인 구속력이 없다며 무효라고 주장한다. 이에 근거해 일본은 1945년 러시아의 4개 섬 점령은 국제법 위반이라고 주장한다. 소련이 일본의 패전을 기해 무력 점령했기 때문에 네 섬 모두를 돌려줘야 한다는 정서가 팽팽하다.

셋째, 1951년 샌프란시스코 평화조약(제2조 c항)은 일본의 쿠릴열도에 대한 권리 및 청구권을 포기한다고 명시했지만 쿠릴 4개 섬에 대한 지리적 범위 및 귀속처는 조약에 포함되지 않았다는 것이다(John J. Stephen, 1974 : 245).[6] 더욱이 일본은 동 조약에 조인하지 않았던 소련과 이와 같은 사항들에 대해 독자적으로 교섭해야 한다고 주장한다. 일본의 남쿠릴 4개 섬에 대한 고유영토론에서 출발한 대응 논리에 근거해 일본이 동 도서에 대한 주권을 행사하고 있음을 국제적으로 알리기 위해서 북방영토라 호칭하고 있으며, "4개 섬 일괄반환"을 계속해서 요구하고 있다.

반면, 일본의 고유영토론에 대한 러시아의 대응은, 양국간에 영토분쟁은 존재하지 않으며, 이미 해결되었다는 입장이다. 러시아의 대응 논리를 정리해보면 다음과 같다 :

> 러시아는 "전후 일련의 국제조약 및 결정"에 따라 하보마이, 시코단, 쿠나시리, 에토로후가 러시아 영토가 되었다고 주장한다. 그 일련의 조약과 결정이란 얄타협정, 포츠담선언, 샌프란시스코 강화조약이다. 얄타회담에서 루스벨트와 처칠은 스탈린에게 소련의 대일참전 조건으로서 쿠릴열도를 소련에 인도하기로 결정했으며 샌프란시스코 강화조약 제 2조에서 '일본은 쿠릴열도와 일본이 1905년 9월 5일 포츠머스 조약의 결과로 주권을 획득한 사할린의 일부와 그에 인접하는 도서에 대한 모든 권리 및 청구권을 포기한다'고 규정했기 때문에 남쿠릴열도는 러시아 영토라는 입장이다(최덕규, 2005. 8. 29).

17세기 후반부터 이미 제정러시아의 시베리아 및 극동지역으로의 영토확장정책에 의해서 탐험대가 태평양북부 활동을 통해 1691년 이들이 처음으로 쿠릴열도를 발견했고, 얄타회담과 포츠담선언, 샌프란시스코 강화조약 등 일련의 국제조약에 의해서 합법적으로 취득한 영토로, 사할린 남부와 4개 섬이 포함된 쿠릴열도를 확보하게 된 자신의 영토라며 일본의 고유영토론을 강력하게 반박한다. 아울러 러-일전쟁(1904~1905)에서 일본에 병합된 영토와 러시아가 상실한 지위를 동시에 회복하게 된 것임을 강조한다(최덕규, 2005. 8. 29).

근본적으로 러시아는 일본에 반환해야 할 영토가 없다는 것이며, 국제법적으로 해결되었기 때문에 일본의 영토반환 요구는 불법적이라고 간주한다. 더욱이 2차 세계대전의 결과물로써 국제적으로 일본과 새로운 국경을 획정한 것이며, 양국간의 조약이나 협정에 의한 것이 아니라 전후의 산물로 결정된 국경은 변경할 수 없다는 현상유지에 입각하고 있다. 러시아는 1956년 10월 소련의 후르시초프가 제안하여 일본과 체결한 일・소 공동선언에 기초해 "시코탄과 하보마이"의 일본 반환은[7] 받아들일 수 있다는 주장이다. 면적이 적고 인구가 적은 하보마이와 시코탄은 돌려 줄 수 있지만 에토로후와 쿠나시리는 원래 쿠릴열도에 속하기 때문에 돌려 줄 수 없다는 입장을 강력하게 고수하고 있다.

2.2. 탈냉전기 러-일 영토협상 : 두 개 섬 vs 네 개 섬 반환 논쟁

2차 세계대전 종결 후 동서냉전이 격화되면서 미-소 관계 악화는 소일 관계의 냉각을 의미했다. 소련은 일본의 영토반환에 대해서, 양국 간에 영토 문제는 존재하지 않는다고 강경하게 주장하기도 했다. 동 지역은 또한 미국의 동북아 지정전략에 포함되었다(홍완석, 2002 여름 : 341-342). 예를 들면, 1951년 샌프란시스코 강화회담에서 미국은 모스크바가 요구한 "남부 사할린 및 쿠릴열도에 대한 소련의 주권 인정"을 인정하지 않았다. 그 이유는 미국은 동맹국인 일본의 의견에 따른 것이었고, 이에 소련은 샌프란시스코 강화조약에 서명을 거부한 채, 남쿠릴 4도를 무력으로 강점해 버렸다. 일본에서 영토 반환협상에 가장 먼저 나선 사람은 하토야마 이치로 전 총리였는데, 1955년 일본은 소련이 제의한 2도(하보마이, 시코탄)를 우선적으로 반환 받고, 평화조약 체결 후 나머지 2도(쿠나시리, 에토로후)를 반환하는 수순을 밟겠다는 의도였다. 이치로 총리는 1956년 옛 소련을 방문해 일소 공동선언에 조인함으로써 양국간 영토해결을 위한 법적 근거를 마련하고자 했다(Kozhevnikov, 1996 : 48-49). 그러나 미국은 1951년 샌프란시스코 조약에 의거하여 자국이 관할하고 있던 오키나와섬의 반환문제와 연계하여 일본의 대(對)소련 접근을 차단시켰다. 미국은 일본이 시코탄 및 하보마이 2도 반환으로 소련과 평화조약을 체결한다는 것에 제동을 걸었다. 왜냐하면, 2도를 우선적으로 반환받게 되면 전략적으로 중요한 에토로후와 쿠나시리 섬을 포기하는 것으로 미국은 간주했고, 강경한 반대론을 전개하였다(김명주, 1990 : 32). 일본 역시 2도 반환의 "실리론"에서 4도 일괄 반환이라는 "강경론"으로 선회하게 되었다.

1960년대 말과 1970년대 초 국제적으로 미-소 데탕트가 조성되면서 소-일 양국간 평화협정에 대한 논의가 재개되기도 했다.[8] 닉슨 미국 대통령의 중국 베이징 방문 직전인 1972년 1월, 브레즈네프의 일본방문 기간 동안 외무장관 안드레이 그로미코는 북방영토 관련해 다시 한 번 1956년 선언에 기초해 "2개 섬 반환"을 제의했지만 일본은 이것을 수용하지 않았다.[9] 이렇게 일본은 1956년과 1972년의 제안을 거절했으며, 소련과의 평화조약에 서명하기 전 4개의 섬 반환을 강경하게 요구했다.

1973년 다나카-브레즈네프 공동성명에 북방영토 반환이 다시 언급되었지만, 1960년 미-일 신안보조약과 1978년 중-일 평화우호조약 체결은 소련의 반발을 더욱 가중시켰고, 소련은 1978년 “4개 섬은 소련영토이므로 일본에 인도할 수 없다”는 강경한 성명을 발표했다. 일본 역시 1981년에 소련이 지배하고 있는 북방 4개 섬을 일본 땅이라며, 1855년 시모다(下田)조약 체결일인 2월 7일을 ‘북방영토의 날’로 제정해 국가적 규모의 반환운동 차원으로 발전시켰다.[10)]

1985년 미하일 고르바초프 등장 이후 영토영유권에 대한 경제적 접근이 시도되었다. 그의 신사고 외교정책에 기초해 일본의 경제 지원을 확대하고 평화조약을 체결하기 위해서 영토문제는 해결돼야 한다는 유연한 입장으로 선회하게 되었다(Paul Marantz, 1997 : 342). 고르바초프의 일본으로부터 경제협력을 이끌기 위한 노력은 1991년 4월 일본방문으로 결실을 맺고 양국간 영토협상이 재개되었다. 가이후 도시키 총리와 고르바초프 대통령은 4개 섬 귀속에 대한 양국의 입장을 고려한다는 내용이 포함된 공동성명을 발표했다. 영토분쟁에 대한 양국 간 뚜렷한 성과는 없었지만 4개 섬의 일-소 주민교류확대, 일본국민의 무비자 방문, 4개 도서 주둔 소련군 감축에 합의했다(Moscow Radio World Service, 1992. 3. 23; 통일연수원, 1992 : 313). 소련 붕괴 후 러시아연방의 보리스 옐친 대통령 역시 경제위기를 해결하기 위해 대일관계 개선에 관심을 보였다. 옐친 대통령 시기 일본은 러시아가 영토문제에 대해서 4개 섬 동시 반환 대신에 북방영토에 대한 “일본의 영주권을 인정하면” 반환 방법과 시기에 대해서 유연하게 대처하겠다는 입장을 취했다(Kommersant-Daily, 1998. 10. 20). 옐친은 쿠릴 4개 섬에서 점진적인 군 철수와 일본의 대규모 경제지원을 조건으로 4개 섬의 단계적 반환이라는 파격적인 안을 제시하기도 했다. 옐친 대통령은1992년 9월과 1993년 5월 두 차례의 방문 연기 후, 1993년 10월 일본을 방문해 호소카와 총리와 도쿄선언을 발표했다. 도쿄선언에서 양국은 1956년 일소 공동선언 유효성을 재확인했다. 러시아는 일본과의 영토문제 대상이 4개 섬이고 법과 정의의 원칙에 기초하여 영토분쟁을 해결과 평화조약의 조기해결을 위해 정부간 협상을 개최할 것에 합의했다.[11] 1994년 9월 양국간 사상 처음으로 합동군사훈련을 실시했으며, 1995년 9월 홋카이도 오타루항과 앞바다에서 두 번째 합동수색 및 구조훈련을 실시하기도 했다(김강녕, 1999 : 72-73). 그러나 1996년 2월 22일 일본이 북방 4개 도서를 포함한 200해리 경제수역을 선포하게 되었다. 이로써 러시아의 입장은 강경해졌지만[12] 동년 11월 일본에 대해 북방영토의 공동개발을 공식적으로 제의했다. 계속해서 러시아는 1997년 6월 북방 4개 도서 중 쿠나시리 주둔 2개 부대를 철수하기로 하는 등 도서문제에 대한 가시적 조치를 취하였다. 동년 11월 러시아와 일본은 정상회담을 통해서, 2000년까지 북방도서 영유권 문제의 해결을 포함한 평화협정 체결을 위해 노력하기로 합의했다. 1998년 1월에 러시아가 쿠릴열도의 병력감축을 약속하였고, 2월에는 1956년 당시 러・일 공동선언에서 러시아가 제시한 하보마이와 시코탄 두 섬의 반환이 법적으로 유효함을 공식화하기도 했다.

이런 일련의 외교적 노력에도 불구하고, 영토 반환문제가 큰 진전을 보이지 않다가 1995년 4월과 5월에 일본 선박이 러시아 함정의 폭격을 받는 사고가 발생했다. 그러나 1996년 4월 하시모토 총리는 러시아를 방문해 "도쿄선언"에 입각하여 양국관계의 발전을 재확인하였고, 이후 일본방위청장관과 러시아 국방장관 회담에서 양국 안보대화와 방위교류 강화를 확인하는 합의문서에 서명하였다. 그리고 러시아는 분쟁 섬에서 주둔병력 감축을 발표하였다. 1997년 7월 하시모토 일본수상은 "신뢰, 상호이익, 장기적 관점"이라는 "대러 신 3원칙"을 내용으로 하는 광범위한 경제지원을 제시했으며, 동년 11월 옐친과 하시모토 총리는 시베리아 남동부 크라스노야르스크 정상회담에서 2000년까지 평화협정 체결을 촉구함과 동시에 경제협력방안을 규정한 "하시모토・옐친 플랜"에 합의했다(고재남, 1997 : 8). 또한 러-일 양국은 영토협상에서 역사적, 국제법적 근거를 달리하면서 탈냉전기 해결의 실마리가 보이는 국면이 나타났다. 더불어 1998년 2월 22일에는 양국간 새로운 어업협정을 체결했고, 러시아는 일본 어선의 쿠릴열도 조업을 허용하기도 했다. 이러한 과정에서 가장 진전된 형태로 가시화된 것이 1998년 4월 옐친 대통령의 일본 방문을 통해서 오부치 총리와 "전략적, 지정학적 이익에 부합하는 창조적 파트너십"을 강조한 쿠릴 4개 섬 문제의 조속한 해결에 합의한 "모스크바 공동선언"이었다. 양국은 4개 섬 공동개발과 국경획정위원회 설치에도 합의하였다(Rossiiskaya gazata, 1998. 11. 14). 그러나 동년 하시모토 총리는 참의원선거 패배로 퇴진하게 되었고 옐친 대통령도 1999년 건강 문제로 사임함으로써 모스크바 공동선언은 실효를 거두지 못했다.

2000년 양국 해군 간 연합훈련 등 교류협력을 강화하는 조치들이 이루어졌다. 러시아의 새 대통령 블라디미르 푸틴은 2000년 9월 일본 방문을 통해서 1956년 공동선언에 기초해 평화조약 체결의 공동노력을 촉구했다(최태강, 2004 : 141). 또한 2001년 3월 이르쿠츠크 정상회담에서 다시 한번 푸틴은 일본의 모리 총리에게 1956년 2도 반환을 명기한 소·일 공동성명의 유효성을 재확인했고, "하보마이와 시코탄" 섬의 우선 양도와 나머지 두개 섬은 단계적으로 양도할 수 있다는 관련 조항 이행 방침을 제시하게도 했다(The Japan Times, 2001. 3. 27). 하지만 타협안은 일본 내 우익과 외무성 일부 관료들, 이익집단들의 로비에 의해 일본이 "4개 섬 일괄 반환론"으로 급선회하면서 큰 성과를 달성하지 못했다. 2003년 1월 고이즈미 총리는 모스크바를 방문해 푸틴 대통령과 4개 섬 귀속 문제 해결을 통한 평화조약 조기체결 합의 후, "일-러행동계획 채택에 관한 공동성명"을 발표하기도 했다.

2004년 9월 역대 총리보다는 더 적극적으로 영토에 집착하고 있는 고이즈미 총리는 직접 해상보안청 순시선을 타고 분쟁 섬 주변을 시찰했다. 1945년 2차 세계대전 종전과 함께 북방 4개 섬을 되찾기 위해 일본 역대 총리들이 노력했듯이 고이즈미 역시 영토 회수에 주력했다. 중요한 것은 러시아의 입장에 큰 변화가 없었다. 2004년 12월 말 푸틴 대통령은 기자회견에서 "일본도 1956년 공동선언을 비준했음에도 왜 4개 섬 반환을 지속적으로 요구하는지 모르겠다,"고 발언함으로써 영토분쟁은 원점으로 회귀하고 있음을 분명히 했다.[13] 2005년 3월 일본은 영토 반환협상이 교착상태에 빠지자 홋카이도에서 북방 영토수련회를 22년 만에 개최했다. 수련회를 통해서 러시아에게 기한을 설정해 4개 섬 일괄반환을 요구하는 성명서를 발표했다. 이에 러시아는 기한 설정은 비현실적이라며 강하게 반발했다. 2005년 4월에는 예정되었던 푸틴 대통령의 방일이 연기되기도 했는데 북방영토에 대한 일본의 강경입장 때문인 것으로 보도되었다.

이처럼 탈냉전기 러-일 양국간 쿠릴 4개 섬 영유권분쟁은 정상회담을 통한 외교적 해결이 지속되었다. 양국 간에는 2개 섬을 우선 반환한 뒤 남은 2개 섬을 공동개발하며, 장기적으로 추가 반환을 논의하는 타협안이 논의된 적도 있다. 푸틴 대통령 역시 평화조약 체결을 전제로 1956년 일소 공동선언에 기초해 2개 섬 반환이라는 선에서 영토협상을 제안했지만, 고이즈미 총리는 2개 반환은 기정사실이라며 쿠릴 4개 섬의 일본 귀속을 명확히 한 후에 평화조약을 체결한다는 도쿄선언 준수를 계속해서 주장함으로써 별다른 진전 없이 표류하고 있었다.

Ⅲ 탈냉전기 영유권 해결의 장애물 : 정치적, 경제적, 군사안보적 접근

앞서 언급했듯이 일본은 남쿠릴 4개 섬 해결의 전제 조건으로 러시아에 대한 경제지원 및 대규모 경제협력 가능성을 직·간접적으로 표명해 왔다. 러시아는 하보마이와 시코탄을 우선적으로 해결하고 나머지 2개 섬(에토로프, 쿠나시리)을 차후에 해결하자는 주장을 제기했다. 이에 대해 일본은 4개 섬 반환을 전제조건으로 구체적인 문제를 논의해야 한다는 입장을 고수하고 있다. 따라서 일본에서 일고 있는 이러한 4개 섬 일괄 타결 영유권 주장이 양국간 갈등을 초래하고 있다. 뿐만 아니라 러시아 내 언론과 야당은 영토반환 결사반대를 외치고 있기 때문에 푸틴 대통령도 이런 여론을 의식한 듯 대일 협상에는 소극적인 자세를 보였다. 러시아는 자국 내 극동 및 기타 지역에서 일고 있는 분리 움직임에 대한 모스크바의 통제 필요성과 동 도서의 전략적 가치 등 상당한 기회비용을 감수해야 한다. 쿠릴 4개 섬 분쟁에 대한 러시아 내의 반대 입장 역시 강하게 나타난다. 특히, 쿠릴 4개 섬을 관할하고 있는 사할린주가 영토 반환문제에 가장 강력하게 반발한다(강성학 외 공저, 2004 : 156).

러시아는 일본의 고유영토론 주장에 대한 반박 외에 탈냉전기 영토문제 해결의 선례가 된다는 점에서 우려를 표명하고 있다. 현재 러시아는 북방 4도 문제 이외에도 체첸, 중국, 에스토니아, 라트비아, 폴란드, 독일, 핀란드 등과 해결해야 할 약 20여개에 달하는 영토문제가 있다. 남쿠릴 4개 섬 분쟁 해결은 이 같은 외국과의 영토문제 처리의 선례가 될 수 있고, 경우에 따라서는 부정적인 영향을 미칠 수도 있기 때문에 러시아로서는 신중한 입장을 고수할 수밖에 없다(서남열, 1999 : 162-163). 일본과의 영유권 분쟁에 대한 현실적으로 직면한 장애물을 정치적, 경제적, 군사안보적인 관점에서 살펴보겠다.

첫째, 정치적으로 러시아 의회가 영토반환을 동의하는가의 문제이다. 영토변경과 관련된 문제는 러시아 상원 및 하원의 절대적인 동의가 필요하다. 하원에서 2/3 이상의 찬성과 상원 3/4이상의 찬성이 있어야 한다. 민족주의 성향이 강한 의회에서 의원들의 영토 반환 문제에 대해서 동의를 얻기는 쉽지 않다. 또한 쿠릴 4개 섬에 대한 러시아의 국민감정 문제도 제기된다. 러시아는 일본의 투자 유치가 필요한 입장이지만, 영토문제가 걸림돌로 작용하기 때문에 일본의 투자 유치가 소극적인 것이다. 러시아의 지식인과 언론인을 비롯한 다양한 사회계층들은 경제적 이유로 영토반환 흥정에 반대 입장을 표명하고 있다.

예를 들면, 1991년 11월과 1992년 8월 모스크바의 여론조사 기관인 Vow Populi에 의해 1,590명의 응답자를 대상으로 북방영토에 대한 러시아인들의 여론조사가 실시되었다. 응답자의 3분의 2이상이 4개 섬의 일본 반환에 반대하였다(*Mir mnenii i mneniya o mire*, October 1992. 10 : 1). 1994년 11월과 1998년 4월에 실시되었던 18세 이상 1,600명을 대상으로 한 여론조사 결과에 의하면,[14] 러시아인들의 영토반환에 대한 반대의견은 1991년 11월 71%에서 1998년 8월 79%로, 해가 거듭될수록 오히려 반대의견이 증가하였다. 일반적으로 6대 1의 비율(7명 중 6명 반대와 1명의 찬성)로 4개 섬의 일본 반환에 반대한 것이었다.[15] 여기서 주목할 만한 것은 세대, 직업, 교육의 정도에 따라서 영유권 분쟁의 상이점을 찾아 볼 수 있다. 대부분 60세 이상 노동자로서 연금생활을 하며 고등교육을 받지 않은 사람들은 10대 1의 비율로 반대 하였으며, 반면에 30세 이하 관리직이며 전문직이거나 학생들은 4대 1의 비율로 반대의사를 표시하였다. 이것은 곧 낮은 교육수준과 고령일수록, 소득 수준이 낮을수록 보다 더욱 강력하게 영토 반환에 반대했다. 탈냉전기 러시아 국내에 정치적으로 일고 있는 민족주의에 의해서 한 치의 양보도 할 수 없다는 분리 독립 절대불사 여론이 강했다(윤영미, 2005 : 183-184).

둘째, 경제적으로 영유권 변경을 위해서는 북방 4개 섬을 관리하고 있는 사할린주의 동의가 필요하지만, 남쿠릴 4개 섬 주민 및 사할린주는 영토반환 절대 반대 입장이다. 이유는 북방 4도가 일본에 귀속될 경우, 입어료(入漁料)가 막대하여 사할린 주민의 수입 손실이 예상된다(서남열, 1999 : 162-163). 앞서 서술했듯이 남쿠릴 4개 섬 주변은 한류와 난류가 교차하는 해역으로 수산업 가공업이 발달했으며 섬 주민들은 대부분 어업에 종사하고 있다. 지리적으로 섬 주변은 경관이 뛰어나고 풍부한 수산자원의 보고로 연간 30만 톤의 어획고를 제공하는 세계 3대 최대어장으로서 러시아 경제에 막대한 공헌을 하고 있다. 명태, 연어, 가재, 대구 등 일본 전체 어획량의 10% 이상을 생산할 수 있는 수산자원을 보유하고 있는 곳이다. 풍부한 어장과 여름 어획시즌에는 홋카이도의 일본인들에게도 유인의 대상이 되고 있는 지역이기 때문에 러시아 극동에서는 가장 큰 어업시장으로, 특별어업지역이다(*Tass*, 16 September 1991). 러시아의 어업위원회의 추정에 따르면 만약 이들 4개 섬이 일본에 반환된다면 극동지역에서의 어업은 연간 10억 달러에서 20억 달러를 잃게 될 것이라는 필연적인 부가가치 산업 손실이 제기되었다. 더욱이 현재 최근에 해저광물과 석유가 매장된 것으로 추정되고 있어 또 다른 일본의 영유권 주장의 중요한 요인이 된다(김강녕, 1992 : 25; 서남열, 1999 : 160).

셋째, 군사안보적으로 러시아의 동부 방어전선에 전략적으로 중요한 지역이다. 남쿠릴 4개 섬 주변은 수심이 깊은 극동의 부동해로 오호츠크해에서 태평양으로 통하는 러시아 극동함대의 전략적 요충지이다. 탈냉전시기 러시아군의 철수가 있었지만 여전히 해상 공중방어 견제와 오호츠크해와 태평양 사이의 러시아 잠수함의 부동항 접근에 있어서 중요하게 인식되고 있다(Krasnaya zvezda, 1992. 7. 22). 게다가 두개의 큰 섬인, 에토로후와 쿠나시리 섬에서는 러시아 핵미사일 잠수함의 정박이 가능하고 오호츠크해로 이동이 용이하다. 즉 러시아 태평양 함대가 오호츠크해로부터 대양으로 진출하는 것을 보장해 주는 출구이자, 미·일 해군이 남부 쿠릴 해협 구역을 통해 오호츠크해로 들어오는 것을 차단시켜 주는 방위선이 된다. 동 지역이 일본으로 반환될 경우, 러시아 극동지역의 전략적 중요성과 방위력은 현저한 타격을 입게 될 것이 자명하므로 러시아 군부 및 안보전문가들은 일본 측의 쿠릴 4도 반환 요구에 대해 강력하게 대응하고 있다(A.B.Зaгорский, 1996 : 317-319; 이영형, 2006 : 64-65).

탈냉전기 구소련 연방의 해체와 북대서양조약기구(NATO)와의 완충지대였던 동유럽국가의 상실은 러시아의 지정 전략적 중심을 동쪽으로 이동시킴에 따라, 현실적으로 흑해와 발틱해에 위치한 주요 군사 항구의 상실은 극동 항구와 태평양 함대의 전략적 중요성을 상대적으로 증대시키고 있다(C. Солдник, 1992 : 85-88). 이러한 변화된 지정학적 환경으로 인해서 쿠릴 4개 섬에 대한 군사전략적 가치가 더욱 부각되고 있다. 동 지역에 대한 러시아의 입장은 정치·경제적 차원도 중요하지만, 안보전략적 차원에서 결정될 수밖에 없다.

Ⅳ 러-일 영토분쟁의 시사점과 전망

탈냉전기 일본은 러시아와의 정상회담을 통해 경제 분야를 비롯한 다양한 분야에서 상호 신뢰관계를 쌓아 양국간 영토 문제 해결의 긍정적인 효과를 기대했으나 영토 반환 및 영유권 분쟁해결은 획기적인 진전 없이 최근 갈등이 증폭되고 있다. 따라서 영유권 분쟁은 경제적 가치 외에 인접국간의 외교적 군사적 견제를 위한 전략과 깊이 연관돼 있음을 알 수 있다. 러시아인들 사이에 고양되는 민족주의, 즉 남쿠릴 4개 섬 지역민들의 의사를 무시하고 일본에 양도할 경우, 분리·독립도 불사하겠다는 중앙연방 정부에 대한 사할린주의 압력과 러시아 내 군부 역시 이들 4개 섬의 전략적 가치를 중시해 영토반환에 강력하게 반발하고 있다. 이는 양국관계 진전에 최대 걸림돌이자 양국간의 상이한 문제 해결 접근으로 다층적 요인이 상존하고 있음을 의미한다. 동북아에서의 영토분쟁은 관련 국가간 최대 외교현안 과제임에도 불구하고 어떤 분쟁도 뚜렷한 해결책을 모색하지 못하고 있다. 국가간 분쟁요인으로써 영토 갈등은 중요한 부분으로 국가간 협력을 저해하는 주요인으로 거시적 차원에서 다각적이고 포괄적인 접근이 필요하다. 중요한 시사점은 러-일 북방영토 영유권 분쟁은 양국간의 문제에 그치지 않고 동북아에 있어서 제국주의 및 2차 세계대전 이후 발생한 동북아 영유권 분쟁의 청산이라는 다자간의 문제임을 시사해준다.

남쿠릴 4개 섬의 일본 반환이 확정될 경우 독도문제를 비롯해 중국과 격해지고 있는 조어도 분쟁에 많은 영향을 미칠 것이다. 또한 러시아내 민족주의를 자극해 보수 강경파의 득세를 초래할 것이고, 일본의 보수화는 강경으로, 미-일 안보협력관계의 변화 및 일본의 정치, 군사적 역할 증대뿐만 아니라 일본의 위협적인 세력의 증대 및 일본경계론이 더욱 확산될 것이다. 더욱 흥미로운 것은 일본의 영유권 해결 접근의 상이점에 주목해야 한다. 국제적으로 독도를 분쟁지역으로 국제사법재판소나 국제적 조정기구에서 해결해야 하는 사안으로 이끌고 있는 반면, 이들 4개 섬에 대해 일본은 국제사법재판소로 가는 것에 소극적이라는 점이다. 국제사법재판소로 남쿠릴 4개 섬 “회수”와 관련해 2개 섬 회수로 결정될 경우 1956년 일소공동선언을 뒤집고 오히려 고유영토론에 근거해 4개 섬 “일괄반환론”으로 급선회한 일본의 입장이 난처해질 것을 우려하고 있기 때문이다.

특히 경제적으로 동시베리아 및 극동지역에서의 석유 파이프라인 수송망 연계 경쟁에서 러시아의 영향력은 향후 일본과의 영토분쟁 협상에서 선점하거나 동북아시아의 정치·경제 구도를 좌우할 만큼 강화되고 있다.[16) 최근 러-일 양국간 경제협력 관계는 극동지역 파이프라인 노선 결정에서 러시아가 일본 정부보다는 중국 정부의 제안을 수락함으로써 양국간 평화조약 체결을 통한 관계 정상화에는 실질적인 진전 없이 복합적인 외교 갈등의 중심에 영토분쟁이 있음을 잘 드러내고 있다(이용권, 2005. 10. 4 : 26).

러시아 정부의 이러한 입장 변화 배경에는 동북아에서의 일본 군국주의 확대, 미-일 동맹 강화, 최근 중앙아시아를 비롯한 여러 지역에 대한 미국의 영향력 증강 등을 견제하기 위해 중국과의 친밀한 협력 필요성이 높아진 것이 중요하게 작용했다. 또한 러시아 정부의 동북아 에너지 수급정책에 대한 일관된 정책 부재와 일본의 파이프라인 건설에 대한 재정지원의 불확실성과 영토분쟁의 미해결이 걸림돌로 작용한 것이다. 새로운 양상에 직면한 동시베리아와 극동지역에서의 에너지 및 경제 협력이 향후 영토분쟁 접근에 중요한 외교적 지렛대로 작용할 수 있을지는 여전히 미지수이다. 그럼에도 불구하고 러시아는 일본에게 사할린지역의 석유와 가스 개발 등 시베리아 및 극동지역의 개발의 적극적인 투자와 참여를 요구하는 영토분쟁 흥정이 계속될 것으로 사려 된다.

▮ 미주 ▮

1) 중-일 양국이 각각 자국의 영토라며 군사적 위협과 해저자원을 탐사 및 개발하고 있는 중국명 조어도(댜위다오, 일본명 센카쿠열도)는 5개의 섬과 3개의 암초로 구성된 무인도이다. 총면적은 약 6.32㎢이며 주변 해역에 소규모 고등어 및 정어리 등 어족자원이 형성되어 있다. 조어도는 1895년 청-일전쟁 후 체결된 시모노세키조약에 근거하여 일본이 오키나와현에 편입시켰다. 1945년 종전 이후 미국이 점령 및 관할해 오다가 1972년 오키나와를 일본에 반환하면서 일본에게 넘겨주었다. 중국의 영유권 주장은 1968년 다량의 석유자원이 확인되면서 본격화되었다. 유엔 아시아·극동경제위원회는 동중국해에 막대한 양의 석유와 가스가 흑해 유전에 맞먹는 72억t(100억~1,000억 배럴의 원유)으로 추정한다. 중국은 1992년 2월 영해법을 개정하여 조어도를 중국영토로 기록해 놓고 있다. 그동안 중-일 양국은 조어도가 포함된 배타적 경제수역(Exclusive Economic Zone : EEZ)과 대륙붕이 해당되는 곳에 경쟁적으로 자원탐사활동이 진행 중이다.
2) 국제적으로는 일본의 호칭보다 러시아의 지명인 남쿠릴열도로 사용된다. 일본식 호칭인 북방영토는 이들 4개 도서에 대해 일본이 주권국임을 국제적으로 인정받기 위해 사용하는 표기로, 북방영토에 대해서 일본은 역사와 현행 교과서에 일본의 고유영토라고 명확하게 표시하고 있다. 예를 들면, 후소야와 오사카 교과서에는 북방영토는 역사적으로 일본 땅이었고, 2차 세계대전 후 소련에 의해 점령된 곳으로 반환교섭이 계속되고 있다고 표기했다.
3) 쿠릴열도는 인구 감소와 생활여건 하락으로 심각한 사회적 경제적 어려움에 처해있었다. 러시아연방은 이들 도서에 대한 2006~2015(US$544million), 경제지원과 개발정책을 발표했다(Korea Times, 2005. 10. 15).
4) 주한 러시아 공사 파블로프는 1900년 7월 주한 일본공사 하야시 가오루에게, 조선에 대한 러·일 양국의 영향력 분할 문제를 제의했다. 이외에 러시아는 아오키 슈조(青木周藏)외상 및 야마가타 수상 등에게 동일한 내용의 제안을 했다. 8월 20일 야마가타는 조선에서의 러·일 양국간 세력범위를 대동강에서 원산항을 잇는 선을 경계로 하여 설정하는 것이 타당하다고 논했다. 야마가타는 이미 1896년에 뻬쩨르부르그에서 러시아와 교섭을 하는 가운데 38선을 기준으로 한 세력범위 분할을 러시아 측에 제안한 바 있었다. 먼저 이에 러시아는 조선과 만주를 일본과 러시아가 각각 자신의 세력범위로 하되, 북위 39도선 이북의 조선영토를 중립지대로 하자는 제안을 했다. 그러나 일본은 한반도에서 자신의 특수이익에 대한 심각한 도전으로 간주하고 오히려 일본은 중립지대를 만한(滿韓)국경 양측 각각 50km로 할 것을 제안했다(강성학 외, 2004 : 113-114).
5) 1905년 포츠머드에서 일본의 고무라 외상과 러시아의 세르게이 위테(Sergei Witte)는 러-일전쟁 종결을 위한 한 달가량의 협상이후 포츠머드조약을 체결했다. 다음과 같은 주요 내용을 담고 있다. 첫째, 러시아는 한국에 대한 일본의 우월권 및 보호권을 승인한다. 둘째, 러시아는 만주로부터 철병하고, 청국의 영토보전 및 문호개방을 승인한다. 셋째, 러시아는 북만주의 조차지 및 철도 남만지선(장춘-여순간)을 청국의 동의 하에 일본에 양도한다. 넷째, 러시아는 북위 50도 이남의 사할린을 일본에 양도한다. 다섯째, 러시아는 동해·오호츠크해 및 베링해 연안의 어업권을 일본에 양도한다.

6) 더 자세한 샌프란시스코 협약의 내용은 다음을 참조(이석우, 2003).
7) 후르시초프는 "평화공존론"을 주장하면서 2개 섬 일본 반환을 통해서 일본과 완전한 외교관계 성립과 경제협력을 촉구했다. 평화조약 체결을 위해 1955년 양국은 6월 런던에서 사전 회담을 시작했다. 결국 일본은 2개 섬 반환 후에 나머지 섬들의 반환 보장을 서명하도록 요구했고, 이에 소련은 동의하지 않았다. 미국도 제동을 걸었다. 일본이 소련의 제의를 수용하면 오키나와를 병합하겠다며 미국은 반대했다(V. Kozhevnikov, 1996 : 48-49).
8) 평화조약 체결 후 4개 섬 가운데 하보마이와 시코탄 2개 섬을 일본에 돌려준다고 명기했으며, 양국 의회에서 각각 비준되었다(최태강, 2004 : 125).
9) 1956년 10월 일-소 공동선언 제9조항에 따름(V. K. Zilanov, 1995 : 131; 최태강, 2004 : 124).
10) 소련은 북방 4개 섬을 분쟁지역화하려는 일본 전략에 말려들지 않기 위해서 외무차관이 일본대사를 불러 항의하고 성명서를 내는 정도로 소극적으로 대응했다.
11) 러시아는 그동안 쿠릴 4개 섬 문제에 대해서, 일본은 동 지역이 러시아의 영토임을 인정할 것, 자유경제 지역화, 비군사화, 평화조약의 체결, 다음 세대에 귀속문제 해결 등과 같은 강력한 입장이었다.
12) 1996년 8월 하보마이 군도해상에서 러시아 영해를 침범한 일본 어선에 대해 러시아 순시선이 발포하는 한편 동년 10월 12일 쿠릴열도 부근 북부 러시아 영해에서 불법 어로작업을 하던 일본 어선을 나포했다.
13) www.donga.com/fbin/output?f=jis&n=00409160456(검색일 : 2005. 10. 18).
14) 1998년 4월에 실시한 여론 조사는 옐친과 하시모토와의 정상회담을 앞두고 실시되었다(*RIA-Novosti Daily Review*, 27 April 1998 : 10).
15) 1992년 4개 섬 주민 99명을 대상으로 실시한 여론조사에서 에토로후와 쿠나시리 섬 주민들 중 10명 9명이 영토반환에 반대하였다(*RA Report*, January 1993 : 43); 응답자들 중 두개 섬 반환에 대한 질문에 대해서 단지 2% 정도만이 찬성하였고, 일본의 분쟁 섬들에 대한 투자에 대한 질문에 약 13%만이 찬성하였다(*RIA-Novosti Daily Review*, 27 April 1998 : 10).
16) 중국은 일본의 극동에너지 개발 참여에 앞서 해체된 러시아의 민간석유회사 유코스사(YUKOS)와 함께 1994년부터 시베리아 유전지대 앙가라스크에서 다칭(大慶)에 이르는 2,400km의 원유 파이프라인 건설을 추진해 왔다. 2003년 6월 일본 정부가 파이프라인 건설에 50억 달러 및 유전 개발에 20억 달러를 총 70억 달러를 제공하겠다고 제안했다(이성규, 2005. 9. 23 : 55); 2004년 12월 러시아는 바이칼호 근처의 타이쉐트에서 동해의 나호드카까지 이어지는 4천2백㎞에 달하는 일본으로 연결되는 태평양 연안 노선(일명 나호드카 노선)을 확정해 발표했다. 그러나 2005년 4월 러시아 정부가 이 노선의 중간 지선인 중국과의 국경지역 도시 스코보로디노까지 파이프라인을 먼저 건설하고, 중국에 대해 우선적으로 원유를 공급하겠다고 밝히자 일본은 정부와 민간 대표단을 러시아에 보내는 등 다각적인 외교적 교섭과 노력을 기울였다. 러시아정부는 동시베리아 유전지대의 송유관은 2005년 7월 초 영국 스코틀랜드에서 개최된 G8정상회의에서 2단계 노선은 중국의 다칭(스코보로디노-다칭)으로 연결하겠다고 발표했다(더 자세한 내용 6장 참조 바람).

▌참고문헌 ▌

본 장은 "탈냉전기 러-일 영토분쟁 : 남쿠릴 섬에 대한 러시아의 국가안보적 접근과 인식," 「현상과 인식」, 한국인문사회과학학회(2006), 30(1/2호)에 실린 글을 수정 및 보완했음.

강성학 외(2004), 「시베리아와 연해주의 정치경제학」 서울 : 리북.

김강녕(1992), "일소관계와 북방영토문제," 「군사연구」 제111집.

______(1999), 「한반도군사안보론」 서울 : 대명사.

김명주(1990), "소련의 대일 정책," 「소련연구」 제9호.

고재남(1997), "러시아·일본 정상회담과 한반도," 「민주평통」 제240호.

서남열(1999), 「지구촌 시대 세계 지역 문제의 이해」 서울 : 해문사.

이석우(2003), 「일본의 영토분쟁과 샌프란시스코 평화조약」 인천 : 인하대출판부.

이성규(2005. 9. 23), "시베리아 극동지역의 석유, 가스 개발 현황과 한-러 에너지 협력 증진 방안," 한림대 러시아연구소 창립기념학술대회발표논문.

이유신(2005. 9. 24), "러시아 동시베리아 송유관 정책결정 요인에 대한 고찰," 한국슬라브학회 제3차 학술회의 발표논문.

이영형(2002. 11. 15), "러시아 극동/시베리아 공간에 대한 지정학적 해석-러시아의 국가 전략적 함수관계를 중심으로-," 한국슬라브학회 연례학술대회 발표논문.

______(2006. 1. 18), "일본의 역사 인식과 러시아-쿠릴열도를 둘러싼 영토분쟁의 지정전략적 의미 -," 경희대 아태지역연구원 일본연구소 국제학술회의 발표논문.

이용권(2005. 10. 4), "러-일 영토분쟁이 담고 있는 동북아 국제질서에 미치는 영향 분석," 충북대학교 사회과학연구소 추계학술대회 발표 논문.

이춘근 편(1998), 「동아시아의 해양 분쟁과 해군력 증강 현황」 서울 : 한국해양전략 연구소.

윤영미(2003/2004 겨울), "탈소비에트 시기의 러시아와 일본의 영토분쟁 : 옐친시기를 중심으로," 「평화연구」 제12권 1호.

______(2005), "An Analysis of the Main Difficulties for Russian Transfer Ownership of the Kuril Islands to Japan in the post Soviet Period," 「Korean Political Science Review」 제39집, 4호.

홍완석(2002 여름), "쿠릴4도 분쟁 영속화 요인 고찰," 「한국정치학회보」 제36집 2호.

최덕규(2005. 8. 29), "지배당위성 vs 역사성 논란 팽팽 '해결 불투명'," 「한국교육신문」.

최장근(2005), 「일본의 영토분쟁-일본 제국주의 흔적과 일본 내셔널리즘」 서울 : 백산자료원.

최태강(2004), 「러시아와 동북아」 서울 : 오름.

C. Солодовник, С.(1992), "Стабильность в Азии. Приоритет России," *Междунаро дна яжизнь*, No. 1.

Gaidar, Vitaly(1994), "The South Kuriles : A Problem Awaiting Solution," *Far Eastern Affairs* (Moscow), No. 6.

Georgiev, Yu. V.(1998), comp., *Kurily-ostrova v okeane problem*, Moscow : ROSSPEN.

Kimure, Hiroshi(2000), Distant Neighbours : Japanese-Russian Relations under Gorbachev and Yeltsin, Vol. 2, Armonk, NY : M.E. Sharpe.

Krivtsov, Andrei(1993), "Russia and the Far East," *International Affairs*, Moscow.

Marantz, Paul(December 1997), "Russian Foreign Policy During Yeltsin's Second Term," *Communist and Post-Communist Studies*, Vol. 30, No. 4.

Kozhevnikov, V.(1995), Otchet simpoziuma 1995, "Poisk otnoshenii mezhdu khakodate i Rossii, ob ostrove Sakhaline i Kurilskikh ostrovakh," paper presented at a symposium in Hokkaido, mimeo.

Kozhevnikov, V., "Territorial'nyi vopros k 40-letiyu sovmestnoi Sovetsko- yaponskoi deklaratsii 1956 goda," *Rossiya i ATR*(Vladivostok), no. 3(1996).

RIA-Novosti Daily Review(April 1998. 4. 27), No. 79.

Stephen, John J.(1974), *The Kuril Islands*, Oxford : Clarendon Press.

Zilanov, V. K., Koshkin, A. A., Latyshe, I. A.V, Plotnikov, A.Ya., and Senchenko, I. A.(1995), *Russkie Kurily : Istoriya i sovremennos'*, Moskva : SAMPO. *Mir mnenii i mneniya o mire*(1992. 10), No. 10.

h21.hani.co.kr/section-021003000/ 2005/03/021003000200503220552006.html (검색일 2005. 10. 18).

www.donga.com/fbin/output?f=jis&n=00409160456(검색일 2005. 10. 18).

제 2 편

동북아 철도 연결의 현황과 파급효과

제 4 장

한반도종단철도(TKR)와 시베리아횡단철도(TSR) 연계 정책의 파급효과를 중심으로

I 21세기 한-러 철도 연결의 의미

19세기 말 한반도의 철도는 국가발전 정책 차원보다는 일본의 제국주의 군사적·식민지적 수탈로 대륙진출을 위한 수단으로 개통되었다. 20세기 민족 분단은 한반도 철도와 대륙철도와의 단절을 초래하였는데 남한의 경제발전은 도로 교통수단에 의존한 경제발전이었고 북한은 철도의 인적·물적 의존도가 높은 남북한 상이한 국가경제구조로 발전하였다. 남북한간 철도연결은 새로운 철도연결망 구축보다는 기존의 단절구간의 복원과 한반도를 대륙철도와의 연결 의미를 내포한다. 21세기 사회간접기반 시설인 철도를 중심으로 한 남북한 육상교류의 실현은 남북한 경제협력과 인적교류의 인도적 차원뿐만 아니라 정치적 상호의존과 평화공존 도모에 어떤 역할을 할 것인가? 한반도종단철도(Trans Korean Railway, TKR)와 시베리아횡단철도(Trans Siberian Railway, TSR)와의 연결은 한-러 경제협력에 어떤 영향을 미치는가?

철도연결 정책은 중장기적으로 한반도에 국한하지 않고 유라시아 대륙간 철도 연결 실현에 목적을 두고 있다. 그동안 논의된 남북간 물류비용을 해소, 개성공단 사업과 금강산 관광사업의 활성화조성, 궁극적으로 남북한 경제적 파급효과를 대륙으로 연결되는 시너지효과의 극대화에 있다.[1] 한반도를 통과하여 대륙횡단 철도와 연결 가능한 노선의 미연결 구간에 대한 공사가 우선적으로 선행되어야 한다. 복원공사가 꾸준히 진행되고 있는 동해선 복원은 남북한의 수도권을 관통하지 않아 남북한 모두에게 정치적·군사적이 부담이 덜한 노선이다. 남북한이 고려해 볼 수 있는 이점은 다음과 같다. (1) 북한의 정치적인 체제 존속 및 경제적 실리 보장 측면에서 동해선 연결에 대한 북한의 관심이 높다. (2) 우리정부의 입장에서는 다소 많은 비용과 시간이 소요되지만 수도권을 관통하지 않는 노선인 점을 고려해 볼 때 최종적으로 여객수송보다는 물류수송과 강원도 지역의 발전에 기여할 수 있다. (3) 정부가 추진 중인 국가의 균형발전 전략의 국가교통망 확충에도 기여함과 차후 남북교류의 주요 수송 철도로서 물류비 절감효과가 크다. (4) 2002년 12월 초부터 임시도로의 차량통행이 가능해짐은 기존의 해상운송을 통한 금강산 육로관광을 보다 활성화하고 이산가족 상봉 및 대북지원 물자의 유입통로 등의 단기적으로 육로를 통한 남북교류 협력이 확대될 가능성이 높다. (5) 북한의 두만강과 러시아의 핫산역을 통해서 TSR로 연결되어 우랄과 시베리아지역의 내륙으로까지 연결되는 아시아와 유럽 간을 연결하는 대륙철도망 간선구간으로서의 역할과 기능을 발휘할 수 있다. (6) 러시아 극동지역에 국한하지 않고 우랄과 시베리아지역을 포함한 한-러 에너지 개발과 수송협력과 동지역에 대한 수송 거점지 확보를 통한 새로운 시장 개척이 확대될 것이다. (7) 동북아시아 국가들과의 국제적인 협력과 연계 간과할 수 없는 중요한 요소임을 인식해야 한다. 이런 기반과 국내외적인 환경 조성에 남북한간의 지속적인 협력·정책지원과 학계와 전문가·기업가들의 교류 및 국민들의 관심이 중요하다.

이런 배경 하에 본 장에서는 TKR와 TSR 연계가 한반도와 러시아와의 수송협력 구축에 미치는 파급효과를 집중적으로 분석해 보고자한다. 연구의 분석수준은 동해선 연결에 기초한 TKR-TSR 연계의 활성화 방안으로 기존의 철도연구 문헌과 자료 및 KTV 대담 자료도 활용할 것이다. 이하 글의 구성은 다음과 같다. 제Ⅱ장에서는 남북한 철도 연결 논의를 대륙간 철도 연결 차원에서 분석한다. 제Ⅲ장에서는 TKR 복원 및 연결정책의 추진 현황을 살펴본 후 제Ⅳ장에서는 논문의 주요 분석의 대상인 동해선과 TSR의 연계에 따른 선결과제와 파급효과를 집중적으로 논의한다. 제Ⅴ장은 연구의 종합으로 TKR-TSR 연계정책의 시사점과 향후 전망을 주력할 것이다.

 TKR 연결의 배경

남북한 교통망 복원을 위한 경협이란 남북한 철도와 도로의 미연결구간(missing link)의 복원 및 연결을 통해서 궁극적으로 분단경제를 민족경제로 전환하는 것이라고 하겠다. 남북한 철도연결에 대한 논의는 1990년 9월에 개최된 남북한 남북고위급회담에서 시작되었다. 남북한 8차에 걸친 고위급 회담의 결과로 남북간의 화해와 불가침과 교류협력에 관한 합의서가 채택되었다. 합의서 제 19조에는, "남과 북은 끊어진 철도와 도로를 연결하고 해로, 항로를 개설 한다" 조항이 있다. 1992년 9월 민족경제의 균형발전을 남북 당국간 남북 기본합의서에서도 이 문제가 심도 있게 논의되었다. 부속합의서는 남북간 미연결 구간의 연결을 최초로 명기한 실무적인 차원에서 구체적인 협의가 이루어졌다(전일수 외, 1989 : 157). 그러나 교통망 복원을 위한 경협정책은 북한의 일관적이지 못하며 적대적인 행위로 진전되지 못했다. 2000년 6월 5일 남북정상회담과 남북공동선언에서 이 문제가 다시 거론되었고. 실질적인 연결 대상으로 경의선·동해선 철도·도로 연결사업이 남북한 경협정책의 일환으로 논의되고 합의를 통해서 진행되었다.

TKR 연결사업은 2002년 9월 착공식을 시작으로 경의선과 동해선 구간을 중심으로 성과를 달성했다<그림 4-1 참조>. 2002년 12월 남북한은 동해선의 지뢰제거 작업을 완료하였다. 2003년 6월 경의선 및 동해선 철도 궤도 연결식은 남북한 1백여 명의 관계자가 참석한 가운데 도라산과 고성의 군사분계선 철도 연결지점에서 거행되었다. 2003년 12월 초에는 제8차 남북 철도·도로 연결 실무접촉이 속초에서 열렸고 신호, 통신, 전력계통 공사와 관련한 합의사항이 추진되었다. 2003년도에는 2차례의 철도연결과

〈그림 4-1〉 경의선과 동해선 철도 · 도로 연결구간

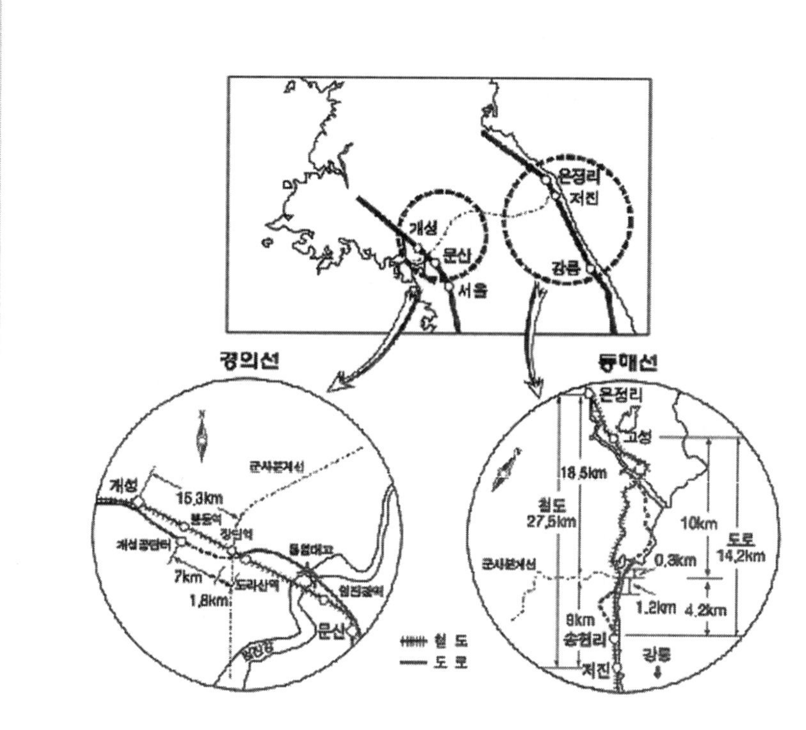

※ 경의선 공사 구간

▶ 철도 : 17.1㎞(도라산역 – 장단역 : 1.8㎞, 장단역 – 개성 : 15.3㎞)

▶ 도로 : 8.8㎞(도라산역 – 군사분계선 : 1.8㎞, 군사분계선 – 개성공단터 남단 : 7㎞)

※ 동해선 공사 구간

▶ 철도 : 27.5㎞(저진 – 군사분계선 : 9km, 군사분계선 – 온정리 : 18.5㎞)

* 저진 – 강릉 구간 118㎞(7년 내외 소요)

▶ 도로 : 14.2㎞(송현리 – 군사분계선 : 4.2km, 군사분계선 – 고성 : 10km)

※ 동해선 임시도로 : 1.5km(군사분계선 이남 : 1.2km, 군사분계선 이북 : 0.3km)

복원을 위한 실무협의회와 5차례의 실무접촉을 통한 남북간 철도 협의가 정례화 되는 성과를 거두었다.

TKR와 대륙철도 연결의 필요성을 분석해 보면 동북아시아의 경제적 환경 변화 즉 구소련과 사회주의 국가들의 경제개혁과 자본주의 국가들과의 경제협력 강화는 남북한 교류와 협력 증진이라는 국제적 환경이 조성되고 있다. 탈냉전은 유럽과 아시아를 육로로 연결하는 가능성을 단축하게 하는 국경에 대한 새로운 변화를 초래하였다. 1990년의 독일 통일과 구소련과 동유럽 국가들의 탈냉전기 철도망의 유럽 연계가 아시아로 확대되는 기회를 제공하였다. 전 세계적으로 철도에 대한 안전성과 지구환경문제가 대두되면서 철도교통에 대한 인식도가 높아지고 있다(서광석, 2000 : 413-414). 따라서 교통수요, 수출입에 따른 물류비 문제해결과 남북통일 대비, 동북아시아와 유럽과의 연계와 교류증대 등을 고려해 볼 때 국내외적인 정치적·경제적 국제적인 관점에서 교통망체계의 확충과 정비는 국제사회에서 더욱더 중요하게 대두되고 있음을 알 수 있다.[2] 21세기 국가의 생존전략의 하나로 수출입 해상운송의 보완할 수 있는 경쟁력을 갖춘 대륙육상운송로의 확보가 시급하다. 남북한 교통망 복원으로서 철도연결은 단순히 공간적 격리를 극복하여 생산과 소비의 효용을 극대화시키는 기능과 유통적인 측면에서의 산업생산력 증대를 통한 시장의 형성 및 동복아 주변으로의 확대를 고려해 볼 수 있다(박 환 외, 2003 : 206-207).

Ⅲ TKR 연결 및 복원 현황

한반도에 철도가 처음으로 개통된 것은 1899년 노량진~인천구간의 철도로 1945년까지 일본에 의해 군사적·식민지적 수탈로 이용되었다. 해방이후 한반도 철도는 남북분단으로 체제, 민족, 국토의 분단뿐만 아니라 대륙철도와의 단절을 의미하며 냉전 하에서 정치체제와 경제구조의 분단은 남북간에 상이한 형태의 국가교통망을 건설하고 유지해왔다. 남한의 경제발전은 도로 교통수단에 의존 경제발전으로 1970년 이후 철도의 한계성을 극복하지 못하고 철도에 대한 수송 의존도는 낮아졌다. 도로교통의 과부화로 인한 환경오염 및 물류비용의 증가 등을 초래하였다. 남한은 철도의 경제성, 안정성, 에너지 효율성, 환경친화적 등에 기초한의 철도의 국가경쟁력 제고 및 국가간 교통망 구축의 달성에는 대한 인식이 강화되고 있다. 물류비 증대 해결, 교통난 해소, 동북아시아와 유럽과의 교류 증대와 같은 국내외적 변화와 남한에서의 2004년 4월 고속철도의 개통은 철도산업에 중요성을 재인식하는 시점이 아닐 수 없다(서광석, 2000 : 412).

북한의 철도 현황을 살펴보면 해방이후 북한은 일제가 남겨놓은 철도시설의 복구와 더불어 경제계획의 추진을 위한 수송망 구축을 위해 철도건설을 추진해 왔음을 알 수 있다. 1977년 본격적으로 교통정책의 기본방향을 정립하고 철도운송부문의 기본방침을 집중수송, 연대수송을 강조하면서 철도수송능력 향상, 전철화, 신호자동화, 철도시설의 필요성을 제시하였다(전일수 외, 1998 : 66). 지형적으로 북한의 교통정책은 산지가 많은 특성으로 낭림산맥을 경계로 한 동·서로 양분되어 발전되어 왔다. 북한철도는 남한과 달리 가장 중요한 교통수단으로 여객수송보다는 화물중심으로 교통정책이 유지되었다. 철도는 고속성보다는 대량수송, 규칙적인 수송이 가능하며, 수송시간이 짧고 수송원가가 싼 교통수단우로 철도의 중요성을 강조하고 있다. 공업용 원자재나 농산물 수송을 전담하며 화물 수송의 90%를 여객 수송의 60%를 철도가 담당하고 있다(안병민, 2002 : 35-36). 평안도 등 서부지역을 중심으로 단거리 수송에 활용되는 도로는 해운 및 항공과 더불어 지역내외를 연결해주는 철도의 보조 교통수단이다. 1970년 도로는 철도 수송의 폭주로 도로망 정비가 시작되었으나 도로 이용방침이 30km이내의 단거리 운행을 원칙으로 제한한다. 해상운송은 동서 해안의 단절, 중·러 간의 철도연결, 폐쇄적인 북한의 자립경제체제로 인해서 그 의존도가 낮고, 특이하게도 동절기에 러시아 극동항이 결빙되어 나진항에서 러시아 화물을 중계 처리한다. 이러한 점은 지형적 특색 외에도 구사회주의의 철도 교통중시 교통정책에 기인 한 것으로 철도에 대한 과도한 집중은 수송 수단 간의 불균형을 초래하고 뿐만 아니라 경제규모가 확대 될수록 수송의 비효율성이 노정되어 경제성장에 장애가 될 수 있다(박명식,

2002 : 2).

반면에 철도에 화물 수송의 철도 의존도가 높아 철도망의 효율성 확보가 가장 효과적인 사회간접 시설 구축 방안으로 철도망 복원이 북한 경제에 미치는 영향은 크다고 볼 수 있다. 철도의 경우 북한은 에너지 효율성과 견인력 등을 고려하여 전철화에 집중투자 되었고 1998년 말 현재 북한의 철도총연장 길이는 약 5,214km(남한 3,123km)이지만 시설이 노후하고 전력 사정이 열악함에도 전철화 연장은 4,132km로 80% 이상의 매우 높은 전철화(남한의 전철화비율이 21%)비율로 남한에 비해서 매우 높은 수치로 산악지형으로 풍부한 북한의 전력을 이용한 전기철도 이용전략이다. 복선화율은 2%로 98%가 단선이고 표준궤 구간은 87%, 협궤 9%, 나머지는 표준궤와 광궤의 혼합구간이다(전일수 외, 1998 : 141). 북한은 기존의 철도 시설과 여건 개선을 위해 남한과 러시아와 관련국들과의 긴밀한 협조체제를 구축을 시도 이들로부터 재정지원, 시설정비와 현대화를 꾀하고 있다(양신추 외, 2002 : 45-60).

부산에서 출발하여 한반도를 통과하는 TKR 노선이 TSR[3]이나 중국횡단철도(Trans China Railway, TCR)와 연계 가능성 노선은 <표 4-1>에서 보듯이 4개(경의선, 경원선, 금강산선, 동해북부선)의 연결구간이다. 남한에서는 경의선 복구사업은 1985년부터 남북한간 철도망 연결을 위해 복구사업에 의해서 추진되었다. 경의선 단절구간은 총 24km로 경의선은 같은 해에 실시설계를 했고 1992년에는 환경영향평가 협의를 완료하고 지속적인 용지 매입을 추진해 왔다. 이제 경의선 복원사업은 2000년 9월 16일에 공사에 착공하여 2001년 2월에는 35%의 노반공사가 진행되었고 남한의 경우 문산~군사분계선 이남구간 10.2km의 공사가 완료되었고 비무장지대(DMZ) 1.8km 구간도 연결되었다. 경의선 복원을 통한 남북한 철도망 연결의 상징적 의미는 남한과 북한의 수도가 연결되고 중국을 통한 대륙철도망과 연결된다는 것이다. 더욱이 남북한 경제교류와 협력에 큰 장애가 되어 왔던 물류비 절감에도 기여할 수 있다.

〈표 4-1〉 한반도종단철도(TKR)의 단절 구간 및 연결 현황

노 선	단절 구간	연결사업현황
경의선 (서울-신의주)	• 남측 : 문산~군사분계선 (12.0km) • 북측 : 군사분계선~개성 (12.0km)	• 1985년 실시설계 • 1997년 용지매수 • 2000년 9월 연결공사 착수 • 문산~임진강역 완료(비무장지대 구간 1.8km 제외) • 2002년 4월 : 서울~문산~임진강역~도라산역 운행중
경원선 (서울-원산)	• 남측 : 신탄리~군사분계선 (16.2km) • 북측 : 군사분계선~평강 (14.8km)	• 1991년 실시설계 • 1998년 용지매입
금강산선 (서울-금강산)	• 남측 : 철원~군사분계선 (32.5km) • 북측 : 군사분계선~내금강 (84.1km)	• 1999년 기본 및 실시설계
동해북북선 (강릉-원산)	• 남측 : 강릉~군사분계선 (127.0km) • 북측 : 군사분계선~온정리 (18.0km)	• 2002년 9월 연결공사 착수 • 2003년 9월 : 온정리~저진 • 완공목표예정 : 포항~삼척 (2014년) • 강릉~저진(2015년)

출처 : 「동아일보」, 2003. 12. 14; 「파이낸셜뉴스」, 2004. 1. 16.

경의선은 부산에서 출발해 서울~개성~평양~신의주에서 중국의 국경역인 단동으로 이어져 TCR과 연결되고 중앙아시아의 카자흐스탄을 거쳐 여기서 TSR의 모스크바에서 유럽으로 연결된다. 통과하는 국가로 한국~북한~중국~카자흐스탄~러시아로 국경통과에 따른 통과절차가 필요하며, 이들 국가 중 한국~북한~중국지역까지는 궤간 차이가 발생하지 않으나, 카자흐스탄과 러시아지역에는 궤간차이 문제를 고려해야 한다<그림 4-2 참조>.

이렇게 경의선을 통한 대륙 철도 TCR은 평양을 거쳐야 하는 정치적·군사적인 문제와 더불어 국경 통과 시 궤간차이로 인한 바퀴를 교환하거나 환적을 해야 하는 문제점도 제기되었다. 그러나 중국의 항구들을 이용한 복

〈그림 4-2〉 한반도철도와 대륙철도 연결노선

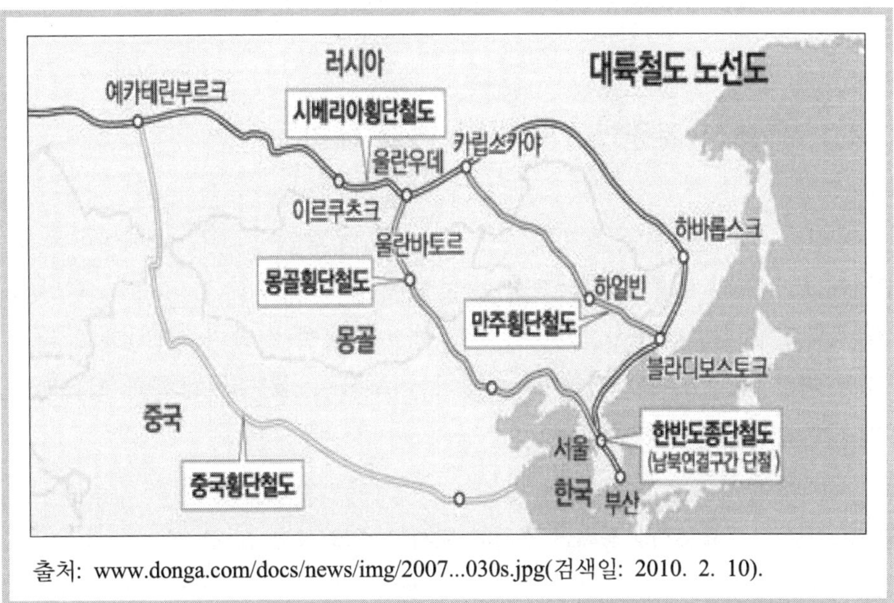

출처: www.donga.com/docs/news/img/2007...030s.jpg(검색일: 2010. 2. 10).

합수송이 가능해서 다양한 화물 수송이 이루어 질 수 있는 점과 더불어 남북한 단절구간 노선이 짧은 점도 큰 장점이다(정재정, 1999 : 50-61).[4] 이런 가운데 남북한 경의선 도로는 2004년 6월 말 서울에서 북한으로의 연결이 되고 남북을 관통하는 철도도 이미 연결되었다. 대륙철도의 연결에 대한 실현과 개성공단 및 육상을 통한 남북경협이 더욱 활발해질 것이 전망된다.

앞서 살펴본 4개의 노선 중 직접적으로 TSR과 연계되는 노선은 경원선과 동해북부선이고 이 두 개의 노선은 철도 노반이 건재한 상태이다. 북한의 철도 노선을 중심으로 살펴보면 TCR과 연결 가능한 노선은 경의선(개성~평양~신의주 경유이며), TSR는 평라선(평양~원산~나진~청진 경유), 경원선과 연결이 가능하다. 또한 금강산 청년선과 평라선이 원산에서 연결되므로 동해안을 따라 연결하는 노선이 가능하다(서광석, 2000 : 421-422).

 TKR-TSR의 연계 현황 : 동해선 연결을 중심으로

4.1. 동해선 복원과 TSR와의 연결 배경

2000년 2월 북한과 러시아는 「북・러 선린우호협력조약」을 체결하고 같은 해 7월 푸틴 대통령이 북한을 방문했다. 2001년 2월 한-러 정상회담, 8월 북・러 정상회담에서 북한 철도망 연결을 통한 시베리아횡단철도 활성화에 대한 의견교환이 있었다. 러시아는 북한의 철도 현대화에 적극적인 관심과 참여를 촉구하고 하였다.

〈표 4-2〉 동해선 구간에 위치한 주요 북한 철도노선

구 분	구 간	거 리(km)	비고
강원선	고원-평강	145	평라선의 대체노선으로 1986년에 전구간 전철화
평라선	평양 간리-라진	781	1965년 청진-라진간 개통으로 청년이천선과 더불어 북한의 대표적 동서를 연결하는 철도
함북선	청진 반주/회령-라진	327	중국과 러시아 대외화물수송 노선
금강산 청년선	안변-금강산역 (고성군 온정리)	102	1997년 4월 개통

출처 : 전일수 외(1998), 「통일대비 남북한 종합교통망 구축계획」, 서울 : 교통개발연구원, pp.74-76.

구체적으로 2001년부터 2003년 4차에 걸친 북한 현대화를 위한 조사가 착수되었다(권원순, 2003 : 21-22).[5] 한-러 수교와 활발해진 20여 년간의 경제협력관계는 양국간의 교역증진은 물론 에너지 개발과 관련한 장기적인 협력 기반을 염두에 두고 철도연결 사업 러시아와 한국간의 한반도 철도와 시베리아철도 연결을 위한 국가적 차원에서 협력과 교환이 계속해서 진행

되었다(권원순, 2001 : 40-56).

철도연결에 대한 북한의 입장은 김용삼 북한 철도상에 의하면 2001년 7월 모스크바에서 열린 TSR개설 100주년 기념세미나에서 북한이 추구하는 "강성대국 건설은 TKR-TSR 연결과 무관하지" 않다고 밝혔다(조선일보, 2001. 7. 30). 남북한 철도연결 사업은 2002년 4월 8일 임동원 대통령 특보의 북한 방문 이후 동해선을 축으로 하는 TSR와의 연결에 북한의 관심과 동년 8월 30일 남북 경제협력위원회에서도 북한은 TSR와 연결 될 수 있는 동해선에 대한 북한의 깊은 관심을 표명했다. 이는 한편으로 경의선과 동해선 철도·도로 연결에 원칙적으로 합의한 것으로 한반도의 내륙연결 교통망이 동서 양축의 연결이 가능하게 됨을 시사한다. 아울러 남북한이 정치적·경제적 협력을 바탕으로 TSR을 통한 유럽까지 이어지는 대륙연결 철도건설이 추진하게 되었다고 간주해 볼 수 있다.

동해선의 남북한 구간을 전반적으로 살펴보면 다음과 같다. 동해선 구간(강원도의 저진~금강산~나진)은 러시아 철도로 연결되는 것으로, 부산까지 연결되기까지 약 10~12년 정도의 공사와 막대한 예산이 소요된다. <표 4-2>에서 보듯이, 동해선은 잘 알려진 바와 같이 북한의 금강산 청년선(안변~금강산역, 102km)은 1997년 완공 개통되어 신설된 노선으로 철로의 상태도 양호하고 물동량도 비교적 적은 구간으로 수송여건이 양호할 것이라는 강점도 있다. 초기의 남북간의 육상교류의 통로로 이상적인 조건이라고 알려져 있다. 2002년 9월 18일 북한의 고성군 금강산 청년역에서 진행된 동해선 착공식에 북한은 정치적인 상징성이 높은 경의선에 비해 동해선 착공식에 고위급의 북측인사가 참석하였다. 이례적으로 남측언론의 취재를 허용함으로써 동해선에 대한 관심을 표명하였다(Korea Herald, 2003. 6. 9).

2002년 8월 개최된 제2차 남북경제협력추진위에서 철도연결을 위해 필요한 장비와 자재를 남한이 제공하기로 합의하였고 구체적인 일정과 수량등이 확정되어 공사가 진행되었다. 2002년 9월 금강산에서 남북철도·도로연결 실무협의회 제1차 회의가 개최되어 합의서를 채택하고 남북철도 및 도로연결 실무협의회 제1차 회의 합의서와 함께 자재・장비에 관한 합의서도 채택하였다(윤경호, 2002 : 42-43). 철도 도로공사를 위한 군사적 보장을 위해 경의선과 동해선 철도・도로 연결에 따라 비무장지대(DMZ)에 철도 노반을 중심으로 경의선은 폭 250m, 동해선은 100m의 '남북관리구역'을 설정하였으며, 2002년 9월 19일부터 남과 북의 관리지역에서 지뢰제거 작업을 동시에 착수하였다. 동해선의 지뢰제거 작업은 12월 3일 오전은 북측, 오후는 남측이 각각 작업을 완료하였다(연합뉴스, 2002. 12. 5). 경의선은 북한은 12월 6일, 남한이 12월 10일에 완료되었다. 예정대로 착공식은 2002년 9월 18일에 경의선과 동해선이 지나는 양측 지역에서 각각 진행이 되었다. 북측의 동해선에 위치한 주요노선은 강원선, 평라선, 함북선이 있고 이와 연결되는 청년이천선과 금강산청년선이 있다<그림 4-3>.

〈그림 4-3〉 북한철도 노선 현황

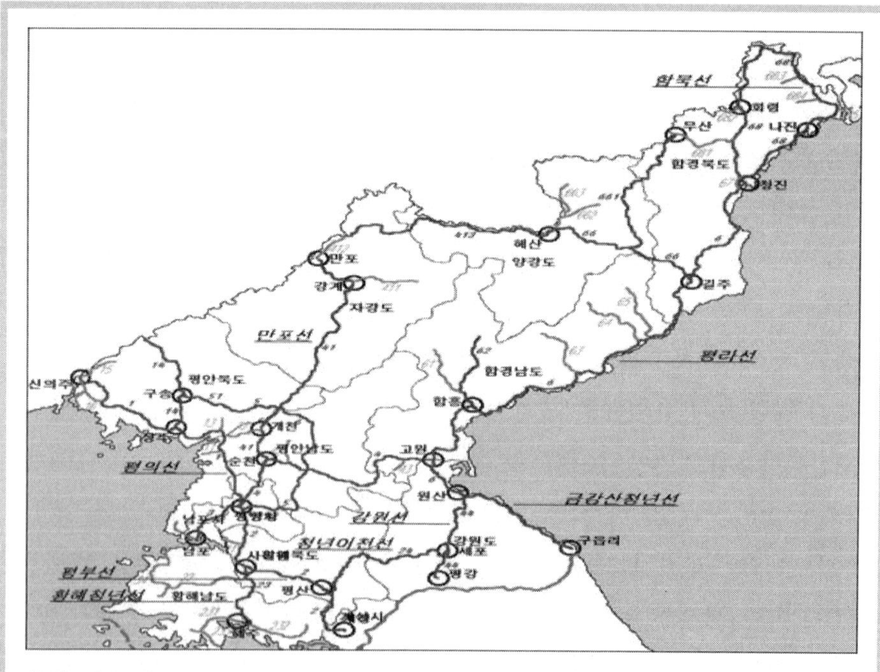

출처 : http://blog.naver.com/fivenation?Redirect=Log&logNo=30029119091(검색일: 2010. 2. 10).

남북 철도연결의 기술적인 면을 살펴보면, 2002년 8월 이후부터 실질적인 철도 연결에 대한 장비와 자재를 북한에 제공하기로 합의한 후 2003년 7월 경의선과 동해서 구간을 방문하여 현장조사를 실시하였다. 남북철도연결공사의 공정은 노반공사 → 궤도공사 → 신호・통신・전력계통 설치공사 등의 순서로 진행되었다. 신호・통신・전력계통 자재・장비는 남측이 설계하고 이를 바탕으로 자재・장비를 확정하도록 합의 했다. 2003년 12월 초 제8차 남북철도도로연결 실무접촉이 속초에서 개최되었다. 이번 회담에서는 주로 신호・통신・전력계통 자재・장비에 관한 내용들이 합의되어 2004년 2・4분기까지 자재 장비설치 운영을 위한 기술지원 등 협력을 하기로 했다. 그밖에 동해선의 교량상판을 2004년 1월 중으로 설계하여 제공하기로 합의, 북한의 동해선 구간에 북강과 남강 두개의 철도 교량이 건설되어야 하는데 기간 내에 완료하기로 합의했다(연합뉴스, 2003. 12. 5). 기술지원 일정도 제8차 실무접촉 때 이루어졌는데 우리 정부가 제공한 자재・장비들이 북한 공사인력에게는 생소하여 고장이 잦으며 유지・보수 등 정비가 필요한 상황이었다. 기술지원은 2003년 6월부터 이미 6차례 걸쳐 제공되었고 7차 기술지원 일정도 합의하였다. 이러한 지속적인 기술지원은 북한에 제공되는 자재장비 사용의 투명성을 확보하고 정상적인 효율적 사용을 유도할 수도 있는 계기가 되는 중요한 의미를 내포했다.[6]

2003년 1월 말에 개최된 제2차 철도・도로연결 실무협의회에서는 차량운행사무소의 개설문제가 논의되었다. 제8차 실무접촉에서 남북간 육로왕래가 보다 안전하고 편리하게 진행되는데 목적을 두고 있으므로 차량운행사무소가 2004년 상반기까지 단계적으로 설치・운영되기로 합의되었다. 차량운행사무소는 금강산 육로관광, 개성공단 조성 등 남북 경제협력사업에 도움이 되었다. 2003년 초부터 진행된 문서 교환방식의 열차 운행합의서 조율에 상당부분 의견접근이 이루어져 계속해서 문서교환 방식으로 협의가 진행되었다. 이러한 열차운행합의서는 실질적으로 열차가 운행될 수 있는 제도적인 장치 마련이라는 점에서 중요했다. 2003년 6월 초에 거행된 궤도 연결식에 앞서 있었던 남북한 군당국자와 공사실무자들의 공사현장 최초 방문이 있었다. 같은 해 11월 초에 있었던 제7차 남북경제협력추진위원회에서 상호방문에 대한 의견이 거론되어 이번에 성사되었다. 공사의 진행상황을 점검과 동시에 기술적인 문제를 협의키 위해 남한정부가 제공한 자재 장비사용의 투명성확보와 이를 통해서 상호신뢰 구축에 도움 되는 좋은 계기가 되었다. 2003년에 2차례의 실무협의회와 5차례의 실무접촉을 통한 남북간 철도협의가 정례화 되고 내실화되는 성과를 거두었다. 계속해서 남북한 철도연결사업이 실무접촉을 통해서 기술적 교류와 장비 자재 제공, 공사현장 상호 방문, 열차운행합의서 등을 통한 제도화된 남북한 협력관계로 구축되어 내실화되었다.

4.2. 동해선과 TSR 연결의 파급효과

동북아시아는 교통인프라의 부족뿐 아니라 운영과 제도적인 측면의 취약성으로 국가간의 교통연계망이 경제성장에 장애요인이 되고 있다. 체제의 장벽을 넘어서는 교통의 동북아시아 인프라 조성이 미개발 지역에로의 연계와 단절 구간의 철도연결 접근을 통해서 국가들 간의 협력을 한층 가속화 시켜야 한다. 단절된 철도구간의 복원은 서로 다른 이해관계에 대한 의견 조절과 국제적인 교통 인프라 구축, 재정 조달 및 기술적인 차이를 극복할 수 있는 시간적 여건이 또한 필요하다.

현재로서는 단기간으로는 남북한 분단으로 동북아시아의 대륙연결철도망인 TSR, TCR, 몽골횡단철도(TMGR), 만주횡단철도(TMR), 바이칼・아무르철도(BAM) 등은 물동량인 많은 한국과 일본으로부터의 육상 접근이 현실적으로 어렵다<그림 4-2 참조>. 따라서 중・장기적으로 동해선이 복원이 되면 이 노선은 중국 동북3성(흑룡강, 요령강, 길림성)과, 내몽고자치구의 태평양 진출을 위한 수송로로서 뿐만 아니라 러시아 극동지방의 대외교역로도 활용될 전망으로 남북한간의 철도의 연결은 아시아횡단철도 연결을 의미한다(권원순, 2002 : 33). 동북아시아의 인적, 물적, 자원, 기술, 자본을 결합한 동북아시아 경제권 형성을 단축시킬 것이며 운송망의 새로운 기틀이 형성 될 것이다(Korea Times, 2001. 8. 3). 아울러 TKR-TSR의 연계는 신의주 개방 및 두만강 나진・상봉 지역 개발을 추진하는 북한과 어려움을 겪고 있는 러시아 극동의 나호드카 자유경제지역 내 한국전용 산업공단 조기 설치(Yeongmi Yun, 2002 : 210-212) 및 이르쿠츠크 가스전 공동개발 추진을 촉진할 수 있는 남・북・러 간의 3각 경협추진에도 긍정적인 요소로 작용할 것으로 전망해 본다. 러시아정부는 국가 경제이익확보 차원에서 유라시아를 연결하는 기간 운송망의 기저가 되는 TSR의 TKR와의 연결 실현을 위해 외교적 행보에 박차를 가하고 있다(홍완석 외, 2001 : 478-479).

중국 단둥을 경유하여 모스크바로 이어지는 경의선과 달리, 일본에서 산적한 물류가 부산에서 강릉을 지나 러시아 극동지역을 경유하여 최단 거리로 대륙철도로 이어지는 동해선 연결에 러시아는 높은 관심을 표명했다. 북한의 동해선 철도관련의 대내외적인 동향을 살펴보면, 북・러 간에 동해선 철도개건 및 현대화에 합의하여 두만강~원산~금강산 구간의 현대화, 두 국간에 합동타당성조사, 재원조달을 위한 국제컨소시엄 구성 등에 합의한 바 있다(Korea Herald, 2002. 6. 25).

후속조치로 원산~금강산간 철도구간의 공동조사를 추진하고 있는 곳으로 보도되었다. 동해선 연결은 북한의 두만강역과 러시아의 하산역을[7] 통해서 TSR와 북한의 남양역과 중국의 도문역을 통해서 TMR와 직접 연결되어 유라시아와의 연결 기능이 기대된다<그림 4-4>. 동해선~금강산청년선~평라선을 통한 표준궤를 사용하는 시베리아철도와의 연결은 철도궤간의 차이로 인한 환적 및 대차교환이 필요한데 북한의 두만강역과 웅상역에는 대차교환시설을 갖추고 있다. 러시아의 광궤철도가 북한의 청진까지 연결되어 있으므로 궤간차이로 인한 문제가 없는 노선이다.

동북아시아 철도망의 단점을 보안할 수 있는 동해선 연결이 초래할 수 있는 파급효과를 고려해 같다. 첫째, 남북철도 협력 통한 관계 개선은 정치적・사회적 파급효과를 초래한다. 따라서 남북한간 철도 연결은 인적・물적 교류의 확대를 통한 해상운송의 의존에서 벗어나 국경을 통과하는 공식적인 육상운송 교류로 확대되어야 한다. 이에 따른 제반 절차를 갖추기 위

〈그림 4-4〉 나진-하산 철도 연결 노선

출처 : http://blog.naver.com/fivenation?Redirect=Log&logNo=30029119091(검색일: 2010. 2. 10).

해서 양국은 상설사무소를 설치 운영하여 다양한 형태의 교류가 민간차원의 교류로 확대되어야 한다. 이로 인해서 제한적 수송에 점차적으로 양국간에 수송협력을 통한 상호신뢰가 구축이 되며 한반도의 군사적 대결 완화와 평화 정착에도 궁극적으로 통일한국의 초석을 제공하는 요인으로 작용할 것이다.[8)]

둘째, 남북교류의 육상 수송로 전환에 따른 물류비절감효과에 기초한 경제적 효과의 확대를 기대해 볼 수 있다. 동해선은 수도권을 통과하지 않고 부산과 러시아를 최단거리로 연결할 수 있는 노선으로 여객수송량이 적어서 단기적으로는 경제성이 떨어지는 점도 있다. 그러나 인구 밀집지역이나 산업시설을 통과하지 않기 때문에 주로 화물수송에 이용될 수 있다. 북한의 동해선(원산~함흥~청진~나진)은, 경의선(개성~평양~신의주)의 노동집약적 경공업 형성보다, 기술집약적이 중화학공업으로 발전할 수 있는 여건을 조성하고 있다. 동해선 수송은 해상일변도로 북한 반입물이 남한의 항만에서 다시 한 번 육상수송을 하는 형태가 주를 이루는 우회수송 및 복합운송에 따른 물류비 구조를 개선해서 물류비 절감이 효과를 기대해 볼 수 있다. 이런 물류비절감은 남북한 상품의 가격경쟁력 강화와 운송시간의 단축은 비용절감의 효과를 초래해 많은 수요를 창출할 수 있다(임재경, 2002 : 24).

셋째, 북한의 나진의 자유무역지대 조성계획은 남북한간 철도가 연결되면 사회간접 자본 확충과 투자환경의 개선으로 이 지역의 외국자본 투자유치도 증가될 것이고, 북한, 중국, 러시아를 중심으로 두만강 지역 개발을 촉진 시킬 수 있다. 한편으로는 두만강 개발에 부정적인 입장을 보이는 일본과의 통상증대로 관계개선을 유도하고 일본 자본의 북한 유입에도 큰 영향을 미치게 될 것으로 전망된다. 아울러 한반도 철도가 러시아 철도와 연계가 되며 동해안지역과 러시아 극동의 연해주지역을 연계한 관광사업의 촉진에도 영향을 줄 수 있다(Yeongmi Yun & Woonsoon Kwon, 2004 : 19).

넷째, 동해선 연결은 북한은 육로관광을 통한 금강산 관광의 비용절감과 관광사업 확대를 고려해 볼 수 있다. 북한은 경제적인 어려움을 극복하기 위해서 사회주의 체제의 계획경제에서 점진적으로 개혁과 경제적 실리에 중점을 정책의 일환으로 평양관광을 유치해 외화 벌이와 관광사업에 한층 적극적인 태도로 임하고 있다. 남한 역시 여러 가지 구조적인 요인으로 재정적자로 인한 금강산 관광의 활성화와 정착화의 해결책이란 측면을 모색해 볼 수 있다. 관광 활성화를 위해 현재 단절구간 국도 구간(간성~장전)의 연결로 금강・설악권 관광 개발과 북한의 원산-금강산간 고속도로와 원산~고성 도로와 직접 연결되면 동해선 축 해상운송을 보완하는 기능이 또한 기대된다.

4.3. 동해선과 TSR 연결의 선결과제

앞서 TKR과 대륙철도와의 연계선상에서 한반도에 초래하는 정치적・사회적 · 경제적 및 동북아시아 국가들과의 국제협력을 포함한 파급효과를 분석했다. 동해선 연결의 타당성을 고려해 볼 때 남북한을 통과하여 TSR의 대륙철도로 연계 수송을 위한 여건이 조성되기까지는 중장기적인 접근이 필요하다.

특히 남한은 동해선의 단절구간은 총 293.3km을 복원해야 하고, 북한 역시 철도의 개 · 보수가 완료되기까지는 상당한 시간과 재원이 소요되는 것으로 관측된다. 정부의 미연결 동해선 구간 완결에 대한 계획에 따르면 동해선 완공은 빠르면 오는 2015년을 목표로 한다(조선일보, 2002. 12. 18). 강릉에서 저진까지 약 120km 미연결 지역이 연결됨에 따라 저진을 중심으로 물류망 구축 연결도 새로운 대안이 될 것이다. 기술적으로 남북한 철도 · 도로연결 실무협의회를 통해서 동해선 연결과 복원사업을 위해 정부는 북한에게의 기술지원을 꾸준히 해왔다. 실질적으로 열차운행에 필요한 차량운행사무소와 열차운행합의서가 제기되어 논의되었다. 단계적인 설치 운영, 채택에 대한 남북한 합의가 2003년 12월 제8차 때 성사되었다.

향후 TKR의 연결과 TSR와의 연결을 위해 남북한 해결해야 하는 몇 가지 중요한 선결과제는 다음과 같다.

첫째, 북한은 대내적으로 2002～2003 동안 계속해서 경제회생의 전제조건이 되고 있는 철도부문의 정상화를 위해서 노력했다. 현재 남북한간의 철도운송과 대륙철도망 연결에 필요한 제반 제도적 · 법적 · 기술적 장치 구축이 활기를 띄고 실무협의를 통해서 진척되었다. 그러나 지금 선행되고 있는 남북한 철도 연계에 필요한 북한지역 철도의 보수, 정비를 위한 기술적 지원이 체계적으로 필요하다. 철도 수송 의존도가 남한보다 월등히 높은 북한 자체 내에서 운행효율을 높이기 위해 복선화율을 높이고 속도개선을 위해 전력공급을 원활히 하는 등 철도운영의 개선을 통한 현대화가 필요하다(Yong Sang Lee, 2003 : 17). 러시아를 거쳐 유럽대륙으로 이어지는 철도는 북한의 낙후된 철도의 개선이 되지 않고는 어려운 만큼 지속적이고 체계적인 한 · 러 공동 북한철도 실태 조사와 필요한 전문인력 양성과 동시에 남북 전문가의 공동조사 및 시설에 관한 자료교환과 인적교류가 이루어져야 한다. 즉 남북한 국민들의 철도와 관련한 사회적 문화적 인식도 조성되어야 한다.

둘째, 남북철도 연결은 남북한 간에 상이한 철도기술의 호환성을 갖추어야함과 더불어 열차의 운영방식제도 및 통합문제에 대한 연구와 준비가 더 필요하다. 궁극적으로 TKR이 아시아와 유럽을 잇는 대륙연결철도로서 국가간 화물운송이 원활히 이루어지기 위해 신속한 국경통과와 육상운송을 위한 제도적 장치가 선행되어야 한다(Hisako Tsuji, 2003 : 6-7). 또한 다자간 철도협력 채널인 통관절차와 출입국심사, 운송계약과 운송장의 작성 방식, 운임의 지불과 정산, 화물분실과 배상청구의 방법, 기관사, 승무원, 여객과 화물에 대한 안전문제 등을 포함하여 철도운송 시 발생하는 제반 문제들을 해결하기 위해서 국가간 철도운송에 관한 협약이 기초되어야 한다(성원용, 2002 : 66).

셋째, 정치적으로 남북한 사이에 평화협정이 맺어져 있지 않더라도 경의선이나 동해선 연결은 군사분계선으로 군사적으로 대치하고 있는 비무장지대를 통과는 불가피한 상황이다. 군사분계선(DMZ)구간을 평화지대로 시도하는 등 국경통과에 따른 남북간 상호 신뢰구축 및 긴장완화 프로그램 마련 및 홍보가 필요하다. 따라서 중・장기적으로 무엇보다 중요한 것은 북한의 경우 운송협력이 경제적인 요인보다는 정치적인 요인에 의해 결정될 가능성이 높은 만큼 북한의 지도부가 운송협력에 대해 보다 실용적인 태도와 접근이 요구된다.

넷째, 인도주의적인 차원에서 남북한 철도연결은 약 천만 이산가족들에게 의미가 크다. 육로를 통한 이산가족의 교류와 접촉의 확대는 민족의 동질성 회복과 더불어 정치적 통일에 선행되어야 하는 매우 중요한 요소이다. 그 단적인 예를 1989년 동서독의 통일에서 교훈을 삼을 수 있다. 경제격차가 심한 사회체제간의 통합에 따라 교통부문을 정비하기 위해서는 투자와 정책목표가 뚜렷해야 한다. 북한교통시설의 정비와 확충은 남북교류를 촉진하고, 육로를 통한 경제협력의 물적 교류가 인적 교류가 육로 활발히 이어져한다. 통일에 대한 물꼬가 확대되는 남북관계의 새로운 협력모텔이 될 수 있는 전환을 제공하고 점에서는 중요성을 강조하지 않을 수 없다. 현실적으로 막대한 재원조달에 대한 구체적인 방법을 고려해야 한다.

대외적으로 북한은 중국과도 계속해서 철도 관련한 협력을 모색하고 있다. 북-러 간 철도협력은 재정적・기술적 측면에 대한 논의가 주를 이루고 있다. 러시아는 북한의 철도 복원과 현대화에 재정적인 지원에 대해서 연방정부 예산이나 철도부 예산, 국제기구 차관이나 남한 자본을 포함한 북한과의 컨소시엄 접근 방식을 제안하고 있다(조선일보, 2004. 2. 19).[9] 이런 점을 논의하기 위해서 2004년 4월 말 모스크바에서 열린 남・북・러간 철도연결 회담을 통해서 각국의 의견을 수렴과 문제점 등을 협의하는 상호의견 교환이 있었다(동아일보, 2004. 5. 3).

 TKR-TSR 연계 정책의 시사점과 전망

한반도 철도의 X자형 간선철도망은 일본의 대륙침략과 식민지 수탈경제를 수행하기 위해 건설된 철도망이다. 당시 조선을 정치적・경제적・군사적으로 통치하고 일본과 만주를 시・공간적으로 최대한 밀착 연결하기 위해서 일본의 치밀한 구상 아래 부설된 대륙침략과 국외유통을 목적으로 특별히 부설된 철도였다(정재정, 1999 : 640-641). 일본의 군사철도로 식민지 수탈을 위한 산업철도로 이용되었고 냉전 체제 하에서 한반도 분단의 정치적 상징물이 되었다(이창훈, 2000 : 29-53). 우리정부는 그간 거론해왔던 국토의 동서를 연결하는 간선교통축을 설정하고, 동해선축을 포함한 남북간, 동・서간 간선교통축 확충사업이 선행되어야 한다. 이는 한반도가 동북아시아의 대륙과 해양을 연계하는 접점지역으로 이러한 경제권 연계는 남북한종단철도 교통망 연결로 육상물류 및 국제복합운송이 기능적으로 발휘하기 되는 때문이다(한종만 외, 2001 : 170). 오는 2015년까지 21조7000억

원을 투입해 'U자형 고속물류 간선철도망' 구축의 중요성이 부각되고 있다. 중국, 일본, 러시아를 포함한 유럽까지의 물류망을 확대 및 연결하는 계획도 포함된다. TKR과 TSR와의 연계수송망을 건설키 위해서, 부산-경북 포항을 잇는 동해남부선 145km 구간을 오는 2012까지 복선전철화하고 포항~강원 삼척을 잇는 구간 동해중부선을 오는 2014년까지 단선으로 건설 예정이다. 동부철도망계 구축을 위해 오는 2015년까지 8조4,000억원을 투입하여 TKR를 통해 TSR와의 연계수송망 건설에 초점을 두고 추진하겠다는 것이다(파이낸셜뉴스, 2004. 1. 16). 현 시점에서 남북한의 활발한 협의와 협력이 무엇보다도 중요하며 남・북・러의 3국간 철도 실무협의가 계속해서 활발하게 이어져야 한다. TKR-TSR 연결에 대한 운송협력의 활성화는 향후 남북한과 러시아 간에 에너지 및 자원개발 분야에서도 활발한 협력 확대될 수 있음을 시사해준다. 우리정부는 남북한 교통체계통합을 위한 교류증진을 촉진할 수 있는 법적・제도적 장치를 정례화해야 한다.

현시점에서 남북철도 교류의 확대와 제도화를 통한 대륙철도와의 연계는 동북아시아에서 한반도와 중국의 동북3성과 러시아의 극동지역에 국한하지 않고 우랄과 동・서시베리아와 중앙아시아 지역의 시장과 유럽지역과의 경제협력으로 확대될 것이다. 그동안 수송루트가 열악해 진출이 어려웠던 중앙아시아 지역이 새로운 시장으로 부각되는 파급효과가 있다. 인접국 중국의 진출이 매우 활발하지만 동지역에 한국과 같은 새로운 파트너가 필요하다고 본다. 특히 시베리아철도의 중간 물류 수송 거점지로 부각되고 있으며, 동・서 시베리아지역의 3,000만 명의 경제권을 포용하는 중심도시 노보시비르스크는[10] 석유 등 자원 부국의 중앙아시아를 연결해 주는 수송 인프라가 발달한 지역이다. 따라서 노보시비르스크와 같은 시베리아로의 진출 교두보의 거점구축을 통해서 카자흐스탄, 우즈베키스탄 등 인구 5,000여만 명의 중앙아시아 지역으로의 접근과 확대를 시사해 준다(조선일보, 2002. 10. 2).

마지막으로 TKR-TSR 연결 정책은 건설공사 및 시스템 구축에 있어서 북핵문제 해결이라는 제약점과, 북한철도의 현대화 비용, 실태조사 등을 고려해 볼 때 많은 비용과 시간이 소요됨으로 중장기 과제와 비전으로 계획되고 추진되고 있다. 그러나 TSR와 TKR의 연계는 장차 동지역이 육상운송의 국제물류체계 구축에 중추적인 역할을 담당하게 될 것이다. 철도분야의 협력을 강화는 한국정부의 기술·교류·통상 측면의 확대가 예상되다. 연해주에서 이르크추크, 노보스비르스크, 옴스크, 예카쩨린부르그에 이르는 광대한 시베리아의 새로운 시장의 확대에 중추적인 역할을 할 것임을 상기할 필요가 있다. 한·러 경제협력이 북한과 러시아 극동지역을 포함한 경제 협력관계에 있어서 이제까지 다소 진출 대상지역에서 제외 되어 있었던 우랄 및 서시베리아지역까지의 인적 물적 교류 및 시장 확대라는 중요한 의미가 있다.

▌미주▐

1) 남북간 교통망의 복원을 TSR, 중국횡단철도(Trans China Railway, TCR), 만주경유철도(Trans Manjuria Railway, TMR), 몽골경유(Trans Mongolia Railway, TMGR)철도와 연결되는 유라시아의 간선철도망으로 확대됨에 목적으로 두고 있다. 이 사업의 필요성은 철도 연결을 통한 남북한 화해 협력 증진 및 21세기 한반도가 동북아시아의 물류중심 국가로 거듭나는 물리적 기반 조성에 있다.
2) KTV e-Korea 2부, 2003년 12월 11일, "한반도리포트," 프로그램에서 철도대학의 최연혜 교수와 필자와의 대담자료.
3) 러시아정부가 추구하는 해양과 대륙을 연결하는 복합 운송망 체제 및 동서 물류망을 확보를 위해 한반도 종단철도와 연결을 위해선 상이한 궤도 통일, 컴퓨터 신호시스템 통일 등 기술적 과제 해결이 이루어져야 한다. 러시아 정부는 TSR의 철도시설 확충과 현대화를 위해서 러시아 철도부 TKR-TSR 연결을 위해 2005년까지 30억 루블(약 9천400만 달러)을 극동 우수리스크에서 북-러 국경 도시 핫산에 이르는 철도 240km 구간 보수작업을 마칠 계획이다(연합뉴스, 2003. 1. 14).
4) 대륙연계 철도시설을 궤간을 살펴보면, 한국, 북한, 중국 및 유럽 국가들은 궤간이 1,435mm로 표준궤이고, 러시아, 카자흐스탄, 몽골은 1,520mm인 광궤이고 TSR은 전 구간이 광궤로 복선화되어 있다. 고종이 1896년 러시아공관으로 거처를 옮긴 아관파천 사건 직후 러시아의 영향으로 광궤로 수정됐다. 그러나 러시아의 시베리아 철도의 한반도 철도의 접속을 반대하는 일본은 조선에 차관 제공을 약속하면서 철도 부설권을 확보 다시 표준궤로 수정되어 부설되었다. 이런 역사적 배경 속에서 TKR-TSR 연결을 위한 궤도에 대한 논의는 광궤인 TSR와 표준궤인 TKR가 바퀴를 바꿔달거나 환적 절차 없이 진입할 수 있는 가변대차시스템 개발이 진행 중이다.
5) 4차례에 걸쳐 러시아는 북한 철도를 조사하였으나 조사결과에 대한 공식발표는 하지 않았다. 조사결과 평가에 의하면, 1차 조사는 예비적인 성격의 조사로 간주되며, 2차, 3차 조사 시 본격적이고 대내적 조사가 행해진 것으로 판단된다. 특히 4차 조사는 과거 구소련연방 시기 북한의 청진항까지 약 100km에 걸쳐 부설된 광궤(1,520mm) 철도 중 라진 항 구간까지의 철도 현대화 내지 복원을 위한 실제적인 조사와 복구가 병행된 것으로 간주된다.
6) KTV e-Korea 2부, 2003년 12월 11일, "한반도리포트," 프로그램에서 선문대 윤황 교수와 필자와의 대담자료.
7) 나진-하산 철도연결 구간은 55km이며 러시아식 광궤(폭 1,520mm)가 깔려 있다.
8) KTV e-Korea 2부, 2003년 12월 12일, "한반도리포트," 프로그램에서 교통개발연구원의 안병민 박사와 필자와의 대담자료.
9) 러시아는 이미 "러시아 교통 체제 정비 (2002~2010)" 프로그램을 통해서 아시아와 유럽을 연결하는 대규모 교통수송망을 정비하는 계획을 수립하고 실질적인 조사를 마쳤다. 러시아 철도부는 TKR와 TSR이 연결되기 위해서 북한 내 철도 현대화 작업에 약 25억 달러가 소요될 것으로 전망하고, 해결 방안으로 남북한과 일본, 중국 러시아 및 중앙아시아 각국이 참여하는 컨소시엄구성을 통한 재정문제해결이 바람직하다고 강조했다.
10) 노보시비르스크는 지리적인 위치, 발전된 항공・철도・도로・수로・파이프라인 수

송망이 유라시아 대륙에 동과 서를 연결하는 수송 고리로서의 역할을 수행한다. 아울러 국제적인 복합화물 수송 중심지가 되기 위해서는 국제 수송을 해야만 하는 물동량 자체가 확보되어야만 하는데, 노보시비르스크는 노보시비르스크를 중심으로 반경 150km～200km의 지역에 대략 7～8백만이 밀집해 있는 경제활동과 대규모 지역시장의 중심지이다. 시베리아, 알타이, 카자흐스탄의 수십 개 도시에 서비스를 제공할 수 있는 능력이 되는 상품수송체계의 거점인 셈이다(한종만 외, 2001 : 132).

▌참고문헌 ▌

본 장은 「한국정책과학학보」한국정책과학학회(2004. 6), 8(2)에 실린 글을 수정 및 보완했음.

김상원(2001. 9), “시베리아 횡단철도와 동북아경제협력,” 「한국철도학회지」 4(1).

권원순 외(2000. 10. 6), “시베리아 횡단철도와 한반도,” 한국시베리아학회와 한국철도학회 주최 세미나 발표논문.

권원순(2002), “경의선 · 동해선의 연결을 통한 강원도 및 동북아시아 국가간의 이해관계,” 「북강원포럼」 4.

______(2002. 11. 15-16), “TKR-TSR 연결사업의 과제와 전망 : 경제적 효과를 중심으로,” 시베리아 · 극동러시아와 한반도, 한국슬라브학회 연례학술회의 발표논문.

______(2003. 8), “TKR/TSR 연결이 러시아의 대한반도 정책에서 갖는 의미와 대응방안,” *mimeo*.

남상괄(2000. 10. 6), “한국철도와 시베리아 횡단철도 연결의 기술검토방향,” 한국시베리아학회와 한국철도학회 주최 학술회의.

박명식(2002. 4. 30), “남북철도 연결 현황,” 남북철도 연결을 위한 기술 및 정책방향, 남북철도 연결을 위한 기술 및 정책 방향, 전문가 초청 세미나, 한국철도기술연구원.

박환 외(2003), 「시베리아의 여명을 뚫고」 서울 : 지식마당.

서광석(2000. 3. 30-31), “대륙철도와의 연계를 위한 21세기 한국철도망 구축방안,” 21세기 시베리아철도와 한국철도의 한-러간 협력 방안, 한-러 국제 세미나, 교통개발연구원.

성원용(2002. 11. 15-16), “TKR-TSR 연결의 의의와 파급효과 : 동북아 경제협력의 관점에서," 한국슬라브학회 연례학술회의 발표논문.

신종서(2000. 10. 6), "한국철도와 시베리아 횡단철도 연결의 기술검토방향," 한국시베리아학회와 한국철도학회 주최 세미나 발표논문.

안병민(2002. 4. 30), "북한경제에서 철도의 기능과 역할," 남북철도 연결을 위한 기술 및 정책 방향, 전문가 초청 세미나, 한국철도기술연구원.

안병민 외(2000. 3. 30-31), "한반도 종단철도가 시베리아횡단철도(TSR) 활성화에 미치는 파급효과," 21세기 시베리아철도와 한국철도의 한-러 간 협력 방안, 한-러 국제 세미나, 교통개발연구원.

양신추 외(2002. 4. 30), "북한경제에서 철도의 기능과 역할," 남북철도 연결을 위한 기술 및 정책 방향, 전문가 초청 세미나, 한국철도기술연구원.

유원희 외(2001. 9), "한반도종단철도와 시베리아횡단철도의 효율적 연계 기술,"「한국철도학회지」4(1).

윤경호(2002), "동해안 남북연결사업의 강원도의 기대효과,"「북강원포럼」4.

임재경(2002), "동해선연결사업의 향후 전망과 강원도의 역할,"「북강원포럼」4.

전일수 외(1998),「통일대비 남북한 종합교통망 구축계획」서울 : 교통개발연구원.

정재정(1999),「일제침략과 한국철도」서울 : 서울대학교출판부.

한종만 외(2001),「21세기 러시아의 시베리아·극동지역 개발 전략에 관한 연구」서울 : 대외경제정책연구원.

홍완석 외(2001),「21세기 러시아 정치와 국가전략」서울 : 일신사.

Bradshaw, Michael (ed)(1991), *The Soviet Union : A New Regional Geography*? Belhaven Press : London.

KTV e-Korea 2부, 2003. 12. 2, "한반도리포트," 프로그램에서 교통개발연구원의 안병민 박사와 필자와 대담자료.

KTV e-Korea 2부, 2003. 12. 11, "한반도리포트," 프로그램에서 철도대학의 최연혜 교수와 필자와의 대담자료.

KTV e-Korea 2부, 2003. 12. 12, "한반도리포트," 프로그램에서 선문대의 윤황 교수와 필자와의 대담자료.

Lee, Yong Sang(2003. 10), "The Current State of the ROK's Railways and Ways of Connecting Railways between South and North Korea," *Erina Report*, 54.

Steklov, Mikhail(2001. 9), "Russian Railways and their Role in the Economic Development of the Russian Federation and International Trade,"「한국철도학회지」4(1).

Tsuji, Hisako(November, 2003), "An International Logistical Network in Northeast

Asia," *Erina Discussion Paper*, No. 0307e.

Yun, Yeongmi(October 2002), Korean-Russian Relations and the Nakhodka Free Economic Zone," *Journal of Siberian Studies, Sibirica*, 2(2).

Yun, Yeongmi & Kwon, Wonsoon(2004. 4. 22-23), "Railroads Linkage between Russia and Korea : Perspectives of Political and Economic Cooperation in Northeast Asia," 21세기 동북아 지역의 역동성과 러시아의 세계화 : 협력, 경쟁 또는 갈등? 한국외대 기초학문지원연구 러시아지역연구사업단 제2회 국제학술회의 발표논문.

МПС РФ, Динамика перевозочной работы, основных экономических и финансовых показателей работы федерального железнодорожного транспорта, Москва(2000г).

Госкомстат России, Россия в цифрах : Краткийстатистический сборник, Москва (2001г).

Госкомстат России, Транспорт и связь в России : Статистический сборник, Москва(1999г).

Государственная Дума, Материаль парламентских слушаний, Законодательное собрние Иркутской области, Иркутск(1999г).

Ламин В.А(1999г), Пленкин В.Я., Ткаченко В.Я., Глобальный трек : Развитие транспортной системы на востоке старны, УРО РАН, Екатеринбург.

Совет Федерации Федерального Собрания РФ, Стратегия Развития России в АТР в XX Веке : Аналистический Доклад, Организационный комитет байкальского экономического форума, Москва(2000г).

「동아일보」 2004. 5. 3.

「서울경제」 2003. 6. 13.

「연합뉴스」 2002. 12. 5.

「조선일보」 2004. 2. 19.

「파이낸셜뉴스」 2004. 1. 16.

「Korea Herald」 2002. 6. 25.

「Korea Times」 2001. 8. 3.

「Pravda」 2002. 12. 6.

「Vladivostok News」 2002. 6. 14.

제 5 장

러시아철도의 발전 전략과 바이칼-아무르(BAM)철도의 활성화를 중심으로

I 러시아 국가전략에서의 철도

역사적으로 제정러시아(이하 러시아)의 시베리아지역으로의 팽창 동기는 국가 내부의 대외정책과 더불어 외부 침략 세력에 대한 방어 수단으로서의 군사력 대응책이었다. 넓은 국경의 안정을 보장받기 위한 주변의 위협적 국가들에 대한 군사적 지배 내지 영향력 확대였다(심헌용, 2003 : 150). 또한 경제적 동기로 자원공급지로서의 시베리아 개척에 있었다. 러시아는 모피, 산림, 농수산물 자원, 광물자원을 채취하고 교역상품을 제공해 주는 우랄산맥을 넘어 존재하는 신 개척지 건설이었다.[1)] 1689년 러-청간 네르친스크 조약에 의해서 스타노보이 산맥을 따라 국경이 확정되었고 1689년 러시아는 캄챠트카반도와 쿠릴열도를 점령하였다(문명식, 2003/2004년 겨울 : 109).[2)] 1891년 알렉산드르 3세는 칙령에 의해 황태자 니콜라이 2세를 총책임자로 임명했다. 이로써 제정러시아의 가장 중요한 국책사업의 일환으로 본격적인 시베리아횡단철도(Trans Siberian Railway, TSR) 건설이 시작되었다.[3)] 착공한 지 12년 만에 1903년 첼리야빈스크에서 블라디보스토크에 이르는 7,500km 철도가 완공되었다. 러시아의 중심부에서 북만주를 통해 극동연해주를 연결하는 동청철도를 이용하여 블라디보스토크까지 인적·물적 자원은 수용할 수 있는 체계가 수립되었다. 그러나 러시아의 만주와 한반도에서의 영향력 확대는 러-일전쟁(1904~1905)을 계기로 좌절되었다. 1916년 최종적으로 모스크바-블라디보스토크 간

9,300km의 TSR 건설과 함께 1894년에서 1903년 정부가 시행한 토지제공과 대여금 혜택으로 인해서 이주민이 증가하였고 연평균 11만 5천여 명에 달했다(Fainsod Merle, 1970 : 16). 1차 세계대전 및 러시아내전으로 인해 이르쿠츠크와 아무르강 교량을 비롯해 많은 도로, 교량, 철도가 파손되었으나 1924년부터 1925년 사이 아무르강 철교가 복구되었다. 1925년 3월에 현재의 TSR 노선이 재건되었다. 1939년 아무르강 철교부분을 제외한 전 구간의 복선화가 완성되었고, 2차 세계대전 동안 인적, 물적, 병력 수송에 지대한 역할을 하였다. 서쪽으로부터 바이칼호와 레나강 유역을 연결하는 바이칼-아무르철도(Baikal-Amur Mainline, BAM) 등의 지선이 본선으로 갈라지고, TSR의 복선화는 카르이므스카야-하바로프스크간 2,227km가 1937년에 완성되었다.[4] 2002년 12월 철도건설 73년 만에 전 구간의 전철화 작업이 완료되었다<그림 5-1 참조>.

〈그림 5-1〉 시베리아횡단철도(TRS)의 주요 노선

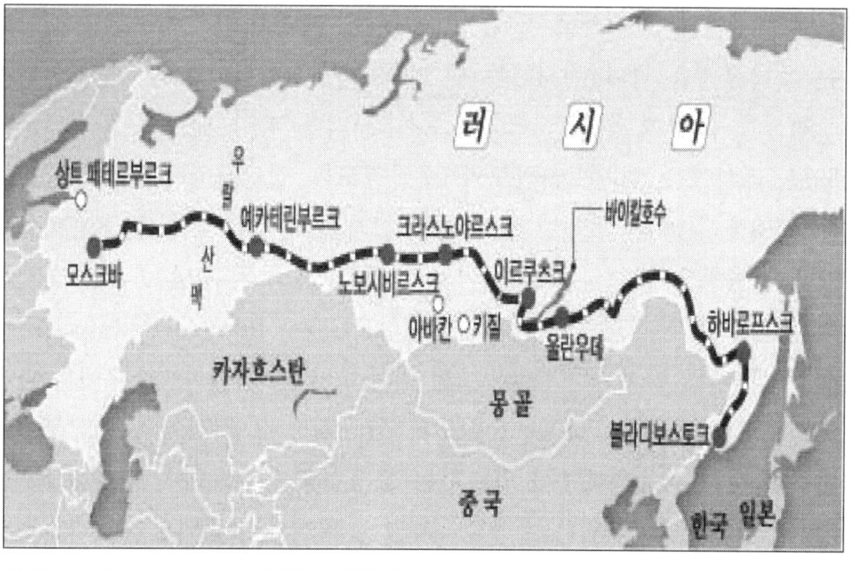

출처: http://cafe.naver.com/ottd/352(검색일: 2010. 2. 9).

브레즈네프는 중앙집권화 정책을 통해 시베리아의 3개 지역인 동시베리아, 서시베리아, 극동지역을 포함한 19개의 기초경제지역단위를 설정했다. 1974년 소련 국가계획위원회에 의해 19개 기초경제지역단위가 7개의 광역경제지역 단위로 재조정될 때, 동시베리아 및 서시베리아를 하나의 시베리아 광역지역경제 단위로, 극동지역은 극동 광역지역경제단위로 구성되었다. 1984년 10월 시베리아 극동지역의 원활한 자원개발, 대외무역 증진과 유럽과 아시아 주변 국가와의 무역을 증대 등의 경제적 및 안보적 목적에 의해서 BAM철도가 완공되었다. BAM은 소련의 10차 5개년 계획 하에 건설된 4,280km로 타이세트-소베스카야가반까지 연결되었다.

2000년대 이후 푸틴 대통령은 합리적이고 실용주의 정책을 앞세우며 국가경제의 발전과 안정화에 주력하면서 강력한 러시아 재건을 목표에 개혁을 추진하고 있었다. 특히 시베리아와 극동지역의 중장기적 발전전략으로 석유 및 가스 등의 자원개발에 목적을 둔 하나의 운송 시스템을 구축이 진행 중이다.

이런 맥락에서 본 장에서는 러시아철도부에서 실행되고 있는 화물 운송 확대에 목표를 둔 러시아철도의 발전전략을 로버트 만델(Robert Mandel)의 국가경제안보 관점에 기초해 고찰해 보고자 한다. 러시아연방의 지정학적 특성상 다른 국가와 달리 철도는 러시아의 단일한 경제 공간 구축을 연결하는 절대적인 물적 토대인 것이다. 이 글의 분석단위는 TSR와 러시아철도 발전의 주축을 이루고 있는 시베리아·극동지역의 자원과 에너지 수송의 근간을 제공하는 BAM철도의 현황과 활성화 정책으로 주로 문헌연구에 기초한다. 이하 글의 구성은 다음과 같다. 제Ⅱ장에서는 러시아 국가경제안보적 관점에 기초해 시베리아·극동지역의 발전에 있어서의 철도의 역할을 살펴보고, 제Ⅲ장에서는 러시아철도의 장기발전 전략을 러시아연방철도 구조조정과 개혁정책과 시베리아 및 극동지역의 철도발전계획을 집중적으로 분석해 볼 것이다. 제Ⅳ장에서는 시베리아 및 극동개발과 BAM철도의 현황과 활성화에 주력할 것이다. 제Ⅴ장은 논문의 종합으로 러시아 국가경제안보 관점에서 살펴본 러시아철도의 발전정책을 정리해 볼 것이다.

 러시아철도의 발전 정책 : 국가 경제안보적 관점

로버트 만델은 「국가안보의 변모-개념적 분석, The Changing Face of National Security-A Conceptual Analysis」에서 탈냉전기 경제안보의 중요성은 증대하고 있으며, 오늘날 경제안보는 전통적인 군사안보와 유사하게 한 국가의 안보에서 중요한 결정요건으로 강조했다. 경제안보는 한 국가가 국내시장과 해외시장에서의 활동을 통해 그 사회의 유지와 생활양식 향상에 필요한 재화와 용역을 확보하는 것이다. 국가경제안보는 국가경제 효율성 증대에 목표를 두고 있으며, 경제안보의 2대 중심요소는 경제성장과 재화·용역의 경제적 배분이다. 국민경제를 과거 수준에 비해서 향상을 의미한다(Robert Mandeal 지음, 권재상 역, 2003 : 103-106). 이런 점에서 러시아교통은 국가전체 및 지역간 사회경제적 발전에 지대한 영향을 미치는 러시아 경제안보의 전략적 요소로 간주된다. 특히 러시아의 철도교통은 인구이동, 지역간 상호연계 및 개발, 대내외경제 관계 등을 가능하게 하는 원천이 된다.

시베리아 철도대학 블라드미르 베레스쿤(Vladimir Vereskun)총장, 2005년 7월 한국 방문에서, "전 세계 승객수송의 15%를 차지하고 있는 러시아 철도는 1980년대 세계에서 가장 우수한 철도 시스템이었으나 그동안 발전하지 못하고 정체되어 왔지만, 여전히 철도산업은 러시아 경제를 받치고 있는 근간 산업이다. 2010년까지 3차에 걸친 철도개혁을 통해 안전하고 신속하며 경제적인 단일 교통시스템을 구축하기 위해 강도 높은 구조조정을 실시하고 있다. 또한 TSR와 BAM철도는 러시아의 축을 이루는 철도로 앞으로 한국과 이어질 가능성이 많아 양국의 긴밀한 협조가 필요할 것"임을 피력했다.[5)]

정책적으로 중장기적 차원에서 러시아정부가 고려하는 러시아철도의 발전 잠재력을 다음과 같이 재고해 볼 수 있다. (1) 현존하는 철도노선으로 기술과 운영의 개선으로 해상운송과의 경쟁력을 강화한다. (2) TSR은 일본, 중국 동북부, 한반도종단철도가 블라디보스토크, 하얼빈, 울란 우데-울란바토르-베이징 연결점을 경유하여 유럽으로 연결되는 주요 통과지로 부각된다. (3) TSR와 BAM 주변의 연결된 주요 노선은 원유, 석유, 가스, 금속 및 광물자원 등의 부존자원을 개발 채취 및 가공하여 완제품을 주변국에 수송하는 효율적인 운송수단이 된다. (4) 우랄산맥의 동쪽에서 생산의 삼각지대로 연결되는 톰스크-노보시비르스크-크라스노야르스크의 2,500km에 달하는 선진과학기술의 잠재력이 집중된 지역의 활성화에 주력한다(한종만 · 성원용, 2001 : 137).

러시아연방은 국가정책으로 해상운송에 비해서 경쟁력이 저하된 TSR의 경쟁력 회복과 유럽과 아시아를 연결하는 유라시아 대륙의 기간 철도망으로 도약하기 위해 기존의 수송 인프라의 확충과 현대화에 주력하고 있다. 실행과제는 다음과 같다. (1) 수송 실시간 컨테이너 추적정보 부재, 통일된 화물운송협정의 부재로 인한 복잡한 운송절차, 극동의 TSR 연결항구의 화물처리능력 부족 등 산재한 문제들을 해결을 도모에 주력한다. (2) 이는 선진화된 교통망 구축을 달성키 위한 복합 화물운송 관리체계 서비스를 전제로 한다. 국제적 수준의 복합 화물운송망 구축 정책은 수송의 신뢰성과 안전성을 제고하면서 문전에서 문전까지(door-to-door) 단절 없이 수송의 정시성을 달성해야 한다. (3) 다양한 형태의 운송수단과 공항, 항만, 세관의 긴밀한 상호작용이며 뿐만 아니라 세계적인 추세에 따라 화물의 보관, 재고 관리, 포장, 정보, 통신, 금융, 보험 등의 포괄적인 서비스를 제공할 수 있는 복합화물 유통 관리체제에 더욱 주력해야 한다(한종만 · 성원용, 2001 : 131; 윤영미 · 권원순, 2004 : 6-7).

시베리아 및 극동지역의 다양한 교통수송망을 통한 국내와 국제 여객 및 화물 통과서비스 확대 전략에 기초한 러시아철도의 발전전략을 분석해 보면 다음과 같다.

첫째 러시아의 지정학 · 지경학적 조건이 러시아의 사회 및 경제발전의 핵심적인 요인이다. 동-서를 잇는 광대한 영토에 도로, 항만, 철도 등 사회간접자본의 구축에 많은 재원이 소요되고 부담이 되고 있지만 지리적 이점을 적절하게 이용한 국가이익을 극대화할 수 있다. 특히 유럽과 아시아를 연결하는 교량적 역할이 항공, 해운, 철도 등의 수송체계의 여객과 화물 수송 서비스를 통한 러시아의 경제적 잠재력을 극대화할 수 있다(한종만・성원용, 2001 : 123-124).[6)]

둘째, 국가경제안보를 위협하는 요인을 제거한다는 차원에서도 중요한 역할을 한다. 일본, 중국, 한국을 중심으로 하는 동북아 국가들과의 정치적, 사회경제적 관계를 강화에 필수적인 자원중심 철도 운송 정책이다. 에너지 안보와 관련해서 동북아 자원개발 방안에 기저가 된다. 시베리아의 원유 및 천연가스 등을 주변국들과 공동 개발하여 파이프라인으로 중국, 일본, 한국으로 운송하는 프로젝트가 진행 중이다. 이것은 TSR와 BAM을 이용한 "대륙간 교량(land bridge)"의 잠재력을 극대화하는 프로젝트 활용을 통해서 가능해질 수 있다. 러시아철도공사가 추진 중인 아・태지역과 유럽지역간 해상운송의 대안루트로서 화물운송 중심의 TSR와 BAM활성화 정책이다(한종만, 2002 : 144).

셋째, 경제안보와 연결되는 사회중심 철도운송 발전 전략이다. 시베리아는 광활한 영토에 인구밀도가 매우 낮은 연방주체들의 총체로 인식되므로 동지역의 남쪽 국경지대로 인구를 이주시키는 정책이다. 1990년대 초 국경개방에 따른 중국과의 국경무역 확대와 극동 및 시베리아 지역의 노동력 감소에 따른 중국인의 노동력 대체현상으로 불법중국인의 동지역으로의 유입이 사회문제로 대두되고 있다. 자원개발과 노동력은 필수불가결한 조건으로 연방정부의 합리적인 인구분산체계에는 견고한 교통망의 기여도가 높으므로 철도망의 견고한 구축이 선결요건이 갖추어져야 할 필요성이 제기된다(한종만・성원용, 2001 : 128-129; Yun, Yeongmi, 2001 : 209-210).

Ⅲ 러시아철도의 장기발전 전략

3.1. 러시아연방 차원에서의 철도개혁

러시아철도는 17개의 지방 및 지역 철도 운영 주체와 47개의 철도관련 장비 및 차량생산 공장, 건설업체 등의 사유화와 14개의 기술개발 및 디자인 회사 등 166개 기관을 구분하여 단계별 사유화를 진행한다. 러시아철도부는 안정적인 수입원과 사유화에 의한 효율성 제고 분야로서 화물 운송에 중점을 두고 있다. 2000년 11월 초 러시아정부에 의해 승인된 주요 러시아철도부의 민영화를 목표로 하는 철도 산업은 구조조정 및 개혁정책인데, 철도산업에 대한 통제 강화, 철도 인프라 현대화, 상업적 기능의 민영화를 주요 골자로 하며 2010년까지 3단계로 진행됨을 명시했다. 첫째, 철도산업에 대한 국가통제기능 강화, 둘째, 철도인프라의 시급한 현대화, 셋째, 철도산업의 경쟁구도 창출, 넷째, 러시아철도공사(Russian Railways)의 설립 및 철도산업의 관리기능과 경제적 기능을 분리(100% 국영으로 철도의 경제적 기능을 담당하게 되며, 철도산업의 경영관리 기능을 담당한다. 러시아철도부는 러시아철도공사의 설립이 외부투자를 유치하는데 기여할 것이라고 기대했다. 최종 수정된 철도구조개혁 프로그램은 3단계로 추진됨에 따라 2001년 4월 10일 연방정부 회의에서 채택되었다. 러시아는 철도와 경제발전무역부에 "러시아철도공사"의 설립관련 입법을 국가재산부, 재무부와 공동으로 검토하도록 지시하였다. 2001년 4월 27일 악쇼넨코장관은 다음과 같은 철도산업 구조조정을 발표하였다<표 5-1참조>.[7]

〈표 5-1〉 러시아철도 구조조정 프로그램의 주요 내용

시기	검토내용	주요내용
1단계 (2001~2002)	50개 항목에 달하는 관련 법률조항의 재검토. 철도산업의 국가관리 기능과 경제성(수익성)부문 분리, "러시아철도공사" 설립을 준비	• 연방철도채무의 변제방법, 조건의 수정 • 행동계획실시에 필요한 법률의 정비, 작성 • 동력차를 보유한 복수의 철도화물 수송회사 설립 및 동 분야의 경쟁시스템 도입
2단계 (2003~2005)	철도산업의 기능별 분리, "러시아철도공사"의 설립완료(단거리 승객화물 운송부문, 장거리 승객화물운송부문, 건설 및 수리부문, 특수화물운송부문, 화물수송부문, 열차 및 화차 제조부문 포함)	• 러시아철도주식회사의 각 수익부문의 자회사화 실시 및 개편 • 내부보조의 단계적 축소 • 여객 및 화물수송의 경쟁력 강화를 위한 조건정비 • 경쟁력 있는 부문의 운임설정 자유화 • 이용수송업자의 간선용 동력차 취득조건 마련 • 철도수송발전을 위한 투자유치-러시아철도주식회사에서 화물수송부문을 분리, 독립시키기 위한 법적 프로세스의 검토. 동 수송부문의 분리에 따른 영향 평가.
3단계 (2006~2010)	경쟁체제의 도입, 단거리 화물운송부문, 건설 및 보수부문을 포함한 5개 부문만이 "러시아철도공사"의 주식을 보유	• 개혁 완료 후 2010년에는 러시아 철도의 주요 인프라와 화물운송부문이 "러시아철도주식회사"에 의해 통제관리 될 것으로 보임 • 1998년 이후 최대 약 4.5배까지 격차를 보이고 있는 국내화물과 수입화물 요율간의 격차 해소 주력 전망

출처 : 권원순, "TKR/TSR 연결이 러시아의 한반도 정책에서 갖는 의미와 전망," 2003. 8, mimeo, pp.6-7.

3.2. 시베리아 · 극동지역 차원에서의 철도개혁

상대적으로 여타 지역에 비해 낙후된 시베리아와 극동지역의 교통체계는 동 지역의 지속적인 경제성장과 사회경제적 발전을 제약하는 요소가 되기도 한다. 구체적으로 1990년대 체제전환기 러시아의 경제위기는 극동 및 자바이칼지역의 교통부문에도 많은 영향을 끼쳤다. TSR의 주요 노선은 우랄, 시베리아, 극동지방의 6개 노선을 말한다. 특히 약 7500km의 극동철도는 350개 이상의 정차 역을 갖추고 있으며, 5개의 연방주체-연해주, 하바로프스크주, 아무르주, 유태인 자치주, 사하공화국(야쿠치야)-의 영토를 통과하며, 마가단주, 사할린주, 캄차트카주, 추코트카까지 포함되어 러시아연방 전체 영토의 40% 이상을 차지함에도 교통망은 매우 낙후되어 있다. 즉 동 지역의 철도영업 거리는 러시아 전체의 13.8% (86,151km), 포장도로의 총연장 길이는 러시아 전체의 9.5%, 내륙수로는 28.7%에 불과하다. 이와 관련해 1990년 이전 교통체계의 가장 큰 문제는 교통 인프라의 노후화로 인한 설비능력의 부족이 제기되었다.

그러나 1990년대 이후에는 생산의 급격한 감소에 따른 물동량감소로 설비능력을 제대로 활용하지 못하는 문제가 발생했다. 예를 들면, 1990년대 철도, 내륙수로, 도로부문의 화물수송은 거의 2.4배나 감소했다. 2000년과 2001년에 들어서 회복세에 있으나 전반적인 화물수송 수준은 매우 낮은 상태이다. 더욱이 국민 대다수의 지불능력 저하와 반대로 운송운임의 등귀현상은 여객수송을 크게 감소시켰고, 국내항공의 여객수송이 급감하여 장거리 이동이 불가피한 지역 주민들의 이동성이 크게 제약되었다.

이러한 불리한 여건 속에서도 대외경제관계 강화 측면을 고려해 볼 때, 동 지역의 교통체계는 동북아 및 아 · 태지역과의 근접성으로 이들 국가들과 긴밀한 교역관계를 구축할 수 있는 편리한 출구를 제공한다(성원용, 2005 : 67-68). 극동철도는 운송망의 거점이자 극동 경제 인프라의 중요한 요소이다. 극동철도는 수출입 화물수송에서 주도적인 위치를 차지하며, 러시아 총 수출화물 수송의 30% 이상, 외국의 통과화물 수송의 25% 이상을 점유한다. 화물과 여객이 철도를 통해 태평양 연안의 대규모 항구들(바니노, 나호드카, 보스토치니, 블라디보스토크, 포시예트)과 연계되며, 육지의 국경통과 지점(하산·두만강)과도 연결되어 있다. 현재 시베리아·극동지역 교통체계를 발전시키기 위한 러시아의 전략은 상대적으로 러시아의 서부지역에 비해 낙후된 동 지역의 기간교통망을 발전시켜 러시아의 단일한 경제공간을 담보하는 물적 토대 구축에 있다(성원용, 2001 : 284-295).

러시아연방 차원의 철도개혁 프로그램인 「1996~2005년 및 2010년까지의 극동지역과 자바이칼 지역의 경제·사회발전 연방특별 프로그램」에 기초한 극동·자바이칼 지역의 경제·사회발전 연방특별 프로그램이 실행중인데, 다음과 같은 극동·자바이칼 지역의 교통산업이 갖는 장점을 활용해야 한다.

첫째, 동 지역의 GDP에서 교통서비스가 차지하는 비중이 러시아 전체 평균의 두 배를 초과하고 있으므로, 교통과 운송서비스 부문에 종사하는 인원이 지역 주민의 11%를 차지한다. 교통이 동 지역경제 발전에 중대한 역할을 담당하고 있기 때문에 경제적 잠재력을 확대하기 위한 주력산업이 되고 있다. 둘째, 극동지역에서 해운항만의 역할이 확대에 있다. 탈냉전기 지정학적으로 대외교역 물동량의 안정적인 수송이라는 측면에서 상대적으로 극동지역 항만이 갖는 중요성이 증가되고 있다. 셋째, 이러한 동 지역의 교통체계 장점은 여타 지역에 비해서 국제화물운송의 활성화를 통한 대외교역 증진에 있다. 특히 TSR와 같이 극동지역의 부동항과 연계된 철도가 국제복합운송루트로 활용되고 있으므로 동 지역을 관통하는 국제 통과화물을 유치할 수 있는 좋은 조건을 갖고 있다. 넷째, 국제화물운송 확대를 통해서 러시아의 국민소득과 외환보유고 증대의 중요한 원천이 되고, 동시에 국제수송로가 관통하는 연방 주체들은 통과수송 수입증가는 거점도시의 발전과 국제수송로의 교통시설 현대화 투자가 확대될 수 있다(성원용, 2005 : 68-71).

Ⅳ 시베리아 · 극동개발과 BAM철도의 현황과 활성화 방안

4.1. BAM철도 건설 배경과 과정

BAM은 소련의 10차 5개년 계획의 하나로 건설된 4,280km 길이의 시베리아 제2철도로 타이세트~소베츠카야가반까지 연결된 노선이다. TSR보다 북쪽으로 600~800km 떨어져 TSR과 평행하게 달린다. TSR보다 더 안전한 대안적 노선으로 동시베리아에서 태평양까지 연결된다. 공식적으로 1984년 BAM의 건설비용은 약 90루블(100억 8천만 달러)로 추정된다. BAM철도의 주요 노동력은 대다수가 인센티브에 의해 유혹된 노동자들과 철도부대, 스탈린 시대의 노역자들과 독일과 일본의 전쟁포로였다. BAM은 일명 “젊은 영웅들의 철도”라고 불리기도 했다. 기차에서 만난 튜멘주의 건설노동자같이 젊은 콤소몰 청년들이 대거 건설현장으로 동원됐기 때문에 붙여진 명칭이다. 구소련은 BAM철도 건설자들은 조국과 사회주의의 건설을 위해 몸 바친 젊은 공산주의자로 묘사되기도 했다. 이들 젊은 영웅들은 대부분의 지원자들은 사회주의 이념을 신뢰했고 BAM에 일하는 것을 영광으로 여겼다. 대부분 노동자들은 인센티브에 의해 유인되었다. 최고의 인센티브는 임금을 소비에트 평균보다 3배 이상 보너스로 BAM에 일함으로써 지역임금의 1.7배, 험한 북부지역에 일함으로써 추가적인 1.5배, 기타 이동배치에 대한 보상으로 1.4배 등이 포함되었다. 철도부대의 동원도 있었다. 이들은 부대마크가 달린 러시아 군복을 입고 육군 대장에 의해 지휘되었다. BAM철도의 최초의 건설자들은 굴락 노동자들과 전쟁포로들이었다. 1930년대와 1940년대 BAM철도 노선을 따라 BAM 집단노동수용소, BAMlag라 불려진 많은 노동캠프가 있었다. 5백만에서 3천만 명의 소련 인민들이 1934년과 1953년 사이에 러시아의 굴락에 수용되었다. 2차 세계대전 중 유일하게 건설된 노선은 콤스몰스크-소비에츠까야가반 노선으로 동 노선은 일본군 전쟁포로와 소비에트의 죄수들에 의해 건설되었다. 전쟁이

〈그림 5-2〉 BAM철도구간

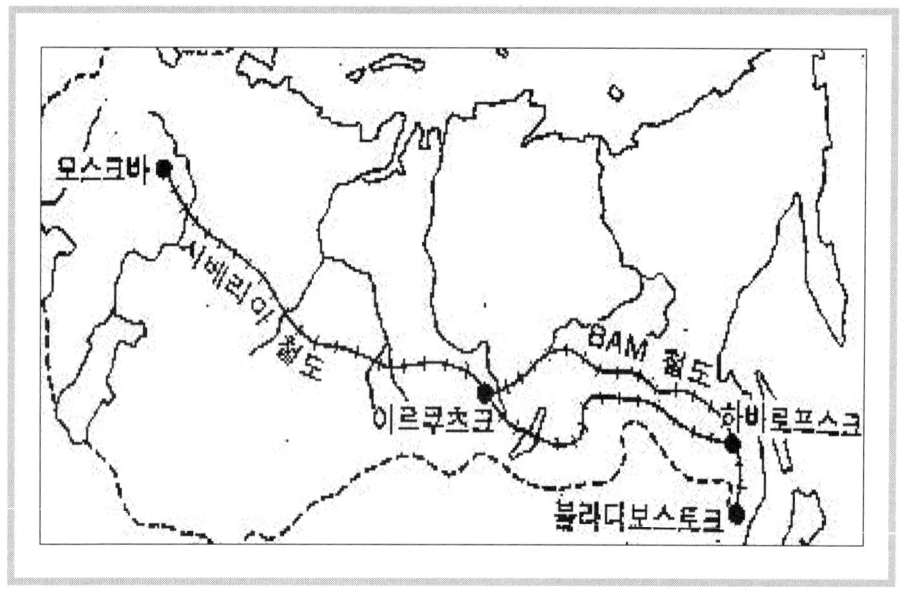

끝난 후 러시아인 굴락 수용자들과 독일과 일본의 전쟁포로들이 다른 여러 노선에서 작업을 재개했고, 러시아 본토와 사할린 사이의 해협 아래로 터널을 뚫는 것과 같은 새로운 작업들도 시작되었다. 1953년 스탈린의 사망으로 BAM 건설작업이 또 다시 중단되었고, 이때 굴락이 해체되고 대부분의 죄수들이 석방되었다(배규성, 1999 : 32, 37-40).[8] BAM 철도 건설에 구소련의 모든 공화국에서 건설 노동자를 파견했다. 소련의 100개 이상의 민족 중 60개 이상의 민족들이 BAM의 건설에 참여했다. 오늘날 3개의 신도시와 100개의 정착촌에 대략 1백만 명 이상이 거주했다.[9]

BAM철도의 초기 건설목적은 군사적으로 TSR의 파괴에 대비한 배후 수송망으로서 안보적인 고려가 충분히 작용하였다. 경제적으로 동시베리아 및 극동지역의 개발을 촉진하고, 유럽과 아시아 주변 국가와의 무역을 증대시키기 위해서였다(Allen S. Whiting, 1981 : 44). 우선 동북아 지역의 일본과 중국에 의한 군사적 위협에 대한 대비가 1930년대 말, 1940년대 중반, 1960년대 말의 BAM 건설의 정당화된 사유였다. BAM철도는 TSR보다 중국 국경에서부터 더 멀리 떨어진 북부에 위치함으로써 구소련의 안보를 고려해 볼 때, TSR의 교체역할을 수행할 수 있다는 점이었다. 중국 국경선에 근접해(어떤 지점에선 80km 이내인) 아무르-우수리강과 평행하게, 비교적 평야지대를 달리는 TSR에 비해 BAM은 북쪽으로 600~800km 떨어져 바이칼 호수의 북쪽에서 태평양까지 산맥으로 연결되어 군사전략적으로 중요한 의미를 내포한다.

BAM철도의 군사전략적 의미를 살펴보면 다음과 같다. 첫째, 동시베리아와 극동에서의 군 동원과 보급 강화다. 둘째, 지리적 위치상 TSR보다 더 많은 이점을 가진다. 셋째, 태평양에 인접한 항구인 블라디보스토크, 보스토치니항과 연계된 TSR이 차단되어도, BAM은 또 다른 태평양의 항구인 바니노와 소비에츠까야가반을 통해 중요 육군과 해군 기지에 보급품을 전달할 수 있다. 태평양 연안의 여타 항구와의 연계로 군사적인 강화뿐만 아니라 대외 경제적 관계에서 일본과 기타 태평양국가들과의 통상관계에 새로운 수송연결을 제공할 수 있다(Rodger Swearing (ed), 1987 : 236-238; 배규성, 1999 : 47-48). 아울러, 1930년대 중반, 1970년대, 1980년대 BAM철도의 정당성은 지역 경제의 잠재력에 기인하였다. 제2차 소비에트 5개년계획(1933~1937년)에 의해서, BAM철도는 동시베리아의 거의 조사되지 않은 지역을 관통하여 엄청난 새로운 영토와 거대한 경제적 이윤(목재, 금, 석탄 등)을 초래하고, 농업에 적당한 거대한 토지의 경작을 가능케 했다. 약 60년 동안 이러한 경제계획의 수정안들이 제시되었고, BAM철도의 필요성은 레닌의 지역개발 이론을 실천하며, 궁극적으로 러시아 극동의 발전을 촉진하고, TSR의 수송혼잡을 감소시켜 주고 태평양에서 유럽까지의 대안적인 컨테이너수송로 창출에 있었다(배규성, 1999 : 42-43).

1937년부터 건설이 시작된 BAM철도는 서쪽 끝인 타이세트에서 시작하여 동쪽으로 건설되었다. 이르쿠츠크주 초입에 있는 타이쉐트는 20세기 최대의 대공사로 BAM철도의 시발점이 된다. 이곳에서 시작된 BAM철도는 동쪽으로 거의 직선거리로 진행해서 바이칼호수 북단 위쪽을 지나 종착역인 하바로프스크주의 콤소몰스크나아무르까지 이어진다. 이곳에서 지선으로 남쪽의 하바로프스크를 통해 다시 TSR와 연결된다. BAM철도의 첫 공사는 아무르주의 스코보르디노~튄다 구간이었는데, 남쪽의 기존 시베리아횡단철도역인 스코보로딘을 통해 치타주로부터 공사장비・인력 등을 실어 나르기 위해서였다. 동 구간은 2차 세계대전 발발 직전인 1941년 완성됐으나 전쟁으로 모든 작업이 중단됐다. 모든 물자・인원을 모두 서쪽 전선으로 보냈기 때문이다. 종전 직전인 1945년 공사가 재개돼 콤스몰스크나아무르에서 태평양연안의 군항인 소베츠카야 가반항까지 구간이 착공되었다. 블라디보스토크가 일본군에 의해 점령될 경우에 대비해 태평양함대를 이곳으로 옮길 준비를 갖추기 위해서였다(한소평화경제연구소 지음, 1991 : 223-227).

본격적인 공사 구간인 이었던 타이쉐트에서 400km 동쪽에 위치한 브라츠크구간이 완공되어 1947년 11월 초 주행되었다. BAM공사의 실제 시발점인 브라츠크의 목재・메탈・철 등을 서쪽으로 실어 나르기 위해서였고, 브라츠크댐 건설용 자재 운반에 중대한 역할을 담당했다. 1946년부터 이후 1951년까지 브라츠크에서 동쪽으로 계속 공사가 진행되었다. 브라츠크에서 우스트구트까지 구간이 완공됨으로써 BAM철도는 레나강과 연결되게 되었다. 레나강을 통해 실어온 주변의 목재들은 우스트구트에서 철도로 실어 러시아 각지로 운반되었다. BAM철도는 전후 유럽부흥 정책에 의해서 중단되었다가 1960년대 시베리아 및 극동지역 개발이 촉진되면서 1967년 BAM철도 전체에 대한 재조사 및 설계 작업이 실시되었다. 1974년에 3월에 이르러 BAM철도의 중추적인 부분인 3,100km 구간 건설이 본격적으로 재개되었다. 연평균 200마일의 공정으로 진행하여 1977년 콤소몰스크나아무르에서 튄다까지 구간이 완공돼 BAM철도의 동쪽구간이 완성됐다. 당시 중소관계의 악화로 인해서 중국 국경에서 멀리 떨어진 곳에 안전한 철도 건설의 필요성이 더욱 높아졌기 때문에 공사에 큰 진척이 이었다. 1982년에 완성할 예정이었으나, 난공사로 2년 정도 늦어져, 1984년 9월 말 본선 건설이 완료되었다. 1989년 영업운행을 개시하였는데, 기존 시베리아철도 북방 400~700km 지점을 기존 철도와 병행해 건설한 철도였다<그림 5-1

참조>.

BAM철도는 바이칼호 북쪽을 통과하므로 바위와 동토 구간의 공사였다. BAM은 330km의 동토대와 1,000km의 동토대가 점점이 박힌 해빙지대를 통과한다. 또한 터널이 BAM의 방해물이 되었다. 20여 년 동안의 공사와 수십억 루블의 투자되었다. 터널은 동토대, 단층, 지하수맥 등의 아주 복잡한 지형을 통과하기 때문에 비용과 시간이 오래 걸렸고, 이러한 복잡한 자연조건 때문에 우회 노선을 건설하는 어려움이 가중되었다(배규성, 1999 : 35).

4.2. BAM철도 현황과 활성화 방안

BAM철도의 군사적 경제적 목적과 험난한 자연환경을 극복하고 건설되었지만 러시아연방 전체 철도노선 중 가장 이윤이 적은 노선중 하나로 오랫동안 BAM철도가 구소련의 산업과 수송의 중심지가 될 것이라는 기대에 부응하지 못했다. 복선인 TSR이 하루 200대 이상의 기차를 수송하는 반면 단선인 BAM은 하루 약 12대의 소형 화물과 여객 수송용 기차만 수송했다. 현재 BAM의 정기적인 화물운임의 수입을 확보하기 위해 러시아 TSR에 일정량으로 동서간 화물을 BAM을 통해 수송하도록 했다.

BAM이 TSR과 경쟁이 안 되는 근본적인 이유는 첫째, 높은 화물운임이다. 이것은 전체 러시아 철도의 평균보다 1.5배나 더 높은 운영비용에 기인한다. 높은 운영비용의 결정요인은 채무상환, 임금지불을 위한 자금 활동과 관련된 추가비용, 비효율적인 철도운영 등이다. 중장기적으로 러시아 경제성장과 동시베리아 및 극동지역의 자원 개발이 BAM철도의 화물 수송을 증대할 것이므로 BAM철도 인접 지역을 신속하게 개발해야 한다. 이를 위해서는 탄광과 광산을 개발하고, 극동・자바이칼 지역에 내수 및 수출용 자원 개발 및 광업 발전이 급선무이다(배규성, 1999 : 46; 성원용, 2005 : 70). 둘째, BAM철도의 복잡한 지형적 조건도 취약했다. 바이칼스키, 세베로・무이스키, 코다르스키터널 등을 관통하지 못하고 우회노선을 건설해야만 하는 어려움을 가중시켰다. 특히 브라찌야 공화국 북부에 위치한 세베로・무이스키 산맥 주변에는 잠정적으로 만든 우회노선이 사용되었다.

지난 1977년 공사에 착수하여 자금부족 등으로 완공이 지연되어 무려 25년이 걸린 총연장 15,343km의 러시아 최장 철도터널인 남동부 시베리아의 세베로무이스키 터널은 BAM 구간에 위치한 2003년 12월 5일 개통됨으로써 21세기 'BAM철도 건설의 완료'를 의미하는 획기적인 전기를 마련하게 되었다. 이는 구소련이 저렴한 노동력과 거대한 국가자금을 투입한 대규모 개발사업 가운데 마지막 프로젝트, BAM철도 수송량 증대에 목적을 두었다. 터널이 개통되기 전 우회철도 노선은 총 54km였다. 이러한 우회철도를 이용할 경우 전・후 기관차의 견인으로 15km/h의 속도로 3량의 열차를 운행했다. 새로운 세베로・무이스키 터널은 80km/h의 속도로 15량의 열차 운행이 가능하게 되었다. 과거 우회철도를 통한 열차 운행에 소요되는 비용은 2003년 한 해에만 총 1,500만 루블에 달했다. 동 터널의 개통으로 안전운행, 6배의 시간 단축과 10배의 비용절감 혜택을 보장받게 되었다(성원용, 2005 : 77). 터널의 열차 통행으로 BAM의 노선이 종전에 비해 훨씬 단축되는 것은 물론, 종전 우회노선의 교량 통과 중량 제한으로 제약을 받았던 화물 수송량도 급증할 것으로 예상된다. 한국과 일본의 화물수송도 맡을 것으로 전망된다.

앞서 언급했듯이 연방차원의 러시아철도 개혁 프로그램인 「1996～2005년 및 2010년까지의 극동과 자바이칼 지역의 경제・사회 발전 연방 특별 프로그램」과 「1993～2000년의 러시아 무역함대 재건 프로그램」에 따라 극동철도는 화물수송 능력을 확대시키기 위한 조직 및 인프라 등의 구축강화가 진행 중이다. 또한 1997년 No. 728 「바이칼-아무르 철도간선 지역의 경제발전 촉진을 위한 기본 조치」에 관한 러시아연방 정부령 시행을 위해 러시아철도부는 「1998～2005년간의 바이칼-아무르 철도 지역 개발」프로그램을 마련하였으며, 동 프로그램은 1999년 1월 19일자 No. 69로서 러시아연방 정부에 의해 채택되었다. 예를 들면, 1998년에 하바로프스크의 아무르강을 가로지르는 교량 재건의 일차 사업이 완료되었으며, 1999년에는 자동차도로의 왕복차선이 개통되었다. 무역항 인접 정거장들의 재건과 자동 이

동 차량, 설비 개선을 위한 대규모 작업이 진행되었다. 러시아는 극동경제지구와 바이칼 동부, 이르쿠츠크주, 크라스노야르스크주를 포함하는 지방발전 계획을 수립하였고, 쿠즈바스~타이세트~퉌다~콤소몰스크~바니노 연계선의 바니노 항을 통해 연간 1,500만 톤 이상의 대외교역 물동량을 확보할 계획이었다. 이에 따라 바니노~소비에트스카야 가반의 수송능력과 콤소몰스크~바니노 구간의 철도 통과능력 제고의 필요성이 대두되었다. 현재 하니~퉌다~우르갈~콤소몰스크~바니노 방면 철도의 수송은 이미 연간 8백만 톤의 화물운송이 가능해졌다. 석탄, 목재, 석유제품, 광물원석, 철, 광물비료 및 기타 수출화물들을 수송할 수 있는 여유 용량이 증가하게 되었다. 이론적으로 소비에츠까야가반(태평양 연안)에서 타이세트(TSR과 BAM의 접합점)까지의 BAM의 노선은 블라디보스토크에서 타이세트까지의 TSR 노선보다 450km나 짧기 때문에 고가치 컨테이너의 경우 더 유리하다.

BAM철도의 연간 수송능력은 복선화·전철화 되어 있는 서부구간에서 1,899만 톤, 단선인 동부구간은 900만 톤으로 수송능력에 크게 미치지 못한다. 그러나 러시아철도공사에 의하면 2010년 BAM철도의 수송실적이 2003년 대비 46%가 증가하여 5,990억 톤에 도달할 것으로 전망하고 있다. 이는 BAM철도의 활성화 정책인 인접지역의 경제적 발전과 천연자원 개발에 의해서 달성될 수 있다는 것을 의미한다. 현재 BAM철도를 이용한 '통과수송' 증대를 통한 수송의 효율성을 제고한 정책이다. BAM철도를 경유하면 TSR을 이용하는 것보다 수백 km의 수송거리를 단축하게 된다. 이로써 유럽과 태평양 연안을 연결하는 컨테이너 2단 적재기술 개발, 열차속도 증대 등으로 수송 원가를 인하할 수 있는 종합적인 해결방안을 모색 중에 있다(성원용, 2005 : 77-78). 예를 들면, 하바로프스크주 바니노 항에 벌크 터미널이 건설될 계획이다. 시베리아 화력에너지사는 3년간 1억 달러를 투입, 바니노항 터미널 건설 및 주변 도로, 통신망 확충 등 인프라 구축에 주력하고 있다. 2005년 8월 초 미하일 자이첸코 극동철도국장은 "향후 6년간에 걸쳐 시호테-알린 산맥을 관통하는 총연장 3,890m의 터널을 굴착,

BAM철도를 바니노항까지 연결시켜 석탄, 석유제품, 목재, 철간 등의 수송에 활용할 계획"이라고 밝혔다. 현재 바니노항은 사할린~바니노~하바로프스크 간 컨테이너 운송망의 한 부분을 이루고 있으며, 타이세트~바니노 간에는 시호테~알린 산맥을 돌아 BAM철도로 연결된다(매일경제, 2005. 8. 3).

아울러 BAM의 지선 정비확충이 진행 중에 있다. 화물수송의 수요발생지까지 지선을 건설하겠다는 계획이다. 주요 중점노선은 베르카키트~토모트~아쿠츠크 노선, 우라크~에리카(에라긴스크 탄전) 노선, 챠라~치네야 광상선의 3개 지선이다. 베르카키트~토모트~아쿠츠크 노선은 이미 건설에 착수하였고, 탄다에서 베르카키트를 경유하여 사하 공화국의 수도에 이르는 노선이다. 사하 공화국 산업잠재력의 발전, 인접지역의 천연자원 개발, 동북지역 화물운송 체계의 합리화에 중대한 의미를 가지게 되며, 북극의 벽지에 물자를 수송할 때 유용하게 쓰일 것으로 전망하고 있으며, 동 사업에 40억 루블을 투자할 예정으로 알려져 있다.[10)]

북미와 아시아 대륙 사이의 베링해협에 해저터널도 신중하게 검토 중에 있는데, 러시아와 미국과의 관계 진전여부와 밀접한 관련이 있다고 본다. 검토되었던 계획은 러시아는 2000년 2월 북미와 아시아를 잇는 항공노선의 영공통과를 자유화 해 오는 2010년까지 연간 3억 달러의 민간 항공기 통과수수료 징수를 계획하는 등 북미와 아시아 대륙의 물류수송 부분에 높은 관심을 보였다. 2000년 12월 빌 클린턴 전 미대통령이 서명한 철도자원법에 따라 알래스카 주의 페어뱅크스와 캐나다 서북부를 잇는 철도부설이 추진 과정에서 제2단계로 베링해 해저터널 계획이 논의되기도 했다. 베링해협의 폭은 30km로 터널이 뚫려 양측의 간선철도와 연결되면 태평양을 횡단하는 물류수송 시간이 2주까지 단축되고 연간 수송량이 300억 톤에 달할 것으로 추정되었다. 러시아국영 지역운송 프로젝트센터의 빅토르 라즈베긴소장은 베링해 해저터널 프로젝트에 대한 지지를 수차례 표명한 것으로 알려져 있다. 러시아는 해저터널을 건설하고 양측의 간선철도와 연결하는데 총 500억 달러의 공사비가 필요한 것으로 추산되었다. 베링해협 해저터널과 간선철도를 연결하기 위해서는 미국은 페어뱅크스에서 베링해까지 1천 200km, 러시아는 BAM철도를 베링해까지 연장하는데 3천 200km의 새로운 철도부설이 필요하다(연합뉴스, 2001. 08. 13.)

1970년대부터 제기되었던 BAM철도의 경제적 활용 방안은 시베리아의 석유와 가스를 한국, 일본, 미국 등의 태평양 시장으로 운반할 수 있는 '파이프라인-철도'의 복합수송망 연결망 구축이다. 이것은 러시아교통부가 약 200억 달러가 투자된 BAM철도의 가용능력 활용과 연간 26억 루블에 달하는 BAM철도 운영 재정적자를 해결하기 위한 현실적인 방안으로 제기되었다. BAM을 이용한 동시베리아의 송유관 연결 프로젝트는 트랜스네프트사(Transneft)가 추진하는 타이쉐트~나호드카구간 4,500km의 파이프라인 건설 계획이 대표적이다. 2004년 12월 말 러시아정부는 시베리아 송유관 건설과 관련해, 이르쿠츠크 주의 타이쉐트~스코보로드니~하바로프스크~나호드카로 연결하는 노선이 확정된 정부령이 발표되었다. 제1단계로 타이쉐트로부터 약 1천km의 파이프라인은 부설하고 여기에서 BAM철도를 따라 TSR로 연결되어 나호드카 항구까지 수송되는 것이 제안되었는데,[11] 2005년 7월 초 러시아정부의 노선 변경으로 스코보로디노에서 나호드카로 송유관 건설에 앞서 중국의 다칭으로 연결하는 지선을 먼저 건설하기로 결정되어서 그에 따른 철도노선 변경이 뒤따를 것이다.

 러시아철도의 발전 전망

시베리아 및 극동지역의 다양한 교통수송망을 통한 국내와 국제 여객 및 화물 통과서비스 확대 전략은 유럽과 아시아를 연결하는 교량적 역할이 항공, 해운, 철도 등의 수송체계의 여객과 화물 수송 서비스를 통한 러시아 국가 경제적 잠재력을 극대화할 수 있다. 러시아는 국가경제안보적 측면에서 자원중심 철도 운송으로 에너지 안보와 관련 TSR와 BAM을 이용한 대륙간 교량의 잠재력 활용에 있다. 러시아철도공사는 아태지역과 유럽지역간 화물운송의 중심 역할을 담당했던 해상운송의 대안루트로서 TSR과 BAM의 활성화 정책을 국가주요 발전전략으로 수립한다. 아울러 경제안보와 연결되는 사회중심 철도운송 발전 전략이다. 시베리아는 광활한 영토의 자원개발과 노동력 확산을 통한 인구분산정책에 철도망의 견고한 구축이 선결요건이 된다.

탈냉전기 러시아 국가경제안보 측면에서 살펴볼 때, 러시아연방의 교통부문에서 철도수송이 국내 정치, 경제에 미치는 긍정적인 변화는 극동철도에서 최근 3년간 투자 정책과 투자 구조 변화에서 찾아 볼 수 있다. 극동철도에는 최적의 운영 모델을 도입하여 지역차원과 국제 운송차원의 요구를 충족시킬 수 있게 되었고, 일정한 예비능력도 보유하게 되었다. TSR 전 구간은 단일 정보전달 시스템으로 통합되었다. 화물과 여객 운송 시스템의 지속적 개선을 위해서 극동철도 경계지역인 하바로프스크에 운송과정을 통제하는 단일 제어 센터가 설치되었다. 철도 간선에서 뿐 아니라 특히 무역항과 접경지로 이어지는 철도구간에 현대화 작업이 진행 중에 있다. 철도의 경쟁력 향상과 운송의 질적 측면이란 점에서 첨단 운송 기술 도입과 새로운 높은 수준의 서비스 제공은 화물 운송량 증대로 연결되었다.

또한 철도수송이 국내 정치, 경제에 미치는 긍정적인 변화는 벌크화물과 컨테이너화물 수송의 양 증가로 살펴볼 수 있다. 항구들의 제반 인프라 구축이 진행 중으로 목재, 원유, 적재화물(석탄, 광물비료, 알루미나, 광물원석, 곡물, 설탕원료)을 효과적으로 가공할 수 있게 되었다. 철, 비철금속, 자동차, 기계류, 식품, 어물과 컨테이너 화물들의 효과적인 가공도 가능하게 되었다. 철도의 경쟁력 향상과 운송의 질적 측면에 대한 요구 변화를 고려할 때, 첨단 운송 기술 도입과 새로운 높은 수준의 서비스 제공으로 화물 운송량 증대가 가능해졌다.

현재 BAM철도는 전 구간 복선화 및 전철화 작업이 진행 중이다. 전문가들의 분석에 의하면, 철도는 건설 후 10-15년 이후 철도주변에 개발효과가 가시화 된다. 이런 관점에서 향후 BAM철도 주변 지역에도 컨테이너 통과수송에 따른 경제발전이 뒤따를 것으로 전망된다. TSR와 연결되도록 지선을 연장시킨 BAM철도는 시베리아와 극동지방의 구리, 석유, 천연 가스 등의 풍부한 지하자원을 개발하여 수송하게 된다. 러시아철도공사는 착공 30주년을 맞은 BAM철도의 수송 역할을 태평양으로 연결하는 출구로써 시베리아 및 극동지역에 제한하지 않고 역내 풍부한 천연자원 개발 및 수송뿐 아니라 동북아 및 아·태 지역 국가들로부터 물류 수송연계를 통해 유럽과 아시아를 연결하는 대륙간 연결 수송로서 러시아 국가경제안보의 잠재력을 확대하는 전략을 추진해 왔다. 러시아정부는 BAM철도를 태평양에서 유럽으로 컨테이너를 수송하는 가격 경쟁력이 있는 새로운 국제복합운송 루트로서 뿐 아니라 TSR의 혼잡한 교통을 완화시켜 주는 활성화 정책에 주력할 것으로 전망한다.

▌미주 ▌

1) 18세기부터 유형수와 농민의 이주가 증가했다. 아무르강의 중요성은 알렉산드르 2세 들어서면서 시베리아지역의 인구급증으로 대두되었다. 현재의 시베리아주변의 국경선이 확정된 것은 청국과 1858년 아이훈 조약으로 아무르 강 좌안을 획득했다. 1860년 북경조약으로 연해주지역과 연해주 해안선을 두만강 하구로 확장함으로써 한반도와 국경을 접하게 되었다(Vladimir Robin, 1996 : 219).
2) 당시 지하자원보다는 모피원료에 관심이 많았던 러시아는 미국에 700만 달러 부채의 탕감을 목적으로 1867년 알래스카를 매각하였고 1875년 일본에 쿠릴 열도를 양보하고 사할린남부 절반을 획득하였다. 결과적으로 부동항인 블라디보스토크를 포함한 제정러시아의 시베리아 및 극동의 러시아 영토가 이루어져 항구와 해군기지 건설이 가능해졌다(Belasco Milton Jay, 1968 : 59).
3) 1891년 5월 19일 블라디보스토크에서 거행된 착공식 이후 동년 러시아는 시베리아 횡단철도 위원회(The Committee of the Siberian Railroad)를 조직했고, 위원장에는 23세인 니콜라이 2세가 취임했다. 실질적인 총책임은 재무장관 세르게이 위떼(Vitte)가 맡았는데 프랑스 차관을 이용하여 철도를 건설하였다. 19세기 세계적 규모의 가장 중요한 사업인 철도건설을 통해 유럽과 아시아를 연결함으로써 교역을 통한 이익을 얻어 차관을 상환할 수 있을 것으로 믿었다.
4) 2차 세계대전 이후 일본은 유라시아 대륙을 연결하는 TSR를 상업적으로 최초로 이용한 국가로 1966년 TSR를 이용한 본격적인 아시아-유럽간 컨테이너국제운송을 개시했다. 1971년 일본 항만과 러시아 나호드카 항만간의 정기항로 개설과 TSR를 이용한 컨테이너 수송이 시도되었다. 1980년 TSR의 통과화물을 전문으로 취급하는 소련통과화물공단 설립되었다(안병민, 2004 : 1).
5) 2005년 7월 1일 러시아 시베리아 철도대학 블라드미르 베레스쿤(Vladimir Vereskun) 총장 한국 방문 '러시아 철도 및 아시아지역 연계철도 현황'에 대해 특강을 실시했다.
6) 국제항공 위원회에 따르면(Airports Council International), 도모제도보 공항이 세계 110개 거대 공항 가운데, 2003년 승객 성장률이 2002년도 보다 40.3% 증가해 가장 많은 성장률을 보였다. ACI에 의하면 도모제도보 공항은 중앙 및 동유럽 거대공항 중 10위 안에 들었다. 2003년 공항을 이용한 승객은 940만 명이었다. Airline Business에 의하면 2002년도에도 2001년과 비교해 73%의 승객 증가율을 보여 도모제도보 공항이 세계 150대 거대 공항 중 승객 증가율 1위라고 밝혔다. 이런 증가율로 도모제도보 공항은 세계 공항 순위에서 2001년 182위에서 2003년 107위를 기록하였다(BizTime.ru, 2004).
7) 2003년 9월 18일 러시아연방정부 결의 585호에 의해 러시아철도부는 러시아철도주식회사가 되었다. 러시아철도주식회사는 1조 537천만 루블을 자본금으로 주당 1000루블의 주식 15억 3570만주를 발행하여 100%국가소유 기업으로 설립되었다. 파데예프 철도부 장관은 동 국영철도회사의 사장이 되었다. 지방철도청 조직은 동사의 지사가 되었으며, 산하연구기관이나 교육기관, 기타 산하기관은 자회사가 되었다(K.L. Konarov, 2003 : 7).
8) 2000년 9월 재단법인 '전국강제억류자협회'와 '러일상호이해협회' 모스크바에서 일본군의 시베리아 억류문제에 관한 심포지엄을 열고, 종전 해인 1945년 8월 15일 이

후 스탈린에 의해 시베리아에 강제 연행된 일본인의 노동임금을 전액 지불하고, 유족에게는 50배를 지불하는 등의 9항목을 요망하는 문서에 기본합의 했다(http : //www.korea.ac.kr/politics/magazine/russia/PressOnRussia/200009/092605, 검색일 2005. 11. 13).

9) BAM 철도 건설에 동원된 자세한 인력에 대해 다음을 참조(배규성, 1999 : 32-40).

10) 러시아철도공사는 110억 루블 이상의 자금을 투입한 우라크~에리카 노선(320km)은 엘가탄전 개발프로젝트와 함께 계획되었다. 엘가탄전이 개발되면 수백만 톤의 추가 물동량이 발생하여 BAM철도의 물동량이 크게 증가할 것이다. 수천 명의 일자리가 창출과 지역발전에 새로운 계기가 될 것으로 전망한다. 자세한 내용은 다음을 참조(성원용, 2005 : 78).

11) 파이프라인-철도간 복합수송이란 관점에서, 파이프라인에 의한 원유수송이 철도수송보다 경제성을 갖기 위해서는 연간 5,500~6,000만 톤의 원유가 수송되어야 한다. 향후 12~15년간 동시베리아의 원유 채굴이 연간 3~4천만 톤에 달할 때까지는 불가능하다. 수송거리 3천km내에 연간 5,500만 톤까지 원유를 수송할 경우에는 철도가 보다 경쟁력이 있다. 이런 점에서, 현재 수송능력의 60%를 활용하고 있는 TSR과 BAM철도를 적극 활용하는 것이 필요하다. 예상되는 석유수송량은 연간 1천만 톤에 달할 것으로 전망된다. 제2단계에서는 파이프라인을 1,100km 더 연장하여 총 2,100km의 파이프라인을 활용하게 되고, 나머지 구간을 BAM철도를 운반하는 구상이다. 제 3단계에서는 모두 파이프라인으로 수송한다는 계획이다(성원용, 2005 : 79).

▮ 참고문헌 ▮

본 장은 "러시아철도의 발전전략과 러시아 국가경제안보 - 시베리아 · 극동 발전전략과 BAM철도의 활성화를 중심으로," 「동북아저널」 선문대 동북아연구소(2006), 4(1)에 실린 글을 수정 및 보완했음.

권원순(2003. 8), "TKR/TSR 연결이 러시아의 한반도 정책에서 갖는 의미와 전망," mimeo.

로버트 만델(Robert Mandeal) 지음, 권재상 역(2003), 「국가안보의변모-개념적 분석(The Changing Face of National Security-A Conceptual Analysis)」 서울; 간디서원.

문명식(2003/2004 겨울), "연해주의 문화인류학적과 한 · 러 관계 : 여러 민족간의 관계와 한 · 러 경제협력," 「평화연구」 고려대학교 평화연구소, 제12권, 1호.

배규성(1999. 11. 27), "시베리아 개발의 동맥으로서의 바이칼-아무르 철도의 전략적 의미," 한국시베리아학회 99 추계 국제학술대회 발표논문.

성원용(2001), "러시아의 경제문화와 시장개혁의 실패원인," 「비교경제연구」 제8권, 제2호.

______(2005. 9. 23), "시베리아, 극동지역의 교통체계와 한·러 교통협력방안," 러시아연구소 창립기념학술회대회 발표논문 참조.

심현용(2003), "러시아 동진의 군사적 성격과 통치구조. 16세기 후반~18세기 전반," 「中蘇 硏究」 제27권, 2호.

안병민(2004. 5. 20), "러-일전쟁과 시베리아 횡단철도 그리고 일본," 동북아사아 철도네트워크의 형성 Ⅲ, 고려대학교 기초학문지원연구 정례학술세미나 발표논문.

윤영미·권원순(2004. 4. 22-23), "Railroads Linkage between Russia and Korea : Perspectives of Political and Economic Cooperation in Northeast Asia," 한국외국어대 기초학문지원연구 러시아지역연구사업단 국제학술회의 발표논문.

윤영미(2004. 6), "남북한종단철도(TKR)와 시베리아횡단철도(TSR) 연계정책의 파급효과와 전망," 「한국정책과학학보」 Vol. 8, No. 2, 한국정책과학학회.

한종만·성원용(2001), 「21세기 러시아의 시베리아 극동지역 개발전략에 관한 연구」 서울 : 대외경제정책연구원, 200).

한종만(2002), "한·러 경제협력과 시베리아·극동러시아," 「한국시베리아학보」 제4집.

한소평화경제연구소 지음(1991), 「최신소련극동총람」 서울 : 제3문학사.

Kachura, I.I.(Feb. 12-13, 2001), Conditions of the transit container traffic along Trans-Siberian Trunk Railway, the paper was presented at seminar titled, Transsiberian Land Bridge in the 21st Century.

Konarov, K.L.(2003), *On the Strategy of the Transport Managing of Siberia* Novosibirsk : Siberian Transport University.

Jay, Belasco Milton(1968), *Soviet Russia*, New York : Cambridge Book Company, Inc.

Merle, Fainsod(1970), *How Russia is Ruled*, Harvard : Harvard University Press.

Robin, Vladimir(1996), *Regiony Rossii*, Antwerp Benerus.

Shabad, Theodore & Mote, Vitor L.(1977), *Gateway to Siberia Resources (the BAM)* Washington, D.C.

Swearing, Rodger(ed)(1987), *Siberia and Soviet Far East : Strategics Dimensions in Multinational Perspective*, California : Hoover Institution Press.

Yun, Yeongmi(July 2001), Setting the Political Agenda in the Russian Far East in the Post-Soviet Era, Unpublished Ph D Thesis at Glasgow University.

Whiting, Allen S.(1981), *Siberia Development and East Asia-Threat or Promise*

(California : Stanford University Press.

http : //www.irail.net/webzine/y2003/m40/trend/2003/03/25/1301%2C11882%2C0%2C0.html (검색일 : 2005. 10.25).

http : //www.russia-rail.com/bam/bhome.htm(검색일 : 2005. 10. 13).

http : //www.korea.ac.kr/politics/magazine/russia/PressOnRussia/200009/092605 (검색일 : 2005 : 11. 13).

http : //blog.naver.com/yeekd/8000460999(검색일 : 2005. 10. 20).

http : //www.chosun.com/w21data/html/news/200103/200103310070.html(검색일 : 2005. 11. 2).

http : //inews.mk.co.kr/CMS/globat/all/real/pt6822713 3355.php(검색일 : 2005. 10. 25).

「매일경제」 2005. 8. 3.

「연합뉴스」 2001. 8. 13.

제 3 편

동북아 에너지 외교의 정책과 전망

제 6 장

러시아의 에너지전략에 대한 소고

러시아 극동지역을 중심으로

I 러시아 에너지 전략의 특성

21세기 에너지 자원외교가 강화되는 시점에서 에너지와 자원을 경제와 산업의 측면에서 뿐만 아니라 에너지와 자원을 국가안보와 장기 국가발전 전략과 결부시켜 보아야 한다. 최근 예상하기 어려운 유가 상승에 따른 수급 불안정 및 자원민족주의 강화에 따른 국가에너지 안보에 미치는 영향의 확대되고 있는 시점에서 에너지와 자원의 안정적 확보는 국가경제발전에 결정적인 영향을 미치기 때문이다(윤영미, 2008 : 7). 이미 미국, 중국, 일본, 인도 등 에너지 대량 수요국들은 국가안보적 관점에서 해외 자원확보 및 개발에 국가적 역량을 집중해 온지 꽤 오래되었다. 미국과 중국이 전세계의 자원부국을 대상으로 펼치는 에너지 외교는 이미 자원전쟁으로 불리고 있으며 중국과 일본의 해외자원 개발에 국가적 차원과 민간차원에서 적극적인 개입 내지 국가간 경쟁 사례도 다양하다.[1)]

에너지안보의 또 다른 접근은 에너지 수요국 뿐만 아니라 생산국의 입장도 고려해야 한다. 중동, 러시아, 중남미 등 에너지 자원 생산국들은 에너지 가격 상승, 생산량 감소, 에너지와 자원을 무기화함으로써 국제적 위상 강화에 전략적으로 활용하고 있다. 이런 점에서 2000년 블라디미르 푸틴의 집권이후 러시아 경제의 성장이면에는 국제유가 상승이 주요 요인으로 작용했다. 특히 러시아정부는 실용주의의 지속성과 에너지자원을 경제성장의 동력으로 활용함으로써 국가 운용기조로 강한 러시아의 부활을 수립하여 추구해왔다. 정치적으로 연방정부의 통제력 강화와 경제운용의 보수화 경향은 푸틴 2기 집권은 물론 현 정부까지도 이어지고 있다. 이에 따른 러시아정부의 에너지산업 전반에 걸쳐 통제의 강화와 중앙정부의 에너지자원에 대한 세금의 인상과 수출규제, 자원민족주의 강화와 같은 정책을 추진 중이다. 이런 정책의 기조는 외국기업의 투자제한 및 러시아 민간 에너지기업의 경제활동을 위축시키고 에너지 국영기업화에 주력을 초래했다. 이미 알려진 대로 러시아정부의 에너지자원에 대한 통제와 규제 강화는 러시아 자원외교 및 에너지 안보강화 및 다자주의 외교노선의 핵심 수단으로 대외관계의 중요한 축으로 작용하고 있음은 이미 잘 알려져 있는 사례다.

2008년 5월 드미트리 메드베데프(Dimitry Medvedev) 정부 출범이후 역시 에너지개발 및 자원 확보는 러시아 에너지안보 문제를 심화시키는 요인으로 작용하고 있기 때문에 현재 추진 중인「러시아 에너지전략 2020」과 수정 및 보안된「러시아 에너지전략 2030」은 경제발전과 대외정책의 영향력 확대에 중요한 수단으로 유라시아국가의 정체성으로 적극적으로 활용할 것이다. 또 동 전략은 지속적으로 유럽과 동북아 지역에 지대한 영향력을 미칠 것이고 그 파급효과가 여전히 클 것으로 간주된다. 주지하는바 동 전략은 러시아정부의 에너지 개발과 관련 러시아 극동지역의 개발은 수차례 그 중요성이 강조되었고 구체적 실천방안으로 2012년 블라디보스토크 APEC 정상회담을 앞두고「2013년까지의 극동 및 자바이칼 발전프로그램」이 수립되었고 추진 진행 중이다. 특히 에너지 수송수단으로서 파이프라인망의 확충은 러시아정부는 물론이고 동북아 지역의 에너지수급 및 에너지 안보 강화에 많은 영향을 미칠 것은 자명한 사실이다.

본 장에서는 어떤 새로운 러시아 에너지전략이나 정책을 새롭게 분석하기 보다는「러시아 에너지전략 2020과 2030」을 바탕으로 러시아의 에너지 정책의 변화와 극동지역의 자원개발 현황 및 여건의 변화를 집중적으로 분석하고 이에 따른 한계점과 최근 한·러 관계에 미치는 함의를 도출해 보고자 한다. 이를 위해 우선「에너지 전략 2020과 2030」의 주요 정책과 특성을 살펴보고, 극동지역의 개발 현황과 에너지 개발의 중요한 축을 형성한 석유 및 가스 단일수송망 현황과 구축과정을 정리해보고, 한-러 에너지 협력에 미치는 영향력에 대해 고찰해 볼 것이다.

 러시아 에너지전략의 주요 개념적 접근

2003년 8월 푸틴 대통령은 「러시아 에너지전략 2020, National Energy Strategy Through 2020, 이하 에너지전략 2020」을 발표했다.[2] 이는 러시아 에너지산업을 외국에 개방, 투자 자본을 끌어들여 침체해진 에너지산업의 육성이 골자였던, 1995년 보리스 옐친(Boris Yeltin) 대통령이 만든 「에너지 전략 2010」을 수정한 것으로 이는 러시아 에너지정책의 주요 목표와 과제, 산업별 추진 및 전략 등의 기본방향 설정을 문서화한 것이다.[3] 러시아의 에너지 정책은 국가가 중심이 되어 통제하는 '국가 통제 및 국가자본 시스템'을 강화하는 국가 에너지전략이다. 즉 2000년 푸틴 정부가 들어선 이후 진행되고 있는 러시아의 에너지 부문에 대한 정부통제와 외국기업에 대해 자원민족주의 정책 확대・강화를 통해 펼치고 있는 전략을 의미한다(권원순・김중렬, 2006 : 43).

동 전략에 의해 구체적으로 러시아정부는 에너지 국영기업의 육성에 주력했는데, 정부의 지원으로 대규모 수직 통합형 3대 에너지 국영기업인, 석유분야에서 국영기업인 로스네프트(Rosneft), 가스분야에서는 가즈프롬(Gasprom), 송유관 분야에서는 트랜스네프트사(Transneft)가 탄생했다.[4] 이들 공기업을 집중적으로 지원하고 국내 에너지산업에 대한 국가 통제권의 강화를 통해 에너지 산업의 확대와 에너지 수급을 주도한다는 전략적 목표이자 그에 따른 다양한 파급효과의 극대화에 중점을 둔다. 이를 위해 전세계에 대한 러시아 정치적 이익을 확대하고 에너지 자원개발과 새로운 에너지 시장 개발에 대한 국제협력도 강조된다(김재두 외, 2007 : 83). 또한 투자 활성화를 위해 정부 주도의 사업을 전개하면서 외국 자본의 유입을 제한한다. 국내 석유・가스 자원 개발을 주도하고 있는 가즈프롬과 로스네프트의 자산규모가 M&A를 통해서 점점 확대되고 있다.

이로써 여타 러시아의 민간 석유·가스 기업들의 자원 개발권의 확보 가능성이 점차 감소되고 있는 실정이다. 동시에 개별단위 및 지역단위의 에너지 사업들에 대해 정부의 직접적인 개입으로 신자원민족주의 논란이 한층 강화되고 있다. 예를 들면 동시베리아 및 극동지역의 송유관 건설의 노선변경을 들 수 있다. 또 최근 러시아정부는 유망광구지역을 전략적 매장지로 분류해 국가가 개발권을 선정하고, 생산물분배(PSA) 방식에 의한 개발사업 참여를 제한한다. 외국 자본의 접근을 처음부터 차단하거나 주요 유전의 외국인 지분을 51% 미만으로 통제하고 세금을 올리는 등 불리한 조건을 첨부하여 사업 참여를 견제하거나 불가능하게 유도한다. 단적인 예가 최근 Sakhalin-Ⅱ 사업의 운영권을 Shell로부터 매입한 가즈프롬은 TNK-BP 코빅타(Kovykta) 가스전 개발사업의 개발권 매매계약을 진행하고 있다. 이는 개발 이익을 외국 자본에 빼앗기지 않으려는 목적과 해당 지역의 발전을 우선 고려하려는 경제적 이해가 포함된 것이다.[5)]

2007년 러시아 에너지정책의 근간을 제공하는 「러시아 에너지전략 2030」이 국내외 여건 변화에 의해 새로운 에너지장기 전략으로 발표되었다. 동 전략은 기존의 「에너지전략 2020」을 보완한 것으로 2003년 이후 러시아 경제의 위상이 크게 변화한데 따른 수정의 필요성 때문에 제기되었다. 특히 에너지자원 수출로 인해 러시아 정부는 막대한 투자자금을 확보됨에 기인한다.[6)] 2008년 시작된 동 전략의 주요 핵심적 특징은 「에너지전략 2020」과 마찬가지로 중앙정부의 통제 강화를 통해 집중적이고 효율적인 수단으로서 국가발전에 에너지를 전략적으로 활용하며 국가 기간산업의 확장을 위해 에너지 원활한 수급과 에너지 효율성을 확보하기 위한 다각적인 대안 마련에 주력한다는 것이다.

이처럼 보완된 새 에너지정책의 주요 목표와 정책 과제를 구체적으로 살펴보면 다음과 같다. 첫째, 푸틴 2기에 시작한 에너지 자원 및 산업에 대해 지속적으로 국가의 역할을 강화하고 적절한 통제와 투자를 통해 효율성을 극대화를 증진하고, 축적된 기술과 노하우를 러시아 경제의 균형적인 발전

도모에 중점을 두고 추진된다. 둘째, 신자원민족주의 정책 강화에 있다. 전략적 매장지에 대한 외국 기업의 접근성 제한하고 국영에너지 기업 중심의 개발에 중점을 둔다. 셋째, 개별 국가 협력 추진을 강조한다. 다자 협력보다는 개별적 및 국가별 차별화된 양자주의 협상 전략이다. 넷째, 대규모 국가에너지 프로젝트 추진계획 발표 및 계약 기간은 장기 공급 계약을 체결한다.

주요 정책 과제는 국내 에너지 수요의 우선적 보장, 에너지자원 수출 증대를 통한 경제의 지속적인 발전, 국가경제에서 에너지산업 비중 감소 추진, 에너지 소비구조의 최적화, 에너지 부분에 있어 지역간 불균형 해소, 에너지 소비효율 향상, 신재생에너지 개발, 에너지자원의 전략적 활용을 통한 국가위상 강화 등이다(김석환, 2008 : 5).

부연하자면 동 전략의 주요 골자는 러시아 경제의 성장목표 달성을 위한 국내 에너지 개발정책으로 에너지 수요를 어떻게 충족시키고 에너지 이용의 효율화를 어떻게 추진해 나갈 것인가에 초점을 맞추고 있다.

〈표 6-1〉 러시아의 주요 에너지 산업정책

	주요 내용
공통 목표	• 안정적인 국내외 석유 및 가스 충족 • 지정학적·지경학적 이익 보장 • 관련 산업에 안정적인 수요 보장 • 단일 수송망 구축 • 지역간 에너지소비 균형 보장 및 에너지 시장 통합 • 수출시장 다변화 • 양자주의 및 상호주의 에너지 협력 강화
석유	• 단순 수출 전략에서 정유산업 및 석유화학 산업 육성 • 기존 유전에서 회수율 증대 및 신규 매장지 개발
가스	• 신규 매장지 개발 확대 • 해외 소비시장 확대 및 통합된 수송판매망 구축 • 동북아 지역의 PNG 및 LNG사업 진출

출처 : http : //www.hanyang.ac.kr/home_news/H5EAKB/0020/103/2008/02/04.pdf(검색일 : 2008. 12. 3).

아울러 가장 중요한 변화는 에너지 산업정책의 방향 설정에 있다. 현재 러시아정부는 에너지산업이 국가경제에서 차지하는 비중이 점차 증대되고 있기 때문에 중동국가들처럼 단순한 에너지자원 공급국으로 전락할 수 있다는 위기감을 강하게 인식함에 따라 이를 극복하기 단기적으로 정부가 에너지 산업의 완전한 통제를 통해 국가 경제성장 동력의 창출에 주력하고 있다. 에너지부문에 대한 과중한 조세부과를 통해 정부 재원으로 확보하며, 가격정책을 통해 인플레이션 억제하고, 국내 제조업 경쟁력 향상을 추진하고 있다.

중장기적으로 국내 에너지 기업의 국제 경쟁력 증대 및 해외시장 진출 지원, 정책 중심을 자원 채굴산업에서 고부가가치 에너지산업인 정유, 화학·석유화학, LNG산업 등을 전략적 성장산업으로 집중 육성하는 에너지 산업정책이다<표 6-1 참조>.[7)]

 러시아 극동지역의 에너지개발 정책과 현황

3.1. 러시아 극동지역의 전략적 중요성

러시아정부의 자원외교의 주요 특징은 대통령 주재로 에너지 사업을 국가 핵심 사업으로 인식하고 에너지정책을 직접 결정하는 사례가 많으며 다자회담 보다는 양자회담을 통한 정상외교를 통해 주요국가와의 에너지 협력을 강화를 선호한다.

2001년 이란이 주도하고 카타르, 러시아 등이 참여하는 '가스수출포럼'(Gas Exporting Countries Forum, GECF)이 결성되었는데, 현재 러시아는 이들 국가들을 중심으로 가스 OPEC화 추진을 위해 정례적인 회의를 주도한다.[8)] 특히 러시아정부는 유라시아의 거대한 틀을 기반으로 에너지 외교 전략을 통해 동북아 지역의 주요 국가임을 강조한다. 동북아에서 미국의 일방주의 견제하면서 다극질서의 한 축을 형성하려는 외교적 노력을 지속한다. 가격 상승이라는 목적 하에 우크라이나의 가스공급 중단 사례, 동시베리아 송유관 건설에 대한 중・일간 경쟁 유도 전략에서 이미 경험했듯이 자국의 영향력을 높이기 위해 에너지자원을 외교적 수단으로 활용한다(현승수 외 (역), 2008 : 112-114).

러시아는 풍부한 에너지자원을 적극적으로 이용하여 러시아 부활을 꾀하고 푸틴시기부터 이어온 실용주의와 지정학 및 지경학적 이해관계에 따라 지역별 또는 국가별로 차별화된 대외 에너지정책 및 협력을 적극적으로 추진한다. 지정학적으로 러시아는 지리적 근접성을 적극적 활용하여 동시베리아 및 극동지역의 석유・가스 및 자원을 개발 및 공급함으로써 동북아 경제권에 편입하고자 한다. 지경학적으로 낙후된 동시베리아 및 극동지역의 경제 성장에 주력한다. 자립도 높은 경제구조를 갖춘 산업지역으로 발전시키기 위해 에너지자원 및 에너지 가공제품 공급지, 에너지・교통 물류 중심지로 구축하고자 한다. 따라서 러시아는 동북아 지역의 국가들과의 개별 사업단위 협력인 양자주의(bilateralism)와 상호주의(reciprocity) 원칙을 요구하여 에너지자원의 공급 다변화를 통해 경제적 이득의 극대화 추진전략을 고수한다. 특히 한국과의 관계 증진은 중국과 일본의 에너지 확보 경쟁을 완화시키고, 새로운 패키지 에너지 협력 모색과 수출 시장의 다변화 전략이자, 에너지자원 협력을 통한 한반도에서의 러시아의 영향력 확대를 추진하고자 한다.

「러시아 에너지전략 2020이나 2030」에 따르면, 낙후된 극동지역의 에너지 개발, 세계 에너지 시장에서 경쟁력 확보, 수출 시장 다변화 및 수출 파이프라인 인프라 확충에 주력한다.[9)]

극동지역의 주요 개발 전략은 다음과 같다. 우선 동 지역의 자립경제기반 구축에 주력한다. 미개발 상태인 동시베리아 및 극동지역의 에너지 수송 간선망을 확충해 기존 시설이 편중된 서시베리아 에너지 수송 간선노선과 연결하고, 유럽지역의 시장의존 편향을 탈피해 동북아 지역에 대한 에너지 수출 확대를 골자로 한다.

동 지역 내 자원개발을 통한 안정적인 생산체제를 구축하고, 동북아 및 아·태지역 시장으로 진출, 이들 지역이 단순한 자원채굴 및 수출기지로 전략하는 것을 막기 위해 에너지 자원관련 산업인 정유 산업 육성 및 석유화학단지 조성 가공 산업, 자원개발관련 기계설비 산업, 자원개발관련 기계설비 산업 등의 육성도 함께 추진한다. 동시에 동북아 국가들과의 유기적 관계 형성을 통해 지속적인 지역경제 발전의 동력을 확보하여 지역 균형발전을 강조한다(권원순, 2004 : 1-2; 윤영미, 2006 : 2).

<표 6-2>는 극동지역 발전 국가프로그램의 과제 달성률을 잘 보여준다. 이에 따르면 1930년대는 100을 초과했으나 1980년대 이후 하락되었음을 알 수 있다. 구소련 체제하에서 개발 프로그램 달성률이 높은 반면에 구소련 붕괴이후 체제 전환기 급격히 하락하고 있음을 잘 보여준다. 상대적으로 푸틴 집권 2기 이후 과제 달성률이 조금씩 상승되었고 2013년까지의 중기 발전계획에 소요되는 예산의 확충이 연방정부 부담으로 대폭 변경된 이후 지역 프로그램의 달성 가능성은 높아지고 있다. 역대 지도자들은 서유럽 및 미국 위주의 정책에 집중한 후 취임 1년 이후에야 동부지역의 발전에 관심을 돌렸다. 그러나 메드베데프는 취임 후 역대 어느 대통령보다 동 지역의 발전 프로그램과 직접적으로 연관이 있는 문제에 직면해 있다. 특히 이 지역의 지속적인 인구감소 및 낙후된 사회경제 상황을 방치할 경우 국가 안보

〈표 6-2〉 러시아 극동 및 자바이칼 지역 발전프로그램 과제 달성률

역대 프로그램	달성률(%)
1930년 전러시아중앙집행위·전소련방공산당중앙위 결의	130
1967년 소련방 공산당중앙위·소련각료회의 결의	80
1972년 소련방 공산당중앙위·소련각료회의 결의	65
1986~2000년 국가프로그램(1987년 입안)	30
1996~2005년 대통령 프로그램(1996년 입안)	10
2010년까지의 연방프로그램(2005년 수정)	43

출처 : 김석환(2008), "러시아 메드베데프 대통령 체제의 신국가 발전 전략과 한·러협력," 산업연구원, p.6.

에도 악영향을 미칠 수 있다는 점에서 동지역 개발에 대한 투자는 더 이상 지체될 수 없는 상황이다. 1991년에서 2005년 동안 극동 상주인구는 149만 5천명이 감소하였으며, 1998년 이후 러시아 인구 감소율은 2%를 기록한데 반해 같은 기간 극동의 인구감소율은 10.2%를 기록했다. UN의 러시아 인구보고서는 2010년 이후 극동의 인구감소가 여타 지역보다 빠르게 진행되어 2025년에 이르면 상주인구(06.1월 현재 655만 명)가 470만 명(1959년 수준), 2050년에는 약 400만 명으로 더욱 감소할 것으로 관측했다.

현재 대표적인 국가 균형발전 방안이자 동 지역의 발전 계획은 「2013년 극동·자바이칼 경제사회 개발 연방특별 프로그램」인데, 동 프로그램은 1996년 옐친 정부에 의해 수립되었으나, 정부의 재정난으로 현실화 되지 못했다. 이에 2007년 푸틴대통령의 지시로 연방예산의 지원을 대폭 늘려 2008년부터 2013년까지 5단계 계획으로 2008년부터 새롭게 시작되었다. 특히 2012년 APEC 정상회담을 극동의 중심도시 블라디보스토크에서 개최하기 위해 64억 달러를 투입한다는 방침을 세웠다.[10] 러시아정부에 의한 지역 단위의 대규모 개발 자금 지원과 아·태지역으로부터의 투자유치에 주력한다는 전략이다. 역대 프로그램과 달리 과제 달성률도 높아질 것으로 예상된다. 동 프로그램은 풍부한 에너지자원에도 불구하고 인구가 적고 각종 인프라가 미비해 상대적으로 미개발된 동부지역의 경제 개발과 지역 간 균형발전을 목적으로 한다.[11] 에너지자원 산업 육성 및 수출을 통해 확보된 재정과 산업자본 축적을 바탕으로 구체적이며 현실적인 프로그램 추진을 목표로 한다. 2013년까지 극동지역에 총 약 231억 달러를 지역 개발에 투입 예정으로 동 계획을 통해 7만개 이상의 일자리를 창출하고 침체한 지역 경제의 활성화를 통해 인구 유출을 막는다는 목표를 수립했다.

3.2 러시아 극동지역의 에너지개발 현황

동시베리아 및 극동지역의 석유매장량은 19억 톤으로 러시아 전체의 17.4%, 가스매장량은 7.5조㎥로 러시아 전체의 15.7 %차지한다. 동 지역은 미탐사 지역이 대다수이며, 매장량도 제대로 파악되지 않고 있는 실정으로 현재 유전 탐사율은 7%로 미개발된 지역이 대부분이다. 2006년도 생산량은 0.7백만 톤(러시아 전체 석유생산량의 01%)에 불과하다<표 6-3 참조>. 일부 지역에서 발견된 유전이 본격적인 생산까지는 다소 시간이 소요될 예정이다(이성규, 2005 : 52; 윤영미, 2006 : 6).

〈표 6-3〉 러시아 극동지역의 에너지자원 현황(2007)

구분	석유	가스
러시아 전체 매장량	109억 톤(세계 7위)	47.8조㎥(세계 1위)
동시베리아 및 극동지역 매장량	19억 톤	7.5조㎥
생산량	4.7억 톤(세계 2위)	6,410억㎥(세계 1위)
수출량	3.5억 톤(세계 2위)	1,940억㎥(세계 1위)

현재 러시아 극동지역에서 실질적인 석유 및 가스 생산이 이루어지고 있는 곳은 사할린이다. 사할린은 러시아 최초의 액화천연가스(LNG) 생산지로 동북아시아 에너지 수요 급증으로 동북아 수출거점지로 부상했다.

사할린은 러시아 석유 및 천연가스의 최대 30%가량이 매장된 곳이다.[12] 사할린의 주요 대륙붕 개발 사업인 사할린 Ⅰ-Ⅵ 프로젝트가 진행 중이며 Ⅰ과 Ⅱ 프로젝트는 생산단계이고, 기타 프로젝트에서는 탐사 작업이 진행 중이다(Oleg Sinyugin, 2005 : 97-105). 사할린에서 생산되는 가스는 극동지역의 가스화에 우선적으로 사용되며, 신자원민족주의가 심화되면서 사할린-Ⅱ는 러시아 국영석유기업인 로스네프트사가 소유한다(이준범, 2003; 윤영미, 2006 : 12). 2006년 한-러 양국은 사할린-Ⅱ 프로젝트에서 2008년 말부터 20년간 연 150만 톤(국내 LNG 전체 소비량 2500만 톤 중 6%에 해당하는 큰 물량임)의 LNG를 한국으로 도입하기로 했다. 현재 사할린 Ⅱ 프로젝트 대우건설이 LNG 공장 냉각설비의 철골, 배관 공사를, 삼성중공업은 해상플랫폼 건설공사를, 풍림건설은 원유 및 가스 가압설비 공사를 담당한다(Dimitry Sokolov, 2007 : 205-206).

〈표 6-4〉 러시아 극동지역의 주요 에너지 개발 현황

사 업	목 적	내 용
주요 개발 사업	• 신규매장지 탐사 • 대체유전 확보 • 지역경제 활성화	• 사할린주 해상매장지 개발(사할린-Ⅰ~Ⅵ) • 서캄차카 해상 매장지 개발(탐사단계) • 마가단주 해상매장지 개발(계획단계) • 사하공화국 남부지역 탄전 개발 • 아무르주 수력발전소 건설
수송인프라 구축	• 운송망 확보를 통한 자원 개발의 효율성 증진 • 지역 경제 발전 촉진 • 지역 균형발전 실현	• 동시베리아~태평양 송유관 건설(ESPO) • 러시아 동부지역 통합가스공급망 건설(UGSS) • 사할린주 송유관·가스관 건설 • 바이칼-아무르철도(BAM)철도에서 사하공화국 내부지역 탄전까지 철도 지선 연결 • 아무르주 수력발전소에서 블라디보스토크까지 고압 송전선 건설 • 동북아 지역과 통합에너지 공급망(송유관, 가스관, 철도, 송전망) 연결 • 연해주 코즈미노 원유저장·수출기지 건설 • 연해주와 하바로프스크 지방내 주요 항구에 석탄·석유·석유제품 선적시설 현대화 및 확충 • 캄차카주 페트로파플로프스크-캄차트스키 석유수출기지 건설
가공시설 건설	• 국제 경쟁력 확보 • 동북아 에너지 주도권 확보 • 지역경제 활성화 • 지역 균형발전 실현	• 사할린주 LNG생산·수출기지 건설 • 연해주 나흐트카 LNG생산·수출기지 건설 • 나흐트카에 신규 정유소와 석유화학공장 건설 • 콤소몰스크 및 하바로프스크 정유소의 고도화 시설 건설
가스 사업	• 지역의 안정적 경제활동 • 지역경제 활성화	• 사할린주에서 생산된 가스를 이용 가스화력발전, 열난방공급사업 등을 추진
물류육성	• 동북아 경제권 편입 • 동북아 에너지 주도권 확보 • 지역경제 활성화	• 블라디보스토크항에서 나흐트카항에 이르는 지역을 동북아 지역의 에너지 자원 물류지역으로 육성

출처 : http : //www.hanyang.ac.kr/home_news/H5EAKB/0020/103/2008/02/04.pdf(검색일 : 2008. 12. 3) 재인용함.

에너지자원 개발에서 가공산업 육성, 수송 및 물류 인프라 구축 사업 등의 대규모 에너지 관련 사업이 극동지역 내 연방정부와 국영에너지기업에 의해 계획되고 추진되고 있다<표 6-4 참조>. 대규모 에너지 관련 사업들은 대부분 연방정부와 국영에너지기업에 의해서 계획·추진되고 있으며, 현재 메드베데프 정부는 역대 정부보다 동 지역의 발전에 주력한다. 앞서 강조했듯이 에너지 산업과 에너지 자원수출을 통해 확보된 재정과 산업자본 축적을 바탕으로 동북아 국가들과의 유기적 관계 형성을 통해 지속적인 지역경제 발전의 원동력 확보에 주력한다.[13)]

동시베리아 및 극동지역 내 석유 및 가스전을 모두 연계하여 생산되는 석유 및 가스를 러시아 전 지역과 동북아 국가로 수송하는 종합적인 파이프라인이 건설 중이다. 역동적인 경제 성장과 빠른 에너지 수요 증가를 보이고 있는 동북아시아 시장에 대한 러시아 기업들의 진출과 경쟁력 확보는 자국 경제의 안정적인 성장에 있어서 시장 확대라는 점에서 중요하다(B. Saneev, 2005).

러시아정부는 2001년부터 본격적으로 제기되었던 석유 송유관 연결의 노선과 건설 방식을 2005년 최종 결정했다. 동 송유관 연결의 주된 배경은 1960년대 개발된 서시베리아와 우랄지역에서 생산된 석유를 유럽지역으로 수출해 오일 달러를 벌어들인 러시아가 동북아 및 미국 시장 진출을 위해 추진하는 가장 중요한 국가 발전전략이다. 송유관 건설 공사와 함께 동시베리아 및 극동지역 유전 개발 사업도 활기를 띠고 있다(주블라디보스토크 총영사관 재외공관 자료실, 2007. 5. 8). 2006년 4월 푸틴 대통령은 러시아 내의 송유관 건설과 운영을 독점하는 동시베리아-태평양 송유관(East-Siberia-Pacific Ocean, 이하 ESPO)의 사업주를 트랜스네프츠사로 선정했다. <그림 6-1>은 러시아 원유의 개발지역과 동북아 지역으로의 공급 예상 노선을 보여준다.

〈그림 6-1〉 러시아 원유의 동북아 지역의 공급 예상도

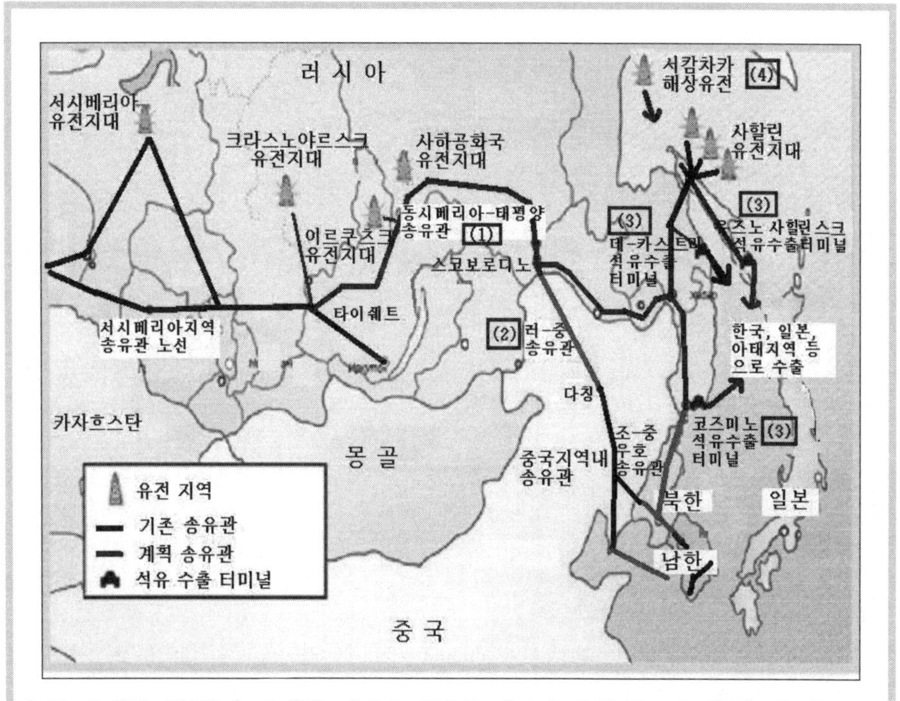

출처 : 윤성학, “동북아 경제와 러시아 극동의 에너지 자원 통로,” 제2차 한-러(KIEP-ERI) 공동세미나, 대외경제정책연구원, 2007년 6월 19일, p. 8, http://www.kiep.go.kr/kiepNews/seminar_data_view.asp?num=1788....(검색일: 2010. 2. 9).

ESPO의 노선은 이르쿠츠크에서 서북쪽으로 약 600km 떨어진 타이세트(Taishet)에서 시작해, 연해주의 나호드카항 인근 코즈미노 수출터미널로 운송하는 약 4,200km에 달하는 세계 최장 파이프라인 공사다(이유신, 2005 : 3-4). ESPO 송유관 건설의 주요 목적은 송유관이 건설되는 지역의 경제발전과 에너지 수출시장의 다변화 실현에 있다<그림 6-2 참조>. 크라스노야르스크지방, 이르쿠츠크주, 사하공화국 내 석유매장지에서 생산된 석유를 파이프라인을 건설하여 동북아 역내 국가들에 공급하는 사업이다. 동시베리아에서 생산된 원유를 수송하기 위해 노선 설정을 놓고 2003년부터 중-일 양국간 경쟁이 심화되기도 했다(이성규 · 윤익중, 2007 : 5).

〈그림 6-2〉 동시베리아 송유관 연결 노선도

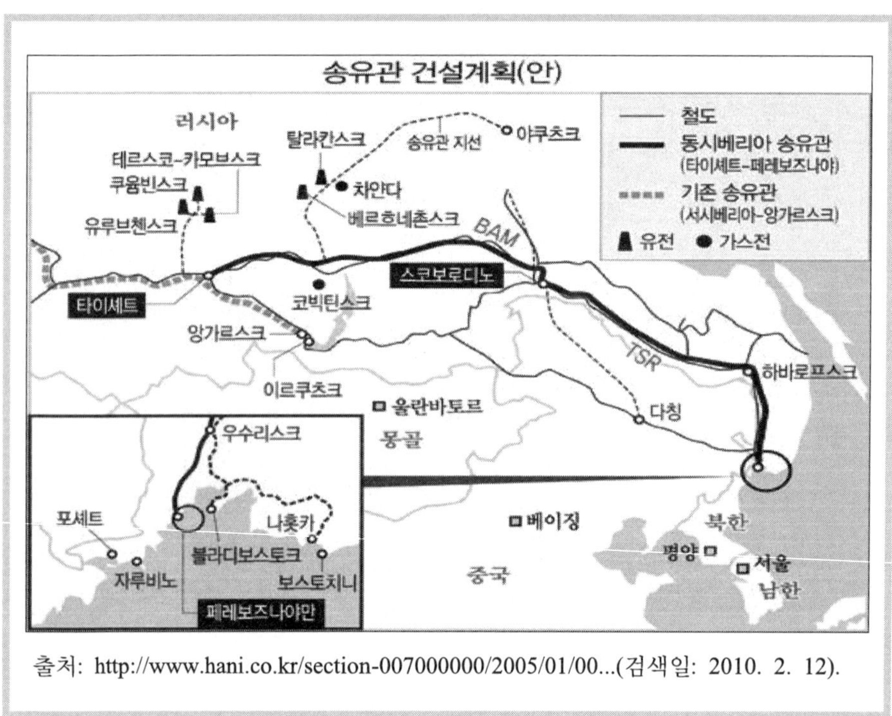

출처: http://www.hani.co.kr/section-007000000/2005/01/00...(검색일: 2010. 2. 12).

동 송유관을 통해 러시아연방 전체 원유와 천연가스 수출에서 현재 3%를 차지하는 아시아 지역 비중을 10~15년 뒤에는 30%까지 끌어올린다는 목표다. 총투자 건설비는 110~120억 달러가 넘는 공사로 2단계로 나누어 단계별로 건설한다<표 6-5 참조>. 동 송유관이 건설되면 연 8,000만t의 석유가 수송될 예정이다. 우선 연 3,000만t 용량의 1단계 송유관을 동시베리아 중간 지점인 스코보로디노까지 건설하고 이후 유전 개발 추이와 충분한 석유매장지를 확보한 이후에 극동까지 2단계 공사에 착수하게 된다(이준범, 2006 : 70). 1단계 사업 노선은 2006년 4월부터 2008년 말까지 완료를 목표로 타이쉐트에서 아무르주의 스코보로디노까지 연결되는 송유관 구간으로 이것은 중국지선으로 연결된다. 1단계 노선 종착점인 스코보로디노에서 중국의 내륙도시 다칭까지 1,000km 구간을 연결하는 노선을 건설하여 연간 약 3,000만t을 중국에 공급하게 된다. 2단계 노선은 동시베리아 및 극

〈표 6-5〉 수정된 ESPO 송유관 건설 계획

구분	건설 단계		
	1단계		2단계
	기존의 건설안	수정된 건설안	
송유관 구간	타이쉐트-우수트-쿠투-카자친스코예-틴다-스코보로디노 • 수출터미널 : 페레보즈나야	타이쉐트-우수트-쿠트-레나강 좌안상류-렌스크-올렉민스크-알단-틴다-스코보로디노 • 수출터미널 : 새로운 지역 물색 중	스코보로디노-코즈미노 태평양 연안 원유수출터미널
길 이	2,269km	2.269km + (1,260∼1,600km)	약 1,919km
송유물량	2008년 : 60만b/d (3000만 톤/연)	60만 b/d (3,000만 톤/연)	160만 b/d (8,000만 톤/연)
공사 비용	60억 달러	60억 달러 + 10억 달러	40억 달러
자금조달	트랜츠네프츠자금 + 은행융자(스베르방크, 해외은행)	트랜츠네프츠 차체자금과 은행융자(스베르방크, 해외은행)	프로젝트 파이낸싱
건설기간	2006. 4 - 2008 하반기	2006. 4 - 2008. 12월	동시베리아지역 내 유전 개발 연계

출처 : 이성규 · 윤익중, "동북아 지역내 에너지 사업에 있어서 일중간 협력 가능성 연구," 한국슬라브학회 발표논문(2007. 3. 17)을 재정리함.

동지역 내 석유 부존량과 유전개발 현황을 감안해서 추진되며, 2013에서 2015년 사이 공사 착수가 가능할 것으로 예상된다. 이 구간은 스코보로디노에서 극동지역 블라디보스토크의 코즈미노(Kozmino) 석유수출 터미널까지 총 1,919km 송유관 구간을 건설하고, 코즈미노 원유수출 터미널로 연간 5,000만t의 석유를 한국을 포함하여 동북아 및 태평양지역으로 공급하게 된다(이성규 · 윤익중, 2007 : 5-6).

아울러 동시베리아 및 극동지역의 가스 공급망 연결 및 개발은 '가스단일통합공급망(Unified Gas Supply System, 이하 UGSS)'에 의해 진행된다. 세계 최대의 천연가스 매장국인 러시아는 전국을 하나의 가스관으로 연결하는 UGSS 사업을 추진 중이다.

UGSS의 목적은 안정적인 가스 공급과 해외 수출의 효율성을 도모하기 위해 역내 천연가스 생산·수송·공급을 단일체계로 묶는 가스전의 통합이다(권원순, 2004 : 13-14). 러시아는 총 280억 달러를 투입해 동시베리아 및 극동의 가스전을 개발해 러시아 전체를 하나의 UGSS으로 연결하고 기존 유럽 일변도의 천연가스 수출체계를 아·태지역으로 확대하는 계획이다. 천연가스의 생산, 수송 및 수출을 거의 독점하고 있는 가즈프롬이 UGSS 사업의 총괄 관리 및 감독 업무를 담당한다.

이를 위해 가즈프롬은 2004년 9월 초 러시아 국내 가스 회사들과 가스 거래 협의체 성격의 "가스거래위원회"를 구성했다. 동 지역의 자원 잠재력을 개발과 러시아의 경제발전과 연계시키기 위해 교통물류망 및 에너지 운송망의 구축의 필요해 의해 설정되었다. 동 지역의 개발 조정자 구실을 부여받은 사실상 독점적 국영가스회사인 가즈프롬사를 중심으로 가스전을 특정 국가 수출용으로 지정하지 않고, 러시아 내에서 모든 가스전을 통합 및 개발해 UGSS으로 묶어 내수용 공급과 수출사업을 동시에 추진한다. 러시아 전역의 가스공급 시스템과 연결 및 아·태지역 가스 수요 증가에 대처한 동북아 가스시장에서의 주도적 역할 수행을 목표로 한다. UGSS을 통해 이르쿠츠크지역에 산재해 있는 가스전들을 하나의 단일망으로 연결하여, 사하공화국 지역과 연결 하에, 극동지역의 가스망 정비와 함께 석유 송유관과 결합하는 계획이다(Alexey Mastepanov, 2006 : 69-70). 2015년까지 러시아 중·동부 지역인 이르쿠츠크와 야쿠츠크, 크라스너야르스크, 사할린에 위치한 가스전도 각각 배관망으로 연결하게 될 예정이다.

요약하자면 러시아정부는 동시베리아 및 극동지역의 에너지 개발을 ESPO 및 UGSS 사업과 연계하여 에너지 및 물류 단지를 조성하고, 중화학공업과 같은 가공 산업을 육성하며, 실질적인 자립도 높은 지역의 안정화를 위한 에너지 연관 산업(정유, 석유화학, 가스 화학, 자원개발 관련 기계설비 등)을 본격적으로 육성함에 있다. 러시아는 전국을 하나의 가스관으로 연결하는 UGSS 사업에 의해 2015년까지 가스 배관망을 블라디보스토크까지 확대해 북태평양 지역의 가스 공급 기지로 삼는다는 계획이다. 궁극적으로 국내외 투자를 유발하고 지역 기간산업이라 할 수 있는 인프라 사업을 확대할 동인을 확보하여 자립도 높은 지역으로 건설한다는 국가 에너지발전 전략이다.

 한 – 러 에너지협력의 현황과 시사점

한 · 러 양국은 1990년 9월 말 수교이후 지난 18년 동안 꾸준히 구축해온 경제 및 문화 협력에서 "교육 및 투자 증대, 에너지 자원협력을 확대, 우주과학기술 협력 강화" 등 다양한 분야에서 실질적인 성과를 이끌어내기 위한 협력 구축을 발전시켜왔다. 특히 2008년 9월 29일 모스크바 정상회담을 통해 기존 "상호 보완적인 건설적 동반자 관계"에서 "전략적 협력동반자 관계"라는 관계 격상에 합의했다. 이로써 기존 경제와 문화 등에 주로 초점이 맞춰졌던 양국 관계가 정치, 군사, 외교안보로의 전방위 협력 확대와 기존의 경제 협력을 한층 확대하는 계기를 마련했다. 경제적 실리 차원을 넘어 한반도 주변의 전반적 정세를 염두에 둔 복합적이고 다면적인 측면이 고려된 것으로 북핵문제 타결이라든가 한반도 평화정착 등 향후 남북관계에도 적지 않은 영향을 미칠 것이다.[14)]

지난 9월 한-러 정상회담의 최대 성과는 북한을 경유하는 가스배관을 통해 러시아의 천연가스(PNG : Pipeline Natural Gas)의 한국 도입 방안과 패키지 에너지 협력 강화다<더 자세한 논의 7장 참조>. 또한 패키지 에너지 협력의 일환으로 러시아 극동의 풍부한 천연가스와 우리나라 석유화학기술을 공급할 예정이다. 러시아의 에너지 전략인 에너지 관련 산업 육성에 양국의 협력 모색이 가속화 될 전망이다. 가스공사와 가즈프롬은 공동으로 극동지역에서 석유화학단지와 LNG 액화플랜트를 건설해 공동운영 및 판매하는 방안을 추진하기로 했다(윤영미, 2008 : 18).

〈표 6-6〉 한국정부의 대러시아 에너지 전략

주요 내용	러시아 에너지 전략	대응 전략
자원민족주의 정책	• 정부통제 강화 • 외국기업에게 개발권 제공 불허 및 국영기업 중심의 개발 행정 규제 강화	• 정부 간의 협력채널 최대한 활용 • 양국 간 외교, 경제, 문화 관계증진 • 러시아 국영기업 소유 지분 매입·컨소시엄 참여·공동개발
중앙 집중적 의사결정	• 최고 권력층에 의한 최종 결정	• 고위급 에너지·자원 외교 강화
양자 협력 강화	• 국가별로 차별화된 전략	• 상시 모니터링 시스템 구축 • 소비국들 간의 협력관계 구축
공급자 중심의 시장 유지	• 장기 공급 계약	• 수입시장 다변화 • 해외 자원개발사업 적극 추진
상호주의 요구	• 석유, 가스, 석탄, 전력부문의 협력사들을 포괄적으로 협상 시도 및 상·하류부문 교차투자	• 에너지·비에너지 부문 간에 동반진출 모색 및 양국 간 협력증진을 위한 전략적 접근 필요함 • 대규모 자원도입에 맞춰 사전 준비작업

출처 : http : //www.hanyang.ac.kr/home_news/H5EAKB/0020/103/2008/02/04.pdf(검색일 : 2008. 12. 4)을 재인용함.

이번 천연가스 협력에 앞서 1990년대 초반과 2000년대 초반 각각 사하공화국의 차얀다 가스전과 이르쿠츠크의 코빅타 가스전에서 파이프라인을 통해 천연가스를 도입하는 방안이 추진되었다. 동 사업은 민간이 주도하면서 정부의 승인을 받지 못했고 파이프라인 연결 구간의 장거리로 경제성 확보에 문제점이 지적되어 무산되었다. 이번 한-러 에너지 협력의 향후 추진 여부에 대해서 낙관만 할 수 없지만 역대 에너지 협력과 차이점이 있다. 한국의 국영가스 기업인 가스공사와 역시 러시아의 국영가스 기업인 가즈프롬 간의 정부간 양해각서의 체결이라는 점과 상대적으로 근접한 러시아 동부 지역에서 천연가스를 도입하게 되므로 경제적 타당성이 높다. 현재 북한 경유 배관 노선의 타당성이 낮은 상황에서 북한관통의 PNG 도입방식이 실현되지 않을 경우 블라디보스토크 항구에서 LNG(천연가스 액화시설) 방식으로 해상 운송을 통해 천연가스 도입을 추진한다는 계획이 포함되었다. 궁극적으로 러시아산 천연가스 한반도 관통 프로젝트와 극동지역에서 석유화학단지와 LNG 액화플랜트를 건설해 공동운영 및 판매하는 방안은 한-러 양국 정부와 국영회사간 심도 있는 논의를 거쳐 이룩한 자원 외교의 최대성과로 해외 자원 확보와 우리기업의 해외진출을 연계하는 전형적인 에너지 정상외교를 통한 패키지형 자원개발의 중요한 사례다.[15)]

아울러 사할린 자원 개발 관련 한국 기업들의 뚜렷한 실적은 없지만 과거 '사할린-VI' 광구를 낙찰한 적도 있음을 상기해 볼 필요가 있다.[16)] 강화된 신자원민족주의와 메이저 기업들의 활발한 진출 등 개발 및 투자 환경이 한국정부나 기업에 그다지 유리하지는 않다. 그러나 새로운 자원의 수입처이자 지리적으로 한국에서 가장 가까운 에너지자원의 전략적 요충지다. 러시아의 에너지문제를 비롯한 경제정책 결정과정이 동북아에 대한 지정학적 및 에너지안보 이해와 밀접한 관련을 갖는다는 점을 고려해야 한다(Oleg Sinyugin, 2005 : 97-105). 부연하자면 러시아정부에 의한 에너지 통제가 강화되지만 지정학적 및 지경학적 이해관계에 따라 차별적인 에너지 전략 및 협력이 전개되고 있다. 예를 들어 중국의 러시아석유산업 참여에 대한 투자응찰조차 거부했지만 중-러 관계의 변화에 따라 2006년 러시아는 중국의 부분적 석유산업참여 및 사할린-Ⅲ 프로젝트의 참여를 허용했다. 또한 2008년 4월 말 후쿠다 야스오 일본 총리와의 정상회담에서 푸틴 전 대통령은 러-일 양국의 쿠릴섬 영유권 분쟁에도 불구하고 추후 영토문제를 협상하도록 제안하면서 일본과 에너지 협력을 강화했다. 일본의 동시베리아 및 사할린-Ⅲ 개발 및 투자 참여를 허용했다. <그림 6-3>은 사할린 석유 및 가스 자원개발 프로젝트의 현황과 개발 참여국을 잘 보여준다.

이런 점을 감안해 볼 때 향후 동시베리아 및 극동지역에서 한국석유공사의 서캄차트카 유전 공동개발, SK에너지의 사할린 LNG 도입사업 등을 통해 한-러 에너지 외교와 관련한 현안들이 지속적으로 더욱 확대되도록 정부차원에서 패키지 자원정상외교가 강화되어야 한다. 이처럼 한국은 러시아의 국가 주도형, 신자원민족주의 정책 강화, 에너지자원의 전략적 이용 등에 대응하기 위해서는 <표 6-6>과 같은 대응전략을 고려해 볼 필요가 있다. 해외 에너지 자원개발 사업의 특성상 대규모 자금 투입과 투자자금 회수까지 장기적인 정책이 요구된다.

〈그림 6-3〉 사할린지역의 자원개발 및 참여국 현황

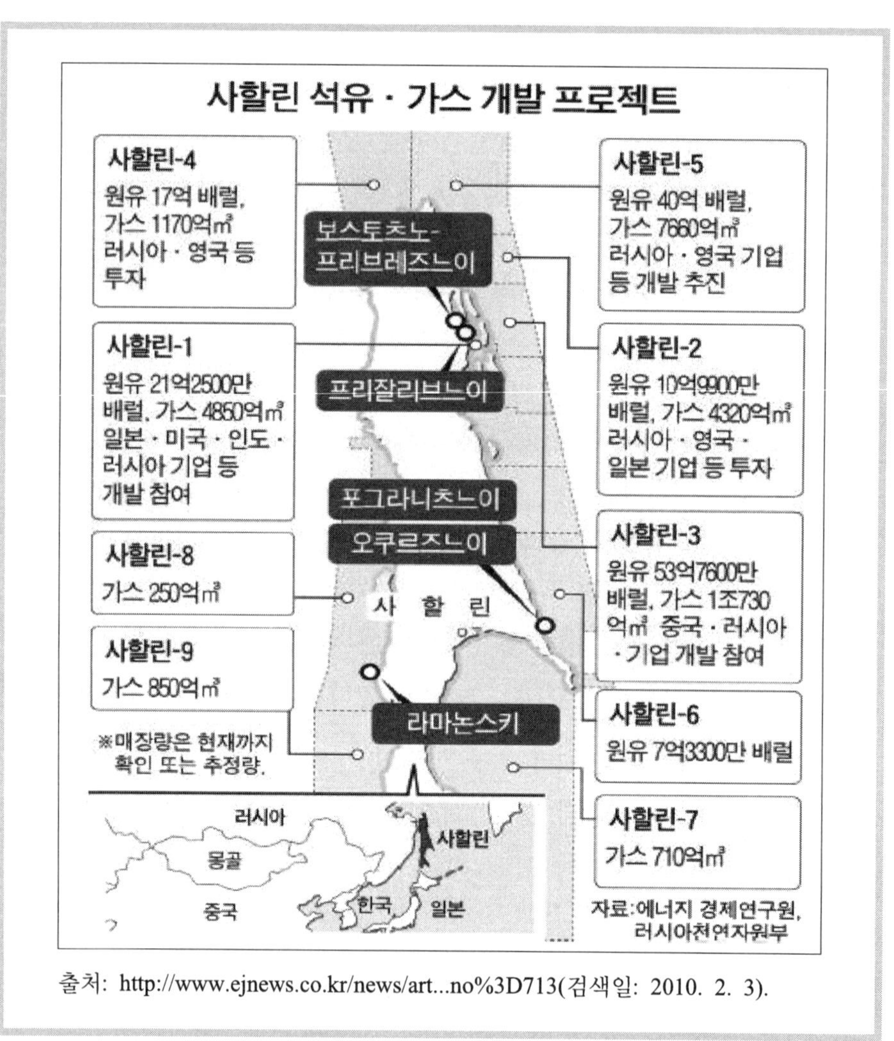

출처: http://www.ejnews.co.kr/news/art...no%3D713(검색일: 2010. 2. 3).

 러시아 에너지전략의 정책적 함의

이와 같이 살펴 본 대로 러시아 국가에너지 전략의 정책적 함의는 에너지자원의 수출다변화를 위해 전통적 시장인 유럽연합(EU)와 독립국가연합(CIS)과의 협력을 지속하면서 새로운 시장으로 부상하는 한국, 중국, 일본, 미국, 인도 등 아시아 및 북미지역 국가들과의 양자 에너지 협력의 강화로 집약된다. 유럽 시장에 편중돼 왔던 에너지 교역과 송유·가스관 인프라 구축 및 석유·가스 개발 계획을 동시베리아·극동으로의 확대를 통한 다양한 국가와의 에너지를 포함한 경제·안보 등 협력 증진을 위해 정상외교를 통해 주요국가와의 에너지 협력 강화에 주력한다. 또한 러시아정부가 추진 중인「러시아전략은 2030」에너지자원 수출 의존도를 낮추고 산업구조를 다각화시키는 정책이다. 특히 주지하는바 상대적으로 낙후된 극동지역에는 '극동·자바이칼 지역 경제·사회 개발 연방 특별 프로그램'이 실행 중이다.

이런 개발 정책의 달성을 위해 러시아는 에너지자원의 수출에 제한하지 않고 비에너지부문인 러시아 산업구조 다각화 육성 산업인 조선, 석유화학, 가스화학, 첨단산업 등에 대한 투자협력에 주력하고 있다. 지리적 근접성과 에너지·자원 해외 의존형 경제구조를 지닌 한국정부에 동 지역은 전략적으로 매우 중요하다. 지난해 한-러간 교역액이 150억 달러 중 수입액의 57%(약 38억 달러)가 극동지역의 원유와 유연탄 등 에너지·자원의 수입에 집중되었다. 한국정부가 극동 러시아 경제중심지인 블라디보스토크에 일원화된 협력창구인 "극동시베리아 개발협력센터"를 개설하고 러시아정부의 극동지역 개발계획에 한국 기업들의 현지 개발 프로젝트 수주를 적극적으로 지원하는 등 한국 기업의 현지 투자 활성화를 지원하고 있다. 극동시베리아 개발협력센터는 현지 진출에 대한 일원화된 협력 창구로 한국기업과 극동시베리아 지역 지방정부간 의사소통 업무를 전담하게 된다.[17] 이처럼 한국의 대 러시아에너지 전략에서 가장 중요한 것은 중장기적 차원에서 한국정부가 추진 중인 에너지자원의 수입국 다변화 전략의 일환으로 추진 중인 정유기술·플랜트 전수, IT산업 진출, 발전소 건설 등의 자원개발과 연계한 패키지형 진출 전략과 더불어 에너지 및 비에너지 부문의 동반 진출 모색을 통한 상호주의 협력을 지속적으로 강화해야 할 것이다.

▌미주 ▌

1) 예를 들면 러시아의 동시베리아 및 극동지역의 유전개발 프로젝트와 송유관 건설을 놓고 중 · 일 양국은 정상이 번갈아 모스크바를 방문 하는 등 정부와 민간차원에서 거대한 투자 계획을 제시하면서 자국에 유리한 방향으로 유도하기 위해 자원외교를 펼쳤다.
2) Министерство промышленности и торговли РФ, *Энергетическая Стратегия России на период до 2020 года* (Москва, 2003) 참조.
3) 2003년 8월 28일 러시아 정부가 채택한 정부명령(No. 1234-p)이다.
4) 러시아는 2003년 석유 생산의 11% 가량을 담당했던 민간기업인 유코스(Yukos)를 분할해 인수하여 러시아 최대 국영석유 생산업체인 로스네프트가 탄생되었고, 가스는 가즈프롬을 통한 천연가스 독점화와 시브네프트사(Sibneft)를 인수하여 국유화했다. 석유 및 가스 수송은 트랜스네프트를 통해 국영화했다.
5) http : //www.hanyang.ac.kr/home_news/H5EAKB/0020/103/2008/02/04.pdf(검색일 : 2008. 12. 3).
6) Правительство РФ, *Концепция энергетической стратегий России на перод до 2030 (Проект)* (Москва : Изд. ЭНЕРГИЯ, 2007) 참조.
7) http : //www.hanyang.ac.kr/home_news/H5EAKB/0020/103/2008/02/04.pdf(검색일 : 2008. 12. 3).
8) http : //www.energytimes.kr(검색일 : 2008. 6. 6).
9) 러시아의 석유 매장량은 세계 7위(6.0%)이고 천연가스는 세계 1위(26.7%)다. 생산량에서 석유는 67%, 천연가스는 93%가 서시베리아지역의 볼가 및 우랄지역에 집중된다. 이 지역에서 생산된 석유와 가스는 동유럽지역과 독립국가연합(CIS)지역에 집중한 파이프라인을 이용해 미국, 서유럽 및 주변국에 수출된다(러시아연방 통계청, 2007).
10) 17개 공항과 10개 항만을 개보수하고, 8개의 병원을 신축하거나 개보수할 계획이다.
11) Правительство РФ, *Программу развития Дальнего Востока и Забайкалья до 2013 года*, http : //apec2012.ru/content/?a=418&s=175&p=1(검색일 : 2008. 10. 2).
12) 사할린지역은 11개의 유전, 18개의 가스전, 50여 개의 석탄 광산 등이 있으며, 석유 및 가스 및 수산업이 전체 생산의 72%, 고용의 26%를 점유한다. 2007년 러시아 극동지역에 대한 외국인 투자는 62억 달러인데, 이중 80%가 사할린에 집중되어 있다 (Alexey Mastepanov, 2006 : 72-73).
13) http : //www.hanyang.ac.kr/home_news/H5EAKB/0020/103/2008/02/04.pdf(검색일 : 2008. 12. 3).
14) 양국은 새로운 협의채널로 외교 당국간 제1차관급 전략대화를 개최키로 합의함으로써 미국, 일본, 중국에 이어 외교 · 안보 · 국방분야에서 심도 있는 대화의 틀을 마련했다. 또 양국 관계의 제도화와 민간협력 분야 확대에 있다. 예를 들면 단기복수사증 협정, 광물자원 협정, 가스공급 양해각서 등 에너지자원, 과학기술, 우주항공, 나조기술, 금융 등 다양한 분야에서 26개에 달하는 협정이 체결된 것은 향후 한 · 러 협력 증진을 위한 제도적 기반을 공고화한 것이다. 아울러 한 · 러 비즈니스 대화를 확대하고 양국간 경제통상협력에 중소기업들이 적극 참여토록 하자는데 합의했고, 아세

안지역안보포럼(ARF), 아시아태평양경제협력체(APEC) 등 지역기구 틀 내에서 협력을 확대하고 국제 테러나 대량살상무기 등 범세계적 이슈에 대해 공동으로 대응하기로 했다(윤영미, 2008. 11 : 46-47).

15) http : //www.energytimes.kr(검색일 : 2008. 9. 30); 신자원민족주의의 제약점을 최소화하고 해외 에너지의 수입 다변화와 확보는 단순한 자원개발사업 진출에서 투자를 보호하고 개발된 자원의 안전한 운송에 이르는 전 과정에 대한 전 방위적 노력이 필요하다(이광우, 2008 : 27).

16) 지난 2004년 대우건설이 수주한 사할린 LNG프로젝트(Sakhalin Ⅱ LNG Plant-Process Aboveground Piping & Steel Structure work)는 현재 2단계 개발 사업 중이다. 대우건설은 연산 480만t 생산 규모의 LNG 플랜트공정 중 배관, 철골 공사를 진행 중이다. 공사금액만도 1억4662달러에 달한다.

17) 주로 건설·플랜트, 자원개발 등 프로젝트 정보 수집, 전파 현지 정부기관, 발주처 고위관리 등과의 네트워킹을 통한 아국 기업지원, 민관 프로젝트 조사단 현지지원, 현지 발주 프로젝트 수주를 위한 전략 수립 지원 등이 있다. http : //www.energytimes.kr (검색일 : 2008. 9. 29).

▌참고문헌▐

본 장은「세계지역연구논총」, 한국세계지역학회(2009), 27(1)에 실린 글을 수정 및 보완했음

김재두 외(2007),「왜 에너지안보인가」서울 : 한국국방연구원.

김석환(2008), "러시아 메드베데프 대통령 체제의 신국가 발전 전략과 한러협력," 산업연구원. 김학기(2007), "러시아 2020년 장기 경제개발 전략과 시사점," 산업연구원.

권원순(2004. 11. 19), "한-러 에너지 자원 개발과 극동 동시베리아의 석유가스 개발," 한국슬라브학회 2004년 연례학술회의 발표논문.

______ · 김중렬(2006), "러시아의 에너지 자원개발과 시베리아 - 러시아에너지전략 2020을 중심으로,"「국제지역연구」제10권 제1호.

이광우(2008), "고유가시대 신자원민족주의의 영향,"「에너지포커스」에너지경제연구원.

이성규(2005. 9. 23), "시베리아·극동지역의 석유·가스 개발현황과 한·러 에너지 협력 증진 방안," 한림대 러시아연구소 창립기념학술대회발표논문.

______ · 윤익중(2007. 3. 17), "동북아 지역내 에너지 사업에 있어서 일중간 협력

가능성 연구," 한국슬라브학회 발표논문.

_______(2008), "러시아 에너지 정책 변화와 한·러 협력에 관한 러시아의 시각," 에너지경제연구원.

이유신(2005. 9. 24), "러시아 동시베리아 송유관 정책 결정 요인에 대한 고찰," 한국슬라브학회 2005년 제 3차 학술회의 발표논문.

이준범(2003. 2. 23), "러시아 동시베리아와 극동의 석유 개발과 파이프라인," 한국시베리아학회 발표논문.

_______(2006 겨울호), "러시아에 대한 에너지 소비국의 기대,"「에너지포커스」에너지경제연구원.

이재영 외(2006),「러시아의 동부지역 개발전략과 한국의 참여 확대방안 : 에너지 부문을 중심으로」서울 : KIEP.

윤성학(2008),「러시아 에너지가 대한민국을 바꾼다」서울 : 뿌쉬낀 하우스.

윤영미(2006), "러시아의 동시베리아 및 극동지역 에너지개발 정책과 현황,"「한몽경상연구」제17권 제2호.

_______(2008. 11), "한러정상, 남북러 에너지철도협력 합의,"「통일한국」.

_______(2008), "국가전략 차원에서의 한국의 에너지외교에 대한 고찰 : 러시아 및 중앙아시아지역의 에너지 협력을 중심으로,"「동서연구」제20권 2호.

현승수·이웅현 (역)(2008), 일본유라시아연구소(편저),「부활하는 러시아의 자원외교」서울 : 전략과 문학.

최태강(2004),「러시아와 동북아」서울 : 오름.「주블라디보스토크총영사관 재외공관 자료실」(2007. 5. 8). 2003년 8월 28일 러시아 정부가 채택한 정부명령(No. 1234-p)이다.

Mastepanov, Alexey(2006. 9. 15), "About Gazprom and its Activities in the East of Russia and in the Countries of the Asia-Pacific Region," KEEI 2006 International Symposium on Northeast Asia Energy Cooperation in Commemoration of the 20th Anniversary of KEEL, Seoul Plaza Hotel.

Saneev, B.(2005. 9. 15), "Energy Cooperation of Russia with NEA Countries : Preconditions and Trends," 한-러 공동 에너지 세미나, 이르쿠츠크시, 러시아 에너지시스템 연구소 발표논문.

Sinyugin, Oleg(2005. 10. 28), "The Successful implementation of International Energy Project : Russian Perspective,"International Con- ference on New Partnership for Energy Cooperation in Northeast Asia," Korea University.

Sokolov, Dimitry(2007. 11. 16-17), "Current Situation and Prospect for Northeast

Asian Natural Gas Projects," KAIS-KEEL International Conference 발표논문.

Правительство РФ, *Программу развития Дальнего Востока и Забайкалья до 2013 года*, http://apec2012.ru/content/?a=418&s=175&p=1(검색일 : 2008. 10. 2)

Министерство промышленности и торговли РФ, *Энергетическая Стратегия России на период до 2020 года* (Москва, 2003) 참조.

Правительство РФ, *Концепция энергетической стратегий России на перод до 2030(Проект)* (Москва : Изд. ЭНЕРГИЯ, 2007) 참조.

「러시아연방 통계청」(2007).

「한국경제」(2008. 5. 21).

http://www.energytimes.kr(검색일 : 2008. 9. 29).

http://www.energytimes.kr(검색일 : 2008. 9. 30).

http://www.hanyang.ac.kr/home_news/H5EAKB/0020/103/2008/02/04.pdf(검색일 : 2008. 12. 3).

제 7 장

미국의 에너지안보와 대러시아 에너지 정책

현황과 전망

I 탈냉전기 국제안보 환경

탈냉전기 국제안보 환경은 이념이 지배하는 지정학적 동맹의 시대에서 국가 이익합치 여부가 동맹의 기준이 되는 시대로 전환되고 있다. 더욱이 1990년대 후반 이후 고유가 상황이 지속되면서 세계는 선진 강대국들을 중심으로 에너지 자원을 확보하려는 각축장으로 변모해 가고 있다. 특히 중동, 아프리카, 중앙아시아, 러시아 시베리아·극동지역은 에너지 자원 확보를 위한 강대국들의 쟁탈전이 전개되고 있다. 경제중심적 환경 부상에 따른 에너지안보의 중요성이 강조됨과 에너지 자원을 매개로 하는 국제적인 갈등의 발현과 동시에 그 갈등을 해소하려는 시도가 진행되고 있다. 세계화의 조류 속에서 경제발전을 최우선 과제로 선택하는 국가들이 고도 경제성장을 실현하는 과정에서 에너지 수급 불균형이 예측되면서 에너지 확보는 미국의 세계전략의 기조이자 세계 각국의 외교정책의 최우선 아젠다(agenda)로 부상되었다. 미국은 북해 및 북미지역 내 매장지에서 원유생산 감소세, 천연가스 수요 증대와 미국 내 가스 생산 정체, 장기적으로 해외 석유의존도, 특히 중동지역 의존도 증대, 국제 에너지시장에서 원유 수입국들과 에너지 자원 확보를 위한 경쟁은 갈수록 심화되고 있는 추세에 직면해 있다.

부시정권이 들어서고 9·11사태가 발발하면서 미국 내에서 에너지 안보에 대한 중요성은 더욱 크게 부각되면서 안정적인 에너지 공급원을 확보하기 위한 정부차원의 노력이 전개되기 시작했다. 미국은 대중동 석유의존도를 낮추기 위해 서아프리카 및 카스피해 지역과 러시아를 새로운 전략적 에너지 공급지로 지정하였으며, 이들 국가와의 에너지 협력관계를 강화하기 시작하였다. 2002년 부시정권은 러시아 푸틴대통령과 정상회담을 개최하여 양국간 에너지 분야에서 다양한 협력 사업을 추진하기로 합의하였다. 이를 계기로 미국과 러시아는 에너지 분야에서 상호 협력적인 관계를 형성하였다. 현재 미국과 러시아간에 에너지부문에서 교역 및 투자 규모는 아주 미미한 실정이다. 러시아는 지금까지 에너지 수출을 파이프라인을 통해 유럽지역과 CIS지역에[1] 집중시켜 온 관계로 미국 에너지 시장 진출에 소극적이었다.

최근 국제에너지 안보의 변모는 미국의 대러시아 에너지협력 증대와 동북아 지역은 물론 세계 에너지시장에 새로운 변화를 야기하고 있다. 미국은 장기적으로 중동지역 다음으로 러시아를 자국의 주요한 에너지(특히, 천연가스) 공급원으로 보고 있으며, 러시아는 미국의 대규모 자본과 기술 아울러 미국의 거대한 에너지 소비시장을 필요로 하고 있다. 이러한 양국간에 상황변화로 인해 미-러간의 에너지 분야에서 교역 및 투자는 크게 증대될 것으로 기대되고 있다. 그러나 이를 위해서 해결되어야 할 과제도 적지 않다. 무엇보다 해결되어야 하는 것은 러시아 투자환경의 불투명성, 외국기업들의 대러시아 투자에 대한 법적 보장 장치 미비, 관료들의 비효율적 업무처리 능력과 부정부패 등이다. 또한 미국 정부는 푸틴정권의 장기집권화를 위한 비민주적 조치, 에너지 산업의 정부통제 강화 등으로 푸틴대통령에 대한 불신감을 갖고 있다.

이러한 맥락 하에 본 장에서는 탈냉전기 미국의 에너지 안보정책에 기초해 대러시아 에너지협력 증진의 현황과 향후 전망을 미국의 에너지안보 정책에 기초해서 고찰해 보고자한다. 이하의 글은 시기적으로 탈냉전기 미국의 대러시아 에너지 협력 증진 및 정책변화를 9·11사태 이후에 중점을 두고 크게 변화된 에너지 안보 개념과 고유가 상황으로 경제적·외교적으로 강대국으로 재부상을 기도하고 있는 푸틴정부 하에서의 미국 대러시아 에너지정책도 아울러 분석할 것이다. 이를 위해 먼저 미국기업의 러시아 에너지 개발사업 진출 및 투자 현황을 사례분석으로 집중적으로 살펴 볼 것이다. 아울러 미국의 대러시아 에너지 협력 증진의 한계점과 전망에 주력해 볼 것이다.

 탈냉전기 미국의 에너지 안보 정책

2.1 미국의 에너지 안보 정책

고유가 시대의 도래로 미국 경제 역시 국제유가 변동에 자유롭지 못하다. 냉전시기 안보는 군사적 관점에서 국가안보에 집중되었다. 국가가 처한 위협에 대처하기 위해 군사력이 초점이 되었지만, 탈냉전기 안보는 정치·군사적 측면에서의 국가안보 뿐만 아니라, 공간에 기초된 경제와 자원 그리고 환경, 문화적 안보 등을 포함한 다양한 안보차원으로 확대되고 있다. 에너지 확보는 국가 생존의 필수조건이 되고 있다. 에너지 안보의 대두는 최근의 일이 아니다. 1973년과 1979년 두 차례의 석유파동(Oil Shock) 이후 많은 학자들은 에너지와 국가안보 연계에 대한 연구를 진행해왔다. 전통적인 에너지 안보는 석유의 안정적 공급확보와 물량위험에 집중했지만 오늘날에는 에너지 수급의 안정 확보 외에도 공급과 관련된 정치, 경제, 외교, 군사 및 사회적 요소들을 포함한 범위로 확대됐고, 내용도 포괄적이며 다층적으로 변화한다.

최근 석유뿐만 아니라 천연가스와 전력부문에까지 에너지 위기와 협력이 확대되고 있다. 국경을 넘어 공급되는 석유와 가스파이프라인, 송전망의 연계, LNG 현물 거래의 확대에 따른 국제에너지 교역 증가는 국가간 에너지 수급의 상호연관성과 밀접한 관련을 갖는 동시에 에너지 위기도 과거 냉전시대에 비해서 훨씬 다양한 요소에 의해 복합적인 양상으로 나타난다. 더욱이 이라크 전쟁과 이란 핵문제, 중국 위협론, 동시베리아 및 극동의 송유관 개발 경쟁, 카스피해 연안에서의 미-러 영향력 확대, 중남미의 자원민족주의 확대 심화 등 에너지 안보는 군사를 비롯해 정치, 경제, 환경, 궁극적으로 국제안보에 상당한 파급효과를 미치고 있다. 에너지 문제가 안보차원에서의 논의가 활발한 지역이자 중국과 일본의 에너지 확보 경쟁은 "자원외교"로 심화되고 있다. 세계 에너지의 25.5%를 차지하는 동북아 지역은 에너지 문제의 심각성이 두드러지는 지역이다. 에너지 매장량의 부족과 정치적으로 불안정한 중동의 에너지 의존도가 매우 높기 때문에 에너지 수급의 불안정이라는 이중적 위기에 직면에 있다.

미국의 국가안보에 있어서 경제 중심적 에너지 접근전략이 가시화된 것은 1993년 초 빌 클린턴 행정부의 출범 당시부터였다(Warren Christopher, 1993 : 46). 이러한 사고방식의 필요성은 카터 대통령 재임 시 이미 제기되었고, 사실상 미국의 경제중심적 전략을 구체화하는 데 시발점을 제공하였다. 1980년 1월 23일 카터 대통령은 "페르시아만에서 미국의 석유수송을 압박하려는 어떠한 시도에도 군사적 힘을 포함한 모든 수단으로 격퇴할 것이다"라고 선언하였다(The New York Times, 1980. 1. 24). 1993년을 기점으로 중국의 고도성장과 함께 에너지 자원 순수입국으로 전환되면서 에너지 자원의 수급 불균형이 점차 가시화되었다. 1999년 미 의회에서 당시 미중부군 사령관 지니(A. C. Zinni)장군은 "걸프지역에서 미국의 이해관계는 오랫동안 변함이 없었다. 세계 석유 매장량의 65% 이상이 걸프지역 국가들에 분포되어 있기 때문에 미국과 연합국들은 이 지역 에너지자원에 접근이 자유로워야 한다"고 강조하였다(김재두, 2003. 4. 24 : 6).

2000년을 전후한 시점에서는 고유가 기조가 지속되어 그 어느 때 보다도 에너지의 안정적 수급은 "국가 생존"과 직결되는 심각한 문제로 부각되었다. 국제안보환경은 "이념이 지배하는 지정학적 동맹의 시대"에서 국가이익 합치 여부가 동맹의 기준이 되는 시대로 변화되었다(김재철, 2002 : 335). 예를 들면, 미국-유럽간 동맹이 약화되는 반면, 과거 구소련 일원이었던 중앙아시아 · 카프카즈 지역 내 국가들 및 동유럽 국가들과 미국과의 관계는 긴밀해졌다. 중동지역에서도 오랫동안 미국의 교두보 역할을 해왔던 사우디아라비아는 미국과의 관계 악화를 계기로 러시아, 중국 등과 유전개발 및 무기구매 계약을 추진하였다(이동휘, 2004. 10 : 9-11). 2001년 9・11 테러사태 이후 가속화되고 있는 미국 대외정책의 변화는 각 지역의 안보환경 변화에도 심대한 영향을 끼치고 있다. 특히 미국은 압도적인 군사력과 정치력을 바탕으로 새로운 전략적인 중요성을 지니는 중앙아시아 지역으로의 진출을 적극화하고 있다(윤영미, 2005 : 348-374). 21세기 미국의 대전략(grand strategy) 전개와 9・11사태로 더욱 급속히 진전되고 있는 군사변환(military transformation)을 중심으로 군사・안보정책과 에너지 외교정책이 크게 변화하고 있음을 볼 수 있다. 국제 석유시장 불안정 및 고유가 상황이 지속되는 가운데 21세기 세계는 선진 강대국들을 중심으로 에너지 자원 확보를 위한 각축장으로 변모해 가고 있다. 중동, 아프리카, 중앙아시아 지역은 석유자원 확보를 위한 강대국들의 에너지 각축장이 되고 있으며, 중국의 중앙아시아 및 아프리카 지역에 대한 도전적인 진출 전략은 동지역에서 미・중간 에너지 시장 쟁탈전을 예고하고 있다.

클린턴 대통령은 1999년 「국가안보전략 보고서」에서 "미국의 번영은 미국과 무역하거나 석유・천연가스와 같은 자원을 공급하는 주요 지역들의 안정에 달려있다"(U.S. National Security Council, 1999 : 21)고 주장할 정도로 미국 행정부의 에너지안보 의식은 매우 크다고 할 수 있다. 미국은 전통적으로 에너지 문제에 대해 매우 적극적인 자세를 보여 왔지만, 여타 국가에 비해 에너지 안보를 심각하게 고려하지 않아도 될 정도로 국내외에서 에너지 수급이 원활하였다. 그러나 탈냉전 이후 세계화의 조류 속에서 경제발전을 최우선 과제로 선택하는 국가들이 고도 경제성장을 실현하는 과정에서 에너지 수급 불균형이 예측되자, 에너지 확보는 미국의 세계전략의 기조가 되었다.[2] 현재 미국 내 석유 생산량의 감소에 따른 공급원 확보 및 다각화가 중요 과제로 부각되었다. 9・11테러 이후 중동산 원유에 대한 의존도를 낮추는 것이 하나의 중요 문제로 지목되었으며, 새로운 공급처를 시급히 확보해야 하는 국가적 과제를 갖게 되었다.

〈표 7-1〉 에너지안보 개념의 확장

전통적인 에너지에 대한 개념	경제발전의 주요 변수	• 수입원 및 에너지원의 다양화 • 공급의 유연성 강화 • 안전한 수송노선 확보 • 국내 인프라 구축 • 비축시설 증대, 자원개발 참여
확장된 안보개념	경제중심적 전략환경의 부각에 따른 거시적 차원의 에너지 불안정 해소 및 국제경제 협력 필요성 강조	• 가격변화에 따른 경제 취약성 제고 • 에너지 효율 증대 • 시장 자유화 • 환경이슈의 충격 최소화 • 국제경제협력 및 국제긴장해소 기능

출처 : 이상곤(2003), "국내외 에너지 여건변화와 대응전략," 에너지경제연구원, 2003. 3. 21. pp.21-22.

<표 7-1>에서 보여주듯이 보편적으로 에너지 안보의 개념이 전통적인 정치적 개념에 경제적 개념인 에너지 요인이 접합되어 미국의 주요 국가정책의 변수로 인식되었다. 탈냉전 이후 경제중심의 세계화가 진행되는 과정에서 에너지 자원 확보는 국가 산업뿐만 아니라 국제질서의 주도권 장악에도 중요하게 되었다. 전통적인 정치·군사적 안보개념에 기초한 미국의 세계전략은 시간이 흐를수록 그 수명을 다할 것이라는 판단 하에 새로운 대안을 모색하는 과정에서 에너지 자원의 수급조절권이 미국의 국제적 지위를 유지시키는 주요 변수로 인식된 것이다. 또한 현대 국제경제에서 에너지 자원의 중요성이 강조되는 만큼 에너지 자원을 통한 국가간 갈등 해소 및 협력 증진 요소로 활용된다.

예를 들면, 핵개발 프로그램을 지향하는 소위 불량국가인 북한에 대한 당근책으로 에너지 제공을 매개로 비확산의 범주에서 분쟁 해결의 방법을 모색하는 등 에너지 자원이 국제질서 구축에 큰 역할을 하기도 한다. 이라크 전쟁의 핵심적 사안 중 하나가 에너지와 관련된 국제적 배분관계라는 점을 고려할 때 에너지 자원은 국제분쟁의 주요 요인 중 하나로 부각되고 있으며, 이는 국제에너지 수급의 주도권과 밀접하게 관련되어 있다. 또한 러시아 푸틴정부는 에너지 자원을 국제사회에서 자국의 영향력을 확대시

키기 위한 수단으로 활용하고 있다. 2006년 1월 1일 가즈프롬의 우크라이나에 대한 가스중단 사태는 CIS국가들에 대한 러시아의 영향력을 회복·강화시키기 위해 이들 국가들의 중요한 에너지원인 가스를 외교적으로 이용한 좋은 예라고 할 수 있다.

2.2 부시행정부의 에너지 안보정책

에너지 문제 해결을 위해 미국 정부는 대외정책과 대처방안을 지역별, 국가별, 시장 기능별로 세분화하여 수립하였다. 향후 에너지 소비증가 추세에 비해 자국 내 에너지 공급능력이 지속적으로 감소 또는 정체될 전망이기 때문에 에너지 수급 불균형과 해외의존도 심화로 경제에 큰 타격이 예상된다고 전제하고, 공급능력 제고를 위한 다양한 근본적인 정책변화 필요성이 강조되었다. 전 세계적인 에너지 수급 불균형과 에너지 가격 폭등이 예견되는 상황에서 2001년을 정점으로 미국 내 원유생산량 증가율이 감소하는 현상마저 나타나기 시작하였다. 국제적으로 원유의 잉여 생산능력이 급격히 감소하여 국제시장에서 수요-공급의 불일치가 발생할 가능성이 더욱 커져 급격한 가격변화가 예상되고, 이는 경기침체의 주요인으로 작용할 것이다. 이에 전 세계적인 에너지 자원 수급 주도권을 갖기 위한 대책 마련이 요구되었다.

미국의 에너지 정책 3대 원칙은 첫째, 현재의 에너지 위기는 누적된 문제점에 의한 것이므로 단기적 처방보다는 종합적이고 장기적 차원의 대책 강구, 둘째, 에너지 공급 확대 및 친환경 기술발전 유도, 셋째, 국민 생활수준의 향상을 도모할 수 있는 에너지, 환경, 경제정책을 포괄적으로 통합하는 정책 방향에 치중하는데 있다. 이에 입각한 에너지 정책의 목표는 에너지 인프라의 현대화, 에너지공급 증대, 에너지절약의 현대화, 환경보호와 개선촉진, 에너지 안보의 증강 등에 있다.

부시대통령은 에너지 위기를 구조적 원인으로 파악하고 중장기적인 포괄적 에너지 확보전략이 필요하다는 인식을 갖고 국가에너지정책개발그룹

(NEPDG : National Energy Policy Development Group)을 구성하였다. 이 그룹에서 발간한 에너지 정책 보고서(National Energy Policy : 이하 'NEP' 로 약칭)는[3] 2001년 5월 16일 부시대통령에게 보고되었는데, 에너지가격 상승 기조에 대한 종합적인 대안이 제시되었다. 2000년 이후의 에너지 가격 폭등을 1970년대 석유파동 이후 가장 심각한 상황으로 파악하고 에너지 수급의 불안정성을 에너지 위기라 규정하였다.

NEP에서는 에너지 안보를 미국의 통상 및 외교정책의 최우선 순위에 두고 있는데, 경제와 안보가 결합된 미국의 에너지 안보 증진을 위한 장기 계획이 포함되어 있다. 이를 위해 에너지 안보 증진을 위한 대외정책 조정으로 전략적 원유 공급지인 중동지역, 카스피해지역, 아프리카지역 등에 대한 지역별 전략, 향후 전 세계적인 에너지 수급의 불균형 심화를 전망하였다. NEP은 미국의 에너지 안보에 있어서 중동지역이 중요한 관심지역이지만 미국의 범세계적 개입정책으로 향후 새롭게 국제 에너지 균형에 영향을 미칠 수 있는 지역에 관심을 가져야 함을 강조했다. 특히 중앙아시아 지역은 미국의 21세기 전략인 전지구적 세력의 구축을 위한 안보 및 에너지 벨트의 확보에 있어서 핵심지역으로 인식되고 있다. 또한 세계 최대 가스 보유국이면서 생산국인 러시아는 높은 가스수요 증가세를 보이고 있는 미국의 주요한 가스 공급지의 역할을 할 것으로 전망된다.

NEP에 기초한 포괄적인 에너지정책법(Energy Policy Act of 2005)이 미국 의회를 거쳐 2005년 8월 8일 부시대통령의 서명으로 정식 채택되었다. 동 법은 에너지 효율성 향상 및 관련기술 개발, 국내 석유·가스 기업의 자원개발 지원과 국내 탐사 확대, 신재생에너지 이용 확대를 통한 에너지원의 다양화를 주 내용으로 하고 있으며, 향후 미국 에너지 정책의 근간이 될 것으로 전망되고 있다.[4] 미국 국내기업은 정부의 지원 하에 국내외에 석유·가스전 개발을 적극적으로 추진할 수 있게 되었다. 그러나 집권 1기에 부시 행정부의 에너지 정책은 국내외에서 심각한 도전에 직면하기도 하였다. 대외적으로 9·11테러, 이라크 전쟁, 베네수엘라 사태, 산유국들의 자원민족주의 경향 등으로 산유국들과 긴장관계가 조성·심화되었다.

2005년 12월에는 새로운 에너지 정책대안이 발표되었다(이준범, 2006 참조). 2002년 정계, 관계, 학계 등을 망라하여 구성된 '에너지정책 국가위원회'(National Commission on Energy Policy, NCEP)는 'Ending the Energy Stalemate : A Bipartisan Strategy to meet America's Energy Challenges' 보고서를 작성하였다. 동 보고서는 전략비축유 확대, 세계적인 석유생산 증대 등을 정책대안으로 제시했다. 집권 1기의 NEP보고서보다 정책적으로 좀 더 현실성 있는 것으로 평가받았다. 집권 1기에는 국내 석유·가스 자원 개발 촉진을 강조했다면, 집권 2기에는 신재생에너지 및 에너지 효율기술 개발에 강조를 두었다.

부시대통령은 2006년 초 연두교서에서 미국경제의 경쟁력 강화를 위해 에너지 공급 확보를 핵심적인 정책과제 중에 하나로 규정하였다. 부시대통령은 미국 국민들이 석유중독 상태에 처해 있으며, 미국과 세계는 석유를 매우 불안정한 지역으로부터 공급받고 있음을 지적했다. 이러한 상황으로부터 극복하기 위해 기술혁신과 신재생에너지 개발 촉진을 제시했다. 집권 1기 에너지 정책에서는 공급측면에서 공급능력 확대에만 초점이 맞추어져 있었다면, 집권 2기에는 국민들의 석유수요 감소도 중점과제로 채택되었다.[5)]

2.3 미국의 대석유·가스 정책

BP(2005) 자료에 의하면, 미국의 석유매장량은 2005년 초 기준 294억 배럴로 1993년 이래 계속 감소하는 추세에 있다. 최근 들어 멕시코만을 중심으로 한 심해유전 개발로 인해 매장량 감소추세가 둔화되고 있으나 전반적인 하락세는 계속되었다. 노후화된 성숙 유전으로 구성된 육상의 전통적 산유지역의 생산량은 감소하는 추세이며, 개발이 비교적 최근에 이루어진 멕시코만 심해 등 해상 생산량은 증가 추세였다. 또한 부시행정부는 알래스카를 포함한 북극해 인접 지역을 석유·가스 매장량 확보를 위한 마지막 보루로 인식하고 있으며, 현재 동 지역을 개발하기 위한 법·제도적 장치를 마련 중에 있었다.

미국의 에너지 소비는 1970년대 오일 쇼크 이후 계속 증가하는 추세를 보였다. 2005년 일일 석유소비량은 83백만 배럴(전 세계 비중 25%)로 세계 1위를 기록했다. 아래 그림에서처럼 미국 국내의 석유 수급 불균형 현상은 점차적으로 심화되고 있는 것을 볼 수 있다. 2004년 미국의 석유수입량은 전년대비 5.3% 증가한 1,289.8만 b/d로 세계 1위였다. 미국 내 석유 생산량 감소에 따라 해외 석유수입이 점차 증가하는 추세를 보였다. 현재 미국의 수입석유 의존도는 약 60% 수준이며, 앞으로 계속 증가할 것으로 전망되었다. 수입 석유의 2/3정도가 OPEC국가들로부터 도입되고 있으며, 최근 들어 서아프리카 지역으로부터 석유 수입이 증가하는 추세였다.

최근 미국내 천연가스 가격 상승세로 국내외에서 가스전 탐사·개발 활동

〈그림 7-1〉 미국의 석유 소비 및 생산 변화 추이

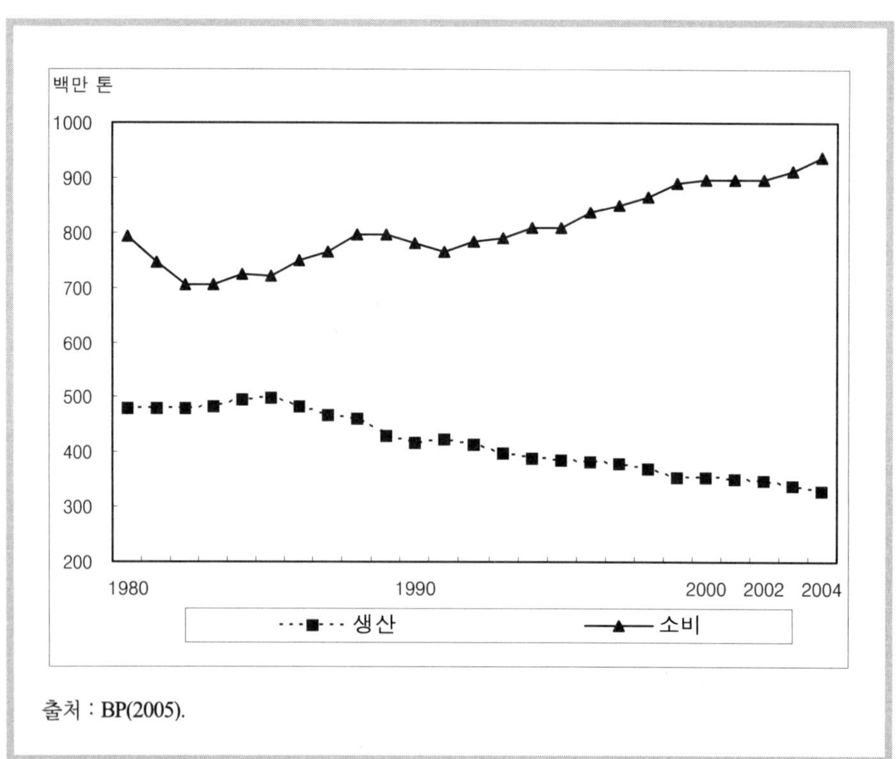

출처 : BP(2005).

〈그림 7-2〉 미국의 가스 소비 및 생산 변화 추이

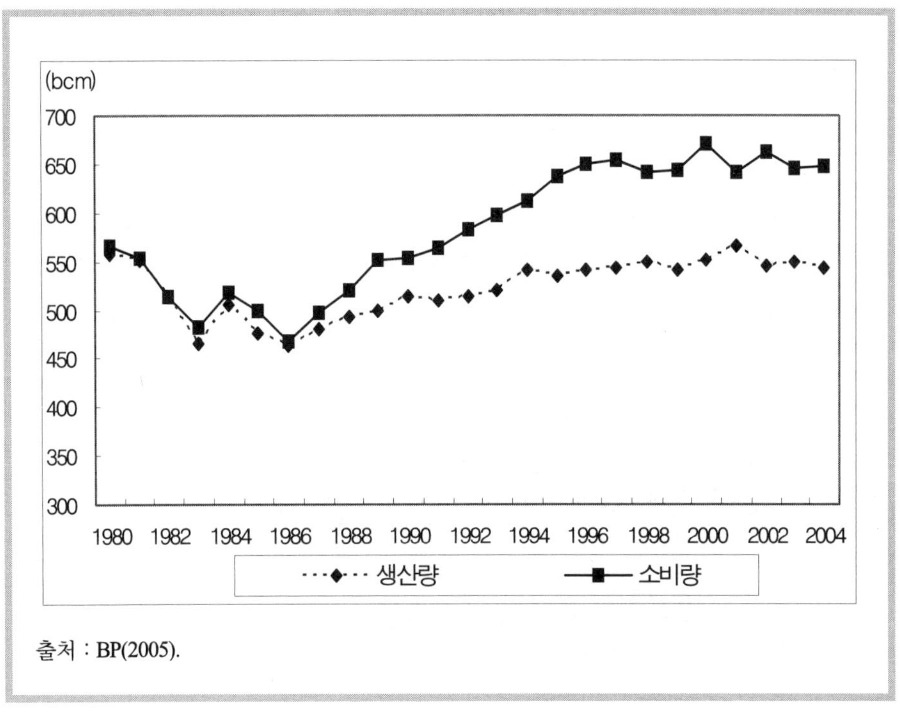

출처 : BP(2005).

이 활기를 띠고 있으며, 이러한 현상은 향후 20년 정도 지속될 것으로 예상된다. BP(2005)자료에서 2005년 1월 기준 미국의 천연가스 매장량은 5.3조 ㎥로 과거 10년 전에 비해 약간 증가하였을 뿐 최근 들어 정체상태였다. 가스 생산량과 소비량은 1980년대 중반 이후 증가하는 추세이며, 증가속도는 빠르지 않지만 소비증가율이 생산증가율을 상회했다. 현재 미국내 부족한 천연가스 수요는 캐나다로부터의 PNG와 중남미, 아프리카, 중동 지역으로부터의 LNG 수입을 통해서 충족되었다. 국내 높은 가스수요 증대 예상에 대비해서 다수의 LNG 인수기지 건설을 계획했다. 그러나 신규 LNG 터미널 부지 선정에 대한 반발이 계속될 것으로 예상되어 LNG 도입 계획의 차질 가능성도 제기되었다.

한편, 2006년 연두교서에서 부시대통령은 에너지 공급 확대를 위해 미국내 가스공급사업 허가과정의 신속한 처리, 허가신청 처리과정의 신속화를 위한 추가적인 자금 지원, 유망 해상가스전의 임차 등을 통해 미국내 가스 공급을 증대시킬 것이라고 발표하였다. 이는 미국내 환경론자들의 반대에도 불구하고 미국 행정부 차원에서 알래스카 가스전 개발을 적극적으로 지원하겠다는 의미이다. 미국 EIA에 의하면, 현재 계획·추진 중에 있는 전 세계 모든 프로젝트는 2015~2017년까지 미국, 유럽, 아·태 지역의 가스 수요를 충족시킬 수 있다. 이러한 사업들은 대부분 정치적·경제적으로 미국에 의존하고 있는 국가들내에서 미국 또는 세계적인 메이저 기업들에 의해서 추진되고 있다. 그러나 이러한 가스 매장량은 장기적으로 미국의 증가하는 가스 수요를 만족시키기에 충분치 않을 것이다.

 미국의 대러시아 에너지 정책 : 협력과 현황

3.1. 미국의 대러시아 에너지 정책

부시 행정부 각료들은 러시아가 미국의 국내외적 이익과 서로 합치 또는 대립되는 국익을 가진 강대국(great power)이라고 평가하였다. 러시아는 막대한 부존자원을 보유하고 있음은 물론 막대한 핵무기 보유의 유라시아 강대국이라고 강조하였다. 미국은 러시아와 핵무기 감축 및 미사일 방위체제 구축, 대량살상무기 비확산, NATO 확대, 지역 안정 및 국제테러 등 국제문제를 해결하기 위하여 협의를 진행할 것이나 이에 대해 러시아가 협조를 하지 않을 경우 독자적인 정책을 추진해 나갈 것임을 분명히 했다. 부시 행정부는 옐친 정부 하에서 추진되어 온 경제개혁을 부정적으로 평가하면서 푸틴 정부 하에서 시현되고 있는 경제성장도 그 기반이 튼튼하지 못하다는 평가를 하였다.

미국의 대러시아 주요 에너지 전략은 다음과 같다. 첫째, 러시아 경제가 계획경제에서 시장경제체제로 안정적으로 이행할 수 있도록 지원한다. 둘째, 미국의 에너지 안보 증대를 위해 풍부한 러시아 에너지 자원을 안정적으로 확보한다. 셋째, 러시아에 진출한 미국기업들이 러시아내에서 공평한 참가기회를 제공받을 수 있도록 지원한다. 넷째, 러시아 에너지 시장이 좀 더 경쟁적일 수 있도록 유도한다. 다섯째, 러시아 정부가 미국 국익에 부합되는 에너지 정책을 결정하도록 한다. 여섯째, OPEC를 견제하고, 국제 유가를 안정시키고, 미국의 대 중동 석유의존도를 감소시키는 데 러시아 원유를 이용한다.

〈표 7-2〉 미·러 에너지 정책에서 협력 및 경쟁

	대 러시아 외교정책	대 러시아 에너지 정책	
미국	• 정치체제 민주화·분권화 지원 • 시장경제체제 정착 지원 : 민영화, 자유화 • 세계경제체제 편입 지원 • 반테러·비확산 정책의 지지 필요	• 중동의존도 감소 및 안정적 공급지 확보 : 석유, 천연가스 확보 • 미국기업 경제적 이익 보호 • 신규 해상 매장지 확보 • 국제석유시장 안정 공동노력 • 러시아를 이용해 OPEC 견제	러시아의 유코스사태·자원민족주의 정책 추진으로 개발부문 협력 축소
	대 미국 외교정책	대 미국 에너지 정책	
러시아	• 실리외교 • 반테러·비확산 정책에 협력 • 전략적 동반자 관계 재확립 • 이라크 사태 이후 '강한 러시아' 대외전략 추진	• 안정적 수출시장 개척·확보 : LNG, 석유 수출 • 중동·카스피해 원유와의 경쟁에서 우위 확보 • 자원민족주의 정책 하에 미국자본에 대한 선별적 투자 유치	미국의 이라크침공, 일방주의적 세계전략에 대응

미국은 2002년에 양국 정상회담을 개최하면서 러시아와의 관계 회복에 주력하였다. 2002년 양국 정상회담에서 '미-러 에너지 협력선언'이 발표되었다. 에너지시장과 에너지 공급의 안정성 강화, 양국 기업들 간에 협력 증진, 러시아 석유의 대미 수출 추진, 러시아 에너지 부문에 현대화와 유전개발을 위한 투자 촉진, 새로운 에너지 자원 및 에너지 효율 기술개발 협력, 원자력 발전기술 협력, 그리고 상업적 에너지 고위급 대화(Commercial Energy Dialogue) 조직 등이 합의되었다.

제1차 상업적 에너지 고위급 대화는 2002년 미국 휴스톤에서 개최되었다. 동 회의에서는 투자 장애요인 발굴 및 제거, 에너지부문에 working group 설치, Lukoil, Yukos, Sibneft에 대해 각각 1억 달러의 미국 수출입은행 융자 등이 논의되었다.

2003년 러시아 상트 페테르부르그에서 2차 상업적 에너지 고위급 대화가 개최되었는데, 쉬토크만 가스전 개발 및 여기서 생산된 LNG를 미국으로 수출, 카스피해 주변지역에 CPC송유관의 수송능력 확충, 티만-페초라 지역 내 송유관 건설에 민간기업의 참여 허용 문제 등이 논의되었다.

집권 2기를 맞은 부시대통령은 2005년 2월 24일 슬로바키아 브라티슬라바(Bratislava)에서 미-러 정상회담을 가졌다. 핵안전 및 반테러리즘, 러시아의 WTO가입, 양국간 에너지 개발사업 등에서의 협력은 현재 양국관계를 호전시키는 가장 중요한 요인 중에 하나로 인식되었다.

한편, 이라크 사태 이후 양국 관계는 급격히 냉각되기 시작하였다. 이후 양국간 에너지 협력 사업 추진도 상당히 지체되었다. 집권 2기를 맞아 장기집권을 도모하려는 푸틴 정권은 에너지 산업에 대한 국가통제를 강화하는 자원민족주의적 정책을 추진하였다. 이에 따라 외국기업에 대한 세제우대조치가 철폐되고, 외국기업에게 불리하게 지하자원법이 개정되었다. 미국 부시정부는 푸틴대통령의 이러한 행보에 강한 우려감을 공개적으로 표출하였지만, 푸틴 대통령은 자국 경제개발 방식의 특수성을 강조하면서 미국의 간섭을 못마땅하게 간주했다. 즉, 양국 대통령의 집권 1기 동안 외교·경제적으로 우호적인 분위기는 집권 2기 이후 양국의 지나친 자국 이기주의, 국제사회에서 미국의 일방주의에 대한 러시아의 공개적인 반발, 장기집권을 위한 푸틴 정권의 비민주의적 조치 등의 악재로 인해 양국 관계는 다시 악화되었다.

미국 정부와 기업들은 해외 진출시 합작파트너로 현지 국영기업보다는 민간기업을 더 선호한다. 이는 외교적 부문에서 양국간 관계 악화시 정부의 영향력 하에 있는 국영기업보다 경제적 요인에 의해서 움직이는 민간기업과 합작하는 것이 사업 위험을 최소화 시킬 수 있기 때문이다. 이에 입각해서 볼 때 장기적으로 러시아 에너지 기업들이 점차 국영기업화 되는 것은 미국기업들의 대 러시아 투자진출에 상당히 부정적으로 작용하게 될 것이다.

또한 정부의 지나친 시장개입은 경제주체들의 경쟁력과 효율성을 크게 저하시켜 외부환경의 급격한 변화시 개별 투자사업이 커다란 위험에 처하게 될 수도 있다. 에너지 사업은 상당히 장기간 동안 대규모 자금이 투입되기 때문에 상당히 보수적인 투자형태를 취할 수밖에 없다. 따라서 안정적인 투자사업 추진을 위해선 러시아 정부의 민주화와 자유화 추진이 무엇보다 중요하며, 미국 정부는 이를 현 푸틴정부에 계속 요구했다.

3.2. 미국의 대러시아 교역 및 투자 현황

2004년에 러시아 총수출은 1,815억 달러, 총수입 756억 달러, 이에 따라 경상수지는 1,059억 달러의 흑자로 나타났다. 고유가 상황이후 매년 막대한 경상수지 흑자를 기록했다.

러시아 전체 교역 가운데 대미국 수출은 65.86억 달러, 대미국 수입은 31.97억 달러였다. 러시아 전체 교역규모에서 대미국 비중은 2004년에 3.8%에 불과하였으며, 매년 감소하는 추세였다.

〈표 7-3〉 러시아의 대미국 교역 비중 변화 추이

구 분	1995	2000	2001	2002	2003	2004
미국과의 교역규모 (백만 달러)	6,963	7,338	7,451	6,969	7,165	9,783
러시아 전체 대외교역에서 차지하는 비중 (%)	5.6	5.4	5.3	4.6	3.8	3.8

출처 : Rosstat(2006).

러시아 전체 수출에서 원유·가스 수출 비중은 2000년 47.0%에서 2003

년 52.0%로 고유가 상황에서 지속적으로 증가하였다. 주요 수출품이 에너지 자원인 관계로 이들 제품의 주요 수출처인 유럽 국가들과 CIS국가들의 교역비중이 상당히 큰 편이다. 그러나 아직까지 미국과의 석유·가스 교역 비중이 크지 않아 미국과의 교역 비중은 러시아 전체적으로 적은 편이다. 장기적으로 미국과의 에너지 교역이 활발해지게 되면 미국과의 교역비중은 크게 증대될 것으로 전망된다.

러시아 석유의 직접적인 대미국 수출은 2002년 미·러 정상회담을 통해서 이루어졌다. 러시아 유코스가 정상회담 합의사항 이행 차원에서 유조선을 통해 미국 동부지역으로 약 200만 배럴/월의 원유를 수출했다. 2003년부터는 러시아 사할린-Ⅱ에서 2003년부터 원유가 생산되기 시작하면서 유조선을 통해 미국 서부지역으로 수출되기 시작했다. 2004년 현재 러시아를 포함한 구소련 국가들로부터 미국으로 수입된 석유는 28.2만 b/d로 미국의 전체 석유수입량 중에서 2.2%에 불과한 실정이었다.

향후 미국 기업과 러시아 기업이 합작으로 개발되고 있는 티만-페초라 지역내 유전에서 생산되는 원유가 북극해 연안 수출터미널에서 유조선을 통해 미국 동부지역으로 공급될 것이며,[6)] 또한 동시베리아·태평양 송유관 2단계 공사가 완료된 이후 동시베리아 및 극동지역에서 생산된 원유가 극동지역 태평양 연안 수출터미널에서 유조선을 통해 미국 서부지역으로 수출될 것이다.

〈표 7-4〉 미국의 러시아 원유 및 석유제품 수입

(단위 : 1,000배럴)

	1995	1996	1997	1998	1999	2000	2001	2002	2003	2004
원유·석유제품	9,071	9,251	4,725	8,683	32,611	26,382	32,783	76,690	92,711	109,151
원 유	5,014	6,517	955	3,143	7,725	2,547	0	31,047	54,938	58,010

주 : 미국에서 발표한 수치가 러시아 통계청에서 발표한 수치보다 다소 큼.
출처 : U.S. Energy Information Administration(2006. 2).

2004년 말 현재까지 미국에 대한 러시아산 가스의 직접적인 수출은 전무한 실정이었다. 그러나 2005년 가을 가즈프롬은 미국에 LNG를 스왑거래 형태로 수출하는 프로젝트를 처음으로 추진하였다. 가즈프롬은 영국 BG사로부터 LNG카고를 구입하여 2005년 9월 6만 톤의 LNG를 미국 메릴랜드주 Shell사의 Cove Point LNG 인수기지에 인도를 완료하였다. 가즈프롬은 2006년에 적어도 5척의 LNG선을 미국으로 보낼 계획을 갖고 있었다.

사할린-Ⅱ의 사할린에너지社는 북미지역에서 활동하는 Shell Eastern Trading Ltd과 2004년 9월 14일 향후 20년간 북미 천연가스 시장에 3,700만 톤의 LNG를 공급하는 내용의 계약을 체결했다. 이에 따라 사할린-Ⅱ에서 생산된 LNG는 미국 캘리포니아 지역과 멕시코에 매년 약 160만 톤이 공급될 것이다. 러시아의 대미국 가스시장 진출계획은 바렌츠해내 쉬토크만 가스전[7] 개발 및 LNG사업 성공에 달려 있다. 가즈프롬은 LNG사업 경험이 미천하여 현재 서방기업의 자본과 기술을 이용하여 공동으로 개발하려고 했다. 만약 가즈프롬의 북미 가스시장 진출이 실패하게 된다면 러시아의 전략적 신규 매장지인 쉬토크만 가스전과 야말반도 가스전 개발사업은 차질을 빚게 될 것이다. 하지만 러시아 가스전 개발 사업추진은 미국의 높은 가스 수요와 고유가 지속으로 인해서 낙관적이었다.

한편, 2004년 러시아내로 유입된 외국인투자 규모는 405.1억 달러였고, 이중 직접투자 규모는 94.2억 달러였다. 대부분의 직접투자는 원유채굴 부문에서 이루어졌다. 원유채굴 부문의 외국인 투자규모는 2004년 80.46억 달러였으며, 총 외국인투자에서 원유채굴 비중은 2000년 5.1%에서 2004년에 19.9%로 증가하였다. 가스부문의 외국인투자는 2004년에 1,600만 달러로 미미한 실정이었다.

미국은 2004년 러시아에 18.5억 달러를 투자하여 러시아 전체 외국인투자국들 가운데 제6위를 차지하였다. 1990년대 중반에는 대러시아 외국인투자국으로 1,2위를 차지한 적도 있었지만, 당시 미국의 대러시아 투자는 체제전환과정을 겪고 있는 러시아에 대한 지원적 특성을 지니고 있었다. 러시아에 대한 전체 외국인투자 가운데 미국의 대러시아 투자비중은 1995

년에 27.9%에서 계속 감소하여 2000년에 14.6%, 2004년에 4.6%였다.

〈표 7-5〉 대러시아 외국인투자에서 미국 투자 비중

구 분	1995	2000	2001	2002	2003	2004
미국의 대 러시아 투자 (백만 달러)	832	1,594	1,604	1,133	1,125	1,850
대 러시아 전체 외국인투자에서 미국의 투자 비중 (%)	27.9	14.6	11.2	5.7	3.8	4.6

출처 : Rosstat(2006).

미국의 대러시아 직접투자는 고유가 상황에서 미국 에너지 기업들의 석유산업 진출이후에 활성화되기 시작했다. 미국 에너지 기업들의 대러시아 투자는 대부분 사할린 지역에서 진행되고 있는 석유·가스전 개발 프로젝트와 서시베리아 지역내 기존매장지 회수증진사업 등에서 이루어졌다. 한편, 2004년에 미국의 해외 직접투자 규모는 2조 640억 달러였다. 이중 대러시아 투자는 22.3억 달러로 전체 해외투자 가운데 0.11%에 불과했다. 2004년 미국의 광물부문에 대한 해외 직접투자 규모는 1,015억 달러로 이중 러시아 광물부문에 대한 투자는 16.7억 달러였다. 이는 미국의 전체 광물투자 가운데 1.65%에 불과했다. 미국의 대러시아 전체투자 중에서 러시아 광물부문에 투자된 비중은 2004년에 75.9%였다.

〈표 7-6〉 미국의 해외직접투자에서 러시아 비중

(단위 : %)

구 분	2002	2003	2004
전체 해외투자에서 대러시아 투자 비중	0.07	0.1	0.11
전체 광물부문 해외투자에서 러시아 광물부문 투자 비중	0.73	1.24	1.65

출처 : US Department of Commerce, 2005. 8.

3.3 미 · 러 에너지 협력 현황

미국기업들은 러시아내에서 자신들이 비교우위(대규모 자금조달 능력, 고도 기술력, 사업관리 능력 등)를 확실히 나타낼 수 있는 사업에 진출하고 있는데 특히 해상매장지 개발에 중점을 두고 있다. 해상매장지 또는 항구와 근거리에 있는 매장지들은 석유와 가스를 선박을 통해서 해외로 수출할 수 있기 때문에 상대적으로 수송인프라를 독점하고 있는 러시아 국영기업인 트랜스네프트나 가즈프롬 등의 영향력을 덜 받을 수 있다. 또한 미국기업들은 에너지 자원 개발의 안정성을 보장받기 위해 PSA조건에 의한 개발을 선호한다. 이러한 조건들을 일부 충족시키는 지역과 사업은 북극해에 접해 있는 티만-페초라지역 내 석유 · 가스전 개발사업, 쉬토크만 가스전 개발사업, 사할린 해상 석유 · 가스전 개발사업 등이다.

〈표 7-7〉 미국기업들의 러시아내 주요 진출지역

	석유	가스	수출시장	수송방법
북극해 주변지역	티만-페초라	야말반도 바렌츠해	미국 동부지역 유럽지역	유조선 LNG
오호츠크해 주변지역	사할린 지역	사할린지역 캄차트카지역	미국 서부지역 유럽지역	유조선 LNG
카스피해 주변지역	카스피해	카스피해	미국 동부지역 유럽지역	파이프라인 ⇒ 유조선

ExxonMobil은 사할린-Ⅰ사업의 운영권자로 있으며 전체 사업지분의 30%를 소유하고 있다. ExxonMobil은 탐사작업, 환경조사, 건설, 인프라 현대화, 세금 지불, 기타 등 다양한 종류의 프로젝트에 45억 달러 이상을 투자했다. 개발 초기단계에서 생산된 가스는 러시아 극동지역의 국내시장으로 공급되고, 나머지는 동북아 지역내 구입자들과의 계약협상을 통해 PNG 형태로 수출될 것이다. ExxonMobil과 Chevron은 사할린-Ⅲ 광구입찰에 참여할 방침으로 있다. 1990년대에 양사는 광구 탐사권을 획득했고, PSA에

의한 개발권을 획득하는 과정에서 러시아정부로부터 계약사항 이행 지연을 이유로 개발권을 받지 못하게 되었다. 이후 러시아 정부는 사할린-III 광구를 전략적 광구로 규정하고 경매를 통해 개발권자를 선택할 것이라고 발표하였다.

미국기업들은 향후 미국 국내 가스시장의 빠른 성장세를 예상하여 러시아 바렌츠해에 있는 대규모 쉬토크만 가스전 개발에 참여하려 했다. 2005년 9월 16일 가즈프롬은 쉬토크만 가스전 개발 프로젝트에 참여하게 될 후보기업명단으로 미국의 ChevronTexaco, ConocoPhillips, 노르웨이의 Hydro와 Statoil, 프랑스의 Total 등을 결정했다. 대륙붕에 위치한 매장지들과는 달리 쉬토크만 가스전은 개발을 위해 복잡한 기술과 대규모 투자자금이 필요한 관계로 외국기업들의 참여 없이 가즈프롬 단독으로 개발될 수 없다. 여기서 생산되는 가스는 무르만스크주 또는 레닌그라드주에 건설 예정인 LNG공장에서 가공되어 유럽 및 북미시장으로 수출될 예정이다.

티만-페초라 지역은 러시아 북서지역에 위치해 있으며 러시아 정부에 의해서 향후 러시아의 전략적 신규 매장지역 중에 하나로 지정되고 있는 지역이다. ConocoPhillips가 동 지역에서 가장 활발하게 활동을 전개하고 있는데, 동사는 티만-페초라 지역 내에 많은 매장지들의 개발권을 갖고 있는 러시아 석유기업인 Lukoil과 Rosneft 등과 전략적 제휴를 맺어 동 지역에서 석유・가스전 개발 사업을 추진하고 있다.

한편, Marathon, Anadarko, Halliburton, Amerada Hess, Baker Hughes, Occidental Petroleum, Harvest Resources 등 미국의 독립계석유기업들과 석유탐사・개발서비스 회사들은 첨단 탐사・기술을 가지고 러시아내 기존 유전지역에서 원유 회수율 증진 사업, 첨단 장비 임대 또는 판매, LNG생산기지 건설 사업 등을 러시아 기업과 합작으로 추진하고 있다.[8)]

현재 7개의 미・러 합작기업이 러시아내 유전에서 석유를 생산하고 있다. 2005년에 이들 미・러 합작기업들의 러시아내 석유생산량은 363.6만 톤으로, 이는 러시아 전체 원유생산량의 0.8%에 불과했다. 향후 ConocoPhillips가 Lukoil 지분을 20%까지 증대시키고, 미국기업들이 진출해 있는 사할린-

I과 티만-페초라 지역 내 개발 사업에서 석유생산이 증대되면 러시아 전체 석유생산에서 미국기업들에 의한 생산이 차지하는 비중은 5~6%로 증대될 수 있을 것으로 예상된다. 아울러 러시아 대륙붕에서 미국기업들의 가스 생산은 아직까진 이루어지지 않고 있다. 만약 사할린 지역과 북극해 지역에서 미국기업들의 매장지 개발 참여가 추가적으로 이루어지게 된다면 천연가스의 경우 러시아 전체 가스 생산에서 미국기업들이 차지하는 비중은 5% 수준까지 증대될 수 있을 것이다(Газеев М.Х., Ежов С.С, 2006과 Лихачев В.Л 2006 참조).

 미국의 대러시아 전략과 전망

4.1. 미국기업들의 대러시아 진출 전략

고유가 상황 지속으로 막대한 수익을 얻고 있음에도 불구하고 해외 투자 환경은 메이저들에게 불리하게 변화했다. 특히 러시아를 비롯한 산유국들의 자원민족주의적 정책 강화, 중국과 인도 등의 신흥 국영석유기업들의 도발적인 해외시장 진출, 원자재 및 임금 상승에 따른 매장지 개발비용 상승, 그리고 국제적인 환경규제 강화 등이 에너지 자원개발 투자시 악재로 작용했다. 이러한 상황을 선진국내 메이저들은 대규모 자금 동원력과 첨단 기술력 그리고 대형 프로젝트 운영·관리 능력 등을 통해서 극복해 나가고 있다.

미국을 비롯한 선진국내 메이저들은 기술·자금동원·경험상의 우위를 점할 수 있는 심해 및 오지 개발에 중점하고 있다. 특히 청정연료로서 선진국 내에서 높은 수요 증가세를 보이고 있는 가스전 개발에 대해 전략적으로 진출하고 있다. 서아프리카 지역에는 ExxonMobil, Total, Chevron, 멕시코만에는 ExxonMobil, BP, Chevron, 카타르 LNG사업에는 ExxonMobil, 사할린 LNG에는 Shell, 호주 LNG에는 Chevron 등이 프로젝트 운영회사로 진출해 있다.

반면, 독립계석유기업들은 메이저들처럼 대규모 사업에 진출할 수 없기 때문에 기술력을 바탕으로 탐사사업과 회수율 증진사업, 시설 건설 또는 임대사업 등에 집중하고 있다. 최근 고유가 상황에서 커다란 자금을 확보하게 된 이들 기업들은 이를 바탕으로 산유국 민간기업과 공동개발 또는 현지 기업 인수에 활발하게 진출하고 있다.

살펴보았듯이 미국기업들은 자신들이 러시아 기업들에 비해서 비교우위를 갖고 있는 해상 가스전 개발사업과 LNG 생산 사업에 적극적으로 진출하려 하고 있다. 이들 사업에 대해선 러시아 정부가 외국기업들의 자금과 기술을 크게 필요로 하고 있기 때문에 외국기업들에 대한 규제를 심하게 하지 않고 있다.

또한 서시베리아 지역내 유전들은 40년 넘게 생산되어 왔기 때문에 생산시설이 상당히 노후화되어 있다. 그런데 90년대 러시아 경제의 불황으로 이들 시설에 대한 대체투자가 전혀 이루어 지지 않아 기존 매장지의 생산성이 상당히 떨어져 있는 상황이다. 그리고 서방 기업들에 비해 유전에서 원유를 회수하는 비율이 높지 않다.

이에 러시아 기업들은 기존 유전의 회수율을 높이고, 생산기간을 연장하기 위해 미국기업들의 투자 및 기술 지원을 원하고 있다. 이러한 사업들은 대부분 독립계석유기업들에 의해서 이루어지고 있다. 그러나 러시아의 에너지 개발 투자환경은 푸틴집권 2기 이후 외국기업들에게 불리한 상황으로 변해가고 있다. 외국기업들의 진입을 제한하는 조치들이 발표되고 있으며, 기존에 외국기업들에 의해서 운영되고 있는 사업에 대해 행정적 규제 조치들이 부과되고 있다.[9)]

이러한 상황에서 미국기업들은 위험회피 및 석유자원에 대한 접근가능성 확보차원에서 러시아 기업과의 전략적 제휴관계를 강화하는 쪽에 중점을 두고 있다. 물론 이들 기업은 민간기업이면서, 상대적으로 투명한 경영을 하는 기업들 가운데 선택되고 있다.

미국의 ConocoPhillips는 Lukoil과 전략적 제휴를 맺어서 상호 지분교환,

미국과 러시아내에서 상·하류부문에 대한 투자, 제3국에서 공동 투자 등을 추진하고 있다. 현재 Lukoil은 ConocoPhillips의 미국내 판매망을 이용해 미국내에 수십개의 주유소를 운영하고 있다. 또한 ConocoPhillips는 Lukoil과 함께 서시베리아지역내 유·가스전들을 공동으로 개발하고 있다. 양사는 이러한 전략적 제휴를 더욱 확대할 방침이다.

〈표 7-8〉 최근 미국기업들의 대 러시아 투자진출 전략

전 략	주요 내용
고유가 상황	• 고유가 상황으로 산유국 위상 강화 • 매장량 대체비율 감소 및 생산 정체 • 산유국의 자원통제 움직임 강화 • 해외자산 확보를 둘러싼 경쟁심화 • 발견·개발비용 증가 • 산유국들의 다양한 참여조건 요구 • 환경규제 및 지정학적 갈등
투자전략	• 기술적 우위를 바탕으로 심해 및 오지 개발, 비전통적 석유자원 개발, 회수증진사업 추진 • 천연가스개발 • 특정지역 및 대형프로젝트 집중투자 • 전략적 제휴관계 강화 • 기업가치 증대 추진 • 대체 및 재생에너지 개발
대러시아 진출전략	• 심해 가스 매장지 개발 : 북극해, 오호츠크해, 사할린 • 서시베리아 지역내 기존 유전 진출 • 탐사에서 판매까지 종합투자 프로젝트 추진 • Lukoil, Rosneft, Gazprom 등과 전략적 제휴 • 미국 및 다른 아·태 시장으로 석유·LNG 수출

4.2. 미·러 관계의 향후 전망

미국 메이저들은 다른 선진국내 메이저들에 비해 상당히 보수적인 투자전략을 구사하는 것으로 알려지고 있다. 미국 기업들은 에너지 사업을 추진하는데 있어서 무엇보다도 안정적인 투자환경을 중요시 한다. 러시아의 에너지 투자환경은 미국기업들의 입장에서 카스피해 지역 및 북서아프리카 지역과 비교해서 상당히 열악한 것으로 인식되고 있다. 이러한 생각은 유코스 사태의 발발로 더욱 견고해지기도 하였다.

2006년 7월 러시아를 의장국으로 해서 상트 페테르부르그에서 개최되었던 G8 정상회담은 러시아에게 있어서 자국을 과거 구소련 시대 이후 다시 강대국 대열에 올려놓는 데 커다란 역할을 한 것으로 평가 받았다. 고유가 상황이 지속되면서 세계 최대 석유·가스 부국인 러시아는 이들 자원의 해외수출을 통해서 막대한 외화자금을 획득할 수 있게 되었고 이를 기반으로 90년대 침체의 늪에서 벗어나 6~7%대의 높은 경제성장세를 유지하고, 막대한 규모의 대외채무도 청산할 수 있게 되었다. 또한 대외적으로 러시아는 석유·가스를 무기로 유럽, 동아시아 등 주변 지역에 자신들의 외교적 영향력을 발휘하려 했다.

현재 러시아 푸틴정권의 정치·경제적 안정 실현은 석유·가스에 의존한바 매우 크다. 전체 GDP에서 석유·가스 수출비중이 계속 증대되고 있다. 막대한 외화자금이 들어오면서 정부와 기업의 재무구조가 크게 개선되었지만, 반면 높은 인플레 압력, 루블화 가치 상승, 국민들의 소비 및 수입상품 수요 증대 등의 부작용도 초래했다. 또한 푸틴 정권은 장기집권을 위해 에너지 산업에 대한 정부통제를 강화했다. 에너지 산업을 자신들의 세력 하에 확실하게 둠으로써 장기집권의 경제적 기반을 확보하려 했다. 이러한 결과는 독점 국영기업들에 대한 구조조정 규모 축소 내지는 철회, 이로 인한 국영기업들의 비효율적 경영 지속, 그리고 외국기업들에 대한 진입제한 및 이에 따른 외국인투자 유입 정체 또는 감소로 나타났다. 2008년 대선을 앞둔 상황에서 푸틴 정권은 더욱더 석유·가스 산업에 대한 통제를 강화하기도 했다.

이에 따라 현재 미·러간 갈등구조는 부시 정권의 패권정치와 푸틴 정권의 대외적으로 '강한 러시아'와 대내적으로 '강한 정부'라는 정책기조가 계속 유지되는 한 크게 변화하지 않을 것으로 여겨진다. 그리고 고유가 상황에서 막대한 규모의 외화자금이 유입되어 경제 성장세를 지탱하고, 충분한 자금 동원력을 갖게 되는 한 외국기업과의 협력 필요성도 낮아지게 될 것이다. 이로 인해 미국 기업들은 러시아내 가스 개발사업에 참여할 수 없고 단지 러시아산 가스를 미국 내로 수입하는 것으로 만족해야 할 수도 있다.[10] 또한 러시아산 가스는 미국 전체 가스 수요의 아주 적은 부문만을 담당하게 되고, 가즈프롬의 미국 시장 진출도 불가능하게 될 수도 있다. 그러나 미국과 러시아 기업 모두 이러한 상황까지 가는 것을 원치 않을 것이다.

한편, 국가간 관계가 장기적으로 경제적 이해관계에 의해서 움직인다는 점을 감안해야 할 것이다. 민간 기업들은 정치적 상황 변화에 상관없이 경제적 요소에 의해서 움직일 것이기 때문이다. 잠시 투자관망 자세를 보이고 있다가 상황이 약간 호전되어 협력의 여지가 조금이라고 생기게 된다면 협력을 통해서 상호간에 이득을 취하려 할 것이다. 러시아 민간기업인 Lukoil이 미국의 ConocoPhillips사와 전략적 제휴를 통해 미국 시장에 활발히 진출하고 있는 것은 이에 대한 좋은 예라고 할 수 있다. 그래서 상대적으로 정부의 영향력을 덜 받고 있는 양국 민간 기업들간에 협력은 시간이 흐를수록 다양한 부문에서 서서히 회복·증대될 것으로 전망된다.

 미-러 에너지협력의 한계점과 전망

탈냉전 이후 국제경제의 질적 변화가 국제정치의 패러다임 변화를 유도했다. 현대 국제정치에서 에너지 자원 문제는 비단 자국의 산업발전을 위한 경제적 한 요인으로서만 기능하는 것이 아니라 국가간 또는 국제적 갈등관계의 원인임과 동시에 해소의 역할을 하는 새로운 변화 요인으로 간주되고 있다. 특히, 동·서간에 이데올로기의 대립이 해소된 상태에서 국가의 산업발전은 에너지 자원의 확보와 직결되는 문제로 되었다. 이런 점에서 비록 미국기업들의 에너지 부문에 대러시아 투자진출 실적이 저조함에도 불구하고 미국은 에너지 수급의 다양화를 국가차원에서 러시아와의 에너지 협력을 확대하고 있다. 아울러 메이저를 비롯한 미국 석유기업들은 러시아 석유·가스 자원의 공급 잠재력을 보고 러시아를 전략적 투자진출 지역으로 선정하고 있다. 러시아 정부의 에너지 자원 개발과 관련된 외국인투자환경 개선 노력에 따라 미국기업들의 대러시아 투자도 크게 증대될 수 있을 것이다.

미국 기업들은 1990년대 말 고유가 상황 이후 러시아 거시경제지표의 커다란 개선에도 불구하고 외국인투자환경은 여전히 열악하다고 평가하고 있다. 2003년 10월 발생한 유코스 사태는 미국기업들로 하여금 러시아 사법제도에 대한 강한 불신을 갖게 했다. 사실 미국 에너지 기업들은 유코스와의 전략적 협력을 통해서 대러시아 진출을 확대하려고 하였다. 그러나 이는 유코스 사태 발발로 모두 무산되었고, 미국 기업들은 대러시아 투자에 다시 관망적 내지는 소극적 자세를 취하게 되었다.

미국 기업들의 대러시아 에너지 부문에 대한 투자진출 실적은 아직까진 저조하다. 무엇보다 PSA적용 매장지 확대와 수송망 건설과 운영에 있어 민간기업 참여 허용만 추진하여도 외국기업들의 투자진출은 크게 증대될 것이다. 그러나 현재와 같은 상황에서는 이것을 기대하기 힘들 것이다.

러시아 정부조직 내 경제개발통상부는 외국인 투자에 대해 상당히 긍정적인 인식을 갖고 있다. 외국기업의 참여가 국부의 해외유출이라는 부정적인 측면도 있지만 합작 파트너의 해당 기업에게 있어서는 투자촉진, 선진기술 습득, 정부간섭 배제 등의 경제적 이득을 얻을 수 있다. 따라서 민간부문의 투자촉진을 통한 경기활성화를 도모하려고 하는 러시아 정부 내 경제 관료들은 외국기업들의 투자진출을 반기는 입장이다. 또한 러시아 기업들의 활발한 해외시장 진출은 미국기업과의 협력 가능성을 높이는 측면도 있다. 물론 제3국에서 미국기업과 러시아 기업들이 자산을 확보하기 위해 치열한 경쟁을 해야 하기도 하지만, 반면 양국 기업들이 컨소시엄을 구성하거나 전략적 제휴를 통해서 공동 진출을 할 수도 있다. 또한 국제시장에 진출하기 위해서는 먼저 자신부터 국제적 기준에 맞게 변화시켜야 한다. 회계기준을 국제적 기준에 맞추고, 경영실적을 외부에 공개하고, 쌍무원칙에 입각해서 양쪽 국가 모두에서 상호간에 협력 사업을 추진해야 하는 일이 필요할 수도 있다. 가즈프롬이 유럽 가스하류 부문에 진출하기 위해서는 러시아내 가스 상류부문에서 유럽기업들과 동등한 조건으로 협력을 해야만 할 것이다.

결과적으로 러시아 경제가 세계 경제권에 완전히 편입되고, 러시아 기업들의 해외진출이 활발하게 전개 될 때 양국간에 외교적 갈등이나 마찰과는 상관없이 민간 기업들간에 협력사업은 활발하게 추진될 것이다. 이를 위해서도 러시아의 에너지 산업에 대한 통제강화 및 에너지 기업의 국영화는 장기적으로 러시아 경제 전체는 물론이고 러시아산 석유·가스를 필요로 하는 수요국에게도 결코 득이 될 수 없을 것이다.

▌미주 ▌

1) 탈냉전기 러시아는 2001년 6월 상하이협력가구(SCO) 발족을 통해 독립국가연합(CIS) 국가를 중심으로 중앙아시아지역에서 미국의 영향력 확대를 견제하고 있다.
2) http : //hopia.net/hong/file/mid02_oilkorea.htm(검색일 2006.4.11).
3) 동보고서는 전체 163장과 8개의 장으로 이루어져 있다. 제1장은 현재 미국이 직면한 에너지문제를 총괄하였고, 이어 제2장은 에너지가격상승의 충격, 제3장은 환경보전의 필요성과 에너지문제와의 관련성, 제4장은 에너지절약의 중요성, 제5장은 국내 석유・가스・전력 등의 에너지개발, 제6장은 재생가능에너지개발, 제7장은 에너지관련 인프라정비에 관한 문제, 제8장은 에너지안보강화를 위한 국제적 조직체계의 중요성에 대하여 분석하고 이에 준한 정책제언을 밝히고 있다.
4) 동 법의 의회 통과 과정에서 2015년까지 석유소비량을 100만 b/d 삭감한다는 내용이 삭제되어 에너지 효율대책의 실질적인 효과 달성에 의문이 제시되기도 하였다.
5) 이러한 부시 대통령의 연두교서 중에 에너지 정책부분은 'Advanced Energy Initiative'에 제시되어 있다. 주요 내용은 다음과 같다. 첫째, 석유수입의존도 감축 및 대체에너지 보급을 통한 에너지 안보 확보에 주력한다. 2025년까지 중동산 석유 수입량을 75%까지 감축(2004년 기준 189만 b/d 정도)에 있다. 둘째, 자동차 연료의 다원화 및 일회 충전으로 40mile(약 64km) 주행 가능한 plug-in hybrid-electric 자동차를 만들 수 있는 배터리 기술 개발에 주력한다. 이를 위해 2012년까지 옥수수 추출 에탄올 연료에 대해 가격 경쟁력이 있는 셀룰로우스 에탄올(Cellulosic Ethanol) 연료를 만들기 위한 기술 개발 촉진을 2020년까지 수소연료전지 자동차 대중화 달성에 주력한다. 셋째, 민생 및 산업용 연료의 청정화에 있다. 부시대통령은 20억 달러의 청정 석탄 기술 연구기금에 대한 최종 지원과 상용화 추진에 있다. 2015년까지 태양광 발전의 가격경쟁력을 갖추기 위한 태양광 발전기술 비용 감축/기술개발을 통한 풍력에너지 공급확대 주력에 있다. 넷째, Global Nuclear Energy Partnership(GNEP) 구성을 제안했다. 원자력 발전의 확대, 사용 후 연료처리 문제 및 핵확산 방지 등 도모 및 일본, 프랑스, 러시아 등 상업용 원자력 이용국가들과 협력 증진 도모에 있다.
6) 미국기업 중에 ConocoPhillips가 동 지역에서 가장 활발하게 활동을 전개하고 있으며, ConocoPhillips는 Lukoil과 함께 티만-페초라지역에 속해 있는 네네츠 자치구에 있는 4개 매장지에 대한 공동개발・생산을 추진 중에 있다. 티만-페초라지역은 미개발 지역에 속해 있었기 때문에 수송인프라 시설이 매우 부족한 실정이다. ConocoPhillips은 Lukoil과 함께 독자적으로 티만-페초라지역 내 매장지에서 북극해 연안에 있는 항구까지 파이프라인을 건설하려고 계획했지만, 러시아 정부로부터 허가를 받지 못하고 있다. 러시아 정부는 파이프라인 시설을 국가기간시설로 취급하여 민간기업 및 외국기업의 참여를 제한하고 있다. 현재 러시아 정부와 트랜스네프트에 의해서 생산된 원유를 수송하기 위한 파이프라인 건설이 계획・추진 중에 있다.
7) 쉬토크만 가스전은 바렌츠해의 중심부에 위치해 있으며 1988년부터 탐사되기 시작했다. 미국기업들은 향후 미국 국내 가스시장의 빠른 성장세를 예상하여 러시아 바렌츠해에 있는 대규모 쉬토크만 가스전 개발에 참여하려 하고 있다. 가스 매장량은 3억 2,053억 ㎥, 해심은 300m이상, 가장 가까운 해안선과의 길이는 500㎞이상인데, 본격적인 탐사・개발 작업은 금년 말 내지는 내년 초에 있을 최종 해외 개발업자 발

표이후에 이루어질 것으로 예상된다. 여기서 생산되는 가스는 무르만스크주 또는 레닌그라드주에 건설 예정인 LNG공장에서 가공되어 유럽 및 북미시장으로 수출될 예정이다. 1단계에서 연간 250-300억 ㎥의 천연가스가 생산되며, 이중 220-240억 ㎥이 LNG형태로 가공되어 미국으로 공급될 것으로 추정된다.

8) 미국기업을 포함해서 외국기업들은 러시아 기업과 합작형태로 러시아내 에너지 부문에 진출하고 있다. 이는 미국 기업들이 대러시아 진출 경험이 미천하여 러시아 기업과 합작을 통해 사업초기 위험성을 회피하려고 하기 때문이다. 그러나 러시아 기업과의 합작시 미국기업들은 회사 경영권을 확보할 수 있는 충분한 지분을 확보함으로써 합작 파트너인 러시아 기업간의 마찰을 최소화시키려는 전략을 구사하고 있다. 한편, 푸틴 대통령은 최근 자국내 전략적 물자의 외국기업에 의한 종속을 막기 위한 방편으로 전략적 산업에 대해 외국기업의 51% 주식 소유를 법적으로 금하는 법률을 발표하였다.

9) BP, Shell 등은 최근 외국기업에 대한 진입제한에도 불구하고 러시아를 집중투자지역으로 선정하기도 했다.

10) 최근 러시아 정부와 가즈프롬 내에 관계자들은 일부 언론을 통해 쉬토크만 가스전 참여 후보기업 중에 미국기업을 제외시키고 노르웨이 기업과 프랑스 기업들을 최종 사업자로 선정할 수도 있다는 발언을 하였다. 또한 이탈리아 기업을 쉬토크만 사업에 참여시킬 수도 있음을 시사하기도 하였다. 이에 대해 언론에서는 이러한 러시아측의 움직임을 G8 정상회담기간동안 가진 미・러간 정상회담에서 미국이 러시아 정부의 숙원사업이었던 러시아의 WTO가입을 최종적으로 합의해 주지 않은 데에 대한 러시아측의 보복조치로 간주되었다.

▮ 참고문헌 ▮

본 장은 "미국의 대러시아 에너지 정책 : 현황과 전망에 대한 고찰," 「비교경제연구」 비교경제학회(2006), 13(2)에 실린 글을 수정 및 보완했음. 공동연구자는 에너지경제연구원의 이성규 박사임.

김재두(2003. 4), "이라크전쟁과 경제중심적 국가전략" 에너지 안보 컨퍼런스 자료집.

김재철(2002), "패권, 다극화, 그리고 중미관계," 「국제정치논총」 제42집, 4호.

윤영미(2005), "탈냉전기 카스피해 유전을 둘러싼 국제 갈등체제의 쟁점," 「사회과학연구」 서강대 사회과학연구소, 제13권, 제2호,

이동휘(2004. 10), "국제환경 변화와 동북아시대의 구현 : 한미간 협력의 필요성을 중심으로," 외교안보연구원 정책연구시리즈 2003-14.

이상곤(2003. 3. 21), "국내외 에너지 여건변화와 대응전략," 에너지경제연구원.

이준범(2006), "부시2기 행정부 출범과 석유정책," KNOC.

정한구(2004), 「동북아시아 "에너지 안보"와 러시아 : 누가 러시아 석유를 차지할 것인가?」 서울 : 세종연구소.

BP(2005, 2006), *Statistical Review of World Energy.*

Bahgat, Gawdat(2003), "The New Geopolitics of Oil : The United States, Saudi Arabia, and Russia," *Orbis* 47, 3.

Cohen, A.(2005.10. 24), "Competition over Eurasia : Are the U.S. and Russian on a Collision Course?," Heritage Lecture N. 901, The Heritage Foundation.

Council of the Americas Energy Action Group(2005. 10), "Energy in the Americas : Building a Lasting Partnership for Security and Prosperity."

Hill F.(2004. 9), "Energy Empire : Oil, Gas and Russia's Revival," The Foreign Policy Centre.

IEA(2004, 2005), *World Energy Outlook.*

James A.(2004), Baker Ⅲ Institute, "The Energy Dimension in Russian Global Strategy : Geopolitics of Russian Supply and U.S. Foreign Policy."

Jaffe, Amy and Robert Manning(2001), "Russia, Energy and the West," *Survival* 43, 2.

National Economic Council(2006. 2), *Advanced Energy Initiative*, USA, February, http : //www.whitehouse.gov/energy/

National Energy Policy Development Group(2001. 5), *National Energy Policy*, http : //www.whitehouse.gov/energy/

Ratliff, W.(2003), "Russia's Oil in America's Future : Policy, Pipeline, and Prospects," Hoover Institution.

Rosstat(러시아연방통계청, 2006), Industry of Russia.

Stern, Jonathan.(2005), *The Future of Russian Gas and Gazprom.* Oxford, UK : Oxford University Press.

The Brookings Institution(2004. 3), "Global Challenges for U.S. Energy Policy." The New York Times(1980. 1. 24).

U.S. Department of State(2002, 2003, 2004), "U.S. Government Assistance to and Cooperative Activities with Eurasia."

U.S. National Security Council(1999), *A National Security Strategy for a New Century*, Washington D. C. : White House, December 1999.

Warren Christopher(1993. 1), "Statement at Senate Confirmation Hearings," U.S. Department of State Dispatch.

Газеев М.Х., Ежов С.С.(2006), Участие Компаний США в РоссийскойНефте газо доб-ыче, Институт Энергетических Исследований.

Лихачев В.Л.(2006), "Стратегия Деятельности Американских Компаний в Нефте га-зовом Секторе России," Институт Энергетических Исслед ований.

http : //hopia.net/hong/file/mid02_oilkorea.htm(검색일 2006.4.11).

제 8 장

국가전략 차원에서의 한국의 에너지 외교에 대한 고찰

I 신고유가 시대 에너지 · 자원 외교의 특징

1973년 유가가 4배로 치솟았던 1차 석유 파동은 중동 산유국의 석유 금수 조치에 의한 단기적 공급 쇼크로 발생했다. 현재의 고유가는 석유생산의 감소 및 고갈 가능성과 관련 에너지시장의 구조적 문제와 군사안보적 문제 등 다양한 갈등요인들이 복합적이면서 장기화 특성을 지닌다. 전 세계적으로 수급상황이 불안정한 상황에서 에너지안보를 위협하는 가장 중요한 요소는 국제 유가의 상승과 OPEC 국가들과 러시아와 같은 비 OPEC 주요 에너지 생산국의 생산량 변화에도 기인한다. 에너지 수입국들은 가격의 상승과 공급 혼란이나 달러화의 강세로 자국 산업 생산의 부진, 투자의 감소, 소비 위축, 원자재가격 상승 등으로 경제적 혼란에 직면하게 된다. 에너지 가격의 과도한 상승은 세계적 차원에서나 지역적 차원에서 에너지 공급국들보다 정치, 외교, 군사적으로 수입국들간의 치열한 자원 경쟁이나 갈등을 초래하게 된다.[1)]

신고유가 시대 석유 및 에너지자원의 확보와 안정적인 공급문제는 에너지 안보의 가장 중요한 요소가 된다. 즉 에너지안보의 핵심은 한 국가가 필요로 하는 다양한 에너지원을 충분하게 적정 가격으로 공급받을 수 있는 가용성으로 값싼 에너지를 안정적으로 공급받을 수 있는 상황의 유지에 있다(김재두 외, 2007 : 23). 2001년 9 · 11테러 이후와 2003년 3월 이라크전을 전후로 러시아의 동시베리아 및 극동지역을 둘러싼 중-일 경쟁 심화, 중앙아시아 및 카스피해 지역, 아프리카, 중남미에 대한 각국의 경쟁적인 자원외교의 강화로 인해 특정지역에 대한 에너지 안보의 국제역학 질서가 급변하게 변화하고 있다(이성규・윤영미, 2006 : 165). 더욱이 자원의 정치화도 강화되는 추세다. 예를 들면 러시아정부가 2006년 우크라이나와 그루지야의 가스송유관을 통한 가격 상승은 자원의 정치화가 가능함을 보여 주는 단적인 예이다. 가격 인상을 조건으로 일시적 공급 중단 정책을 취하면서 공급국가로서의 위상을 확대하고 있다(현승수 외 (역), 2008 : 112-114). 국가가 통제 및 독점하는 신자원민족주의 강화와 러시아를 주축으로 이란과 베네수엘라 등의 가스카르텔 움직임 에너지안보의 새로운 도전 요소가 된다.

한편 많은 나라들이 에너지・자원 확보를 중심으로 국가간 협력도 강화되고 있다. 이는 에너지 자원을 매개로 한 새로운 형태의 동맹의 출현을 의미한다. 유럽연합(EU)과 일본은 러시아와의 관계 강화를 모색하고, 상하이협력기구(SCO)를 중심으로 중-러 및 중앙아시아국가들과 협력 모색, 인도의 중-미 협력을 강화하는 등 과거의 전통적인 군사적 동맹관계와 다른 형태의 에너지・자원을 매개로 한 국가간 협력 내지 동맹의 재편이 급속하게 진행되고 있다. 동시에 국제사회의 새로운 유형의 에너지 정책은 기후변화에 대응하여 온실가스 배출의 감소 기술을 개발하는 에너지원의 다각화를 주도한다. 따라서 21세기 에너지・자원 확보는 '경제성과 상업성'의 전통적인 접근에서 국가전략 차원에서 접근해야 한다.

이런 맥락에서 본 장은 국가 에너지 전략을 분석단위로 한국의 에너지 외교의 현황과 과제를 집중적으로 고찰해보고자 한다. 이하의 글의 구성은 다음과 같다. 우선 국가전략 차원에서의 한국의 에너지 외교의 개념적 접근을 살펴보고, 주요 국가의 에너지 외교 및 정책 사례의 분석을 통해 시사점 및 우리의 대응방안을 제시해 볼 것이다. 특히 에너지 외교의 주요 대상지역으로 부상한 러시아와 중앙아시아지역의 정상외교와 패키지 전략의 특성과 현황을 분석해 봄으로써 향후 에너지 외교의 주요 과제를 논의해 볼 것이다.

Ⅱ 국가전략 차원에서의 에너지 외교의 개념적 접근

한국은 석유, 천연가스, 원자력, 우라늄 등을 포함한 주요 에너지·자원의 대부분을 대외 수입에 의존한다. 에너지 수입 의존도는 97%이며, 중동의 수입 의존도는 1990년대 이후 81%를 상회한다. 석유 소비량은 세계 7위, 석유 수입은 세계 4위, 에너지 소비량은 세계 10위, 에너지 소비 증가율은 세계 8위 국가다. 전체 석유소비량의 96% 이상을 해외에서 수입하는 국가다. 또 세계 석유생산량의 감소되고 있는 상황에서 석유 공급국의 안정적인 자원수급에 전적으로 의존해야 하며 자원 수급의 불안정에 따른 국제시장 교란 요인 및 고유가에 항상 대비해야 하는 대외적 민감성이 매우 큰 나라다.

한국의 에너지 외교는 1977년 제1, 2차 오일쇼크를 계기로 자원개발사업을 시작으로 적극적으로 추진하기 시작했다. 두 차례의 석유파동으로 인해 중동에서의 안정적 원유 확보는 에너지 외교의 최우선 목표가 되었다. 에너지 외교는 유가동향과 중동정세에 크게 영향을 받았다. 1978년 정부는 '해외자원개발촉진법'을 제정을 통해 해외자원개발사업에 대한 지원을 구축했다. 또 1983년 탐사사업에 실패할 경우 정부융자금의 상환 의무를 면제해주는 '성공불융자제도'를 도입해 해외자원개발을 장려했다. 그러나 1980~1990년대 유가 하락기 정부의 에너지 외교는 다소 소극적이었다. 1998년 외환위기와 저유가에 따른 자원개발사업의 침체기로 1998년부터 2002년 26개 개발사업을 해외에 매각했다. 투자규모도 1997년 7억6,000만 달러에서 2002년에 5억 달러로 대폭 축소시켰다. 대체로 2000년대 초반까지 정부의 에너지 외교는 국제유가의 향방에 의존하는 일관성 없는 정책으로 유가하락기 '자원의 안정적 도입'이 강조되었고, 유가가 급등하면 '자원개발'이 강조되었다. 해외자원개발 사업도 정부의 정책기조와 경제 상황에 따라 진퇴를 반복했다.[2)]

2000년대 초 에너지 시장이 변하면서 자주 개발의 중요성이 부각되었고 고위급 외교채널을 활용한 에너지 외교가 추진되었다. 정부지원 주도형 해외자원 확보를 위한 자원외교 지원책이 강화되었다. 특정 부처 차원에 머물렀던 해외자원개발을 국가 아젠다로 격상시키고 대통령이 주재하는 "국가에너지자문회의"와 "국가에너지위원회"가 신설되어 자원개발기업에 대한 기술지원과 해외자원개발 전문기업 육성 등을 적극적으로 추진하게 되었다. 1980년부터 2007년까지 해외에서 확보한 138억 배럴의 석유매장량 중 62%가 2004년 이후에 확보되었다. 현재 정부는 에너지 자원외교를 핵심 국정과제이자 주요 외교 과제로 설정하고, 국무총리의 주요 임무에 에너지 외교를 포함시켰다. 외교부도 에너지 거점 공관을 지정 및 운영하고 에너지 자원 대사직을 신설하는 등 본격적인 에너지 외교의 추진에 착수했다(조윤, 2008 : 46).

결국 에너지 외교의 궁극적 목표는 국가전략 차원에서 에너지 안보를 강화하는 것이다. 에너지 안보는 국가경제에 필요한 에너지·자원의 안정적 도입, 개발과 확보라는 관점에서 국가주도형 전략이 기반이 되어야 한다. 단기적으로 비중이 높은 화석연료의 안정적 확보와 중장기적으로는 에너지원의 다양화 확보에 주력해야 한다. 안정적인 에너지 확보는 필요한 물량을 장기로 구매하거나 비축을 통해 달성할 수 있다. 더욱이 에너지·자원은 일반적인 상품이나 서비스와 달리 국가를 지탱하기 위한 핵심 전략재화이기 때문에 안정적인 에너지·자원 개발과 확보하는 점에서 국가의 적극적인 역할이 더욱 강조된다(허태회, 2008 : 104-105). 에너지 외교가 지향하는 일차적인 목표는 기업의 해외자원개발사업 지원이다. 정부주도형 공기업을 통해 자원개발에 간접적으로 관여함과 동시에 에너지·자원개발의 주체인 자원개발전문 기업, 종합상사, 공기업을 통한 해외자원개발을 지원한다는 것은 우리 기업들이 유망한 에너지·자원개발 사업에 진출을 지원하고 진행 중인 사업의 지속성을 지원하는 환경 조성에 있다(조윤, 2008 : 46).

국가전략적 차원에서 에너지 외교를 접근해야 하는 또 다른 요인은 신자원민족주의의 부상이다. 단적인 예로 산유국들의 신자원민족주의와 관련

리비아와 베네수엘라 등의 해외 자원부국들이 자원에 대한 국가통제권을 강화되고 있다. 리비아의 '엘리펀트' 광구 개발에서 한국정부의 지분은 35%였지만 최근 리비아정부는 자국 분배를 확대하기 위해 계약기간을 17년 연장했고, 우리정부 지분은 12%로 축소했다. 베네수엘라의 '오나도' 광구도 유사한 사례다. 우리정부 지분이 14.1%에서 5.64%로 줄었다.[3)] 러시아의 우크라이나나 그루지야의 가스공급 중단, 사할린-Ⅱ 프로젝트에 대한 환경영향평가 승인 철회나 사할린-Ⅲ의 키린스키 블록 사업권을 러시아 정부는 전략적으로 중요하다는 이유로 국영 석유회사인 가즈프롬에 입찰도 없이 넘겼다. 또 사할린-VI 유전을 개발 중인 BP의 철수 움직임을 주목해야 한다. 카자흐스탄의 자원개발계약 파기권한 입법화 조치는 합의된 계약도 파기될 수 있음을 보여준다. 이처럼 안정적인 자원개발 투자활동이 위협받을 경우 정부는 양국간 자원협력협정이나 투자보장협정을 체결함으로써 기업의 안정적인 진출을 위한 여건을 조성해 주어야 하는 정상외교 강화가 중요하다. 신자원민족주의의 제약점을 최소화하고 해외 에너지의 수입 다변화와 확보는 단순한 자원개발사업 진출에서 투자를 보호하고 개발된 자원의 안전한 운송에 이르는 전 과정에 대한 전 방위적 노력이 요구된다(이광우, 2008 : 27).

현실적으로 에너지·자원의 자주개발률 강화 역시 에너지 외교의 중요한 요소이다. 이를 달성하기 위해 국가는 해외 에너지·자원 개발사업을 수주하고 수주한 사업을 원활하게 추진할 수 있도록 다양한 방식의 외교적 지원을 제공되어야 한다. 하루 200만 배럴의 원유를 소비하는 한국의 자주원유개발률은 4.2%로 중국의 14%와 일본의 9.8%로 이들 국가보다 현 시점에 낮다. 에너지기본법에[4)] 근거해 5년마다 수립되는 제3차 국가에너지기본계획에 의하면, 2030년 국가에너지원단위를 46.7% 향상시키고, 신재생에너지보급률은 2.1%(2005년 기준)에서 11%로 증가하고, 석유 의존도는 33%를 축소하는 것을 목표다. 또한 원전을 9~13기 신설해 원자력발전의 시설 비중을 41%로 확대한다는 계획이다. 또 에너지 사용효율을 지속적으로 개선하고 크린에너지 산업 등 차세대 에너지기술을 선점하기 위해 2008

년 9월 초 그린에너지산업을 성장동력화하기 위한 핵심전략인 신재생에너지 보급을 위한 청사진이 제시됐다. 1988년 정부의 에너지 R&D 지원이 시작된 이후 처음으로 신재생, 효율, 전력, 온실가스처리 분야를 총괄하는 산업화 전략이 채택되었다.

Ⅲ 주변국의 에너지 외교 사례와 시사점

미국은 외교와 군사적 지원 강화를 통해 자원개발 진출의 기반을 구축에 주력한다. 미국의 부시행정부 출범 초기 국가에너지정책개발그룹(National Energy Policy Development Group : NEPDG) 구성을 통해 "국가에너지정책"보고서를 작성했다. 이는 미국의 에너지 외교 및 안보의 향방과 관심을 표명한 것으로 에너지 자원을 기초로 미국 중심의 새로운 동맹 결속을 표명했다. 미국은 군사력과 정치력을 앞세워 전략적 요충지로 부상하는 중앙아시아 및 카스피해 지역으로 진출했다. 미국은 영국과 2005년 러시아를 경유하지 않는 BTC(아베르바이잔, Baku-그루지야, Tbilisi-터키, Ceyhan 연결 송유관) 송유관 건설을 통해 중앙아시아 및 카스피해 석유 및 가스를 유럽지역과 연결을 주도했다. 미국은 독립국가연합(CIS) 내 지정학적 다원주의를 촉진하고 러시아의 카스피해 자원에 대한 지배력을 약화시키는 수단으로 러시아를 경유하지 않는 우회 파이프라인 건설을 주도했다. 또 미국은 BTC 송유관 완공에 이어 아제르바이잔 가스를 터키 에르주룸까지 수송하는 BTE(Baku-Tbilisi-터키, Erzurum 연결) 가스 파이프라인 건설을 주도했다<그림 8-1참조>.[5]

일본은 2002년 6월 에너지정책 기본법을 제정하여 에너지의 안정적인 공급의 대원칙을 설정하고, 일본석유가스금속기구(INPEX)를 중심으로 해외 자원 및 유전개발을 적극적으로 추진하고 있다(김재두 외, 2007 : 191). 또 2006년 "신 국가에너지전략"에서 2030년까지 국내 원유수입량의 40%를 자주개발원유로(현재의 자주개발률이 9.8%) 충당한다는 목표를 수립했

〈그림 8-1〉 카스피해의 그루지야 경유 송유관

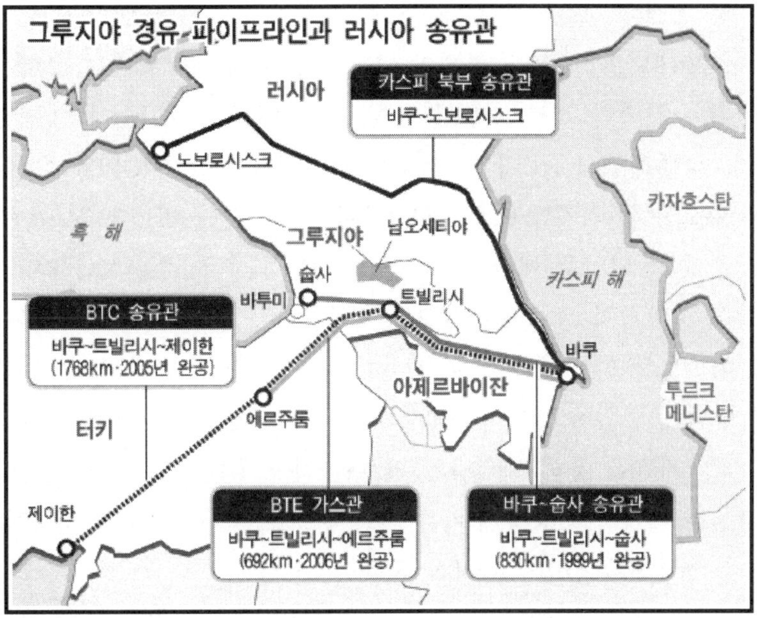

출처 : 「중앙일보」(2008. 8. 14).

다. 이를 일본 내 석유개발 1위 기업인 인펙스사(일본정부 지분 29%)를 중심으로 규모의 대형화 등을 통해 국제적 경쟁력을 갖춘 석유기업으로 육성한다는 전략을 추진 중이다. 이처럼 일본은 메이저나 대규모 국영 석유사와 경쟁할 능력을 갖춘 중핵기업 양성에 주력한다. 산유국과의 자원외교와 협력을 통해 중핵기업들의 광권 확보를 측면을 지원하고, 일본석유가스자원기구(JOGMEC)를 통해 자금과 R&D를 지원한다. 일본 종합상사의 자원 확보 사례로 미쓰비시와 미쓰이상사는[6] 러시아의 가즈프롬이 주도하는 사할린-Ⅱ 프로젝트에 각각 20%, 25%의 지분출자로 연간 750만 배럴의 원유를 확보했다.[7]

중국은 전방위적 에너지 외교를 자금력과 국영기업을 중심으로 추진한다. 중국은 경제적인 접근보다는 국가전략적인 관점에서 일관되게 자원 확보를 추진하고 있다. 중국의 자원외교는 3대 핵심 외교정책중 하나로 후진타오 주석과 원자바오 총리가 주도하며, 중앙아시아·아세안·아프리카·중남미 등 저개발 산유국들을 대상으로 공격적인 자원 확보 외교를 추진하고 있다. 2010년까지 수입 원유의 1/3을 해외자주개발원유로 충당한다는 계획이었다. 강력한 정부 지원을 바탕으로 3대 국영회사인 국영석유공사(CNPC), 국영해양석유공사(CNOOC), 석유화학공사(SINOPEC)가 에너지 확보를 주도한다. 저개발국에 대한 '차관 공여' 뿐만 아니라 무기판매, 기반시설 건설 등 다양한 패키지 전략이 추진된다. 특히 수단이나 리비아, 이란과 같이 서방과의 정치적 갈등으로 진출을 꺼리는 지역을 집중 공략하는 '틈새전략'이 상당한 성과를 달성했다. 예를 들면 수단 생산량의 석유의 40%를 중국이 도입하고 있다. 또 국영 석유회사에 대한 신용공여, 우대 금리 등 재정 지원을 통해 해외자원 확보를 적극 후원하고 있으며 국영석유사의 홍콩과 미국증시 상장에 따른 자금 확보로 국제시장에서 적극적인 매수전략을 전개한다(김진우, 2006 : 87-89).

최근 인도의 에너지 자원 선점 외교가 강세다. 지난 2000년 총리지시로 관계 장관회의를 설치하고, 중앙정부가 중장기적 비전을 마련해 국내 에너지 분야 개혁과 체제강화를 통해 본격적인 국제 에너지 자원확보에 주력하고 있다. 향후 25년간의 에너지 안보 종합전략 비전(Hydrocarbon Vision 2025)을 수립해 장기적인 전략대응 방안을 마련하고 국가적인 대응을 추진중이다. 1998년 인도의 핵실험의 영향으로 미국의 제약을 받아온 원자력 발전분야에서 미국의 기술원조 및 협력에 주력하고 있다. 특히 서남아 지역 경제발전 가속화에 긴요한 에너지 자원확보 문제를 방글라데시, 네팔, 파키스탄 등 지역의 인접국가들과의 협력을 통해 경제차원의 협력뿐만 아니라 지역의 안보 공고화와 결부시켜 추진 중이다. 이란으로부터의 천연가스 도입을 위해 '이란 → 파키스탄 → 인도' 파이프라인 건설추진계획과 미얀마 연안의 천연가스 도입을 위한 '미얀마 → 방글라데시 → 인도' 파이프라인 건설추진, 카스피해의 천연가스 도입을 위한 '투르크메니스탄 → 아프가니스탄 → 파키스탄 → 인도' 파이프라인 건설도 추진 중이다.[8)]

또한 최근 에너지 수요가 급격히 증가하면서 자원부국인 러시아의 역할이 강화되고 있다. 2000년 푸틴집권 이후 러시아 산업에너지부는 석유 및 가스개발, 송유관 건설사업 등 에너지 관련 정책 수립에 중추적인 역할을 한다.[9)] 즉 러시아는 대통령 주재로 에너지 사업을 국가 핵심 사업으로 선정하고 주요 에너지 정책 사안을 직접 결정한다. 러시아 산업에너지부는 석유 및 가스개발, 송유관 건설사업 등 에너지 관련 정책 수립에 중추적인 역할을 하며, 천연자원부는 지하자원법령 입안·운영을 통해 지하자원개발·인허가 업무를 담당한다. 에너지 분야 주요 공기업은 석유분야에서 국영기업인 로스네프트(Rosneft), 가스분야에서는 가즈프롬(Gazprom), 송유관 분야에서는 트랜스네프트사(Transneft)가 각각 중추적인 역할을 한다. 특히 러시아가 주력하는 것은 에너지 판매시장의 다변화에 있다. 전통적 시장인 유럽연합과 CIS과의 협력을 지속하면서 새로운 시장으로 부상하는 한국, 중국, 일본, 미국, 인도 등 아시아 및 북미지역 국가들과의 에너지 협력을 강화한다. 이를 위해 에너지 교역과 송유관 및 가스관 인프라 구축 및 석유·가스 개발 계획을 동시베리아 및 극동지역으로 확대하고 있다. 또한 다양한 국가와의 에너지를 포함한 경제·안보 등 협력 증진을 위해 정상외교를 통해 주요국가와의 에너지 협력을 강화하고 있다. 러시아는 현재 한국, 인도, 터키, 인본, 중국, 미국, 영국 등과 에너지·자원 관련 정부간 협력위원회를 운영 중에 있다. 러시아는 유럽연합과 미국, 중국과는 고위급 에너지 전략대화를 정례적으로 개최하고, OPEC회원국은 아니지만 옵저버 국가로서 OPEC 회원국들과 긴밀한 관계를 유지하고 있다. CIS 정상회의, SCO 정상회의, G-8 정상회의 등을 통해 다자간 에너지 협력을 강화를 통해 국제 이슈로 부각되고 있는 에너지 문제에 대한 정치적 발언권을 강화하고 있다. 러시아는 세계 주요 가스 생산국인 이란, 카타르, 베네수엘라 등을 중심으로 가스 OPEC화 추진을 위해 정례적인 회의를 주도한다.

이들 국가들의 에너지 자원 정책을 통해 몇 가지 시사점을 살펴보겠다. 일본의 미쓰이상사의 성공 사례는 해외 유전 개발에서의 오랜 끈기와 안목이 중요하다는 것을 시사한다. 우선 현지 재외공관을 중심으로 현장에서 모니터링할 수 있는 네트워크를 구축하고 해외진출 기업에 도움이 될 수 있는 정보를 제공해야 한다. 재외공관에 지역 전문가들을 확충하고, 현지 공관을 중심으로 에너지 자원외교가 장기적으로 일관성 있게 추진될 수 있도록 정부의 지속적인 정책적 지원이 요구된다. 현재 한국 기업들이 정치적으로 불안정한 에너지 시장에 대한 진출이 활발해지고 있다. 따라서 에너지 시장 참여 및 개발에 따른 조기 경보 시스템의 구축 및 위기 발생 시 조기 대처 능력 배양의 중요성이 제기된다. 정부는 기업의 리스크 완화를 위해 진출국을 포함한 원거리 시장에서 발생할 수 있는 정치·경제적 위험 요소를 분석하고 동시에 해결책을 제시해야 한다.

둘째, 오랫동안 제기되어온 에너지 기업의 글로벌화인 대형화가 필요하다. 이를 위해 석유공사, 가스공사 등 에너지 공기업의 대형화 내지 민영화를 통한 에너지자원 개발 시장에서의 경쟁력 강화 내지 확보도 고려해 볼 필요가 있다. 또 석유공사 자체의 대형화안도 제기된다. 자본금 확충과 책임경영제 도입을 통한 민간자본 유치를 통해 생산량을 현재의 10배인 50만 배럴로 확대한 후 상장안도 고려해 봐야 한다(한국경제, 2008. 5. 28).

셋째, 에너지 수입국의 다변화 전략이 시급하다. 지리적으로 근접하고 정치적으로 한국기업의 투자를 긍정적으로 수용할 수 있는 자원보유국에 대한 집중적 공략 전략이다. 러시아의 동시베리아 및 극동지역이 그 대표적인 지역이다. 동 지역은 다른 지역에 비해 러시아의 신자원민족주의로 인해 광물채취 자원에 높은 세금을 부과하고 있고, 탐사·개발 프로젝트에 자국 기업이 주도하는 등 외국인 투자자들에 부여하는 조건이 까다롭다. 그러나 수출국 다변화 전략을 꾀하는 러시아정부의 에너지정책에의 이점 및 자국의 정치적 안정과 한국 입장에서는 수입국 다변화 정책 수행 및 지리적으로 가깝기 때문에 비용절감의 장점이 제기된다(윤영미, 2006 : 1-2).

넷째, 석유와 가스, 광물의 해외자원개발 경쟁력을 육성하기 위해 "패키지 연계" 에너지 외교가 더욱 강조된다. 단순한 지분참여 방식보다는 중앙아시아 및 카스피해 지역과 아프리카 등에 자원개발, 플랜트산업, IT기술을 함께 묶은 "패키지형 자원개발모델"을 기반으로 자원개발과 부족한 인프라(에너지, 도로, 통신 등) 확충을 연계한 해외자원개발 전략이다. 개발공적원조 자금의 확대 및 기술의 노하우로 자원보유국과 자원외교를 강화하는 등 기업의 자원 확보를 간접적으로 지원하고 해당기업은 외국 메이저와의 전략적 제휴나 M&A 등을 통해 글로벌 경쟁력을 확보에 주력해야 한다(Alexey Mastepanov, 2006 : 76-82).[10)]

 에너지 · 자원외교의 현황과 전망

4.1. 한-러 에너지 협력 현황

앞서 6장에서 살펴봤듯이 2008년 9월 말 이명박 대통령과 드미트리 메드베데프 러시아 대통령은 모스크바 정상회담에서 북한 경유 가스배관을 통해 러시아의 파이프라인 천연가스(PNG : Pipeline Natural Gas) 도입을 추진하기로 합의했다. 양국은 합의에 따라 국영가스회사인 한국가스공사와 러시아의 가즈프롬은 천연가스 공급에 관한 양해각서를 체결했다. 양해각서에 따르면 가스공사는 2015년 이후 러시아 블라디보스토크로부터 연 LNG 환산시 약 750만 톤)의 천연가스를 30년에 걸쳐 도입하게 된다.

이번 한-러 에너지 협력 사업의 주요 핵심은 가스분야에 집중된다. 향후 30년간 천연가스 구매액 900억 달러, 석유화학단지 건설비 90억 달러, 북한 경유 배관건설비 30억 달러 등 총사업규모 1000억 달러(약 115조) 이상의 초대형 한-러 경제협력 프로젝트다. 한국의 가스공사와 러시아의 가즈프롬은 올해부터 2년 동안 북한을 관통하는 한-러 간 가스 배관노선 타당성 조사를 실시한다는 계획이다. 이를 통해 PNG사업의 경제성이 확인될 경우 2010년 가스공사와 가즈프롬은 최종계약을 체결하고, 2011년부터 4년간 블라디보스토크에서 북한을 경유 한국을 연결하는 가스배관을 건설되면, 2015년부터 공급이 가능해질 예정이다<그림 8-2 참조>. 북한 역시 영내 가스배관 건설에 합의할 경우 매년 1억 달러 이상의 통관료의 수익을

〈그림 8-2〉 러시아 천연가스 송유관 도입 노선도

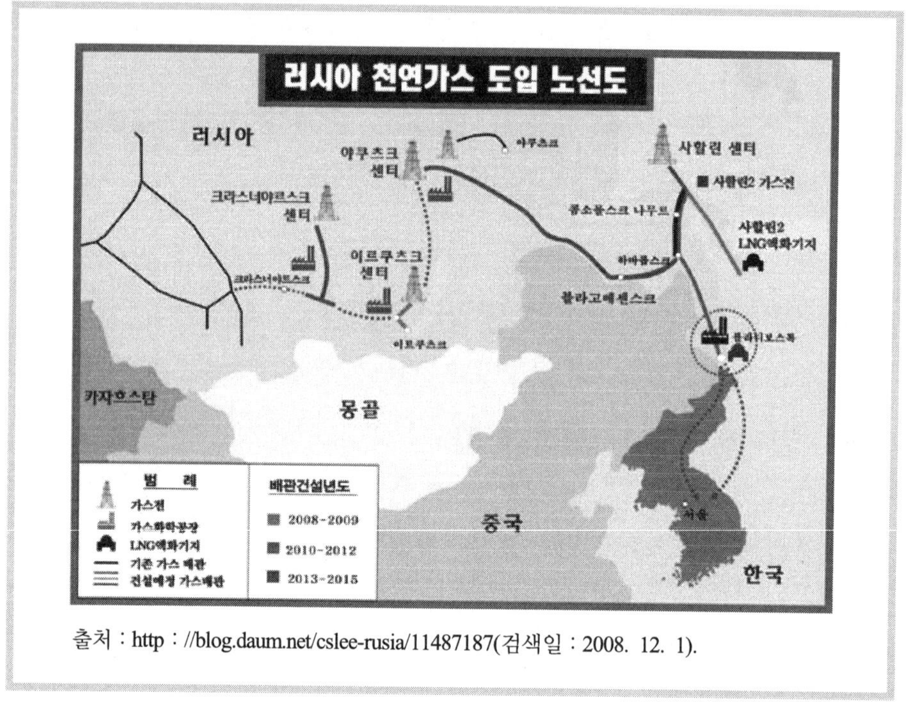

출처 : http : //blog.daum.net/cslee-rusia/11487187(검색일 : 2008. 12. 1).

확보할 수 있다. 만약 북한의 반대로 PNG 도입방식이 실현되지 않을 경우 블라디보스토크 항구에서 LNG(액화천연가스) 방식으로 해상 운송을 통해 천연가스를 공급한다는 계획이다.

아울러 러시아 극동의 풍부한 천연가스와 세계최고의 우리나라 석유화학기술 등을 활용해 가스공사와 가즈프롬은 공동으로 극동지역에서 석유화학단지와 LNG 액화플랜트를 건설해 공동운영 및 판매하는 방안을 추진하기로 했다. 블라디보스토크에 100만t 규모의 폴리에틸렌을 생산하는 석유화학단지와 500만t 규모의 LNG액화플랜트를 건설해 아시아·태평양 지역으로 LNG 수출을 추진하게 된다. 석유화학단지 건설비용은 90억 달러(약 1조원)로 추정된다. 구체적으로 가스공사와 가즈프롬은 공동 출자 방식의 합작회사 설립과 한국의 석유화학 또는 건설 회사들이 참여하는 컨소시엄도 구성한다는 방침이다. 이를 통해 한-러 양국이 갖고 있는 자원과 기술·자금력, 해외 마케팅 능력이 결합돼 시너지(synergy) 효과를 달성케 될 것이다.

구체적으로 가스공사와 가즈프롬은 공동 출자 방식의 합작회사 설립과 한국의 석유화학 또는 건설회사가 참여하는 컨소시엄도 구성한다는 방침이다. 한-러 양국이 갖고 있는 자원과 기술·자금력, 해외 마케팅 능력이 결합돼 시너지(synergy) 효과를 달성하게 한다. 한국은 연간 수요의 20%에 해당하는 러시아산 천연가스를 신규로 안정 확보하게 됨으로써 기존의 중동·동남아 위주의 LNG(액화천연가스) 공급처의 다변화가 구축하게 된다. 한국은 극동지역의 천연가스를 신규로 확보해 공급자 중심의 국제 LNG 시황에서 국내 천연가스의 수급안정에 크게 기여하게 된다. 가스공급의 안정성이 높아지고 LNG보다 상대적으로 저렴한 PNG의 대량 확보가 가능해질 전망이다. PNG로 도입할 경우 LNG위주의 도입방식에서 탈피해 공급방식을 이원화하고, 근거리에서 PNG가격이 보다 저렴한 점을 감안해 도입가격 인하가 가능할 것으로 예상된다. 향후 한국의 가스배관이 세계 최대 천연가스 매장국(세계 비중 26%)인 러시아와 연결되면 북한 내 가스배관 건설로 남-북-러 경협 활성화 및 북한 개방 촉진과 한반도 및 동북아 지역의 안정과 평화에도 기여할 것이다.

동시베리아 및 극동지역과 한반도를 관통하는 가스배관은 러시아정부가 추진 중인 단일 가스공급망(UGSS : Unified Gas Supply System)과[11] 연결되며, 이는 최초로 해외 에너지망과 연계됨을 의미한다. 동시베리아 및 극동지역의 자원 확보 경쟁에서 우위를 점하게 되는 등 러시아가 중점적으로 추진 중인 에너지·자원 개발사업에 한국 기업의 진출 및 선점도 가능해질 전망이다. 러시아산 천연가스의 한반도 관통 프로젝트와 극동지역에서 석유화학단지와 LNG 액화플랜트 건설 사업에 한-러 공동운영 및 판매하는 방안은 양국 정부와 국영회사간 심도 있는 논의를 거쳐 이룩한 자원 외교의 최대성과로 간주된다. 해외자원 확보에 정부와 기업의 공동 진출을 연계한 전형적인 정상외교의 자원개발 사례다.[12] 이번 한-러 정상외교의 또 다른 성과는 서캄차카 해상광구 개발을 포함한 러시아연방 내 해상광구 개발 사업에 관한 협력 증진 및 사할린 Ⅱ의 개발 참여, 기타 광물자원 조사, 합리적 이용 및 개발 분야에서의 협력 확대에 있다.[13)]

그밖에 한국전력공사와 대한광업진흥공사, LG상사로 구성된 한국기업 컨소시엄은 러시아 국영 우라늄회사인 ARMZ우라늄홀딩스와 러시아 우라늄광 공동개발을 위한 양해각서를 체결했다. ARMZ우라늄홀딩스는 러시아 원자력청 산하 우라늄 탐사·개발 기업이다.[14)] 정부는 극동의 경제중심지인 블라디보스토크에 일원화된 협력창구인 "극동시베리아 개발협력센터"를 개설하고 한국 기업들의 현지 개발 프로젝트 수주를 적극적 지원 및 현지 투자 활성화를 지원할 계획이다. 극동시베리아 개발협력센터는 일원화된 협력 창구로 한국기업과 극동시베리아지역의 지방정부간 의사소통 업무를 전담하게 된다. 정부가 발표한 "극동시베리아 개발협력센터"의 주요 기능으로는 건설·플랜트, 자원개발 등 프로젝트 정보 수집, 전파 현지 정부기관, 발주처 고위관리 등과의 네트워킹을 통한 외국 기업지원, 민관 프로젝트 조사단 현지지원, 현지 발주 프로젝트 수주를 위한 전략 수립 지원 등이 있다.[15)]

4.2. 한-중앙아시아 에너지 협력 현황

한국은 2007년부터 석유와 천연가스 및 광물의 해외자원개발 경쟁력을 육성하기 위해 '패키지 에너지 사업'을 진행해 왔다. 앞서 지적한 대로 건설 업체가 도로와 철도, 전력 등 인프라 시설이나 신도시를 건설해주고 현물 자원이나 개발권을 확보하는 형식으로 민관 공동 진출을 통한 시너지 효과를 달성키 위한 대규모 개발사업의 한 형태다(Churl Gyu Lee, 2008 : 121-126).[16)] 정상외교 및 자원협력위원회를 중심으로 자원외교를 추진하는 한편 자원개발 해당국의 인프라구축, 경제협력 등과 연계한 전략이다. 민관 조사관 파견, 정부와 민간의 동반 진출, 공적개발원조(ODA) 지원, 인적 네트워크 구축 등이 병행된다. 한국의 교통 및 통신 인프라 구축과 석유 및 화학, IT 산업의 육성과 군현대화 등의 압축성장모델의 개발이 가능한 지역이자 한국기업에게는 새로운 신흥시장이다. 정부가 지향하고 있는 자원을 수입하기만 하는 일방적 자원수입외교가 아니라, 자원을 가져오고 IT · 건설 · 교통 · 물류 등의 기술과 성장 경험을 전수해주는 쌍방향 자원교환 외교 전략의 가치와 성과가 기대되는 지역이다.

이명박 정부의 출범이후 가장 주목되고 있는 패키지 해외 및 신규 에너지 자원 확보 및 개발 외교 대상은 중앙아시아(Central Asia)와 카스피해 지역이다<그림 8-3 참조>.[17] 현재 추정된 중앙아시아의 카스피해의 석유자원 매장량은 2700억 배럴, 가스는 30조㎥가 매장된 에너지 보고이며, 1945년 이래 발견된 최대 석유 및 가스전이다. 카스피해의 원유 추정매장량은 중동 전체 추정매장량의 약 3분 1이다. 제2의 중동으로 불리는 지역이자 미국, 서방 메이저 기업, 일본, 중국 등을 중심으로 자원 확보 경쟁이 치열한 곳이다(윤영미, 2005 : 349-350).

〈그림 8-3〉 중앙아시아 주요국의 자원현황

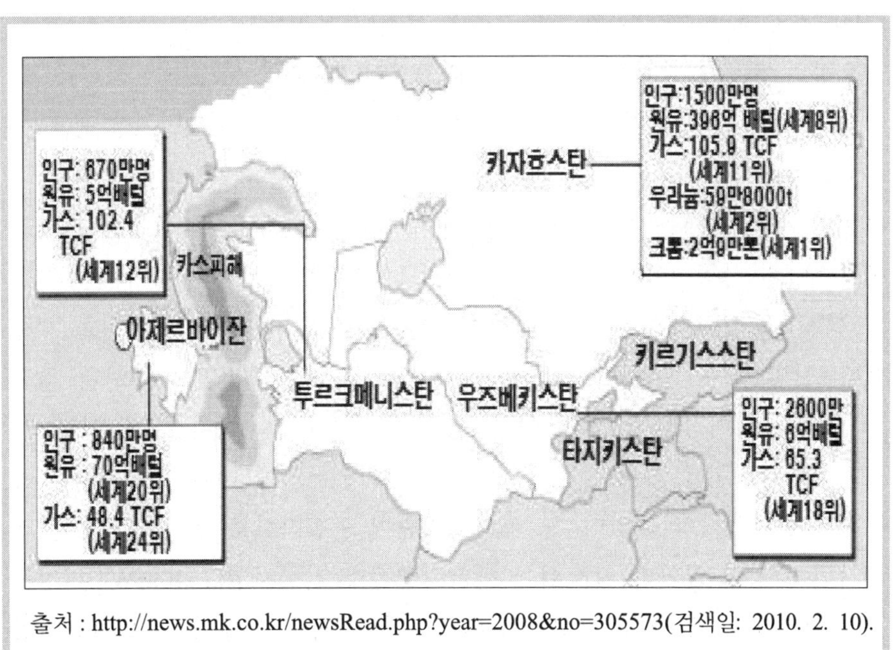

출처 : http://news.mk.co.kr/newsRead.php?year=2008&no=305573(검색일: 2010. 2. 10).

우즈베키스탄의 확인된 원유 매장량이 약 6억 배럴에 달하며, 금과 은의 추정 매장량만 5,000t(세계 5위 수준)이다. 중앙아시아의 최대 자원대국인 카자흐스탄의 텡기즈, 카샤간, 카라차가낙 유전지역의 원유 예상 매장량은 396억 배럴(세계 8위)로 탐사면적이 확대되면 매장량은 더 증가될 전망이다. 우라늄 세계 2위, 크롬의 보유량은 세계 1위를 차지한다. 타지키스탄은 알루미늄이 풍부한데, 연간 13만t의 알루미늄을 생산해 한국 등에 2억 달러 정도를 수출한다. 기타 금, 은, 석탄 등이 풍부하게 매장돼 있는 광산만 400여 개다. 이처럼 중앙아시아지역은[18] 풍부한 석유 및 가스 등의 천연자원 때문에 전략적 가치는 물론이고 에너지 자원의 대규모 매장량과 탈냉전기 미국의 군사안보적 진출 확대, 지정학적으로 러시아, 터키, 이란, 중국 등과 같은 유라시아의 주요 국가들과 인접으로 인해 지정학 및 지경학적 중요성이 부각되고 있다(장병옥, 2001 : 12-13).

2008년 5월 한승수 국무총리는 중앙아시아의 카자흐스탄, 우즈베키스탄, 투르크메니스탄의 3개국과 아제르바이잔의 '패키지 에너지·자원외교를 통해 석유 및 가스를 합쳐 8건 합의, 4억 배럴 규모의 석유 광구 탐사권, 1500만t 규모의 가스전 탐사광구 확보, 2개의 유망광구 독점 조사권, 연간 소요량의 20%에 달하는 5740t의 우라늄 확보[19] 등의 성과를 달성했다. 특히 가장 중요한 에너지 협력은 카자흐스탄의 카스피해의 잠빌해상 광구 지분 양수도 계약 체결이다. 2004년 한·카자흐 정상회담에서 합의한 이후 그동안 지분 가격문제 등으로 약 4년간 지체되었지만 한국석유공사가 카자흐스탄의 국영석유회사 카즈무나이가즈(KMG)의 잠빌광구 지분 매장량의 27%(8500만 달러)인 2억7000만 배럴의 원유를 인수하는 본계약을 체결했다. 잠빌광구는 우리나라 연간 원유수입량인 8억7000만 배럴보다 많은 10억 배럴이 매장된 곳이다. 이와 관련 지난 9월 말 제4차 한-카자흐스탄 자원협력위원회를 통해 잠빌해상광구 지분인수계약에 대한 후속조치로 공동탐사 방안을 논의되었다. 또 카자흐스탄이 중점적으로 추진하고 있는 전력산업 육성의 일환인 발하쉬 석탄화력발전소 건설사업(2640MW, 45억불 규모)에 우리 기업(한전-삼성물산 컨소시엄)의 참여 요청이 주요 안건이었다<표 8-1 참조>.

〈표 8-1〉 중앙아시아의 주요 에너지 외교 성과

분야	주요 성과 내용
에너지 및 자원	• 카자흐스탄 잠빌해상광구 지분 양수도 계약(2억7000배럴) • 우즈베키스탄 우준쿠이, 나망간·추스트 2개 탐사광구 확보(1억 3000배럴) • 아제르바이잔 바하르 가스전 개발협력 • 우즈베키스탄 양기카즈간 인근 생상광구, 투르크 해상광구 참여요청 • 카자흐스탄 민간석유회사(MMG) 인수지원 • 카자흐과 우즈벡에서 2건의 우라늄 장기도입 계약(5740t)
기업 수주활동 지원	• 아제르바이잔 다목적 단지 수주 • 카자흐 우편물류 현대화 등 계약(11건 31억6000만 달러) • 카자흐 발하쉬 화력발전소, 투르크 비쉬항 현대화사업 수주 지원(4건 57억 달러)
기 타	• 한·투르크 경제공동위 설치 합의 등 경협토대 구축(26건) • 무상원조 22개 사업, EDCF 기본약정 체결 등 원조·공여사업(31건 3억6000만 달러) • 각국 비즈니스 포럼 개최

출처 : 윤영미(2008), "고유가 시대 에너지위기 대응 대안과 과제," 「군사저널」, No.42, p.86, 재인용함.

우즈베키스탄의 우준쿠이 가스전(추정 매장량 1500t)과 나망간·추스트 광구(6700만 배럴)를 공동으로 탐사하는 계약도 성사되었다. 또 카스피해 연안국인 아제르바이잔 수도 바쿠 남쪽 카스피해상의 바하르 가스전 개발 협력 MOU도 대우인터내셔널과 바글란 그룹 간에 체결됐다. 이를 합치면 지난해 연간 국내 소비량(석유 8억7000만 배럴, 가스 2450t) 기준으로 석유는 한국이 1.2년, 천연가스는 2.7년을 사용할 수 있는 막대한 양이다. 또 한-투르크멘 장관급 경제공동위 설치, 전력분야 협력, 에너지 연구개발 등 협력 MOU 7건 체결, 협력증진을 위한 공여사업 31건 3억6000만 달러, 비즈니스포럼 개최 및 개별면담을 통한 경제인 네트워크 구축 등의 다양한 경제협력을 달성했다(윤영미, 2008 : 85-87).

 국가전략 차원에서의 에너지 · 자원 외교의 과제

살펴본 대로 국가전략 차원에서 정부의 에너지·자원 외교는 다음과 같은 과제를 중장기적 차원에서 꾸준히 추진해야 한다. 우선 한국은 에너지 수입대국이지만 석유 탐사·생산 시장에서는 아직까지 영향력이 미미하다. 또 투자유치국의 관심을 유도할만한 최첨단의 '틈새 기술력'도 충분하지 않다. 자원협상의 부재로 한국 기업들은 다른 주요 기업들에 비해 투자 유치국의 통제와 간섭에 더 많이 노출된다. 따라서 해외 에너지·자원개발에서 인적 네트워크를 조성을 통해 정부와 기업차원에서 해외 투자 기업들의 리스크를 줄여야 한다(미래전략연구원, 2008. 3. 21). 통상적인 외교활동을 중심으로 현지인들과의 정치·문화·사회 등의 다양한 교류, 정보망 확충을 기반으로 협력 대상국에 대한 이해를 높임으로써 경험부족이나 문화적 차이에서 발생할 수 있는 실패를 최소화하는 전략이 강화되어야 한다.

아울러 신고유가 시대 자원 개발의 '선택과 집중'을 통한 해외시장에서 경쟁력을 확보하기 위해 메이저 에너지회사를 육성에 대한 정부의 적극적인 지원책이 필요하다. 즉 해외자원 개발을 목표로 메이저 에너지회사 육성에 대한 정부의 적극적인 지원책이 제기된다. 현재 국내최대 석유 탐사 개발업체인 석유공사는 세계 100대 에너지기업 중 하루 생산량 5만 배럴의 98위다. 생산 실적을 기준으로 한 유전 광구 입찰에서 자격 심사에서 조차 탈락하는 실상이기 때문에 석유공사의 국제적 경쟁력 확보 노력이 지속되어야 한다.[20]

특히 정상외교를 통한 수입국의 다변화 전략이 더욱 강화되어야 한다. 비중동 산유국에 대한 에너지 의존율을 줄이기 위해 정상외교 및 패키지 에너지 자원 전략 추진이 지속되어야 한다. 이런 점에서 러시아의 동시베리아 및 극동지역, 중앙아시아와 카스피해 지역, 아프리카, 중남미 지역의 중요성이 더욱 부각된다. 중장기적 차원에서 자원개도국에 대한 차관 및 공적개발원조(ODA) 증액, 한국의 압축적 경제성장 경험과 기술, 연수생 초청 확대 등 과감한 지원과 투자가 요구된다. 가장 안전하고 저렴하게 공급할 수 있는 조건을 구비한 에너지·자원시장을 발굴, 구체적인 탐사에서 프로젝트로까지 성사시키기 위해 정부 차원에서 치밀한 검토가 필요하다.

더욱이 러시아, 브라질, 리비아 등 자원부국들의 신자원민족주의가 강화되면서 국가전략 차원에서의 에너지 외교가 중요하다. 최근 자원부국들은 자원개발법 제정을 통해 합법적으로 외국기업의 지분 참여를 제한한다. 예를 들면 러시아정부는 주요 유전의 외국기업 지분을 51% 미만으로 통제하고 세금을 올려서 외국기업에 대한 견제를 강화함으로써 자국의 국영기업을 육성한다. 심지어 체결된 계약까지 무효화시킬 수 있는 법적수단까지 강행하고 있음에 주목해야 한다. 예를 들면 MOU 체결만 있을 뿐 본계약이 성사되기 전 일방저적인 취소 내지 지분 변경 등의 문제를 극복하기 위해 정부차원에서의 적극적인 의사소통과 지속적인 지원이 필요하다(조선일보, 2008. 5. 2).

마지막으로 향후 에너지 외교는 개별적인 에너지·자원 개발 사업과 중장기적 차원에서 기후변화 대응 차원의 에너지 기술과 정책에 주력해야 한다. 에너지정책은 화석연료를 계속 사용한다는 전제에서 탈피해야 한다. 화석연료 감축은 에너지 안보의 심각한 제약 요소로 작용할 수 있지만 에너지 확보 이상으로 중요한 외교적 과제이다. 에너지·자원 관련 국제활동 및 지역협력에 적극적으로 참여해야 한다. 2012년 출범을 앞둔 새로운 기후변화체제에서 한국은 감축 의무 국가는 아니지만 이산화탄소 배출량을 줄이는 노력과 정책이 병행되어야 한다. 이런 점에서 정부는 기후변화와 새로운 에너지 문제에 관한 국제적 논의에 참여하고 동북아에너지 협력 방안에 대한 논의를 주도하거나 에너지 국제적 레짐(regime) 형성에 적극적인 참여를 모색해야 한다.

▌미주 ▌

1) KIEP, Webzine, www.kiep.go.kr(검색일, 2008. 06. 10).
2) http : //www.energytimes.kr(검색일 : 2008. 6. 14).
3) http : //www.energytimes.kr(검색일 : 2008. 10. 7).
4) 2005년 11월 제정된 에너지정책 수립과 집행을 위해 에너지기본법이다. 이법에 의해 대통령을 위원장으로 하고 민・관 동수의 위원들이 참여하는 '국가에너지위원회'가 설립된다. 국가에너지위원회는 20년 단위의 국가에너지 기본계획, 비상 에너지수급 계획, 신・재생에너지 기본계획 등을 심의・조정한다. 환경친화적 에너지 생산 및 이용 확대 등 환경적인 관점도 반영된다.
5) 카스피해연안의 아제르바이잔 원유를 그루지야를 경유해 지중해 연안으로 수송하는 BTC라인은 현재 단일 파이프라인으로 세계 최장인 1768km로 11년간 36억 달러를 투입했다. BTC라인을 통해 카스피해 해상에서 생산되는 하루 약 100만 배럴의 원유가 지중해를 통해 유럽과 미국으로 공급된다.
6) 미쓰이상사가 보유한 해외 유전에서 일본 국내에 들여오는 원유는 하루 15만 배럴이다. 한국의 전체 기업이 보유한 해외 유전에서 들여오는 원유량의 두 배 가량이다.
7) http : //www.energytimes.kr(검색일 : 2008. 6. 2).
8) http : //www.energytimes.kr(검색일 : 2008. 6. 5).
9) 러시아의 천연자원부는 지하자원법령 입안・운영을 통해 지하자원개발・인허가 업무를 담당한다. 주요 에너지 공기업은 로스네프트(석유), 가스분야에서는 가즈프롬(가스), 트랜스네프트사(송유관)가 각각 중추적인 역할을 한다.
10) http : //www.energytimes.kr(검색일 : 2008. 6. 14).
11) 세계 최대 천연가스 매장국 및 수출국인 러시아는 2020년 완공을 목표로 총 280억 달러를 투입해 동시베리아 및 극동 개발계획을 시행중이다. 이 사업의 일환으로 동부지역 가스전을 개발해 러시아 전체를 하나의 가스배관(UGSS)으로 연결하고 기존 유럽 일변도의 천연가스 수출체계를 아태지역으로 확대하는 동부가스계획이 추진중이다(더 자세한 논의는 6장 참고).
12) http : //www.energytimes.kr(검색일 : 2008. 9. 30).
13) 현재 동시베리아 및 극동지역에서 실질적인 원유 및 가스 생산이 이루어지고 있는 곳은 사할린 지역이다. 이 지역의 원유 및 가스 자원의 장점은 중동산 원유 대비 근거리 수송에 의한 비용 및 수송 위험이 낮고(국내 수송에 2-3일 소요), LNG의 경우 추운 날씨로 초과 선적이 가능하다. 본격적인 탐사 및 개발이 진행되고 있는 사할린-Ⅱ 프로젝트에서 한국은 2006년 2008년부터 20년간 연 150만t의 LNG를 도입하는 계약을 체결했다.
14) 이 회사에서 보유한 우라늄 양은 세계 2위이며 채굴로는 세계 5위다.
15) 2007년 한・러간 교역액이 150억 달러 중 수입액의 57%(약38억 달러)가 시베리아 및 극동지역의 원유와 유연탄 등 에너지・자원의 수입에 집중되었다.
http : //www.energytimes.kr(검색일 : 2008. 9. 29).
16) http : //www.energytimes.kr(검색일 : 2008. 06. 14).
17) 지리적으로 중앙아시아지역은 카스피해 동쪽에 위치한 우즈베키스탄, 카자흐스탄, 투르크메니스탄, 타지키스탄, 키르기스스탄 등 5개국이다. 카스피해는 러시아, 카자

흐스탄, 투르크메니스탄, 이란, 아제르바이잔 등 5개국으로 둘러싸여 있는 면적 37만 1,000㎢의 염분 호수로 세계 3대 원유 및 가스 매장지로 추정된다.

18) 중앙아시아의 고려인들 역시 한-중앙아시아 협력에 중요한 역할을 한다. 이들의 대부분은 1937년 구소련에 의해 강제 이주한 한인들이다. 한국정부는 이들과 문화적 동질성을 유지에 주력하고 있으며 해당국 내에서 정치·사회적 권익 증진과 지역 내 협력기반 마련에 지원을 강화하고 있다. 독립국가연합(CIS) 내 거주하는 고려인은 대략 50만 명이다. 자원부국 카자흐스탄은 약 120개 민족으로 구성된 다민족국가로 고려인은 9번째로 많은 약 10만 명(0.6%)이 거주한다. 카자흐스탄 내 고려인은 정부와 의회, 법원 등에 진출하는 등 각계에서 중요한 활동을 한다(윤영미, 2008 : 83-84; Temur P. Salikhov, 2008 : 30-32).

19) 정부는 카자흐스탄과 우즈베키스탄에서 총 5,740t의 우라늄 장기도입 계약의 체결로 2017년까지 연간수요량의 20%를 충당할 수 있는 원전원료를 안정적으로 확보했다.

20) 2008년 6월 석유공사는 국제적 경쟁력 확보를 위해 2012년까지 4조1000억 원을 출자해 생산규모를 일일 30만 배럴 수준으로 확대하고 개발 분야 인력을 현재 450명에서 2500여명 수준으로 확대한다는 내용을 발표했다.

▌참고문헌 ▌

본 장은 「동서연구」 동서문제연구원(2008), 20(2)에 실린 글을 수정 및 보완했음.

김진우(2006), "중국의 에너지확보 전략과 시사점," 「에너지포커스」.

김재두·심경욱·조관식(2007), 「왜 에너지안보인가」 서울 : 한국국방연구원.

이성규·윤영미(2006), "미국의 대러시아 에너지 정책 : 현황과 전망에 대한 고찰," 「비교경제연구」 제13, 2호.

이광우(2008), "고유가시대 신자원민족주의의 영향," 「에너지포커스」.

윤영미(2005), "탈냉전기 카스피해 유전을 둘러싼 국제 갈등체제의 쟁점," 「사회과학연구(서강대)」 제13호.

_______(2006), "러시아의 동시베리아 및 극동지역 에너지개발 정책과 현황," 「한몽경상연구」 제17권, 제2호.

_______(2008), "고유가 시대 에너지위기 대응 대안과 과제," 「군사저널」 No. 42.

장병옥(2001), 「중앙아시아 국제정치의 이해」 서울 : 한국외국어대학교 출판부.

조윤(2008), "우리나라 에너지외교의 바람직한 방향," 「외교」 제86호.

허태회(2008. 10. 17), "에너지 위기의 가능성과 대응방향," 2008년 한국세계지역학회 추계학술회 발표논문.
현승수 · 이웅현 (역)(2008), 「부활하는 러시아의 자원외교」 서울 : 전략과 문학.
Lee, Churl Gyu(2003. 7. 3), "Toward Strategy Partnership with Countries in Northeast and Central Asia," Paper presented at the KEEL-IBRE Joint International Symposium on Energy Resource Cooperation and Corporate Strategy in Northeast and Central Asia, Seoul.
Mastepanov, Alexey(2006. 9. 15), "About Gazprom and its Activities in the East of Russia and in the Countries of the Asia-Pacific Region," Paper presented at the KEEI 2006 International Symposium on Northeast Asia Energy Cooperation in Commemoration of the 20th Anniversary of KEEL, Seoul.
Salikhov, Temur P(2008, 7. 3), "Current Status and Prospects for Energy Resources and Infrastructure Development in Uzbekistan." Paper presented at the KEEL-IBRE Joint International Symposium on Energy Resource Cooperation and Corporate Strategy in Northeast and Central Asia, Seoul.
「미래전략연구원」 2008. 3. 21.
「조선일보」 2008. 5. 2.
「한국경제」 2008. 5. 28.
「중앙일보」 2008. 8. 14.
KIEP, Webzine, www.kiep.go.kr(검색일 : 2008. 06. 10).
http : //www.energytimes.kr(검색일 : 2008. 06. 02).
http : //www.energytimes.kr(검색일 : 2008. 06. 05).
http : //www.energytimes.kr(검색일 : 2008. 06. 14).
http : //www.energytimes.kr(검색일 : 2008. 9. 29).
http : //www.energytimes.kr(검색일 : 2008. 9. 30).
http : //www.energytimes.kr(검색일 : 2008. 10. 07).
http : //blog.daum.net/cslee-rusia/11487187(검색일 : 2008. 12. 1).

제 9 장

석유고갈시대에 에너지위기와 안보

가상 시나리오 분석

I 국제 에너지안보 환경의 변모

1970년대 석유위기, 1980∼90년대 저유가 시대, 그리고 2004년 이후 최근의 "신고유가시대"를 겪으면서 그동안 한국사회가 나름대로 에너지위기 상황을 잘 극복해왔으나 에너지 대책의 큰 문제점은 지속적인 해외석유의존도 심화와 에너지안보 종합대책의 부재에 있다. 최근 신고유가의 주요원인으로 중국·인도 등 신흥 개도국의 경제성장으로 인한 급속한 수요증가 및 OPEC 국가들의 여유 생산능력 부족과 제한적 증산정책 등이 제기된다. 여기에 달러화 약세 및 미국 금리인하로 인한 원유 선물시장에 투기자금 유입과 터키-쿠르드 반군간의 갈등, 나이지리아 반군의 석유시설 공격, 이란 핵문제 등 지정학적 불안 요인이 함께 맞물려 에너지 수급체계가 매우 불안정한 상황이다.[1] 따라서 이처럼 세계 에너지수요 급증 및 불확실한 석유시장 전망, 급변하는 에너지 여건 및 국제에너지 환경, 여기에 우리가 처한 심각한 해외 에너지의존 상황과 미흡한 대체에너지 개발 상황에 비추어 볼 때 언제든지 닥칠 수 있는 심각한 "에너지 위기 상황"에 대비하여 정부 차원에서 중장기 에너지안보 대책을 마련하고 에너지 위기관리체계를 정비하는 것은 우리 국가의 안보와 생존이 걸린 매우 중요한 사안이라고 하겠다(한국경제주평, 2008. 6. 20).

먼저 한국이 직면한 가장 큰 문제 중의 하나는 에너지소비의 증가세가 지속되고 있는 현재의 경제구조에 있다. 현재 우리의 에너지 수입 의존도는 97%로서 국가 전체 수입액 규모의 27% 이상을 에너지 수입비용이 차지한다. 이처럼 에너지 거의 전량을 수입에 의존하고 있는데 특히 한국은 중동산 석유수입 의존도가 81%에 달해 특정지역에서 막대한 에너지 수급을 의존하고 있는 취약한 상황에 처해있다. 최근 2000년대에 들어 1인당 에너지 소비 증가율은 둔화되고 있지만 에너지 수입액은 높은 상승률을 지속하며 총수입액의 26.6%를 차지하는데, 2007년도 기준으로 GDP 대비 10%에 달하는 '에너지소비의 꾸준한 증가세'를 보여주고 있다. 한국의 에너지원단위(총에너지소비/GDP)는 다른 국가들과 비교할 때 훨씬 높은 수준이다.[2)] 특히 주요 에너지 수입국중의 하나인 일본이 0.109인 데 비해 한국은 0.347로 3배 가까운 에너지 고소비구조를 갖고 있으며 신·재생에너지 보급률도 미국, 일본 등 다른 국가들과 비교하여 훨씬 뒤처져 있다.

최근 정부에서 발표한 제1차 「국가에너지 기본계획」도 바로 이러한 주요 에너지 지표들과 관련하여 에너지원단위를 2030년까지 0.185로 낮추겠다는 것과 에너지 자주 개발률을 4.1%에서 40%로 늘이고 원전 설비 비중을 현재 26%에서 2030년에 41%로 확대하는 한편, 신·재생에너지 보급율도 2.1%에서 11%로 증대하여 석유의존도를 43.6%에서 2030년에 33%로 감축하겠다는 것이다. 그러나 이러한 국가 에너지기본계획도 과거 에너지 정책들이 추진과정에서 실제 기대 목표보다 훨씬 미달하였던 점이나 현재 우리 정부의 에너지문제에 대한 "지나치게 낙관적이며 시장중심적인 접근" 태도를 고려해 볼 때 아직도 근본적이며 실질적인 에너지대책 마련에는 미흡한 상황이다. 따라서 현재 에너지 안보환경 및 여건의 변화에 부합하는 우리나라의 에너지 정책이나 에너지위기 대응 시스템 하에 위와 같은 에너지 위기상황이 발생하였을 경우, 군 전력 및 안보에 어떤 문제가 발생할 것인지에 대해 가상실험분석을 통해 구체적으로 살펴보는 것도 매우 의미 있는 일이라고 하겠다. 이런 맥락에서 본 장은 에너지위기와 국가안보에 대한 가상시나리오의 분석을 토대로 에너지 위기상황이 안보분야에 미치는 단계별 예상 피해와 파장, 문제점 및 향후 대책방안을 분석하고자 한다.[3)]

 에너지위기와 가상시나리오 분석모델

최근 2003년 이후 2007년에 이르기까지 고유가로 인한 유가충격이 한국 경제사회 전반에 파급효과를 미치면서 정부도 '초고유가 대응책'을 마련하는 등 나름대로 대책마련에 부심하고 있다. 그러나 이러한 정부의 대책에도 불구하고 우리가 처한 심각한 해외 에너지의존 상황이나 국제에너지환경의 변화, 미흡한 대체에너지 개발 상황에 비추어 볼 때 에너지 위기상황에 대비한 우리 국민의 에너지절약 의식이나 정부의 실질적인 대책 마련은 아직도 미흡한 것이 사실이다. 향후 이런 문제점을 제기, 국민들에게 에너지위기상황에 대한 경각심을 고취시키고 정부의 보다 적극적인 에너지위기 대응책 마련을 촉구하기 위해 가장 체감적인 방법으로 에너지위기상황에 대한 가상 시나리오를 구성해보고자 한다. 먼저 이 가상시나리오는 '충격 모의실험(Shock Simulation)' 작업을[4] 한 결과를 토대로 구성되었는바 여기에서 에너지위기란 "국내외적 다양한 요인에 의해 에너지 수급차질이 생기거나 공급부족이 되는 상황으로서 고유가로 인해 발생하거나 또는 원유수급차질로 발생하는 위기상황"으로 개념을 정의한다. 아울러 석유위기란 "국내외적 다양한 요인에 의해 발생한 석유 수급의 차질로서 여기서 평시 대비 7% 이상의 원유 또는 석유제품의 공급이 중단되거나 부족한 상황"을 의미하는데 과거에는 이러한 위기가 일시적 공급애로에 의해 발생하는 경우가 많았으나 최근에는 기본적으로 빠듯한 수급상황에 기인하는 것으로서 작은 시장충격에도 가격이 급등하고 있어 심각한 문제가 되고 있다.[5] 따라서 이제 에너지문제는 세계 에너지시장 구조상 국가안보문제로 직결될 가능성이 높아지고 있어서 정치, 군사, 외교, 경제를 포함한 종합적인 문제로 다루어져야 할 상황이 되어가고 있다(이재승, 2008. 7. 16).

에너지위기 가상시나리오의 3가지 유형은 유가 배럴당 200불처럼 정부통제가 가능한 상황과 유가 배럴당 300불처럼 정부통제가 어려운 위기상황 그리고 원유수급에 차질이 발생하여 근본적인 위기상황이 닥칠 경우로 분류한다. 현재 정부의 에너지위기 대응 시스템의 현황과 실태를 살펴보기 위해 위의 3가지 상황이 발생하였을 경우 국가 안보가 어떤 비상상황에 처할 것이며, 어떤 대책이 강구될 것인지 가상시나리오 형태로 분석하는바 <표 9-1>은 이러한 초고유가 및 원유수급 차질의 파급효과가 안보분야에 미치는 영향을 기본 분석틀로 나타낸 것이다.

〈표 9-1〉 기본 분석틀(Analytical Framework)의 체계도

▷ 투입(고유가) → □안보 및 핵심분야 → ▻파급효과 → 수용능력 → ▶한계상황
▷ 유가인상분 → □분야별 기능유지 → ▻충격영향 → 대체방안 → ▶최종피해
㉮ 30%인상 → ㉮ 교육훈련의 30%단축 → ㉮ 모의훈련 → ㉮ 전투력약화

에너지위기 가상 시나리오의 유형 분석과 대응

3.1. 1단계 : 정부통제가 가능한 상황과 예상피해(유가 200불 상황)

유가가 극단적으로 치솟았을 때 또는 심각한 수급차질이 발생하였을 경우 국가 안보는 어떤 상황에 놓이게 될 것인가? 군사안보 문제의 성격상 아무리 에너지위기가 발생한다고 해서 통상적인 국가방위를 위한 활동이나 기본적인 안보능력의 유지에 제한을 받아서는 안 될 것이다. 특히 군의 경우 여건상 대북 전쟁 억제력 유지 및 이와 관련된 일체 군사 활동을 위한 군사력 운용은 군 예산 및 에너지 소요 제한 등의 한계를 초월하는 절대적인 국가 안보적 요구사항이다. 그럼에도 불구하고 초고유가로 인해 갑자기 에너지위기가 발생할 경우 심각한 안보위기 상황을 초래할 수 있어 이 문제를 가상시나리오에 근거해 분석해 보고자 한다.

고유가가 장기적으로 지속될 경우에 제일 먼저 심각한 타격은 국가경제 부문이고 이에 따른 경제성장률 하락이지만 이후 이에 따른 국방비 예산 감축이 먼저 예상된다. 최근 한 민간연구소 보고에 따르면 유가가 200불로 치솟을 경우 한국 경제는 4.9%의 성장하락이 전망되어 사실상 2008년 예상치인 4.7%를 밑돌기 때문에 마이너스 성장을 면치 못할 것으로 예상된다(삼성경제연구소 자료, 2008). <표 9-2>에서 보듯이 민간소비와 투자 증가율이 각각 7.5%와 3.1% 하락하고, 212억 달러의 경상수지 적자가 발생함에 따라 대략 4.9%의 경제성장률 하락요인이 될 것으로 전망되었다. 문제는 장기 고유가로 인해 경제성장에 문제가 생기면 이것은 다음해 국가예산수립 및 지출에도 큰 영향을 미치게 된다. 이에 따라 자연적으로 국방비 예산에 5%의 삭감효과를 미치게 되어 사실상 국가안보 분야 전체에 타격을 주게 된다. 또한 소비자물가가 3.2% 상승하게 되어 국방예산의 실질 구매력이 그만큼 더 하락하게 되는 효과를 미치게 된다.

〈표 9-2〉 유가 $200시 거시경제 효과

(단위 : %, 억불)

시나리오	거시경제 영향($100 대비)			소비자물가 상승률	제조업 원가 상승률	무역수지
	경제성장률	민간소비	설비투자			
$200	-4.9	-7.5	-3.1	3.2	18.9	-212

출처 : 삼성경제연구소(2008).

고유가의 안보분야에 미치는 파장은 더 직접적일 수도 있기 때문에 이 문제를 보다 구체적으로 살펴보면, 고유가와 이로 인한 '군 교육훈련 차질 및 장병관리의 차질'이 예상된다. 1995년 군이 책정한 유류는 587만 드럼으로 정점을 이뤘던 것이 IMF를 겪으면서 480~495만 드럼으로 축소되었으나 최근 점차적으로 증가하고 있다. 2005년 국방부의 배럴당 유류 예산 책정 단가는 27.4달러였으며 총예산은 3,209억 원이었는데, 같은 해 두바이유의 평균 유가는 55달러 수준으로서 배정된 예산으로는 소요의 절반밖에 조달할 수 없었다. 2008년 배럴당 74달러를 기준으로 총 소요 575만 드럼의 구입이 가능한 7,418억 원을 확보했다. 유가 급등으로 불과 3년 사이에

4,209억 원의 예산이 추가로 책정돼 매년 유류 조달에 약 1,403억 원의 재원이 증액되었는데, 만약 유가가 배럴당 150달러일 경우는 1,320억 원, 170달러일 경우는 대략 2,068억 원의 군 유류예산이 부족하게 되며, 유가가 200달러일 경우에는 약 3,188억 원의 유류예산이 부족하게 된다.

이와 같은 유류가격의 파동 시 국방부는 과거처럼 정부예비비로 충당하거나, 인상전 계약방법 또는 유류 초긴축 운영정책을 통해 문제를 해결할 수밖에 없다. 사실상 최근의 고유가 문제에 대해 국방부는 분야별 '4단계 유류절약계획'을 수립하여 고강도 유가대책을 추진했다. 그러나 군 특성상 전투준비 태세나 국방경비 분야에는 기본적인 소요를 줄일 수가 없으므로 대체로 이러한 고강도 절약계획은 교육훈련 및 장병복지와 장비운영 분야에 먼저 집중될 수밖에 없어 이런 분야부터 차질이 생길 가능성이 높다.

구체적으로 <표 9-3>에서 보는 바와 같이 장비운영용 유류는 공군이 전체 소요의 절반 이상을 차지하고 있으며, 나머지 절반은 육군과 해군이 각각 비슷하게 차지하고 있다. 반면에 난방 및 취사유 유류는 지원병력 규모가 가장 큰 육군이 76%와 83%를 점유하고 있으며, 해군과 공군은 각각 10% 수준을 유지하고 있어 비교가 된다(김재두 외, 2007 : 234). 즉 군사용 유류 중 교육훈련과 장비유지에 소요되는 예산규모는 부대규모에도 불구하고 공군의 전투기 훈련용 유류가 가장 큰 비중을 차지하고 해군의 함정용 유류와 육군의 궤도차량을 포함한 장비용 유류가 거의 동일한 수준으로 소요되고 있음을 알 수 있다. 따라서 만약에 배럴당 200불이 넘는 장기 고

〈표 9-3〉 각 군별 평균 유류예산 소요비율

구 분	장비운영용	난방용	취사용
육 군	26%	76%	83%
해 군	21%	11%	10%
공 군	53%	13%	7%

출처 : 김재두 외(2007), "왜 에너지안보인가?," 한국국방연구원, p.234.

유가 파동이 지속된다면 군 전체로는 교육훈련 및 장병복지와 장비운영 분야가 가장 큰 영향을 받을 것이며, 각 군별로는 공군의 조종사 훈련, 육군의 장병관리 및 복지, 해군의 기동훈련 등이 가장 먼저 큰 영향을 받을 것으로 예상된다. 특히 선진국들의 최소비행훈련시간이 160 시간인 데 반해, 현재 우리 공군의 134 시간 미만으로의 훈련시간 감축은 훈련부족으로 인한 전투준비 태세 약화와 전투기 안전사고에 대한 불안을 가중시킬 수 있다. 전차나 함정, 전투기가 실전에서 제대로 운용되기 위해서는 평시 효율적인 교육훈련이 매우 중요하다. 그러나 <표 9-4> 국가별 공군조종사 연간비행시간의 비교에서 볼 수 있듯이 고유가로 인한 어려운 경제적 여건에도 불구하고 가급적 훈련용 유류지원의 제한을 두지 않는 주변 선진국들에 비해『공군 비행관리 규범』의 최소기준인 160 시간에도 못 미치는 우리 공군의 열악한 훈련여건으로 취약한 안보상황이 노출됨을 알 수 있다.

〈표 9-4〉 2005년 국가별 공군조종사 연간비행시간

구 분	미 국	영국, 캐나다	프랑스, 호주	중 국	일본, 독일
시 간	전투기 : 189 폭격기 : 260	210	180	구형기 : 130 신예기 : 180	150

출처 : 김재두 외(2007), p.246.

<그림 9-1>이 보여주듯이 배럴당 200불이 넘는 에너지위기 상황이 발생할 경우에는 전투준비 태세나 국방경비 분야에는 당장 차질이 없겠지만 고강도 유류절약계획으로 인한 교육훈련 및 장병복지와 장비운영 분야는 10% 내외의 차질이 생길 수밖에 없으며 이로 인한 안보역량의 약화가 초래될 수 있을 것으로 전망된다.

<표 9-5>은 70년대 이후 고유가 이전의 유류 파동시 기존의 군 대응책을 보여준다. 현재 고유가로 인해 에너지 위기가 발생할 경우에 대비해 정부 차원에서 군은 2005년 10월부터 4단계에 걸친 유류절약 통제계획 <표 9-5 참조>을 세우고 시행 중인데, 1단계로 자율적인 절약방법, 2단계로 의무적

〈그림 9-1〉 에너지위기 1단계의 상황과 그 파장

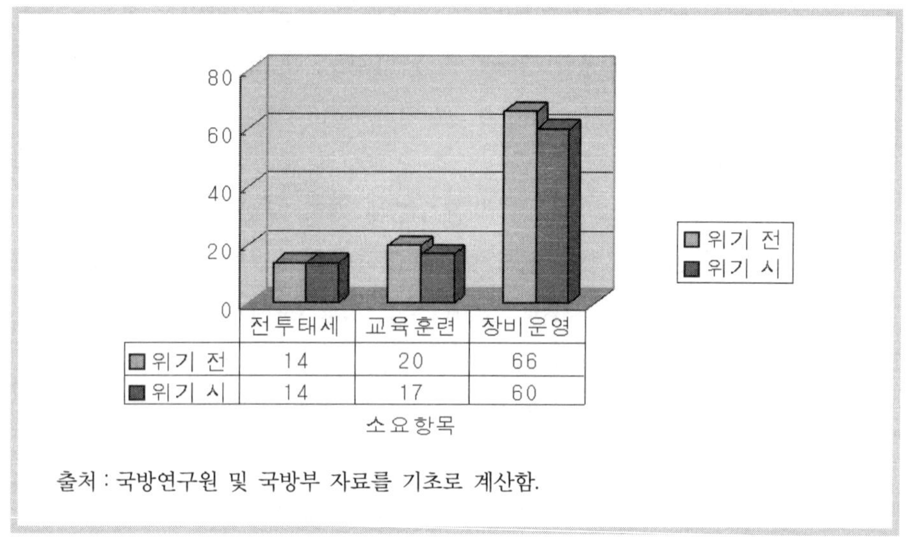

	전투태세	교육훈련	장비운영
위기 전	14	20	66
위기 시	14	17	60

출처 : 국방연구원 및 국방부 자료를 기초로 계산함.

〈표 9-5〉 유류 파동시 기존의 군 대응책

시기	주요 내용
제1차 석유파동 (73년 제4차 중동전)	중동전 이후 국제 원유가격 인상으로 국제 유가 2차 인상됨. 1차 인상 11%(73.8.8) : 소요부족분(4만 드럼 · 1억4000만 원) 군 예비금 액으로 충당-2차 인상 26%(73.12.5) : 인상 전 계약으로 문제 해결함
제2차 석유파동 (79년 이란 혁명)	이란 혁명 영향으로 전년 대비 유가 2배 이상 급등함. 80년 이후 : 저유시설 확보 강구(율곡계획), 전투 예비량 확보함. 85년 : 유류 수요 억제훈련(9억7000만 원 절약) 및 87년 : 10% 절약 노력(난방시간 조정 · 통합배차 등)함
96~97년 (국제유가 급등 및 IMF(외환위기) 사태)	국제유가 급등 및 외환위기 사태로 유류에 대한 초긴축 운영함. 96년 : 유류예산 344억 원(15%) 부족, 10% 유류절약 · 국채 조기 집행함. 97년 : 유류예산 318억 원(13%) 부족, 10% 유류절약 실시함
외환위기 사태 이후 (99~2002년)	지속적인 유류 절약형 부대 운영 및 유류예산 집행시기 조정함. 국제유가 및 실례가 고려 계약 추진함

인 절약방법, 3단계 강제적인 방법 등으로 나누어 단계별 조치를 강구하고 있다. 따라서 현재 국방부가 자체적으로 마련한 4단계 유류절약계획을 분야별로 살펴보면, 2007년 1월 1단계, 2007년 10월 23일~2008년 3월 2단계를 거쳐 2008년 3단계에 돌입했다. 3단계는 전체 유류 소비량의 11%를 절약하고, 실내 온도는 18도로 낮추고, 간부 목욕은 주 2회로 줄이고, 훈련과 측정은 통합하고 비행시간도 15% 단축한다. 2008년 7월을 기점으로 4단계를 실시했다. 유류 소비량 절감 목표가 14%로 부대 운영과 훈련 참가 장비를 최소화하며 비행시간도 20% 단축했다<표 9-6 참조>.

2008년 7월 초 정부의 고유가 대응책 내용에는 이처럼 단계적으로 '유가만 상승 시 자율적 에너지 절약정책,' '가격급등과 수급차질시 에너지 소비 억제정책' 등이 포함된다. 따라서 안보분야에서도 정부통제가 가능한 유가 200불의 상황 시에는 주로 "자율적 에너지절약정책"이 대안으로 제시될 수 있다.

〈표 9-6〉 국방부 단계별 유류절약 계획

구분	1단계 (6% 인상시)	2단계 (8% 인상시)	3단계 (13% 인상시)	4단계 (13% 이상 인상시)
편성물량	575			
절약목표	29(5%)	46(8%)	63(11%)	81(14%)
사용계획	546	529	512	494

출처 : 「국방일보」 2008. 06. 13.

따라서 국방부는 '4단계 고강도 고유가 대책'의 일환으로 1) 전투준비태세 분야는 기존의 2단계 유지 및 3단계 시행을 검토하는, 한편 2) 교육훈련 분야는 최고 단계인 4단계를 적용하고, 3) 장병복지와 장비운영 및 기타 분야도 4단계 유지와 추가적 절약정책을 실시했다.

국방부가 3개 분야로 나눠 마련한 유가 상승에 따른 구체적인 세부지침을 살펴보면, 전투준비태세는 전투준비태세 작전대응 등을 고려, 2-3단계를 적용하면서, 비축·설치장비의 가동상태 유지에 필요한 최소한의 유류 등 전투준비태세에 사용되는 유류에 대해서 구체적인 단계별 유류절약 목표와 실천방법을 규정한다. 여기에는 "공세적 기동부대로서 훈련은 반드시 하되 작전계획에 지장이 없는 범위 내에서 유류절약형 훈련을 실시한다. 부대 특성상 전차와 장갑차 등 유류 소비가 많은 장비를 운용하고 있는 점을 감안 대대별로 중복되는 훈련은 과감히 통합한다" 등이 있다.

전투태세분야도 2단계인 8%절약을 목표로 비축·설치장비의 가동상태 유지하여 전투력 약화를 최소화하는 데 주안을 두는 한편 교육훈련분야는 14% 절약을 목표로 하되 작전계획에 지장이 없는 범위 내에서 유류절약형 훈련을 실시, 중복훈련은 과감히 통합하면서 장병복지와 장비운영분야도 4단계 14% 감축을 목표로 실내온도 조정, 관용차량 운행감축 등 유류절약형 부대관리에 돌입한다는 것 등이 포함되어 있다.

3.2. 2단계 : 정부통제가 어려운 초고유가 상황과 예상피해 (유가 300불)

만약에 고유가가 장기적으로 지속되어 배럴당 200불이 넘고 300불까지 치솟을 경우에 경제는 '200불 시 4.9%의 성장하락'을 넘어 심각한 경제위기 국면에 들어가게 될 것이다. 마이너스 경제성장은 물론 경기침체, 생산성둔화, 고도의 인플레이션 발생, 실업률 급증 등 경제사회 전반에 걸쳐 비상상황에 돌입하게 될 것으로 예상된다(한국경제주평, 2008. 6. 20).

〈표 9-7〉 유가 $300시 거시경제 효과

(단위 : %, 억불)

시나리오	거시경제 영향($100 대비)			소비자물가 상승률	제조업 원가 상승률	무역수지
	경제성장률	민간소비	설비투자			
$300	-8.4	-13.1	-7.9	10.1	33.2	-371

출처 : 삼성경제연구소(2008).

<표 9-7>이 보여주듯이 100불시에 비해 민간소비와 설비투자가 각각 13.1%, 7.9% 줄어들고 경제 성장률은 8.4%의 감소효과가 발생하게 될 것이다. 따라서 만약에 2008년 잠재 성장률을 4.7%로 전제할 경우, 유가 300불 시 실제로 경제는 마이너스 3.7%가 될 수 있다. 무역수지는 약 371억불의 악화요인이 발생할 것으로 추정된다.[6] 이것은 국가예산 수립 및 지출에도 큰 영향을 미치게 되어 자연적으로 차기년도 국방비 예산의 10% 내외의 삭감효과를 가져오게 될 것이다. 또한 소비가물가가 10% 상승하게 됨으로써 국방비 예산의 실질 구매력이 10% 더 감소하는 결과를 초래하게 된다. 이처럼 상당한 규모의 국방비 삭감이 예상되고, 나아가 군사안보 분야 전체에 걸쳐서 심각한 타격이 미칠 것으로 예상된다. 유가가 300불이 넘는 경우 안보분야의 예상 피해 및 문제점으로 8.4%의 경제성장률 저하와 이에 따른 10% 이상의 국방예산 감축이 예상되었지만 이러한 초고유가의 지속은 실질적인 안보역량의 약화를 초래할 수 있다. 이미 살펴보았듯이 국방부는 올해 2008년 배럴당 74달러를 기준으로 총 소요 575만 드럼의 구입이 가능한 7,418억 원을 확보했다. 유가 급등으로 불과 3년 사이에 4,209억 원의 예산이 추가로 책정되어 매년 유류 조달에 약 1,403억 원의 재원이 증액되었다. 만약 유가가 배럴당 170달러 일 경우는 대략 2,068억 원의 예산이 부족하게 되며, 유가가 200달러일 경우에는 약 3,188억 원의 유류예산이 부족하게 되고, 300달러일 경우에는 최소한 4,000억 원 이상의 유류예산이 부족하게 된다.

이와 같이 '초고유가'로 인한 유류가격 파동 시에 국방부는 이전 상황처럼 정부예비비로 충당하거나, 인상 전 계약으로 해결하는 방법 또는 유류 초긴축 운영정책을 통해 문제를 해결할 수 있는 상황이 아니므로 고강도 비상대책을 강구할 수밖에 없다. 고유가 문제에 대해 국방부가 추진하고 있는 분야별 '4단계 유류절약계획'을 넘어선 초고강도 유가대책을 마련하여야 할 것이다. 따라서 군 특성상 기본적인 소요를 줄일 수가 없었던 전투준비 태세나 국방경비 분야까지 초고강도 절약계획이 실시될 수밖에 없어서 교육훈련 및 장병복지와 장비운영 분야는 물론, 이제 전투준비 태세나

국방경비 분야까지 심각한 차질이 발생할 수밖에 없을 것으로 예상된다. 거의 모든 분야에서 ‘초고강도 고유가 대책’을 수립, 기존의 교육훈련 및 장병관리와 장비운영 분야는 물론 신성불가침 영역이었던 전투준비 태세 분야에까지 추가적인 절약단계로 들어가면서 군전투력유지에 심각한 타격을 미칠 것으로 예상된다.

따라서 구체적인 대책으로 이제 비축·설치장비의 가동상태 유지에 필요한 최소한의 유류 등 전투준비 태세에 사용되는 유류에 대해서도 이제 고강도 유류절약을 실시하고 공세적 기동부대로서 훈련은 반드시 하되 작전계획에 차질이 없는 범위 내에서 유류절약형 훈련을 실시하는 것이 포함되어야 한다. 부대 특성상 전차와 장갑차 등 유류 소비가 많은 장비를 운용하고 있는 점을 감안하여 대대별로 중복되는 훈련은 과감히 통합하는 방안도 검토해야 할 것이다(국방일보, 2008. 03. 26). 이러한 상황은 결국 <그림 9-2>가 보여주듯이 배럴당 300불이 넘는 ‘초고유가 에너지위기상황’이 발생할 경우에는 군수 및 병참지원 급감으로 전투 지속능력의 약화, 군부대

〈그림 9-2〉 에너지위기 2단계의 상황과 그 파장

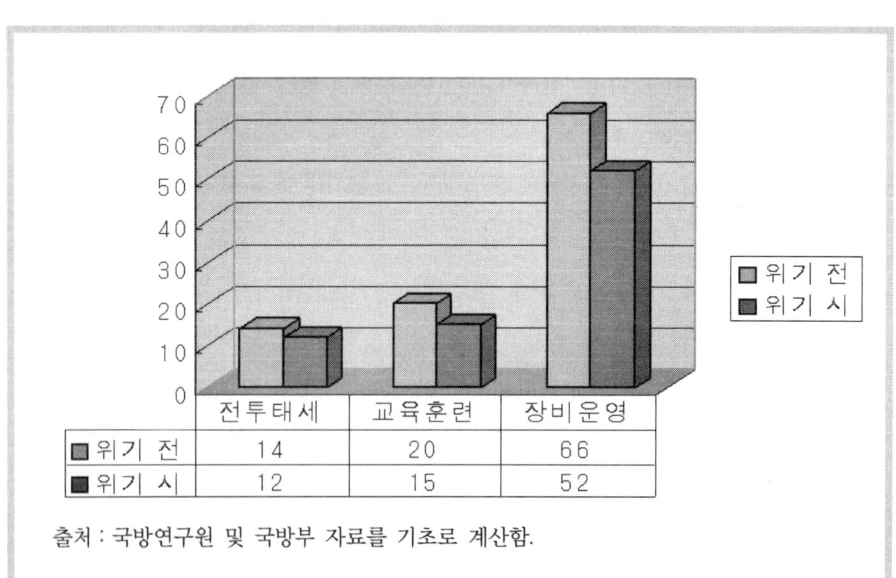

	전투태세	교육훈련	장비운영
위기 전	14	20	66
위기 시	12	15	52

출처 : 국방연구원 및 국방부 자료를 기초로 계산함.

시설유지 및 부대막사의 난방문제 발생, 육 해상경계 약화 등과 같은 심각한 안보문제의 야기로 인해 실질적인 안보능력의 유지에 큰 영향이 미칠 수 있음을 의미한다.

만약에 이와 같이 현재 정부차원에서 통제하기가 어려운 상황으로 진전될 경우, 정부가 대안적으로 생각해 낼 수 있는 방법은 1단계의 자율적인 조치보다 더 강력한 '의무적인 절약방법,' 또는 '강제적인 방법' 등을 조치할 수밖에 없을 것이다. 앞에서 취한 1단계의 상황 시에 국방부가 사용하였던 '자율적 에너지절약정책'보다 더 강도 높은 조치가 취해져야 하는 것이다. 국방부 유류절감 4단계 계획을 거의 전 분야에 확대 실시하는 한편[7] 이제 강제적인 비상대책으로 석유배급제 실시와 전략비축유의 제한적 방출과 같은 비상대책도 고려되어야 하는 것이다.[8]

3.3. 3단계 : 정부통제가 불가능한 원유수급 차질 상황에 대한 시나리오

초고유가로 인한 유가충격이 한국 경제·사회 전반에 미치는 파급효과도 문제지만 석유에너지 대부분을 특정지역에만 의존하고 있는 우리의 에너지 수급구조상 만약에 에너지 생산지역에서의 국제분쟁, 또는 해상운송로 봉쇄와 같은 비상상황이 발생하여 수급차질에 문제가 생길 경우, '에너지 위기상황'은 국가 비상사태로 발전될 수 있어 향후에 이러한 위기상황 시 그 피해와 대응책을 살펴본다. 우선 원유수급과 해상수송로 안보문제가 제기된다. 우리 해외원유수입의 76%를 차지하고 있는 중동 원유의 도입통로를 살펴보면 중동 → 호르무즈해협 → 인도양 → 말라카 해협 → 남중국해 → 필리핀 해협 → 대만해협 → 한국으로서 대략 2만 5천km 거리이다(서울과 부산의 약 30회 왕복거리). <그림 9-3>에서 볼 수 있듯이 이 수송로는 유조선으로 총 41~43일이 걸리는 긴 거리인데 국가 간의 이해관계가 첨예하게 얽혀 있는 민감한 지역들로서 언제라도 국제분쟁이 발생할 수 있는 지역이다. 구체적으로 보면 이 수송로는 호르무즈 해협(이란 핵문제),

〈그림 9-3〉 세계 주요 석유 운송로

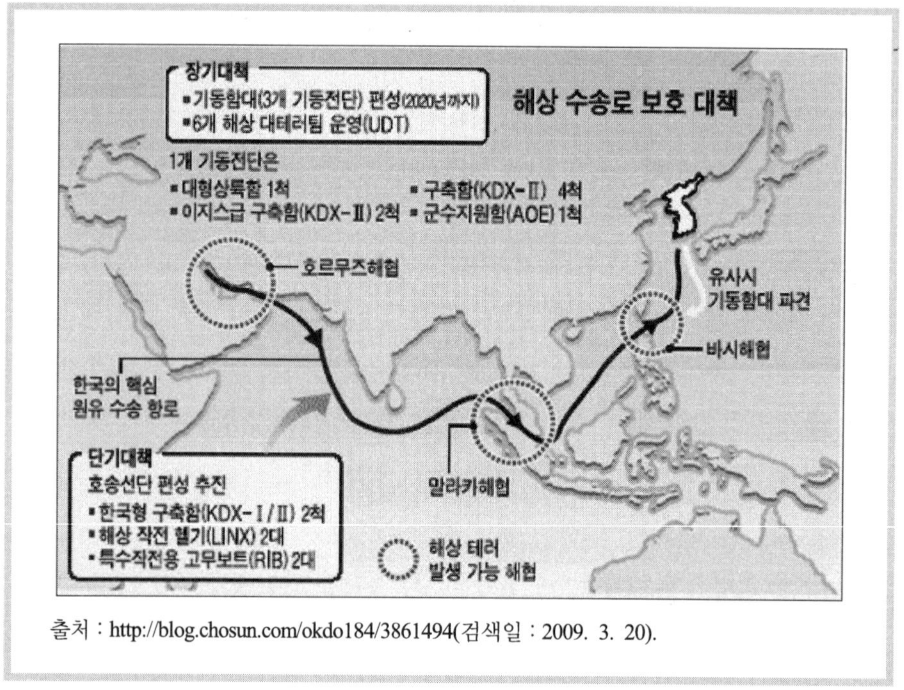

출처：http://blog.chosun.com/okdo184/3861494(검색일：2009. 3. 20).

말라카해협(해적과 Aceh독립운동, 알 카이다 등의 테러활동), 남중국해 영토(자원 분쟁), 대만해협(중국과 대만의 군사적 갈등) 등을 거치게 되어 있는데, 그중에서 특히 해상수송로 안보관점에서 가장 취약한 지역은 호르무즈해협과 말라카 해협이다. 우리 정부가 도입하는 총 도입원유의 76%, 중동도입 원유의 100%가 이 호르무즈해협과 말라카 해협을 통과하는데, 일일 175만 배럴의 원유가 통과하는 지역으로서 미국 해군이 실질적으로 보호하고 있는 지역이기도 하다.[9)]

특히 호르무즈 해협의 특징은 페르시아만에 위치, 이란 이라크, 사우디아라비아, 쿠웨이트, 오만, 아랍에미레이트에 의해 둘러싸인 지역으로서 전세계 원유의 40%, 중동산 원유의 90% 이상(하루 1,500만-1,600만 배럴)이 통과되고 있다.

그중에 폭이 가장 좁은 곳은 6km로 이란과 아랍 에미리트 사이에 있는

데 문제는 미국과 이란 의 핵 갈등 문제, 미국 침공 시 이란의 일방적 수출 중단 및 봉쇄, 테러활동에 의한 수송중단 등으로 인해 이 해협의 봉쇄 가능성이 상존한다.[10) 또한 말라카 해협의 특징은 수마트라의 인도네시아 동쪽 해안과 말레이 반도 서쪽 해안 사이에 위치하며, 인도양과 태평양을 연결하는 최단 항로로 이 해협의 가장 협소한 지역은 말레이시아 반도의 남서쪽 끝 지역의 폭은 13.7km이다. 해적과 인종·종교에 기초한 다양한 무장 테러단체들의 활동이 활발한 지역이기 때문에 말라카 해협의 봉쇄 가능성도 다음과 같은 이유로 매우 높다. 예를 들면, 해적행위 가능성으로 전 세계 해적활동의 60%가 말라카 해협에서 발생하고 있어 선박사고의 위험성이 높다. 연간 5만여 척의 선박이 통과하고, LNG 공급량의 2/3가 통과하며 인도네시아 분리/독립 반군의 해적 활동과 알카이다 등의 테러 활동 등으로 인해 항상 선박사고의 위험성이 존재하는바 만약 이들 해협에서 문제가 발생하여 호르무즈 해협이나, 말라카 해협이 봉쇄된다면 그 파급효과는 실로 엄청나 원유 가격의 급속한 상승은 물론 심각한 안보문제가 될 것이다. 특히 이런 문제로 해상 수송 중단이 장기간 지속될 경우 비록 우리 정부가 약 120일분(4개월 소비량)정도의 전략비축분이 있다하더라도 국가안보에 치명적인 타격을 미칠 수 있다.

따라서 3단계 장기적 원유수급차질 시 안보분야의 예상피해 및 문제점을 살펴보면 다음과 같다. 첫째, 대북 전쟁 억제력에 문제가 발생할 가능성이 높다. 군사안보 문제의 성격상 아무리 에너지위기가 발생한다 하더라도 대북 전쟁 억제력 유지 및 이와 관련된 일체 군사활동, 또 독도 문제와 같은 주변국과의 갈등문제 대비를 위한 군사력 운용은 군 예산 및 에너지 소요 제한 등의 한계를 초월하는 절대적인 국가 안보적 요구사항이다. 그러나 석유해상운송로나 석유원산지 지역에서의 국제분쟁 발발처럼 원유수급 차질로 인해 갑작스러운 에너지위기가 발생, 장기화될 경우 이 문제는 앞단계의 고유가 상황과는 비교할 수 없을 정도의 심각한 안보위기 상황을 초래할 것이다. 즉 통상적인 초계, 감시 활동의 감축과 교육, 훈련 등을 축소하는 방향의 단기적인 에너지절약 조치 강구는 물론 3~4개월 이상 위기

상황이 지속될 경우에는 우리 군의 전쟁 억제력에 심각한 문제가 발생할 것으로 예상된다.

둘째, 실질적인 전투준비태세의 약화 및 전투지속능력의 약화 초래가 예상된다. 교육, 훈련분야에서 대규모 기동훈련(FTX)은 연간 행사로 최소화하고, 대부분의 기동훈련을 도상훈련(CPX)으로 대체하며, 국내외 해양 및 공중군사 활동도 일정 수준 감축해야 할 상황이 초래된다. 훈련 및 전력 운용 감축 목표는 유가가 배럴당 $300 수준 시기의 에너지 소비에 준하게 제한해야 하며, 이를 위해 약 30% 정도의 각종 훈련 및 전력 운용 축소가 필요한 상황이다. 가상 시뮬레이션 훈련으로 대체 가능한 모든 훈련은 시뮬레이션 훈련으로 전환해야 할 상황으로서 병참분야도 재고 물품 및 부품의 제한량을 조정하여 일부 하향화 방안을 강구해야 한다. 수송유 등 유류 재고도 하향 조정해야 하며 난방유 등 부대유지관리에 필요한 유류도 일정 부분 제한적으로 공급해야 하며, 또한 난방유 대신에 석탄, 연탄 등 여타 에너지원으로 대체해야 할 상황이다.

물론 유가 수급차질 기간이 단기간(약 1개월 정도)에 그칠 경우, 우리 경제사회 전반에 걸쳐서는 충격이 상당하겠지만 정부가 전략 비축유를 전면 방출하여 군에 공급할 경우 군 전력 저하는 그다지 크지 않을 것으로 예상된다. 그러나 이런 상황이 3∼4개월 이상 지속될 경우에는 군 전력의 20% 정도까지도 약화될 수 있으며, 만약 동 상황이 6개월 이상 지속될 경우 최악의 안보상황이 초래될 수 있다. 특히 국방개혁 2020 등에 담고 있는 중장비 위주의 군사력 개혁은 매우 어려울 것으로 판단된다. 게다가 상대적으로 한국보다 해외에너지 의존도나 원유의존도의 취약성이 적은 일본, 중국 등 주변 국가들에 대한 억제력 유지는 매우 심각한 타격을 받을 것으로 보인다. 이러한 상황은 결국 <그림 9-4>이 보여주듯이 원유수급 차질로 인한 "에너지안보 위기상황"이 발생할 경우에는 단기적인 에너지절약 조치로는 대응하기 어려운 상황으로서 군사안보 전 분야에 걸친 타격은 물론 우리 군의 전쟁 억제력에도 심각한 문제가 발생할 것으로 예상된다.

위의 표에서 보듯이 초기 고유가로 인한 위기 상황이 발생할 경우에 이

〈그림 9-4〉 에너지위기 3단계(공급중단)의 상황과 그 파장

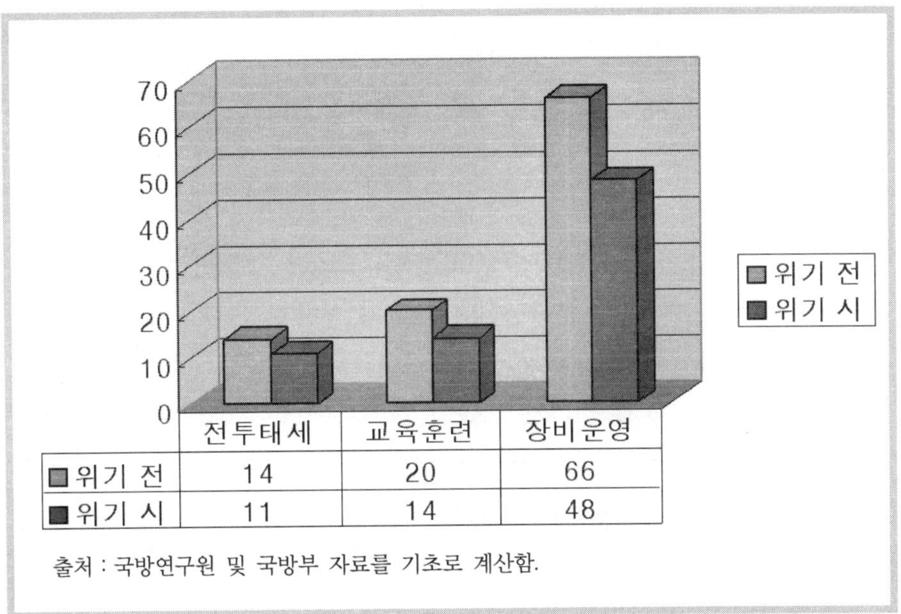

	전투태세	교육훈련	장비운영
위기 전	14	20	66
위기 시	11	14	48

출처 : 국방연구원 및 국방부 자료를 기초로 계산함.

러한 상황이 전투태세 유지에는 큰 영향을 미치지 못하지만 배럴당 300불이 넘는 초고유가 상황이 닥치게 되면 이 분야도 타격을 받을 수밖에 없다. 더구나 석유공급중단과 같은 안보 비상상황이 발생하게 되면 전 분야에 걸쳐 심각한 타격을 받을 수밖에 없을 것으로 예상된다. 반면에 장비운영이나 교육훈련은 처음에는 큰 영향을 받겠지만 최악의 상황 시에는 여러 가지 다양한 대체수단들을 통해 그 파장을 다소 완화시킬 수 있을 것으로 예상된다.

Ⅳ 군 차원의 에너지위기 대책 방안검토

지금까지 에너지 위기유형을 단계별로 나누어 유가 배럴당 200불처럼 정부통제가 가능한 상황과 유가 배럴당 300불처럼 정부통제가 어려운 위

기상황 그리고 원유수급에 차질이 발생하여 근본적인 위기상황 하에서의 예상 피해와 파장 및 대비책 등을 살펴보았다. 현재 우리 정부도 정부차원에서 이러한 위기상황에 대비, 기존의 에너지 위기관리 체계를 정비하고 다양한 대책을 강구중이다. 예를 들면 고유가로 인해 에너지 위기가 발생할 경우에 대비하여 현재 정부차원에서는 1단계로 자율적인 절약방법, 2단계로 의무적인 절약방법, 3단계 강제적인 방법, 4단계 고강도 고유가 대책 등으로 나누어 단계별 조치를 강구하고 있다. 최근 정부의 고유가 대응책 내용에는 이처럼 단계적으로 유가만 상승 시 자율적 에너지 절약정책, 가격급등과 수급차질시 에너지 소비억제정책 등이 포함된다.

그중에서 에너지문제에 가장 민감하고 적극적인 국방부는 자체적으로 단계별 유류절약 대책을 마련하여 추진하고 있지만 만약에 여기에서 제시된 것과 같은 아주 심각한 에너지위기 비상상황이 닥칠 경우에는 이미 앞단계에서 사용하였던 고강도 유류절감계획을 의무적인 절약대책으로 추진하는 한편 원유공급 차질이 지속되는 초비상 상황이 될 경우 이에 대한 비상 강제대책으로 석유배급제 실시 또는 전략비축유 방출의 전면 시행도 고려하여야 할 것이다. 즉 에너지위기에 대한 안보분야 대책으로서 국방부의 4단계 유류절약계획을 넘어서는 훨씬 더 적극적인 자구책을 강구할 필요가 있는바 예를 들면 에너지효율적인 부대관리 및 교육을 위해 <그림 9-8>에서 예시한 것과 같은 지속적인 유류절약형 군 부대관리, 대체 에너지/자원 개발 및 활용을 통한 안보분야 혁신, 자체적인 신·재생에너지 개발 및 활용 등을 고려할 필요가 있다.[11)]

또한 그밖에도 유류절약 포상 제도를 확대실시하거나 경차 · 에너지 고효율 차량(하이브리드)의 보급을 확대해야 한다.[12)] 시설 유지 · 보수 강화와 관련해서도 냉 · 난방기 세관 (연 1회 이상 보일러 및 냉방장비 스케일 제거) 및 노후 배관 교체(15년 이상 경과 배관), 건물 이중창 설치 · 단열 강화, 노후 보일러 교체(효율 70% 이하 보일러), 신축 건물 설계시에는 가스보일러를 우선적으로 반영, 승용차 요일제 준수, 조명전력 효율적 운용, 자동 현관문 출퇴근시 고정 개방, 효율적인 사무기기 전원활용, 에어컨 사용

〈그림 9-8〉 유류절약형 군 부대관리 모형

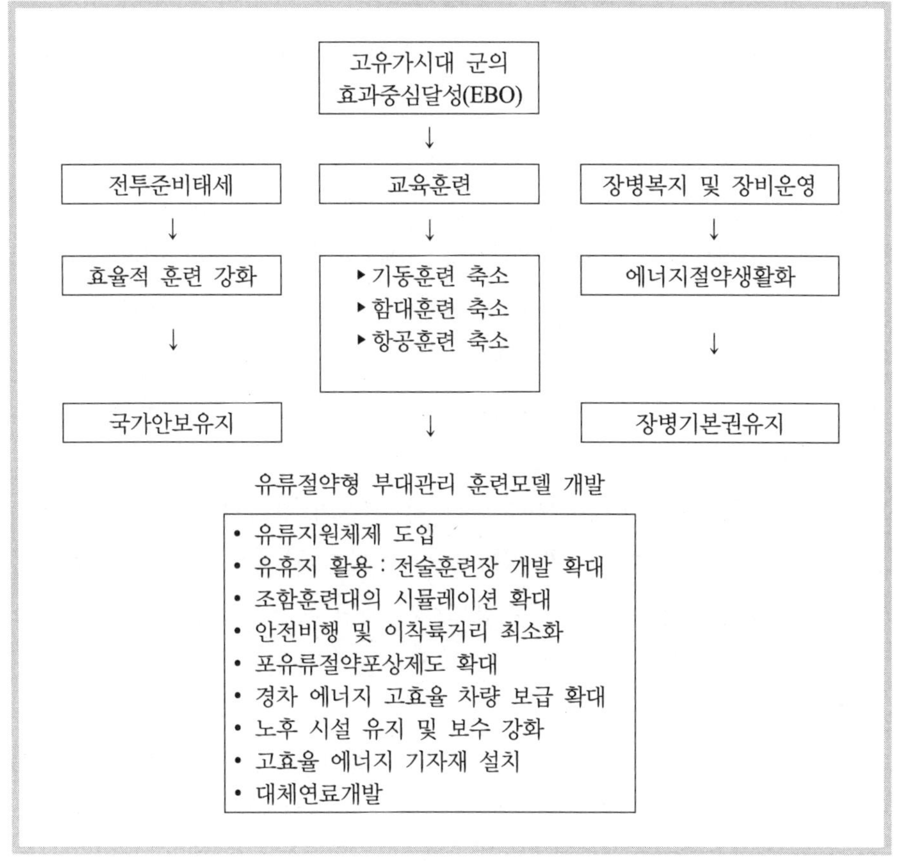

사무실 냉방온도 제한, 생활 속 절수 실천 등의 에너지 절약을 위한 실천사항을 선정 및 시행을 지속하여야 한다. 이외에도 안보차원에서 대체연료 개발 등 적극적인 자구책을 마련하는 것도 필요하다. 예를 들면 미군은 석유를 대신해 합성연료를 사용하는 방안도 검토 중이다. 미 국방부는 지난 3월 이후 원유와 합성유를 혼합한 합성 제트유를 사용한 B-1 폭격기의 음속돌파 실험을 처음으로 실시하고 있다. 보잉·프레트 위트니 등 미국의 항공관련 생산회사와 협조 하에 합성 제트유의 운용 가능성을 타진한 사례가 있다. 군 기지 자체의 에너지 수급 문제에 대한 대처 방안도 다각도로 논의 중이다. 2007년 12월 라스베이거스 인근에 위치한 넬리스 공군기지의

140에이커에 달하는 면적의 부지에 7만2,000개의 패널로 구성된 태양열 설비가 설치되었다. 이 같은 태양열 활용 장비를 다른 기지에 설치하는 방안도 검토 중이라고 하는데 일부 기지에 소형 핵발전소를 건설하는 방안도 검토할 필요가 있다.

보다 구체적으로 각 군별 대책을 살펴보면 먼저 육군의 경우 유류 지역지원체제 도입 실시가 필요하다. 유류 지역지원체제란 부대 소속에 구애받지 않고 지리적으로 가까운 부대에서 유류를 공급받는 제도이다. 육·해·공군본부 유류과장과 국직부대 지휘관·참모 등 회의 참석자들은 각 군별 유류절약 실적을 분석하고 유류절약을 강도 높게 실천하기 위한 각종 대책을 점검, 유류절약을 위해 유류 지원체제를 지역지원체제로 개선하는 것이다.[13] 아울러 유휴지 활용도 필요한데 이는 전술종합훈련장 개발 확대, 포병 전술 종합훈련장 조성하여 전투력 및 훈련의 향상과 시간 절약, 각종 안전사고 예방은 물론 에너지 절약에 큰 효과가 기대된다. 부대의 작전지역을 한눈에 볼 수 있는 모의훈련장으로서 대형 지형모델 훈련장을 설치하여 작전 지역에 가지 않고도 훈련효과를 이끌어내는 방안도 필요한 조치다.[14]

해군의 경우는 노후 함정의 운항 통제 및 함정 정비를 위한 기동 최소화 방안을 고려할 필요가 있는바 부산에 위치한 함정이 정비를 위해 진해항으로 이동할 때는 군무원이 편승하고 이동시간 동안 수리할 장소를 파악해 입항시 즉각 수리할 수 있는 체계를 갖추기 위한 것이다. 과거에는 진해항으로 이동한 후에도 시운전을 통해 수리할 장소를 파악했지만 사전 편승으로 엔진 가동시간을 대폭 줄일 수 있게 된다. 이처럼 수리를 위해 입항하는 함정들의 함 운용이 2회에서 1회로 축소됨에 따라 항해시간 단축은 물론 연간 2억6,000원의 예산을 절감하는 일석이조의 효과를 기대할 수 있으며 조함훈련대의 시뮬레이션 훈련을 확대하여 교육생들이 실제 함정을 기동하지 않고도 국내외 항구별 출입항 훈련·인명구조 등 상황 부여를 통한 조함훈련 등 다양한 첨단 시뮬레이션 훈련을 통해 교육훈련효과를 달성하는 것이다.[15]

공군도 안전비행・이착륙거리 최소화방안이나 정기 공수노선 개선으로 유류비 절감을 기대할 것으로 예상된다. 이것은 조종사 피로도 감소를 통한 비행안전과 정기 공수 항공기 감소 전력분을 조종사 정예화 훈련에 투입, 전투력 증강 및 정비 전념 분위기 조성 등 일석삼조의 효과를 거둘 것으로 분석된다. 전 기지를 대상으로 운영해 오던 정기 공수 구간 중 물동량이 적고 비효율적인 20여 개 구간을 과감히 축소 조정하며 축소 조정된 구간은 인근 허브(HUB) 기지를 활용하거나 타 기지 전개 항공기(임무 전개・복귀 시 중간 기착지 연계수송 등)를 이용해 앞으로의 화물 공수 소요를 충족해 나가는 것이다. 긴급 화물이나 대량화물・잔여화물 운송이 필요한 경우에는 긴급・부정기 항공기를 투입해 탄력적으로 운송하며 주 1회 정기 공수 비비행일로 지정, 필요시 전 정비사가 항공기 정비에 전념토록 한다. C-130 수송기가 지상으로 이동할 때 4개 엔진 중 안쪽(Inboard Engine) 2개만을 가동, 바깥쪽(Outboard Engine) 엔진 2개는 이륙 직전 최종 점검 때만 가동하게 하는 것으로. 공군 측은 이런 방식으로 연간 984드럼의 유류를 절약할 수 있다.

앞서 살펴본 대로 현재 정부는 '저탄소 녹색성장'을 표방하면서 그린에너지 보급을 강화하겠다는 등 새로운 에너지원 개척을 도모하고 있으나 군 등 국가안보 및 안전 분야에서 사용되는 에너지원의 경우 유류를 대체할 수 있는 부분이 매우 제한적인 상황이다. 따라서 군 및 국가 안전을 책임지고 있는 부서의 경우 에너지 중 특히 유류 절감에 주력해야 할 것으로 판단된다. 이를 위해 군사장비에 수소에너지, 하이브리드 기술 등 민간에서 적극적으로 개발되고 있는 기술을 접목시키는 방안을 모색하고, 전기에너지 등으로 대체될 수 있는 부분은 적극 개발해야 할 것으로 판단되며 앞으로 확대될 원자력발전에 의존하는 방안도 고려할 필요가 있다. 즉 우리의 발전된 원자력기술을 활용할 수 있는 다양한 방안을 연구하여 주변국들의 양해가 가능할 경우에는 대형함정, 잠수함 등에 사용되는 각종 기관을 원자력추진 기관으로 대체할 수 있는 기회를 창출하는 것도 검토해야 한다.

또한 하이브리드 기술 등 신기술을 여러 분야에 확대 적용하고 향후 도입되는 장비는 에너지 고효율장비로 제한하는 방안이[16] 고려되어야 하며 첨단 과학기술을 활용하는 방안도 더욱 적극적으로 추진해야 한다. IT기술을 포함한 첨단 과학기술의 발전이 에너지절약에 아주 중요한 대체수단이 될 수 있기 때문이다. 정찰, 감시, 정보 등의 국가 안전보장 및 안보강화 활동은 과거와 달리 인력에 의존, 또는 많은 에너지가 소비되는 대형 함정, 차량 및 항공기에 의존해야 하는 상황에서 많이 발전하였으나 현재는 소형화, 무인화 등으로 인해 공중의 경우 소형 항공기, 또는 무인항공기에 필요한 장비 장착이 가능하여 효과적이고도 에너지 효율이 강화된 운용이 일반화되고 있다. 육상 감시의 경우 고도화된 무인 감시 장비의 확산, 고조도 CCTV 및 야시영상기술의 발달로 인한 24시 감시체계 일상화 등이 실현되어 이들 장비를 적극 활용할 경우 고에너지 소비구조인 인력 또는 차량운용에 대한 의존도 억제가 가능하다. 우리 정부는 제1차 국가에너지 기본계획이 보여주듯이 여전히 에너지 시장상황에 대한 시장중심적인 대책에 치중하고 있으며, 안보차원의 종합적이며 전략적인 대책 마련에는 미흡한 상황이다. 이것은 석유를 대외정책의 수단으로 활용하는 미국의 정책이나 석유·가스를 국제정치의 정치적 수단으로 인식하는 러시아, 미국 주도의 세계 에너지시장에서 자주성 획득을 목표로 삼고 있는 중국, 석유수송로의 안정성 확보를 주요 전략으로 삼고 있는 일본의 정책들에 비해 그 한계가 분명한 것으로 세계 에너지·자원 확보 전쟁에서 우리의 효과적인 대응이 아직 미흡함을 여실히 보여주고 있다(이재승, 2008 참조).

따라서 에너지 해상수송 안보 능력의 강화에도 주력해야 한다. 최근 중국은 해상 수송로 보호 노력의 일환으로 해군력 증강 원양해군으로서 발전을 도모하고 있다. 파키스탄(호르무즈 해협 인근), 미얀마(말라카 해협 인근)와 해군력 협력을 강화하고 있는바 아라비아 해 입구, 파키스탄 Gwadar 항 건설에 참여하고 있으며 또한 미얀마 코코 아일랜드에 중국 군사시설을 설치하여 해군병력 주둔을 추진 중이다. 또한 일본도 해상 수송로 보호 노력의 일환으로 해상 수송로 보호를 위해 미국과의 협력을 강화해나가는 한편 자국의 원양 해군력 강화를 위해 말라카 해협을 우회하는 대형 원유 송유관을 태국에 건설하려고 한다. 우리군도 향후에 해군력 증강이나 관련국들과의 군사외교 강화조치를 통해 에너지수송안보 능력의 강화에 박차를 가하여야 할 것이다.

 선진 에너지안보체계의 구축과 운용

지금까지 2004년부터 심화된 에너지 문제와 이로 인한 국가안보를 담당하는 군의 에너지 위기 대책 현황, 비상시 대책과 과제, 원유수급 관련 위기관리 체계 등을 살펴보았다. 신 냉전시대의 도래라고 불리는 자원을 둘러싼 강대국들의 분쟁은 에너지 해외의존도가 97%에 달하는 우리에게 엄청난 도전이자 사활이 걸린 문제다. 적극적인 에너지·자원외교의 확대 및 강화가 추진되어야 한다. 기존의 에너지공급국인 중동, 동남아 국가뿐 아니라, 아프리카, 중앙아시아, 중남미, 러시아 등 에너지자원 부국과의 전략적 외교를 통한 에너지자원의 확보 노력을 배가할 필요가 있으며[17] 장기적으로 에너지 수입선 다변화를 위한 국가 간 에너지 동맹 추진을 검토해야 할 것이다.

정부 차원에서는 각 기관별, 세대별 에너지 소비절약분에 대한 보상제의 검토, 전력·가스공급망의 정비 및 확충사업 추진, 하절기 서머타임제도 도입(연간 2조 8천억원의 생산유발 및 원유절감 효과 기대됨), 에너지 고효율제품 인센티브제 도입, 원유수급 위기에 대한 국제정보 입수·전파 및 조기 탐지 등이 요구된다. 반면에 민간 차원에서는 에너지 수급원 확충(자체생산비율 확충)을 위한 해외 직접투자 및 공동개발, 에너지 다소비형 산업구조를 에너지저소비형 구조로 전환, 석유 비축제도 개선(생산지에서 전략 비축분 확대 등), 국내 에너지기업의 대형화 등이 필요하다. 군 차원의 대책으로는 에너지 고효율 구조로 군 구조 혁신, 유류 절약형 부대 운영 및 훈련모델 개발, 해군력 증강과 같은 에너지수송 안보능력의 강화, 독자적인 자체 대체에너지원 개발 및 활용, 정찰, 감시, 경계 등에 첨단 IT기술

활용한 대체방안 등등을 강구해나가야 할 것이다.

지금까지 다행이도 고유가 및 원유 수급관련 위기에 대해서 현재의 위기 대응체계로 큰 무리 없이 잘 대응하고 극복했다. 하지만 자원민족주의 심화 및 강대국들의 에너지 확보경쟁과 같은 앞으로의 험난한 여건과 우리가 처한 심각한 해외 에너지의존 상황을 고려한다면 현재의 시스템으로 에너지 · 자원의 고갈시대를 제대로 헤쳐 나가기에는 충분하지 않다. 고유가 및 원유 수급관련 위기발생에 대비하여 국가에너지기본계획과 같은 중장기 대책과 함께 단기적이며 실질적인 에너지위기 사전대비책도 마련할 필요가 있다. 지난 2007년 11월 미국 국가안보평의회(NSC)에서는 10 여명의 에너지, 군사, 경제 분야 전문가들이 모여 석유위기 가능성에 대한 모의실험 분석결과를 토론하고 보고서로 제출했다. 이 보고서에 따르면 현재 세계 석유시장은 잉여 공급능력이 거의 없는 빠듯한 수급상황에 있기 때문에 세계석유공급분의 단지 1.2%만 공급애로가 발생하여도 원유 가격이 곧바로 75%(95불에서 165불로) 상승할 것으로 분석하고 결과적으로 이제 에너지문제를 경제문제가 아닌 안보차원의 문제로 다룰 것을 건의하고 있다. 우리도 이제 에너지문제를 단순하게 낙관적-시장중심적인 태도로 접근할 것이 아니라 본격적으로 위기관리 및 안보차원에서 접근하여 민관군이 함께 공동협력하고 대응하는 종합적, 총괄 · 조정 시스템으로서의 선진 에너지안보체계의 구축과 운용을 적극적으로 고려해야 할 것이다.

▮ 미주 ▮

1) 이 문제에 대한 상세한 분석을 위해서는 김진우, “고유가 대비 국가위기관리 : 에너지분야,” 고유가대비 국가위기관리 정책방안(충남대학교 평화안보대학원 세미나실, 2008. 8. 29)을 참조.
2) 에너지원단위란 예를 들어 2007년 한국의 0.347이란 값의 경우에 GDP 천불 생산에 347kg의 에너지가 소비되었음을 말한다.
3) 이 글에서 제시하고 있는 에너지 위기상황의 피해나 파장과 관련하여 일부 전문가들 의견이나 정부 보고서보다 내용이 다소 과장되게 표현되었을 수 있다. 또한 에너지 문제가 안보상에 미치는 영향과 관련해서 군사문제가 대부분 그렇듯이 국가기밀에 관한 것이기 때문에 정확한 통계자료나 정보에 근거한 것이 아니라 이미 일상적으로 알려진 정보 또는 추정에 기초하여 분석되었다는 한계점이 있다. 따라서 안보문제와 관련하여 여기서 밝힌 내용들은 다소 추정이나 가정에 기초한 내용들로서 실제 사실과 다를 수 있음을 밝힌다.
4) 충격모의실험이란 모형의 역사적 모의실험에 의해 계산된 각 내생변수들의 값들을 기준치로 하고 원유가격에 대하여 일정액의 변화를 가한 후 다시 모의실험을 행하여 두 모의실험결과를 비교하는 것이다.
5) 이 문제에 대해서는 이상경, “고유가 대비 국가위기관리 : 국가기반체계, 법제분야,” 고유가대비 국가위기관리 정책방안(충남대학교 평화안보대학원 세미나실, 2008. 8. 29)을 참조.
6) 이에 대한 자세한 분석을 위해서는 삼성경제연구소 자료(2008)를 참조.
7) 4단계는 전체 유류 소비량의 14%를 절약하고, 부대 운영과 훈련 참가 장비를 최소화하며 비행시간도 20% 단축하며 그밖에 함정 출동시간 단축 및 입출항시 훈련병행, 전투기출격 시간과 횟수단축, 부정기 공수항공기 운영최소화, 노후함정 운항 통제 등이 고려된다.
8) 복지 분야의 경우 국방부와 각군 동일하게 7인승 이하 관용 및 모든 개인 차량 2부제를 시행하고, 관용 차량 운행을 30% 가량 줄인다. 온수를 이용한 장병 목욕을 주 1회로 제한한다. 국방부 및 계룡대 육해공군본부 청사 승강기는 4층 이하 운행 중단, 5층 이상은 격층으로 운행한다. 유류 외에 전기와 수도 절약 목표도 10% 상향 조정된다. 마지막으로 여기에 강제적인 비상대책으로 석유배급제 실시와 전략비축유의 제한적 방출과 같은 비상대책도 고려된다.
9) 미 태평양 7함대가 담당하고 있는 데 6척의 항모, 200 척의 전함, 40여 척의 잠수함, 2천대의 전투기를 보유하고 있다.
10) 이 문제에 대한 상세한 분석을 위해서는 김재두 외(2007), pp. 269-277 참조.
11) 이에 대한 논의를 위해서는 조관식, “유류절약형 부대관리,” 국방일보 (2008. 03.26)를 참조.
12) 유류절약을 장려하기 위해서 현재 각 군이나 부대가 절약한 유류예산을 국방부가 환수하는 방식을 개선, 절약을 실천한 해당 군이나 부대에서 예산을 활용할 수 있도록 해야 한다. 국방부도 동기 부여를 위해 매년 연말에만 포상하던 관행에서 벗어나 유류절약에 뛰어난 성과를 보인 부대를 분기별로 포상해야 한다. 경차에 대한 차량부제(10・5・2부제) 적용 면제, 부제시행 안내 표지판에 경차 제외의 표기, 경차 우선

주차제도의 전면 시행 등을 고려해야 한다.

13) 그 예로 육군5군단 포병대대가 유류를 공급받을 때 2군 지사 251중대로 가지 않고 인근 3사단이나 6사단 보수대대에서 유류를 받는 방식 이 제도가 시행되면 구태여 지리적으로 먼 소속 부대로 유류를 받으러 갈 필요가 없어 이동에 소모되는 유류를 절약하는 것은 물론 시간도 단축할 수 있다.

14) 부대는 지형모델 훈련장 설치로 동원훈련 때 실시하는 상황조치 훈련이나 지형숙지 등의 어려움을 해결, 또한 부대는 동원훈련과 제대별 전투지휘훈련, 작계시행훈련 등 각종 훈련 전술토의 전에 지형모델 훈련장에서 도상연구를 벌여 훈련의 효율성을 높이다. 육군진격부대, 동원훈련 내실화, 육군진격부대는 최근 작계지역이 멀리 떨어져 있는데 따른 훈련간 애로사항을 극복하기 위해 '지형모델 훈련장'을 만들어 활용, 동원훈련의 효과를 높일 수 있다.

15) 약 800평의 규모로 함정 유형에 따른 맞춤식 훈련을 받을 수 있는 6개의 훈련실과 통제실·연구개발실 등을 갖추고 있다. 고유가로 올해 들어 시뮬레이션 훈련 폭을 적극 확대하고 있는 가운데 연료비 부담 없이 실제와 유사한 경험을 할 수 있는 시뮬레이션 훈련은 고유가시대를 극복하는 핵심 수단이 되고 있다. 해군은 이러한 시뮬레이션 훈련을 통해 2006년 약 10억 원, 2007년 약 20억 원의 예산 절감효과를 달성했다.

16) 예를 들어 포괄적 국토방위 및 안전을 위한 각종 감시, 정찰 등의 활동을 항공력에 의존 에너지 효율을 확대하는 방안으로 특히 항공기들의 경우 짧은 시간에 광범위한 지역의 감시활동이 가능하기 때문에 효율적이며 특히 장애물이 많지 않은 해양에서의 감시 초계활동에 강점이 있다. 육상 및 해양 안전, 유지 및 방위에는 소형차량 및 선박을 투입하는 것으로 에너지절약을 도모할 수 있을 것이다. 다만 해양의 경우 날씨가 변수로서 항시 소형함정을 투입할 수는 없기 때문에 현장 상황에 맞는 판단이 요구된다.

17) 이상경, "고유가 대비 국가위기관리 : 국가기반체계, 법제분야," 고유가대비 국가위기관리 정책방안(충남대학교 평화안보대학원 세미나실, 2008.8.29) 참조.

▌참고문헌▐

본 장은 「한국동북아논총」, 한국동북아학회(2009), 14(2)에 실린 글을 수정 및 보완했음. 공동연구자는 선문대학교 허태회 교수임.

권터 바루디오(2004), 최윤아 역, 「악마의 눈물 석유의 역사」 서울 : 뿌리와 이파리.

김재두·심경욱·조관식(2007), 「왜 에너지안보인가」 서울 : 한국국방연구원.

김진우(2008. 8. 29), "고유가 대비 국가위기관리 : 에너지분야," 고유가대비 국가위기관리 정책방안(충남대학교 평화안보대학원 세미나실).

삼성경제연구소 자료(2008).

산업자원부(2007), 「국가안전관리 집행계획」.

오명숙(2006. 4), "1, 2차 석유위기 비교, 분석, 경제에 미치는 영향," 「석유공업협회」.

이상경(2008. 8. 29), "고유가 대비 국가위기관리 : 국가기반체계, 법제분야," 고유가대비 국가위기관리 정책방안(충남대학교 평화안보대학원 세미나실).

이재승(2008. 7. 16), "에너지안보 정책의 문제점과 대안," 국회자원외교와 에너지안보포럼.

이지훈(2008. 6. 17), "2008년 하반기 국제유가 전망," 「삼성경제연구소」.

에리히 플라트 · 알렉산더 융 외(2008), 김태희 역, 「자원전쟁」 서울 : 영림카디널.

윤영미(2006), "러시아의 동시베리아 및 극동지역 에너지개발 정책과 현황," 「한몽경상연구」 제17권, 제2호.

______(2008), "고유가 시대 에너지위기 대응 대안과 과제," 「군사저널」 No. 42.

정기종(2008), 「석유전쟁」 서울 : 매경.

조윤(2008. 7), "우리나라 에너지외교의 바람직한 방향," 「외교」 제86호.

조관식(2008. 3. 26), "유류절약형 부대관리," 「국방일보」.

최공필(한국금융연구원)(2004), 「원유시장의 위기관리시스템 구축 필요성」.

폴마티스(2006), 이수지 역, 「재생에너지란 무엇인가」 서울 : 민음.

허영주(KDI)(2004. 8), "고유가가 세계경제에 미치는 영향," 「나라경제」.

허태회(2008. 10. 17), "에너지 위기의 가능성과 우리의 대응방향," 「글로벌시대의 국제이주와 에너지문제」 한국세계지역학회 개최 논문집, 충남대학교.

현대경제연구원(2008. 6. 20), "차 오일쇼크 가능성진단과 대응방안," 「한국경제주평」.

GBN(Global Business Network)(2007, CA), "Energy Strategy for the Road Ahead"

Robert Hirsch, Roger Bezek, Robert Wendling(2005, February), "Leaking of World Oil Production : Impacts, Mitigation, & Risk Management."

SAFE(Securing America' Future Energy)(SAFE, 2007.11.1), "Oil Shockwave : Oil Crisis Executive Simulation."

「국방일보」 2008. 6. 13.

「한겨레 21」 (2008. 8. 19), "값싼 석유의 종말."

제4편

동북아 안보와 미래 한미동맹

제10장

한미동맹과 신안보

주한미군 재배치 현황과 전망을 중심으로

국제적 차원에서의 동맹과 신안보

전시작전통제권(전작권) 전환문제와 최근에 더욱 불거지고 있는 북한의 미사일 발사와 이어진 지하 핵실험은 국가안보와 한미동맹에 대한 국민적 관심을 최대로 집중시키고 있다. 이와 더불어 그동안 한미동맹을 둘러싼 주한미군 감축, 용산기지 이전 계획 및 비용부담, 주한미군 기지 폐쇄 및 확대에 따른 부작용, 주한미군 재배치 등은 한미동맹의 새로운 관계정립을 위한 과제가 된지 꽤 되었다. 한미동맹은 한국내 정치적, 사회적, 경제적 통합 및 효율성에 지대한 영향을 미칠 수밖에 없는 현실적 과제이자 이슈이다.

국제정치의 현실적 관점에서 동맹은 한 나라의 생존이자 국가이익을 최대화하기 위해 내적으로 군사력을 극대화하고 동시에 외적으로 동맹을 적절히 활용해야 할 필요성에 직면한다(Bruno Tertrais, 2004 : 135-137). 동맹은 목적이 아니라 정치적 수단이며 영구히 고정되는 것이 아니라 끊임없이 변화하기 때문이다. 국내 및 주변 안보 환경의 변화에 따라, 위협요소, 국가이익은 물론이고 상대국의 국력 및 전력 변환에 의해서 동맹의 재조정은 불가피하다. 따라서 동맹의 결집은 다분히 동맹국간 위협에 대한 인식의 공유, 국익과 가치의 상호 인식 및 보안성, 군사협력의 제도화, 동맹국 국민들의 정치적 사회적 지지도와 효율성 등에 따라 변화되고 결정되어진다. 한미동맹 역시 예외가 아니다.

특히 주한미군의 재조정 및 재배치 이슈는 미래 한미동맹의 최대 이슈로 부상했다. 주한미군 기지의 수도권 편중으로 인한 훈련피해와 대민사고에 따른 민원이 잇따라 기지의 분산이동에 대한 필요성에 의해서 제기되었다. 이는 전국에 산재한 주한미군 기지와 훈련장의 통폐합 및 공여지 반환[1]을 통해서 미군의 효율적인 부대 운용 및 관리를 도모하고 인근 주민들의 민원을 수용하여 사회적 통합성을 증대하기 위한 방안이 꾸준히 모색됨에 기인한다. 이런 국내 사정에 의한 주한미군 기지의 재조정의 필요성외에 경기 북부의 소규모 기지들이 여러 곳에 산재해 있어 경비, 교통, 통신 및 기지유지 비용의 과다부담 유발로 인해서 대형 허브(hub) 기지로의 통폐합의 필요성도 한미양국간 제기 되었다. 또 미래 한미동맹의 평등성 제고 방안의 일환으로 주한미군 및 전시 작전통제권 전환과 같은 한미동맹 지휘체계에 대한 조정 요구도 지속적으로 지적되었다. 한국군은 지상군에 의한 육상방어를 미군은 첨단 정보력과 해공군력에 의한 입체방어 임무를 각기 담당하는 역할 분담 시스템 조정 요구도 제기 되었다(최강, 2003 : 82-108).

한미동맹은 대북억지력 보장, 북핵 및 북한의 대량살상무기(Weapons of Mass Destruction, WMD)에 대한 강경한 국제적 대응과 제제와 같은 한반도에 대한 안보방파제라는 공유가치를 제공한다. 한미동맹의 핵심은 한미상호방위 조약에 바탕을 둔 연합훈련 및 합동기획수립 및 합동 군사 활동의 틀을 존속 유지 및 주한미군 재배치에 따른 사회적 및 군사적 효율성을 극대화함에 있다. 그동안 한미양국간 안보관계의 핵심은 전통적인 안보에서 출발한 전쟁위협이나 외부 위협세력의 부재 여부에 치중한 군사적인 차원에서 정의된다(이신화, 2006 : 9). 이 같은 냉전시대의 '절대안보' 개념에서 탈냉전기 군사적 이슈 외에 비전통적인 안보 또는 하위정치(low politics) 이슈인 '포괄적 안보(comprehensive security)의 중요성이 상대적으로 중요해졌다(Richard H. Ulman, 1983 : 129-130). 로버트 만델(Robert Mandel)은 국가안보의 변모국가 및 군사안보를 중심으로 하는 지역안보(regional security)에서 점차로 정치, 경제, 환경, 사회, 문화, 자원, 반테러리즘(counter-terrorism) 등 제반요소를 포괄하는 국제적 차원에서의 확대된 개념의 신안보(new security agenda)를 정의했다(권재상 역, 2003 : 39-45). 동북아 역내 평화유지(peace keeping), 대량살상무기 확산방지구상(Proliferation Security Initiative, PSI) 참여확대, 미국의 해외주둔미군재배치(Global Defense Posture Review, GPR) 계획에 따른 주한미군의 전략적 유연성(strategic flexibility) 수용여부 등의 신안보 의제는 한미 양국간 협의를 통해서 제도화 방안을 모색해 나가야 할 것이다.

이와 같이 변화하는 안보 개념에 근거하여 이하의 장에서는 한미동맹의 유지 및 제도화 모색에 중대한 영향을 미치고 있는 주한미군 재조정 및 재배치의 주요 이슈를 쟁점별로 분석해 보고 향후 전망에 대해서 재조명해 보고자 한다.

Ⅱ 한미동맹과 주한미군 재배치 현황

2.1. 주한미군 감축의제와 가능성

한미동맹의 근간을 이루고 있는 주한미군의 한국주둔 배경과 감축과정을 살펴보면 다음과 같다. 한국전쟁 이후 1954년 11월 17일 발효된 한미상호방위조약에 근거해 미국은 한반도 안정과 동북아 지역 평화를 위해 한미동맹을 체결하고 미군 2개 사단을 한국에 주둔시키게 되었다. 당시 이승만 대통령은 유사시 지동개입조항을 조약에 명기할 것을 강력하게 요구했지만 미국은 받아들이지 않았다. 대신 미국은 2개 전투 사단을 휴전선에 배치시켜 인계철선(trip-wire)의 역할을 하게 함으로써 북한 재남침시 미국이 자동 개입할 수 있도록 했다. 동시에 <표 10-1>에서 보여주듯이 동시에 주한미군의 병력의 감축은 꾸준히 전개되었다.

〈표 10-1〉 한미동맹과 주한미군 감축 가능성(1948~1992)

시 기	주 요 내 용
1차 조정 시기 (1948~1949)	2차 세계대전 종전 이후 세계체제가 얄타체제에서 냉전체제로 변화하면서 1947년 3월 미국은 대미 강경봉쇄정책을 채택했고, 미국의 이익에 치명적인 유럽·일본 중시 한국 등 주변지역 경시했음. 조정결과, 1949년 6월 29일까지 총 7만 여명 철수완료, 1949년 7월 1일, 500명의 군사고문단 발족했음.
2차 조정시기 (1953~1954)	한국전 종전에 따른 참전병력 철군으로 1955년 말 총 325,000여 명 중 2, 7사단 중심 85,000명을 철군했음. 1953년 10월 1일 한-미 상호방위조약이 체결되었음.
3차 조정시기 (1969~1971)	월남전에 대한 미국 내 여론 악화로 미군의 개입 및 축소가 추진되었음. 1969년 7월 닉슨독트린에 근거해 "아시아 국가들은 독자적으로 안보문제 해결," 중-소 갈등 심화 및 미-중 관계 개선을 전제로 아시아지역의 대규모전쟁 가능성 배제, 전진배치 기지로서의 한국의 전략적 가치가 과소평가 되었음. 이에 한국정부는 국회결의 및 내각 총사퇴 불사론 등 미군감축 결사반대, 방위산업육성과 국군현대화 등 군사적 대응책 우선추진을 요구하였고 주한미군 감축 보상책에 합의했음. 연례 '안보협의회의' 개최 및 조정 결과 1971년 3월 미7사단 중심 2만 명 철수 완료, 41,000명 잔류 미2사단 재배치, 판문점일대 제외 전방방어지역 한국군에 인계되었음. 1971년 7월 1일 한·미 제1군단 창설되었음.
4차 조정시기 (1977~1978)	카터대통령의 선거공약인 안보 원조를 인권과 결부하여 원칙에 따라 10월 유신이후 인권 탄압적인 한국에서 미군철수를 결정했음. 이에 카터 행정부 1978년 말까지 6천명 철수 잔여 병력은 4-5년간 단계적 철수하기로 했음. 한국이 무력침략을 당할 경우 즉각적이며 효과적인 지원을 제공했고, 북한 군사력위협 재평가, 미의회의 신중론 대두로 부분철수로 종결되었음.
5차 조정시기 (1991~1995)	탈냉전기 한반도 비핵화 선언, 미국방예산 감축으로 군사력 및 전략재편이 불가피했음. 넌-워너 수정안(1989년 7월)에[2] 기초한 동아시아 전략구상(EASI, 1990.4)이[3] 발표되었음. 주한미군은 '주도적 역할'에서 '보조적 역할,' 방위비 분담이 강조되었음. 3단계의 주한미군 감축안이 추진되었음. 1단계 : 7천명 철군, 2단계 : 6,500명 철군, 3단계 : 주한미군 37,000명유지, 1단계 철수 후 북핵 문제 발생으로 2단계 철군계획 보류(EASI-Ⅱ, 1992.7)[4] 및 신동아시아전략구상(EASR, 1995)발표로 주한미군 철수계획 지연되었음.

현재 미국의 GPR 계획에 따라 주한미군의 감축 조치는 휴전선 인근에 전진 배치된 미 지상군을 감축해 오산 및 평택 등 후방으로 재배치하고자 한다는 점에서 종전과는 다른 새로운 차원으로 전개되고 있다. 2004년 6월

미국은 2005년까지 주한미군 2,500명의 감축을 희망하는 기본구상을 한국에 제시했다. 한국정부는 주한미군의 조기 감축으로 인한 대북 억제력 및 한미동맹 관계의 약화를 우려하는 국민의 안보 불안 심리를 최소화하기 위해 "주한미군이 가지는 상징성, 한미연합방위태세, 한국군의 전력 증강 수준" 등을 종합적으로 고려하여 감축시기 및 규모의 조정 가능성에 대해서 미국과 협상을 실시했다.

이에 한-미 양국은 협의를 걸쳐 주한미군 감축시기를 최초 계획보다 3년 연장시켜 2004년 10월 초 제36차 한미연례안보협의회(SCM)[5]에서 이라크전 지원을 위해 차출된 주한미군 2사단의 1개 여단 3600명을 포함해 2008년까지 1만2천5백 명을 3단계로 감축하는 내용에 다음과 같이 최종 합의했다. 첫째, 미국은 이라크전 지원을 위해 차출된 미2여단전투단을 포함한 주한미군 12,500명을 2004년부터 2008년까지 3단계에 걸쳐 감축한다. 둘째, 1단계로 미2여단전투단과 일부 전투부대 및 군사임무전환 관련부대 등 5,000여명을 2004년 말까지 감축하고, 셋째, 2단계는 2005~2006년간 일부 전투부대 및 군사임무전환 관련부대, 기타 지원병력 등을 2005년에 3,000명, 2006년에 2,000명으로 구분하여 5,000명을 감축하며, 마지막 3단계는 2007~2008년간 기타 지원부대를 중심으로 2,500명을 감축한다. 감축되는 부대의 주요 전투장비는 주한미군 개편과 연계하여 조정하되, 미 육군 사전배치 재고에 포함하여 유사시 즉각 사용 가능토록 했다(국방백서, 2004 : 93-96).

2.2. 한미동맹과 주한미군 재배치 이슈와 과정

주한미군 재배치는 우리나라에 주둔하고 있는 미군의 기지를 전반적으로 재조정하는 것으로 용산미군기지 평택기지로 이전, 연합토지관리계획(Land Partnership Plan, LPP)[6], 미2사단 재배치를 주요 내용으로 한다. 추진 배경으로는 전국에 군소 미군기지들이 산재해 있기 때문에 기지운용의 효율성이 낮을 뿐만 아니라 시설의 미비와 노후화로 인하여 근무여건이 열악하여 미군들이 한국근무 회피가 주요 원인으로 문제가 되었다. 또 우리나라의 급속한 경제발전으로 인하여 대도시 인근의 미군기지들 상당수가 도시화에 의해 기지영역을 침해받는 상황에 이르렀기 때문이었다. 이에 한국정부는 전국에 산재한 군소 미군 기지들을 통폐합하여 기지운용의 효율성을 높이고 서울, 부산 등 도심지 소재 미군기지로 인한 주변지역과의 마찰 소지를 줄이고, 주한미군의 안정적 주둔여건을 확보하며, 미국 역시 효율적인 부대 운용을 위해 주한미군 기지를 통·폐합한다는 전제 하에, 국가안보를 고려한 미군기지의 효과적인 배치를 위하여 한-미 양국은 상호 이해와 협조를 바탕으로 주한미군 재배치 계획을 추진하고 있다.

주한미군 재배치 과정의 주요 이슈와 주요 진척 현황 살펴보면 다음과 같다. 1987년 노태우 대통령후보가 용산미군기지 도심 외곽지역 이전을 공약으로 제시하였고, 미국에 요구했다. 미국도 역시 한국의 민주화를 고려해 미군 주둔 지역의 부작용 해소 및 여건을 개선하고, 주한미군의 안정적 주둔여건 확보와 한-미 군사협력 관계를 유지·강화시키기 위해서는 우리 정부 요구가 합당하다고 판단하여, 1988년 3월 용산기지 등 서울도심에 위치한 미군기지 이전문제에 관해 한미 양국간 협의가 시작되었다. 이에 1990년 6월 한미 양국은 1996년까지 용산기지를 오산 및 평택 기지로 이전할 것을 합의하는 합의각서(Memorandum of Agreement, MOA) 및 양해각서(Memorandum of Understanding, MOU)를 체결했다. 합의의 일부는 실행되었는데, 미국은 합의에 따라 1992년 용산 골프장과 행당동 소재 이사벨, 서울클럽 등을 한국에 반환했다. 이렇게 주한미군 기지이전과 관련해 일부 진전은 있었지만 용산기지 이전에 소요되는 과다한 이전 비용과 세부이행에 관한 한미양국의 합의 지연으로 1993년 6월 한국정부는 사업여건이 성숙할 때까지 이전 사업을 보류할 것을 미국에 요청함으로써 일단 주한미군 기지이전 문제는 보류되었다(주한미군대책기획단(편), 2004 : 8).

이렇게 11년간 보류되었던 주한미군 기지 이전문제는 김영삼 정부의 출현으로 2001년 2월 한미 양국간에 재개되었고, 2001년 12월 용산기지 이전 논의가 재개되었다. 용산기지 내 미군 숙소 건립문제가 사회적 이슈화가 되어 한-미간에 용산기지 이전계획이 다시 논의되기 시작했다. 당시 한국 정부는 미국은 한국의 곳곳에 산재해 있는 수많은 기지들을 통폐합하여 미군기지 운영의 효율성을 높이고 건물을 개선하여 미군들의 근무조건 개선의 필요성으로 기지 이전 재개에 동의했다. '한미주둔군지위협정'에 따르면 사용하지 않거나 사용 계획이 없는 경우 미군의 불용토지를 반환하도록 하고 있는데, 이에 근거해 한국정부는 대북 안보태세 유지, 미군기지와 관련된 민원해소, 재정부담 최소화의 원칙 등을 기본 원칙으로 하여 미국측과 'LPP'에 협의에 착수했다(김태효, 2004 : 92).

2002년 3월 29일 한-미 양국은 주한미군기지와 시설을 통폐합하는 LPP에 서명했다. 논의 과정에서 2002년 4월 용산기지 사우스포스트 내에 아파트 기공식이 거행되면서 이 문제가 국내 여론의 강력한 반발에 부딪히게 되었다. 미군 아파트 건립 문제는 한-미 양국 간 용산기지 이전 논의를 촉발시키는 요인으로 작용하였다. 강조하자면, LPP 역할은 상당히 중요하다. 이것은 주한미군 기지체계가 갖고 있는 문제점을 해결하기 위해 미국이 본격적으로 GPR을 추진하기 이전에 합의한 것이다. 주한미군은 대규모 군병력 주둔지와 훈련장이 수도권에 집중되었고 휴전선과 서울의 근접선 때문에 미군 기지들이 서울 지역에 집중될 수 없었다. 한국의 경제발전과 수도권의 발전으로 인하여 한국전쟁 이후 배치된 미군 기지의 이전을 통해서 발생하는 민원을 해소하여 미래지향적인 한미관계를 발전이 주요 이슈가 되었다(김영호 외, 2005 : 34).

노무현정부의 출범과 더불어 본격적으로 용산기지 이전 문제가 2003년 4월 시작된 '미래 한미동맹정책구상회의(Future of the ROK-US Alliance Policy Initiative, FOTA)'에서 한-미간 미래 동맹발전을 위한 정식 의제로 채택되었다. 제1차 FOTA 회의를 통해서 양측은 주한미군 기지의 효율적 운용과 국토의 균형적 발전을 도모하기 위해 주한미군 기지를 통폐합하기로 합의하고 가능한 빠른 시일 내에 용산시지를 이전한다는데 원칙적인 합의를 했다. 또 제2차 FOTA 회의에서 양국은 용산 기지 이전을 포함한 주한미군 기지 재배치 계획의 기본 골격을 제시했다. 한국정부는 용산기지 주한미군 이전을 조속히 이전하고 한강 이북에 위치한 미군의 재배치를 지원하기 위해 2004년부터 부지 매입을 시작함과 동시에 미군 재배치는 2단계 과정으로 진행된다는 안이 합의되었다. 우선 1단계에서 한강 이북에 위치한 미군을 캠프 케이시와 캠프 레드 클라우드 지역으로 통폐합하고, 2단계에서 한강 이북에 위치한 미군이 인계철선의 역할에서 벗어날 수 있는 한강 이남으로 이전하는 것에 합의했다. 2단계 이전 완료 이후에도 한강 이북 지역에 한미간 연합훈련센터를 설치하여 공동 훈련을 실시하면서 주한미군을 주둔시키기로 했다(국방백서, 2004 : 89, 92). 2003년 7월 3차 FOTA 회의에서 용산기지를 2006년 말까지 이전하고 2004년 초부터 부지 매입 및 시설 설계에 착수하기로 합의했다. 2004년 1월 6차 회의에서 용산기지 내의 한미연합사와 유엔사령부 역시 한강 이남으로 이전한다는데 합의하면서 주한미군 재배치 계획이 본격적으로 추진되었다.

이처럼 주한미군기지의 통폐합과 이전에 관한 한미 양국간 합의는 주한미군의 감축 및 재배치 문제를 동시에 고려해야 하는 사안이었다. 좀더 살펴본다면, 미국이 본격적으로 GPR을 추진하면서 주한미군 감축과 재배치 계획은 그 윤곽이 더욱 구체화되었다. 부시대통령은 2003년 11월 냉전 종식 이후 불량국가, 전 세계적 테러, 대량살상무기와 관련된 불확실한 위협요인을 거론하며 이런 변화와 새로운 도전요인에 대처하고 군사변환 계획을 추진하기 위해 미군의 해외주둔배치를 재조정하기로 했다는 내용을 발표하였다. 이후 2004년 6월 GPR은 다음과 같은 5개의 원칙에 의해서 이루어졌다. 첫째, 동맹국의 역할에 강화에 있다. 미국은 미국의 해외전력을 재정비함으로써 동맹국과의 공통의 이익을 수호하는 데 기여할 것이라는 점과 동맹국과 우방의 전력, 이념, 전략을 현대화를 돕고자 함에 있다. 둘째, 불확실성과 싸우기 위한 유연성이다. 돌발적인 상황에 대처하기 위해 전력의 배치가 더 중요해졌다. 셋째, 지역간의 또 지역 내의 중요성에 있다. 탈냉전기 미국에 대한 도전은 전지구적인 성격을 띠고 있는 만큼 한 지역에서 다른 지역으로 전력을 투입하고 지구적 수준에서 전력을 경영해야 할 필요성 증대에 따른 것이었다. 넷째, 신속 배치 가능성의 개발에 있다. 전방 배치된 전력의 신속한 이동을 위해 동맹국과의 유연한 지원 원조를 받을 수 있어야 한다. 다섯째, 규모보다 능력에 주력한다. 병력 숫자보다 이동 가능한 군사전력에 초점을 둔 것이다(김영호 외, 2005 : 6-7).

이에 따라 2004년 7월 개최된 제10차 FOTA 회의에서 한미양국은 용산기지 이전을 위한 법적 체계로서 1990년 체결한 기본 합의서(MOA)와 양해각서(MOU)를 대체할 기본합의서(Umbrella Agreement, UA)와 이행합의서(Implementation Agreement, IA)에 합의했다. 기본 합의서의 주요 핵심 내용은 용산기지의 미군과 시설물을 2008년 12월 말까지 평택으로 이전한다는 것이다. 용산기지는 향후 기존의 드래곤 호텔, 업무협조단, 한미연합사령관 서울 사무소 등이 포함된 25,000평 규모로 축소하기로 했다. 특히 이번 합의서는 대통령의 재가를 거쳐 국회의 승인을 얻어 위헌의 소지를 없앴다. 환경 문제를 고려해 반환된 토지가 오염될 경우 미군이 원상 복귀해야 한다는 것에도 합의했다. 이행합의서에서는 용산기지 이전을 위한 기술양해각서와 시설종합계획서를 작성하기로 했다. 용산기지 이전에 필요한 부지는 2005년까지 공여하기로 했고, 유엔사(UNC), 한미연합사(CFC), 주한미군사령부 및 관련부대, 미8군 사령부 및 예하 부대를 평택지역으로 이전하기로 합의했다. 그밖에 LPP 협정과 미2사단 재배치계획을 통합시켜 한미간에 합의가 이루어졌다. 이는 기존의 LPP 협정에는 주한미군 재배치 계획이 반영되지 않았기 때문이다. 그 결과 2004년 8월에는 용산기지 이전 및 LPP 수정협의서가 한·미간에 가서명되었고, 2004년 10월 26일에 최종 서명이 되었다. 앞서 언급한 대로 UA, IA, LPP 개정안은 2004년 12월 9일 국회에서 의결 비준을 받아 발효되어 시행 중이다(국방백서, 2004 : 93-94).

2.3. 미2사단 재배치와 주한미군기지 이전

주로 경기 북부지역에 분산 배치되어 임무를 수행하고 있는 미2사단 역시 미국의 새로운 군사전략에 따른 부대운용 개념의 변화, 한국의 지역 주민들의 불편 해소, 국토의 균형적인 발전의 요구에 따라 미2사단의 통폐합이 주요 쟁점으로 부각되었다. 개정된 주요 내용은 향후 2단계에 걸쳐 한강이남 주요 권역으로 통합된 것이다. 그 1단계는 2006년까지 한강 이북의 군소 기지들이 동두천 및 의정부 지역으로 통합되며, 2단계에는 한강 이북의 미 2사단 주력부대를 한강 이남의 평택지역으로 이전한다는 것이었다. 2단계 이전을 위한 토지 공여 및 시설공사는 2008년 이전까지 완료를 목표로 했다.

2004년 7월 23일 제10차 FOTA를 통해 확정된 용산미군 기지 이전과 LPP 개정협상에 따르면 주한미군이 사용하고 있는 경기 북부지역의 의정부시 8곳 115만 5천 평을 비롯해 동두천시 5곳 331만 9천 평 등 모두 19곳 496만7천 평의 미군공여지가 2011년까지 지자체별로 단계적으로 반환될 예정이다. 한국이 제공하는 공여지는 현재 전국의 7,320만평에서 34개 군사기지 1,218만평과 3개 훈련장 3,949만평, 전국 7대 도시 기지 370만평 등 총 5,167만평이 반환된다. 주한미군에게 제공하는 공여지는 과거에 비해서 66%가 감소하고, 주한미군기지의 숫자도 현재의 41개에서 17개로 축소된다. 이는 기존의 LPP를 위한 소요 예산 중 7,141억 원을 절감하는 효과를 거둘 수 있게 되었다. LPP 비용은 수혜자 또는 먼저 요구한 측에서 부담하기로 원칙을 정했다. 이로써 한국은 이전을 요구한 기지의 신규 토지 공여 및 대체 시걸 건설비용을 부담하며, 미국은 이전을 요구한 기지의 통합, 대체 시설 건설비용을 부담하게 된다. 이런 원칙에 따라 미2사단의 재배치 경우 한국은 재배치 소요 부지를 제공하고, 미국은 대체시설 건설비용을 부담해야 한다(김영호 외, 2005 : 38). 용산미군기지 이전 및 미2사단 2단계 재배치가 한강 이남으로 완료되면 주한미군 기지는 2개의 핵심권역(중부, 남부)로 구분되어 운용될 예정이다<그림 10-1 참조>.

향후 주한미군 기지는 오산·평택권과 대구·부산권 등 2개의 중심기지(hubs)와 핵심시설이 잔류한 용산기지, 한강이북의 연합훈련센터, 군산공군기지 등 3개기지 체계로 운영하게 된다. 미군이 한강 이북에 계속 주둔하는 것과 유사한 효과를 기대하여 한강 이북에 연합훈련센터를 두고 미2사단의 일부를 이곳에 교대로 상시 배치하여 훈련하기로 했다(외교안보연구

〈그림 10-1〉 주한미군 재배치 변화

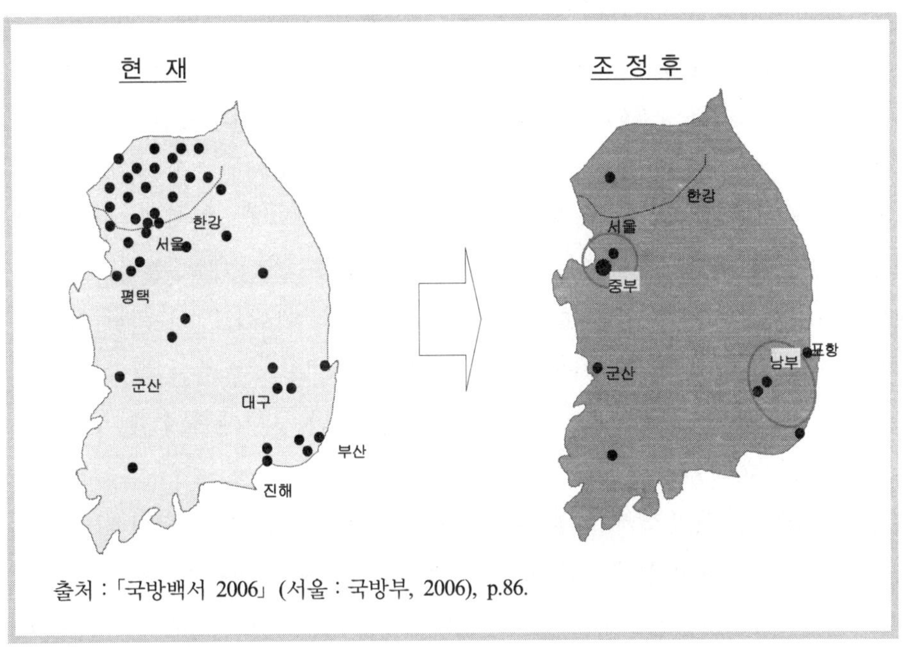

출처 :「국방백서 2006」(서울 : 국방부, 2006), p.86.

원 정책 보고서, 2003. 10. 17). 한미동맹 관점에서 볼 때, 궁극적으로 미국이 추진 중인 GPR에 따르면, 평택・오산 지역은 주한미군의 허브(hub)로 상정한 주작전기지(Main Operating Base : MOB)[7]에 해당하는 기능을 수행하게 될 가능성이 크다. 주한미군이 감축되지만 대규모의 미군 병력이 장기적으로 주둔하는 상설기지이자 독자적인 군사작전 임무를 수행하게 된다. 아울러 주변지역 및 여타국가과의 안보협력을 도모하는 기지로써의 역할을 수행하게 된다.

동두천 및 의정부 등 기존 주한미군 공여지 반환과 관련하여「주한미군 공여구역주변지역등지원특별법(이하, 공여구역지원특별법)」이 제정되었다.[8] 동시에 평택과 포항 등을 포함한 362만평이 미군기지부지로 제공하게 되어 총 2,525만평이 된다. 한국정부는 주한미군에게 평택지역에 349만평을 새로 공여지를 제공하고, 평택 외 지역 김천 3만평, 포항 10만평을 제공하기로 했다. 미군기지 이전 사업을 원활히 추진하고 이전지역의 발전과 주민

이주대책을 지원하기 위해 평택 및 오산 지역 주민의 권익을 보호하기 위해 “주한미군기지이전관련 특별법”을 제정했고, 2004년 2월 말 국회를 통과해 2014년 12월 31일까지 한시적으로 효력을 발생하는 「주한미군기지이전에따른평택시등의지원등에관한특별법(이하, 평택지원특별법)」이 제정되어 2005년 4월 1일부터 시행되었다.[9] 궁극적으로 2006년 1월 미군기지 이전지역 부지의 소유권이 국방부로 이전되었다. 이후 예정지역에 대한 측량과 지반조사 등의 시설공사를 위한 준비작업을 진행되고 있다. 정부는 2006년 중 「시설종합계획」을 작성하였다. 이것은 이전부지에 대한 환경영향 평가와 문화재 지표조사를 하며, 대상지역 주민 이주지원 및 이주단지 조성 등 이주대책을 완료한 후 2007년부터는 기반 공사에 착수했다(국방백서, 2006 : 86-87).

신규 공여지 제공지역인 평택시의 현황은 다음과 같다. 평택지역의 군사기지는 일본이 2차 세계대전 당시 조성하였고, 해방 이후 반세기 이상 미군의 군사기지로 사용되고 있다. 현재 평택에는 K-55 공군기지(송탄)와 K-6 육군기지(Camp Humphreys, 팽성)[10]을 중심으로 2개의 미군기지가 있다. K-55는 미7공군 사령부가 있는데, 주한미공군의 중추적인 역할을 수행하며, 주한미군 및 그 가족들의 출입국이 이루어지는 곳이며, 2004년 1월 현재 총면적 457만평에 10,569명이 주둔하고 있다. 향후 평택에는 주한미군사령부, 유엔사령부(UNC), 한미연합사령부(CFC)가 추가로 주둔할 예정이다. 또 용산미군 기지가(6,000여명) 이전해 오고 미2사단이(가변적 상황에 의하여 인원수 미정) 평택에 재배치될 경우 수만 명의 미군과 미군가족, 미국국적의 군무원들이 거주하게 된다.[11] 미군기지 토지 공여지는 기존의 총 457만평에 추가로 349만평이 제공되어, 전체적으로는 806만평으로 확대된다<표 10-2 참조>.

〈표 10-2〉 주한미군 평택지역의 토지 현황

구 분	계 (만평)	수용지 (만평)	
		기 존	추 가
계	806	457	349
K-55(공군기지, 송탄)	355	291	64
K-6(육군기지, 팽성)	451	166	285

2006년 12월 초 주한미군기지의 평택 이전 시기가 한미가 합의한 목표 연도인 2008년보다 4~5년가량 지연될 예정이다. 주한미군 기지의 오산·평택으로의 이전 관련 총 7쪽의 '주한미군기지시설종합계획(MP·마스터 플랜) 협상결과'에 따르면 미군기지의 각 시설별 공사 기간은 2008년 6월에 시작되어 2012년 전후까지 끝내는 등 미군기지 이전이 지난 2004년 한미가 합의했던 2008년에서 2013년 전 공정 완료로 되어 있다. 총 사업비는 약 10조원 내외며 한국정부가 부담해야 할 건설비는 약 4조5700억 원(부지 매입비를 포함 5조5805억 원)이다. 구체적으로 건축비 2조4634억 원, 토목 8000억 원, 설계비 3000억 원, 사업관리비 2300억 원 등이다. 연합사·유엔사·주한미군사 지휘본부 복합시설은 2007~2010년, 공동설비 및 인프라는 2007~2013년, 병원시설 2007~2012년, 아파트 2007~2012년, 연합사 한국의 지원시설 2008년 중반기~2010년, 2사단지역·훈련지역·철도 등은 2011년 중반기~2013년 등이다.

 주한미군 재배치와 한미 안보동맹의 변화

3.1. 전시작전통제권 전환과 주요 쟁점

현재 한국군에 대한 작전 통제권[12]은 전시와 평시가 구분되어, 전시에는 주한미군사령관을 겸하는 연합사령관이 행사한다. 현재 전작권은 한미연합사가 보유하던 한국군에 대한 작전통제권 중 1994년 평시 작전통제권이 전환되면서 나온 개념이다. 한미연합사령관은 한미 양국의 국가통수기구와 군사지휘기구로 구성되는 한미 공동군사위원회(ROK-US Military Committee)로부터 전략지시와 작전지침을 받도록 한미간에 합의되어 있다. 전시상황 하에서는 한국군이 연합사령관의 작전통제를 받게 된다.

한미동맹 하에서의 작전권 이슈의 연원은 1950년 한국전쟁 발발 직후 한국군에 대한 작전통제권이 이승만 대통령에 의해서 유엔군사령관에게 이관되면서 시작된다.[13] 1954년 11월 17일 한미 상호방위조약을 보안하는 한미 합의의사록에서 '유엔사령부가 대한민국의 방위를 위한 책임을 부담하는 동안 대한민국 국군을 유엔사령부의 작전통제권 아래 둔다'고 규정하여, 유엔군사령관이 지속적으로 한국군을 지휘할 수 있도록 했다. 박정희 대통령 때인 1977년 카터 대통령의 주한 미 지상군 철수 계획에 따라, 한국 정부는 한국 방위 작전의 효율화와 위기 시 미국으로부터의 군사적 지원을 확보하기를 위해 1978년 11월 7일 한미 연합사령부(CFC)가 창설되면서, 한국군에 대한 작전통제권은 유엔군 사령부로부터 한미연합 사령부로 이관되었다. 이에 유엔군사령부는 정전협정의 당사자로서만 남게 되고, 그 밖의 모든 기능과 권한은 한미연합사령부로 이양되었다. 즉 한국의 고유한 헌법적 권한(군사 주권)을 주한미군 사령관(현재 유엔군 사령관과 한미연합사령관 겸직)에게 부분적으로 위임되었다. 이 같은 작통권 위임은 미국의 군사원조 목적 외에 한반도에 대한 미국의 포기 가능성을 최소화시키고 대북 억제력을 극대화하기 위한 것으로 군사 주권을 일부를 자발적으로 미국에 위임하여 국가안보를 보장받기 위한 행위였다. 미국 역시 우방에 대한 신뢰와 연합 지휘계통을 통해 효율적인 전투능력을 수립하기 위한 한미 양국 간에 유익한 조치였다(문정인, 2006 : 8-9).

1980년대 말 냉전종식으로 인한 한반도 전략 환경의 변화와, 한국군의 능력 신장, 그리고 당시의 국내 반미감정을 배경으로, 1987년 8월 노태우 당시 민정당 대통령 후보는 '작전통제권 전환'을 대선 공약으로 제시하였다. 미국도 1988년경부터 냉전종식에 따른 해외미군 감축 필요성과 5.18

광주 민주화 항쟁을 둘러싼 반미감정 등과 관련하여 작전통제권 이양 가능성을 행정부와 의회 인사 등을 통하여 언급하기 시작했다. 1989년 8월에는, 냉전종식에 따른 미국방예산 감축의 일환으로 앞서 살펴본 주한미군 감축안을 담은 「넌·워너 수정안」이 상·하원 공동법안으로 입안됨으로써, 작전통제권 전환이 논의될 수 있는 정치적 분위기가 조성되었다. 실제로 이 법안에 따라 1990년 4월에 작성된 「동아시아 전략구상(EASI)」에서는 1990년대 후반에 연합사 해체를 검토한다는 내용이 포함되었다(김일영·조성렬, 2003 : 200). 1988년부터 한미 군사당국자들은 급격한 변화로 인한 안보불안 우려를 완화시키기 위한 방안으로 전시와 평시의 작전통제권을 분리하는 방안을 도출해 냈다. 미국은 한국내 반미여론과 미국내 정치사정을 고려하여 평시작전통제권을 조기에 이양한다는 입장 아래, 1990년 2월의 한미 국방장관회담에서 '1991년 1월 1일부 이양' 방안을 한국에 전달하였다. 한미간 협의 끝에 1994년 12월, 한미연합사령관에게 이관되었던 우리 군에 대한 작전통제권 중 일부인 평시작통권이 한국 합참의장에게 전환하게 되었다. 현재의 전·평시 작전통제권은 평시에는 한국군 합참의장이, 전시에는 한미연합사령관(주한미군 사령관)이 한국군에 대한 작전 통제권을 행사하게 된 것이다.

이로써 한국군의 평시 부대이동, 경계임무, 초계활동, 합동전술훈련, 군사대비태세 강화 등 부대 운영에 관한 권한은 한국군 합참의장에게 귀속되었다. 전·평시 원활한 작전을 위해, 1994년 평시 작전통제권 전환시 합의에 따라 평시에도 연합권한위임사항은 연합사령관에게 귀속되었다. 연합권한위임사항은 정보관리, 연합훈련 주관, 상호운용성, 교리발전, 작전계획 수립, 위기관리 등 6개항으로 구성되며 사실상 작전권의 핵심요소이다. 이처럼 평시 작전통제권이 전환되었지만 그 핵심적인 요소가 유보됨으로써 평시에도 사실상 완전한 의미의 작전통제권은 행사할 수 없다는 비판도 꾸준히 제기되었다. 전시가 되면 한국군에 대한 작전통제권은 한미연합사령관에게 이관된다. 한미연합사령부는 한-미 SCM/MC의 전략지시와 작전지침을 받게 되므로 공동 작전통제의 형태이지만 미국이 주도적 역할을 담당하게 된다. 전작권 전환 문제 논의 진행과정은 1988년 정부 내에서 연구되기 시작할 때 이미 개념상 포함돼 있었다. 1990년과 1992년에는 각각 1995년과 1997년을 전환 목표연도로 한다는 국방부의 검토가 있었다. 2003년 참여정부가 탄생하면서 양국 국방장관은 동북아 지역의 안보상황을 종합평가하고 한미동맹의 미래비전을 공동으로 작성하며, 미래지향적인 지휘관계 발전방향에 대해서도 연구한다는데 합의하였다. 2004년 초 한국합참과 연합사간에 한미지휘관계에 대한 공동연구를 추진키로 합의하고, 2005년 9월 안보정책구상(Security Policy Initiative, SPI)[14] 회의에서 한국이 작전통제권 문제를 미국에 공식제의하면서 한미간 논의가 시작되었다. 2006년 10월 제37차 SCM에서 양측은 작전통제권에 관한 논의를 '적절히 가속화'하자는 데 입장을 같이함으로써 본격적인 협의가 시작되었다.

3.2. 전작권 전환과 새로운 한미 군사지휘관계 발전방향

한-미 양국은 한미상호방위조약 유지, 주한미군 지속 주둔과 미증원군 전개 보장, 정보자산 등 한국군 부족 전력 지속 지원, 연합 대비태세와 억제력 유지 등의 4대 추진 원칙하에 전작권 전환을 위한 로드맵을 작성하였다. 기존의 한미연합방위체제는 한국 방위에서 실질적으로 미국이 주도적인 역할을 담당하고 한국은 이에 참여하는 형태다. 1990년대 초 '한국방위의 한국화'의 일환으로, 한국의 한국방위 주도적 역할을 목표로 한 한미연합사 부사령관 및 유엔사 정전회담 수석대표의 한국군 장성 임명 등 상징적 조치가 이루어졌으나 그 효과는 제한적이었다. 전・평시 구분 없이 한미 양측이 별도의 사령부에서 각각의 군에 대한 지휘권을 행사하면서, 새로 창설되는 협의・조정기구를 통해 긴밀히 협조할 수 있도록 한 것이다. 정보관리・위기관리・연습 및 훈련・전시작전수행 등 모든 분야에서 긴밀하고 공고한 군사동맹 협조체제가 유지되도록 구성된다. 작전권 전환은 한미연합사의 해체가 필요조건이다. 새로운 지휘체제 하에서 CFC가 해체되더라도, SCM/MC와 같은 고위급 안보협의체는 그대로 존속하며, 또한 새로운 협의·조정기구가 창설될 것이다(국방일보, 2006. 8. 18).

따라서 전작권 전환은 한국군과 주한미군이 각각 다른 지휘체계를 갖추는 것으로 새로운 한미간 지휘체계 구축이 주요 핵심이다. 한국이 주도하고 미국이 지원하는 새로운 공동방위체제로, 한반도 방위에서 미국이 주도적인 역할을 하고 한국이 참여하는 형태로부터, 한국이 주도하고 미국이 지원하는 형태로 변화하게 된다. 전작권 전환은 한미 군사협력의 제도화의 일부로 현재의 연합 또는 통합형 동맹 운용방식에서 병렬식 운용방식으로 한 단계 진전된 미래 한미동맹을 의미한다. 최대 관심은 전시 증원전력 유지 및 추가 주한미군 철수 가능성 여부이지만 주한미군 주둔 및 증원전력 지원 문제는 근본적으로 한·미 상호방위조약에 근거를 두고 있는 것으로, 전작권 전환과 직접적 관계가 없다. 유사시 증원전력 지원과 관련해서는 향후 양국간 합의문서에 명시적으로 포함하여, 대북 억제력과 한반도 지역의 안정성 확보에 주력하게 될 것이다. 주한미군 추가감축 문제는 현재 2008년까지 주한미군을 2만5천명 선에서 유지키로 한 계획으로부터 아무런 변화가 없다.

가장 주목해야 할 점은 대북억제력에 대한 전력증강인데, 작전권 전환에 따른 한반도 전쟁억제에 있어서 주도적 역할을 수행하기 위해서는 독자적인 작전기획능력과 필수전력으로서 정보감시정찰, 지휘통제통신(C4I) 및 정밀타격 전력을 2010년에서 2012년 사이에 확보한다는 방침이다. 국방부에 따르면 독자적인 작전기획능력 보강을 위해 합참 조직이 지속적으로 확대 및 개편되고 있으며, 국방개혁 2020에 근거해 한국군이 한반도 방위의 주도적 역할을 전제에 둔 것이다. 2007년에 시작되는 국방중기계획은 2011년 마무리되는데, 2012년까지 한국군은 한반도 전구 작전 지휘 능력을 구비한다는 계획이다. 연합방위체계를 기반으로 구축된 전략 계획과 계획체계를 2011년까지 한국 주도의 위기관리와 전쟁수행 체계로 정비를 목표로 한다(국방일보, 2006. 8. 31 : 6). 한반도와 주변 지역에 대한 독자적 정보수집 능력을 부분적으로 확보하기 위해 다목적 실용위성, 공중조기경보통제기, 전술정찰정보수집체계 등이 도입 및 상당수준의 전력보완이 이루어질 것으로 예상된다.

한미양국간 전작권 전환 협의 및 추진일정에 대해서는 2005년 10월 제37차 SCM에서 '적절히 가속화' 하자는 데 입장을 확인하고 본격적인 협의를 시작했다. 이와 관련 상세 추진계획을 확정하기 위해 2006년 3월 '지휘관계 연구를 위한 관련약정(Terms of Reference, TOR)' 체결과 함께 연합실무단을 구성했다. 이는 양국 군사당국은 전작권 전환 협상을 지속적이고 긴밀하게 추진해 왔음을 의미한다. 지난 10월 21일 미국 워싱턴에서 개최된 제38차 SCM을 통해서 그동안 진행해 온 전작권 문제가 재검토되었다. 2009년 10월 15일 이후 그러나 2012년 3월 15일보다 늦지 않은 시기에 신속하게 한국으로의 전작권 전환을 완료하기로 일단 합의했다.[15] 미국은 2009년이 합리적이고 현실적이며 달성 가능한 연도라고 제시하였다. 이것은 전작권 전환을 위한 전환기간이 너무 길어지면 군사적으로 득보다 실이 더 클 것이라는 것이고 그 시점까지 한국군의 능력이 부족한 부분은 미군이 보완전력을 지속 제공함으로써 해결 가능하다는 입장이다. 최근 양국은 협의를 통해 2015년을 전환시기로 정하고 추진 중이다.

3.3. 주한미군의 전략적 유연성 강화

전작권 전환 논의 외에 한미동맹과 한반도 안보에 새로운 변화를 초래하게 될 이슈는 주한미군의 전략적 유연성 문제이다. 이것은 미군의 첨단화되고 경량화된 미래형 사단으로의 재편인 미국의 국방변환(Defense Transformation, DT)와 GPR 하에서 새롭게 추진되고 있다. 전략적 유연성이란 주한미군을 한반도라고 하는 특정 지역 내에서 대북한 억제라는 단일의 목적을 위해 주둔시키지 않고 해외미군기지 이전 및 재배치를 포함하여 미국의 전략적 필요성에 따라 한반도의 지역적 범위를 넘어 다양한 목적을 위해 미군을 운용하겠다는 전략 개념으로 미국 국방개혁의 핵심개념이다(최종철, 2006 : 60). 주한미군의 전략적 유연성이 강화된다는 것은 주한미군의 작전 범위가 동북아 지역으로 확대되는 것을 의미하며 대테러작전과

PSI와[16] 같은 다양한 목적을 위해 군사력이 동원된다는 것을 의미한다. 현재 미국이 추진 중인 DT와 GPR은 1차 걸프전쟁에 대한 평가로부터 시작되어 9·11테러 이후 유연한 군사태세를 구축하고 기존의 전력을 재편하려는 구상이다(최종철, 2006 : 61).

따라서 주한 미2사단은 2005년 7월 디지털 미래형 사단인 작전지원사령부(Unit of Employment-x, UEx)로 개편 작업을 완료했다. 이는 해외 주둔미군 가운데에서 군단과 사단의 중간 형태인 '미래형 사단'으로 개편된 첫 번째 사례이다(동아일보, 2005. 7. 20). 그동안 미군은 사령부-군단-사단-여단 등 4단계 편제로 나누어져 있었다. 작전지원사령부 UEy(Unit of Employment-y)[17]-UEx-작전부대(Unit of Action, UA)로 새로운 편제로 구성되었다. 이것은 지휘계통의 축소로 위기에 신속하게 대응할 수 있는 능력을 갖춤으로써 해외 주둔미군의 전략적 유연성을 한층 강화한 조치인 것이다. UEx는 1개의 전투부대(UA), 다기능항공부대(UA), 포병(UA), 직할본부대대로 편성되었다. 예를 들면, 한반도 유사시에 외부로부터 수 개의 UA 부대들이 증원될 것이고, 또한 한반도 지역에서 가까운 지역에서 위기 발생시 주한미군 UA부대들이 한국으로부터 분쟁지역으로 투입되어야 한다. 이 같은 새로운 편제에 의해 병력 숫자는 사실상 줄어들었지만 전투역량은 첨단화 및 정보화를 통하여 과거보다 훨씬 더 강화된다는 것을 의미한다. 미국은 해외주둔 미군의 전략적 유연성을 강화시키기 위해 미군 부대를 네트워크 중심 전에 대비해 지휘, 통신, 정보 기능을 대폭 보강하고 여단 중심체제로 개편했다. 미국은 2개의 UEx 부대를 만드는데 1천만 달러를 투입하여 C4I 디지털 네트워크 장비를 갖췄다. 이로써 주한미군 UEx는 실시간으로 정보를 서로 공유하고 통합하여 전장에서의 역할을 극대화할 수 있게 되었다(김영호 외, 2005 : 45-46).

미 국방부는 이미 주한 미 8군사령부의 개편 작업에 착수했다. 미 8군은 주한미군에서 제외될 예정이다. 미 육군은 미 8군을 포함한 6개의 군 사령부를 특정 전쟁 구역의 지원을 담당하는 작전지원사령부인 UEy로 개편된다. 미 국방부는 2001년 9·11테러 이후 육군의 구조를 대대적으로 정비중이며, 8군사령부도[18] 그 대상에 포함했다. 미 8군사령부가 주한 미군에서 빠져나가는 것은 미 육군의 전면 개편 계획에 따른 것으로, 미국은 현재 개편 시기를 2010년으로 결정했다. 8군사령부와 관련된 업무만 맡고 있는 요원은 수십 명에 불과한 사실상 이름으로만 존재하므로 한반도 방위에는 큰 영향이 없다는 분석이다. 이것은 8군사령부의 기능 특성 때문에 사령관을 비롯한 대부분 참모 요원들이 다른 부대의 직책을 2~3개씩 겸직하고 있다. 이에 따라 8군사령부가 주한 미군에서 제외되더라도 실제 병력 감소는 수십 명에 그친다. 또 8군사령부가 주한 미군에서 없어져도 예하 부대들은 새로 창설될 주한 미 합동군사령부에 소속돼 지휘를 받게 된다(동아일보, 2005. 7. 20).

이러한 조치는 전 세계에 나가 있는 6개의 군사령부를 모두 UEy로 개편한다는 미 육군의 계획에 따른 것이다. 8군사령부를 모태로 한 UEy는 미 태평양 육군사령부에 소속될 전망이다. UEy는 특정지역에 묶이지 않고 광범위한 지역을 대상으로 하는 기동형 지원사령부다. 평시에는 500~600명 수준의 사령부로만 유지한다. 그러나 유사시 임무가 주어지면 그에 따른 작전을 지원할 지원부대들이 UEy의 예하에 들어온다. 한반도 유사시 UEy는 곧바로 한국으로 투입돼 전시지원 임무를 수행한다는 것이다. 이러한 UEy는 한반도를 주요 지원 대상으로 하지만 일본과 대만 등 태평양 전 지역에 대한 지원임무를 맡게 될 것이다. 8군사령부가 개편되는 UEy가 주둔할 위치는 하와이가 될 가능성이 높다(중앙일보, 2006. 9. 30).

이와 같은 맥락에서 향후 주한미군이 한국으로부터 자유롭게 드나들면서 평택 및 오산 기지와 시설을 한반도 이외의 목적을 위해 사용은 물론이고, 한반도 유사시 외부로부터 미군이 들어오는 것을 가능하게 하기 위해서라도 전략적 유연성을 재고할 수 있는 한-미간 제도적 장치가 마련되어야 한다는 점에 초점을 둔 것이다. 그러나 양국은 주한미군의 전략적 유연성에 구체적으로 합의한 바 없고, 미국이 요구하는 전략적 유연성 수용 요구는 한국내에서 여전히 논란의 소지를 안고 있다. 주한미군 감축 및 재배치 과정에 전략적 유연성 문제는 한국 정부와 국민적 합의를 고려해야 하는 매우 포괄적이며 정치적인 문제이기도 하기 때문에 한미간 지속적인 협의를 통해서 한국의 현실적인 상황을 고려해야 하는 중요한 미래 한미동맹의 과제이다. 한미동맹의 틀을 훼손시키지 않고 주한미군의 주둔을 보장할 수 있는 방향으로 전략적 유연성 문제가 원만하게 해결될 수 있는 대응방안이 모색되어야 한다.

 미래 한미동맹의 전망

한-미 양국은 FOTA와 SPI 협의를 통해 용산기지이전과 미 2시단 한강 이남으로의 재배치, 미국의 군사변환에 따른 능력 위주의 주한미군 전력 개편, 한반도 방위관련 주요 임무의 한국군 전환, 한-미 공동의 방위능력 발전 방향 등의 동맹 변환의 주요의제에 합의했다. 그동안 국내에서 논란이 되었던 전작권 전환 문제는 전반적인 동맹 변환의 큰 틀 내에서 미국과의 협의를 통해서 단계별로 진전되고 있다. 국가안보 밀접한 이런 이슈와 쟁점은 한국내의 민주화, 국민적 통합 및 사회적 효율성 증진이라는 목표와 동시에 미국의 DT와 GPR 추진 전략에 바탕을 둔 결과물이다.

향후 한미동맹의 근간을 제공하고 있는 주한미군의 재배치와 활동 범위가 한반도에 국한하지 않고 있음에 주목해야 한다. 미2사단 1개 여단의 이라크 파병 당시 미국이 한국정부에 요구했던 것처럼 한국으로부터 미군이 나가는 데에만 초점을 맞추어서는 안 된다. 미래 한미동맹에서 한반도 방위에 대한 한국주도, 미국의 지원 구도라는 전작권 전환이 진행 중에 있다. 동맹국들이 해당국 방위에 보다 많은 기여를 요구하는 것이다. 주한미군의 전략적 유연성 강화 역시 한미동맹이 북한이라는 확인된 위협을 대상으로 하는 것이 아니라 미래의 예측 불가능한 위협 요인을 대상으로 지역 동맹으로 국제안보 협력의 범위를 넓혀나가야 한다는 것을 의미한다.

이처럼 미래 한미동맹은 한국군의 역할은 한반도에만 국한되지 않고 역내의 안정, 대테러전, PSI, 석유 수송로의 확보 참여, 이라크에 대한 지속적

지원, 유엔의 평화유지군, 국제난민 등과 같은 포괄안보 이슈와 인간안보(human security) 이슈로 그 범위가 확대되어야 하는 과제를 안고 있다. 또 한반도 주변 유사상황에 대한 역할 분담에 대한 논의도 재검토되어야 한다. 군사적 동맹에 기초한 한미동맹은 신안보에 대처할 수 있는 역할 확대이자 군사적 동맹에서 양국간 국가 이익과 상호 공유하는 제반 정치적 및 경제적 이익과 가치를 보호하는 협력적 동반자 관계로 재정립됨을 내포한다. 한미동맹은 한국내 정치적·사회적 갈등과 혼란을 최소하고 국민의 공감대를 바탕으로 사회적 통합을 유도해 낼 수 있는 동맹 틀을 구축해나가야 한다. 냉전형 동맹에서 탈피 미래의 포괄적·역동적·호혜적 동맹에 기초한 한미동맹의 구축은 한미 공동의 한반도 전쟁억제, 방어태세는 굳건히 유지돼야 한다는 전제 조건 하에 긴밀한 조율을 통한 협의 하에 추진되어야 할 것이다.

▮ 미주 ▮

1) 한미상호조약(제4조)에 의거해 주한미군 공여지는 한국정부가 주한미군에게 기지, 시설, 군사훈련 등에 필요한 땅을 공여해 미군이 사용권을 가지고 있는 땅을 의미한다. 미군공여지가 지역사회에 미치는 가장 부정적인 영향은 사유재산권 침해, 도시 발전의 왜곡과 저해, 미군의 군사훈련으로 인한 피해 및 환경오염을 들 수 있다. 공여지 관련 자세한 내용은 다음을 참조(윤영미, 2006 : 66-67).
2) 1989년 8월 미국은 '넌-워너 법안'을 통과시켜 아시아 지역의 안정을 위해 동맹국의 역할 증대와 주둔미군 감축에 관한 보고서가 작성되었다.
3) 이 구상에 의해 주한미군을 10년간 3단계로 나눠 철수키로 했다.
4) 2단계 감축계획은 북한이 남북한 상호 핵사찰을 수용하지 않음에 따라 1992년 10월 제24차 한미 안보협의회에서 무기한 연기된 뒤 1993년 북한이 핵무기확산금지조약(NPT)에서 탈퇴하자 미국 주도에 의해 진행되었던 주한 미군 감축 논의는 백지화되었다.
5) 한-미양국의 주요 군사정책 협의조정 기구(ROK-US Security Consultative Meeting)로 1968년 1·21사태 및 푸에블로호 피랍사건을 계기로 주요 안보문제를 협의하고 해결하기 위한 양국 국방장관간의 연례 안보협의체로 운영해왔다. 1971년 미7사단 철수가 논의되면서 양국의 국방·외교관계 고위관리가 참여하는 한미간 최고 안보협의기구로서 군사위원회에 전략지침을 하달한다. 주요 안보 문제를 협의하고 해결하기 위해 양국에서 번갈아 가며 연례적으로 개최하는 회의다.
6) 연합토지관리계획(LPP, Land Partnership Plan)은 전국에 산재한 미군 기지를 기존 주요기지로 통폐합하기 위해서 형성되었다. 2001년 11월 제 33차 SCM에서 한·미의향서를 체결하고, 2002년 10월 말에 국회 비준을 받았고, 일부 재배치계획으로 기지 조정이 수정됨에 따라 확정된 최종수정안이 지난 2004년 12월 국회 비준동의를 받았다.
7) 2004년 9월 미국방부는 미의회에서 "미군 해외주둔태세 강화안"이라는 보고서에서 필요한 시기 동매국을 지원하고 위협에 대처할 수 있는 신속전개 능력을 증진시키기 위해 해외주둔 미군기지의 배치 개념을 다음과 같이 4개 그룹으로 분류한다. 첫째, 전력투사중추기지(Power Projection Hub : PPH)이다. 가장 중요한 것으로 대규모 병력과 장비를 보유하고 증원할 수 있는 능력을 가진 기지로 미본토, 하외이와 괌이 해당한다. 둘째, 주요작전기지(Main Operating Base : MOB)인데, 이것은 영구적인 시설을 구비하고 상시 병력을 배치하여 주둔전투부대와 하부구조를 갖춘 명령과 통제구조, 가족지원시설, 강화된 병력보호 장치를 주요 내용으로 한다(한국, 일본, 독일, 영국 등). 셋째, 전진작전기지(Forward Operating Site : FOS)이다. 신설된 것으로 제한된, 미국 군대지원주둔, 소규모 병력을 유지하되, 필요시 순환부대를 수용할 수 있거나 신속한 증원이 가능토록 시설을 유지하는 기지이다(폴란드). 넷째, 협력적 안보지역(Cooperative Security Locating : CSL)이다. 역시 신설된 것으로 이것은 병력 및 시설은 상시 주둔하지 않으나, 유사시 배치할 수 있는 법적 근거를 사전에 마련해두고 주기적인 훈련을 실시하는 기지이다(호주, 필리핀 등)(한미동맹과 주한미군, 2004 : 65).
8) 법률 제7854호(공포 2006/3/3, 시행일 2006/9/4). 동 특별법은 지난 2005년 11월에 여

야의원 49명의 공동발의로 입법 제출되었다. 2006년 2월 9일 국회를 통과, 동년 3월 3일에 공포되고 9월 4일부터 시행단계에 있다.

9) 법률 제7271호(공포 2004/12/31, 시행일 2005/4/1). 일부개정(2005/8/4, 법률 7678호).

10) 주한미군기지 확대가 진행되고 있는 평택의 K-55기지는 미군이 1952년 3월부터 주둔하기 시작했으며 현재 미 7공군의 사령부가 있는 곳으로써 현역군인만 수천 명이 주둔 해 있다. K-6 기지는 미군육군부대로서 팽성읍 안정리 일원에 위치하며 청-일 전쟁(1894~1895) 당시 일본군이 주둔지로 있다가 6·25전쟁 이후 미군이 주둔하고 있다. 평택에는 이밖에도 K-6 통신소, CPX 훈련장, 미군탄약고 2곳이 있으며 이들 기지를 모두 포함한다.

11) 『평택지원특별법』 시행으로 평택시 종합개발계획의 수립 및 시행, 국제화계획지구 지정과 개발, 평택항 개발 지원 확대, 61개 첨단신규업종에 대한 신·증설 허용과 평택지역개발계획 확정 등으로 향후 18조 억 원 이상의 비용이 투자로 고용창출, 기업유치 등이 가능해졌다(평택시 장기종합발전계획, 2005. 5 : 101).

12) 작전통제(OPCON : Operational Control)는 작전 명령상에 명시된 특정임무나 과업수행을 위해 지휘관에게 위임된 권한으로, 작전통제권은 해당 부대에 대해 임무를 부여하고 지시를 할 수 있는 권한을 의미한다. 이는 행정 및 군수, 내부편성 및 부대훈련에 대한 권한이 포함되지 않는다는 점에서 작전지휘(OPCOM : Operational Command)권보다는 제한된 권한이다(육군본부, 1999 : 440).

13) 한국전쟁 발발 직후인 1950년 7월 14일, 이승만 대통령은 맥아더 유엔군 사령관에게, '국군의 작전지휘권을 현 작전상태가 계속되는 동안 이양한다'는 내용의 서한을 보냈다. 며칠 후인 7월 18일, 맥아더는 '대한민국 육·해·공군의 작전지휘권 이양에 관한 이승만 대통령의 결정을 영광으로 생각한다'는 요지의 답신을 보내고, 이러한 서신은 7월 25일 유엔사무총장에게 전달되어 안보리에 제출됨으로써 사후 추인을 받았다. 정전 당시, 한국군 작전 지휘권의 계속 이양 여부가 문제되다가 결국 양국간에 계속 유지키로 합의가 이루어졌다(전시 작전통제권 문제 관련 기본자료, 2006. 8. 9 : 4-5).

14) 2002년 12월 SCM에서 변화하는 동북아 및 세계 안보환경에 대비하기 위해 양국 국방장관이 합의해 신설한 미래 한미동맹 관련 협의기구이다. 한미 동맹의 발전적 조정에 대한 논의를 진행해오고 있다. 한국에서는 국방부 정책홍보본부장이 미국에서는 아태담당 부차관보가 수석대표로 참가한다.

15) 한국이 충분한 독자적 방위능력을 갖출 때까지 미국이 상당한 지원전력을 지속 제공할 것임을 확인하였다. 또한 동맹이 지속되는 동안 미국이 연합방위를 위해 미국의 고유역량을 지속 제공할 것을 확인했다(국방일보, 2006. 9. 29 : 2).

16) PSI는 조지 부시 미국 대통령에 의해서 2003년 6월 '차단원칙'에 관한 합의문을 주요 참여국들간에 공동 발의함으로써 본격적인 활동을 시작했다. 국제기구나 조약이 아닌, 미국이 주도하고 있는 '반확산' 정책이다. PSI의 주요목적은 바다와, 하늘과 지상에서 핵무기 등 WMD 및 관련된 제품이나 부품을 실은 것으로 의심되는 선박이나 항공기를 직접 나포하고 수색할 수 있도록 한 조치인데, 타국 선박 검색은 영해에서만 가능하다(진시원, 2005 : 63).

17) 미 육군의 군 구조 개편에 따라 신설되는 군 사령부급 작전지원사령부. 평시에는 사령부 형태로 유지되다가 전쟁 등 유사시에는 특정 전쟁 지역에 투입돼 부대를 제공받아 수송, 정비, 유류 공급 등의 지원 임무를 수행한다.

18) 8군사령부는 1950년 한국전쟁 당시에는 미 24사단과 25사단 등을 직접 지휘하는 전투사령부였다. 지난 50여 년 동안 주한 미군의 구조와 편제가 조정되면서 8군사령부의 기능이 대폭 축소됐다. 한반도 유사시 미국에서 반도로 증원되는 미 육군을 수용해 전방으로 보내는 전투지원 기능만 갖게 됐다.

▌참고문헌 ▌

본 장은 「현상과 인식」 한국인문사회과학학회(2007), 31(1/2호)에 실린 글을 수정 및 보완했음.

「국방백서 2004」 서울 : 국방부.

「국방백서 2006」 서울 : 국방부.

「국방개혁 2020과 소요재원, 2006」 서울 : 국방부.

김영호 외(2005), "주한미군의 재조정과 21세기 동북아 군사안보질서," 「국회국방위원회 정책보고서」.

김일영 · 조성렬(2003), 「주한미군 : 역사와 쟁점」 서울 : 한울아카데미.

김태효(2004), "미국의 한반도정책 변화와 주한미군 재배치," 「전략연구」 제32호.

로버트 만델(Robert Mandel), 권재상 역(2003), 「The changing Face of National Security, 국가안보의 변모 : 개념적 분석」 서울 : 간디서원.

문정인(2006. 9. 20), "전시작전통제권 전환과 한미관계 : 주요 쟁점을 중심으로," 한국국제정치학회 세미나 발표자료.

「군사용어사전 1999」 대전 : 육군본부.

윤영미(2006. 9), "한미동맹과 주한미군기지 이전의 파급효과," 「군사저널」.

이신화(2006), "동북아안보공동체 구축에 관한 소고," 「전략연구」 제13권, 제1호.

진시원(2005), "PSI와 한국의 안보," 「전략연구」 제12권, 제1호.

「주한미군재배치 2004」 서울 : 주한미군대책기획단.

최강(2003. 3), "한반도 군비통제와 주한미군의 장래 : 병존과 가능성의 한계," 「전략연구」 제27호.

최종철(2006), "주한미군의 전략적 유연성과 한국의 전략적 대응," 「국가전략」 제12권, 1호.

「한미동맹과 주한미군 2004」 서울 : 국방부.

「해외주둔 미군 재조정과 한미동맹 2003. 10. 17」, 외교안보연구원 정책 보고서.

「평택시 장기종합발전계획 2005. 5」 경기도.
법률 제7854호(공포 2006/3/3, 시행일 2006/9/4).
법률 제7271호(공포 2004/12/31, 시행일 2005/4/1). 일부개정(2005/8/4, 법률 7678호).
Tertrais, Bruno(2004), "The Changing Nature of Military Alliances," *The Washington Quarterly*, Vol. 27, No. 2.
Joseph, Jofi(2004. 6), "The Proliferation Security Initiative : Can Interaction Stop Proliferation?," *Arms Control Today*.
Ulman, Richard H(1983). "Redefining Security," *International Security*, Vol. 8, No. 1.
「국방일보」 2006. 9. 29; 2006. 8. 18; 2006. 8. 31.
「동아일보」 2005. 7. 20.
「중앙일보」 2006. 9. 30.

제11장

전략적 미래 한미동맹과 주한미군 평택재배치의 함의

Ⅰ 전략적 미래 한미동맹의 의미

탈냉전기 동맹의 개념은 국가 및 군사안보를 중심으로 하는 지역안보(regional security)에서 점차로 정치, 경제, 환경, 사회, 문화, 자원, 반테러리즘(counter-terrorism) 공조 확대 등 국내적 차원 및 국제 분쟁지역에서의 국제평화 유지 활동(PKO) 등 제반요소를 포괄하는 국제적 차원에서의 확대된 신안보(new security agenda) 또는 전략적 동맹으로 확대 및 재조정되고 있다(권재상 역, 2003 : 39-45). 세계적 차원에서의 국제질서 변화, 한국의 민주화, 남북관계의 변화, 북핵 6자회담, 9·11테러 이후 미국의 세계 군사안보 전략 변화, 동북아 지역 정세 변화 등은 군사적 이슈 외에 비전통적인 안보 또는 하위정치(low politics) 이슈인 국익 증진의 '포괄적 안보(comprehensive security)'의 중요성이 부각되고 있다(이춘근, 2003 : 48; Richard H. Ulman, 1983 : 129-130). 이렇게 동맹의[1] 분석수준에서 한미동맹의 변화는 국제 체제적 수준(international system level), 국가적 수준(international level), 국내적 수준(national or domestic level), 정책결정자 수준(individual level)에 의해 설명될 수 있다(Glenn H. Snyder, 1997 : 4).

현재 한미양국은 21세기 안보환경에 맞게 우호협력 증진을 바탕으로 전략적 미래한미동맹 구축에 주력한다. 전략적 미래 한미동맹의 가장 중요한 개념적 접근은 '전통적 우호동맹관계'를 바탕으로 '전략적 미래 동맹관계'로 현실주의적 동맹외교 강화로 축약된다. 군사적으로는 보다 효율적인 미래 공동방위체제를 발전시켜나가면서 협력을 통해 공동이익의 증진을 모색하는 것이다. 전략동맹의 비전은 가치동맹, 신뢰동맹, 평화구축동맹으로 제시된다. 한미동맹의 범위를 기존의 군사분야 뿐 아니라 정치, 경제, 외교, 문화 등 전반적인 관계로 확대 심화하고, 지역적으로도 한반도에 국한된 상호방위조약에서 동북아 및 다자 질서, 국제안보를 포함한 범세계적 문제에 대한 협력단계로 발전시켜 다층적이고 포괄적인 세계 평화에 기여하는 동맹관계 구축에 있다(백승주, 2008. 3. 12 : 80-81).

실천적 측면에서 전략적 미래 한미동맹의 변화는 주한미군 감축 이슈, 전시작적통제권(전작권) 전환, 주한미군 재배치 이전사업의 이행 등을 통해 더욱 논의되어질 것이다. 또 주한미군 기지 이전 및 반환, 유엔군사령부의 책임권한 조정 등의 진행 과정은 한국정부의 국익에도 부합하고 주한미군을 한반도 전쟁억제에 주력하는 '붙박이군'에서 동북아 분쟁에 신속하게 개입할 수 있는 '기동군'으로 전환시키려는 주한미군의 역할 및 규모 조정하는 미국의 범세계적 방위태세검토(Global Defense Posture Review, GPR) 계획에도 부합한다(동북아전략균형, 2006 : 69).

이런 맥락에서 본 장에서는 한미동맹 개편의 주요 변화 요인이자 동맹의 지속성과 재조정의 가장 중요한 사례로 간주되는 주한미군의 평택재배치에 대해 집중 고찰해 보고자한다. 휴전선 인근에 전진 배치된 미 지상군 감축을 통해 평택 및 오산 등 후방으로 재배치하는 미래주한미군의 허브(hub) 기지로의 통폐합에 대한 현황 및 문제점을 주한미군의 재조정이라는 거시적 관점에서 조명해 볼 필요가 제기된다. 주한미군 평택재배치를 통해 한미 동맹관계는 계속 발전할 것이고, 다양한 군사적 협력 분야로 확대하게 될 것이다. 이하의 글은 동맹의 분석수준인 국제 체제적, 국가적, 국내적, 정책결정자 수준 및 지역적 차원에 의해 분석될 것이다. 이에 기초해 미래 한미동맹과 주한미군 평택재배치의 가장 중요한 변수로 제기되는 용산기지 및 미2사단 평택이전 협상 배경 및 과정, 평택재배치 추진 현황을 집중적으로 살펴보고, 재배치 관련 한미양국의 주요 현안 과제로 제기되는 분담금 협상, 이전비용 증액 및 부지공사 지연과 평택 지역발전에 미치는 영향에 대해 집중적으로 고찰해 보고자한다.

 한미동맹과 주한미군 평택재배치 협상과정

2.1. 한미협상과 주한미군 재배치 배경

앞서 10장에서 살펴본 대로 주한미군 평택재배치는 용산미군기지 이전, 연합토지관리계획(Land Partnership Plan, LPP),[2] 그리고 미2사단 이전을 중심으로 추진된다.[3] 한국은 주한미군의 대규모 군병력 주둔지와 훈련장이 휴전선과 서울 및 수도권 편중된 점과 전국에 산재한 주한미군 기지와 훈련장의 통폐합 및 공여지 반환을[4] 통해 미군의 효율적인 부대 운용 및 관리를 도모하고, 인근 주민들의 민원을 수용하기 위해 미군기지 이전 방안을 모색했다(최강, 2003. 3 : 82-108). 따라서 한국의 경제발전과 수도권의 발전으로 인하여 한국전쟁 이후 배치된 미군기지의 이전을 통해서 발생하는 민원의 해소와 도심지 소재 미군기지로 인한 주변지역과의 마찰 소지를 줄이고자 함에 있다(김영호 외, 2005. 9 : 34). 미국 역시 한국의 민주화를 고려해 미군 주둔 지역의 부작용 해소 및 여건을 개선하고, 주한미군의 안정적 주둔여건 확보와 한・미 군사협력 관계를 유지 및 강화시키기 위해서 우리정부의 요구를 수용했다. 주한미군 기지를 통・폐합한다는 전제하에, 국가안보를 고려한 미군기지의 효과적인 배치를 목적으로 한미 양국은 상호 이해와 협조를 바탕으로 미래지향적인 한미관계 발전을 위해 주한미군 재배치 계획을 추진하게 되었다.

주한미군 재배치와 관련 LPP 역할은 상당히 중요하다. 이것은 주한미군 기지자체가 갖고 있는 문제점을 해결하기 위해 미국이 본격적으로 GPR을 추진하기 이전에 합의된 것이다. 주한미군 재배치 1단계는 한강 이북에 위치한 미군을 캠프 케이시와 캠프 레드 클라우드 지역으로 통폐합하고, 2단계는 한강 이북에 위치한 미군이 인계철선의(Trap-wire) 역할에서 벗어날 수 있는 한강 이남으로 이전하는 것이다. 2단계 이전 완료 이후에도 한강 이북 지역에 한미양국은 연합훈련센터를 설치하여 공동 훈련을 실시하면서 주한미군을 주둔시키기로 했다(국방백서, 2004 : 89, 92).

2004년 7월에 합의한 기본 합의서(UA)의 주요 핵심 내용은 용산미군기지의 미군과 시설물을 2008년 12월 말까지 평택으로 이전한다는 것이다. 용산미군기지는 향후 기존의 드래곤 호텔, 업무협조단, 한미연합사령관 서울 사무소 등이 포함된 25,000평 규모로 축소하기로 했다. 이 합의서는 대통령의 재가를 거쳐 국회의 승인을 얻어 위헌의 소지를 없앴다. 환경 문제를 고려해 반환된 토지가 오염될 경우 미군이 원상 복귀해야 한다는 것에도 합의했다. 이행합의서에서는 용산미군기지 이전을 위한 기술양해각서와 시설종합계획서를 작성하기로 했다. 기지이전에 필요한 부지는 2005년까지 공여하기로 했고, 유엔사(UNC), 한미연합사(CFC), 주한미군사령부 및 관련부대, 미8군 사령부 및 예하 부대를 평택지역으로 이전하기로 합의했다. 양국의 주한미군 평택재배치 관련 주요 협의 과정을 살펴보면 다음과 같다<표 11-1 참조>.

이밖에 LPP 협정과 미2사단 재배치계획을 통합시켜 한미 양국간 합의가 성사되었다. 기존의 LPP 협정에는 주한미군 재배치 계획이 반영되지 않았기 때문에 결과적으로 2004년 8월 용산미군기지 이전 및 LPP 수정협의서가 가서명되었고 동년 10월 26일 최종 서명되었다. 최종적으로 동년 12월 9일 용산미군기지 이전과 미2사단 및 군소기지 이전 계획을 담은 기본합의서(UA), 이행합의서(IA), LPP 개정안이 국회 비준을 통과했다. 이로써 국민적 합의와 법적 정당성을 갖춘 사업으로 발효되어 본격 추진 시행 중에 있다(김태효, 2004 : 92).[5)]

〈표 11-1〉 주한미군 평택재배치 한미양국 주요 협상과정

연 도	주요내용
1987	노태우 대통령후보가 용산미군기지 도심 외곽지역 이전을 공약으로 처음으로 제시함.
1988. 3	양국은 114만 6천 평 규모의 용산기지가 서울의 교통흐름을 막고, 도시계획의 걸림돌이 되며, 수도 한복판의 외국군 기지는 주권 국가의 위신을 해친다는 등의 지적에 따라 용산미군기지 등 서울도심에 위치한 미군기지 이전문제에 관해 정부의 요청으로 협의가 시작됨.
1990. 6	1996년까지 용산미군기지를 평택 및 오산기지로 이전할 것을 합의하는 '합의각서(Memorandum of Agreement, MOA) 및 양해각서(Memorandum of Understanding, MOU)'를 체결함.
1991. 7	한미양국은 용산에 있는 한미연합사, 주한미군사령부, 유엔사령부, 미8군사령부 등과 지원부대를 1996~1997년 오산 공군기지와 평택기지로 모두 이전한다고 공식 발표함.
1992	미국은 합의에 따라 용산 골프장과 행당동 소재 이사벨, 서울클럽 등을 한국에 반환했음. 그러나 주한미군 기지이전과 관련해 일부 진전은 있었지만 용산미군기지 이전에 소요되는 과다한 이전 비용과 세부이행에 관한 한미양국의 합의가 지연됨.
1993. 6	한국은 이전 사업여건이 성숙할 때까지 보류할 것을 미국에 요청함.
2001.12	11년간 보류되었던 주한미군 기지 이전문제는 김영삼 정부에 의해 용산미군기지 이전 논의가 재개되었음. 용산미군기지 내 미군 숙소 건립문제가 사회적 이슈화가 되어 한・미간에 용산미군기지 이전계획이 다시 논의되었음. '한미주둔군지위협정'에 따르면 사용하지 않거나 사용 계획이 없는 경우 미군의 불용토지를 반환하도록 하고 있는데, 이에 근거해 한국정부는 대북 안보태세 유지, 미군기지와 관련된 민원해소, 재정부담 최소화의 원칙 등을 기본 원칙으로 하여 미국측과 'LPP' 협의에 착수했음.
2002. 3.29	양국은 주한미군기지와 시설을 통폐합하는 LPP에 서명함.
2002. 4	용산미군기지 사우스포스트 내에 아파트 기공식이 거행되면서 국내 여론의 강력한 반발에 직면했음. 미군 아파트 건립 문제는 한미 양국 간 용산미군기지 이전 논의를 촉발시키는 요인으로 작용했음.

연 도	주요내용
2003. 4	용산미군기지 이전 문제는 시작된 '미래 한미동맹정책구상회의(Future of the ROK-US Alliance Policy Initiative, FOTA)'에서 한미간 미래 동맹발전을 위한 정식 의제로 채택되었음. 이로써 제1차 FOTA 회의를 통해서 한미 양측은 주한미군 기지의 효율적 운용과 국토의 균형적 발전을 도모하기 위해 주한미군 기지를 통폐합하기로 합의하고 가능한 빠른 시일 내에 용산미군기지를 이전한다는데 원칙적인 합의를 했음. 제2차 FOTA 회의에서 한미 양국은 용산기지 이전을 포함한 주한미군 기지 재배치 계획의 기본 골격을 제시했음. 한국정부는 용산미군기지 이전을 조속히 진행하고 한강 이북에 위치한 미군의 재배치를 지원하기 위해 부지 매입과 미군 재배치는 2단계 과정으로 진행되기로 합의했음.
2003. 5	한미정상은 주한미군 이전을 본격적으로 추진키로 합의했음. 당초 용산미군기지만을 후방으로 이전할 계획이었는데, 부시 행정부가 해외주둔 미군 재배치 계획을 발표하면서 주한 미군기지 전체를 재배치하는 것에 합의함.
2003. 7	제3차 FOTA 회의에서 용산미군기지를 2006년 말까지 이전하고 2004년 초부터 부지 매입 및 시설 설계에 착수하기로 합의함.
2004. 1	제6차 FOTA회의에서 용산미군기지 내의 한미연합사와 유엔사령부 역시 한강 이남으로 이전한다는데 합의하면서 주한미군 재배치 계획이 본격적으로 추진됨.
2004. 7	제10차 FOTA 회의에서 한미양국은 용산기지 이전을 위한 법적 체계로서 1990년 체결한 기본 합의서(MOA)와 양해각서(MOU)를 대체할 기본합의서(Umbrella Agreement, UA)와 이행합의서(Implementation Agreement, IA)에 합의함.

출처 : 윤영미(2007), "한미동맹과 신안보 : 주한미군 재배치 현황과 전망을 중심으로,"「현상과 인식」 제31권, 제1/2호, 한국인문사회과학학회, pp.132-134, 재정리함.

동시에 한미양국은 협의를 걸쳐 주한미군 감축시기를 당초 계획보다 3년 연장시켜 2004년 10월 초 제36차 한미연례안보협의회(SCM)에서 이라크전 지원을 위해 차출된 주한미군 2사단의 1개 여단 3600명을 포함해 2008년까지 1만2,500백 명을 3단계로 감축하는 내용에 최종 합의했다. 첫째, 미국은 이라크전 지원을 위해 차출된 미2여단전투단을 포함한 주한미군 12,500명을 2004년부터 2008년까지 3단계에 걸쳐 감축한다. 둘째, 1단계로 미2여단전투단과 일부 전투부대 및 군사임무전환 관련부대 등 5,000여명을 2004년 말까지 감축한다. 셋째, 2단계는 2005~2006년간 일부 전투부대 및 군사임무전환 관련부대, 기타 지원 병력 등을 2005년에 3,000명, 2006년에 2,000명으로 구분하여 5,000명을 감축하며, 마지막 3단계는 2007~2008년간 기타 지원부대를 중심으로 2,500명을 감축한다. 감축되는 부대의 주요 전투장비는 주한미군 개편과 연계하여 조정하며, 미 육군 사전배치 재고에 포함하여 유사시 즉각 사용 가능토록 한다(국방백서, 2004 : 93-96).

최근 양국은 기존의 감축계획에도 불구하고 한미양국은 감축 중단을 합의했다. 한-미양국은 지난 2004년 3만 7천5백 명이던 주한미군을 단계별 감축을 통해 2만 5천 명까지 줄이기로 합의 이후 4년 만에 2만 8천5백여 명까지 감축했다. 결국 2008년 말까지 2만5천명 선으로 감축하기로 했지만 2008년 1월 말 한·미 안보정책구상(SPI) 회의에서 버웰 벨 주한미군사령관이 우리정부에 "주한미군 병력을 당초 계획과 달리 더 감축하지 않고 현 수준인 2만 8500명으로 유지"를 한국에 제안했다.

2008년 4월 중순 이명박 대통령과 조지 부시 대통령의 캠프 데이비드 정상회담에서 양국 정상은 올 연말까지 3천5백 명 감축 계획을 백지화하고 2만8천명 현 수준을 유지키로 합의했다. 이로써 미국은 철수가 예정됐던 아파치 헬기 1개 대대와 미 7공군 소속 F-16 전투기 1개 대대의 지속적 주둔 및 단기간 내에 주한미군을 감축은 없다는 것을 시사했다(연합뉴스, 2008. 7. 17).

2.2. 주한미군 평택재배치 현황

향후 주한미군 기지는 평택·오산권과 대구·부산권 등 2개의 중심기지(hubs)와 핵심시설이 잔류한 용산미군기지, 한강이북의 연합훈련센터, 군산공군기지 등 3개기지 체계로 운영하게 된다. 미군이 한강 이북에 계속 주둔하는 것과 유사한 효과를 기대하여 한강 이북에 연합훈련센터를 두고 미 2사단의 일부를 이곳에 교대로 상시 배치하여 훈련하게 된다(해외주둔 미군 재조정과 한미동맹, 2003. 10. 17). 평택기지의 장점은 인근에 해군 2함대기지가 있다. 기지 내 활주로를 활용할 수 있으며, 기지가 완공되면 인접한 캠프 험프리와 동북쪽 20㎞ 거리에 있는 오산 미 공군기지, 서쪽으로 20㎞ 떨어진 평택 해군기지와 연계, 육・해・공군 연계작전이 가능할 것으로 기대된다. 주한미군이 감축되지만 대규모의 미군 병력이 장기적으로 주둔하는 상설기지이자 독자적인 군사작전 임무를 수행하게 됨을 의미한다. 아울러 주변지역 및 여타국가과의 안보협력을 도모하는 기지로써의 역할을 수행하게 된다.

주한미군 평택기지 추진 과정을 살펴 다음과 같다. 우선 2004년 7월 23일 제10차 FOTA를 통해 확정된 용산미군기지 이전과 LLP 개정협상에 의해 주한미군이 사용하고 있는 경기 북부지역의 의정부시 8곳 115만 5천 평을 비롯해 동두천시 5곳 331만 9천 평 등 모두 19곳 496만7천 평의 미군공여지가 2011년까지 지자체별로 단계적으로 반환하기로 결정되었다.[6)] 2006년 10월 초 미국 워싱턴에서 개최된 제38차 SCM을 통해 주한미군기지의 평택이전 시기가 한미가 합의한 2008년보다 4~5년 더 연장된 2012년에서 2014년으로 결정되었다. 주한미군 기지의 평택・오산으로의 이전 관련 총 7쪽으로 구성된 '주한미군기지시설종합계획(MP・마스터플랜) 협상결과' 보고서에 따르면, 미군기지의 각 시설별 공사 기간은 2008년에 시작, 2012년 전후까지 완료되며 2008년에서 2013년 전 공정이 완료될 예정이다(10장 참조).

한국에 반환되는 서울의 용산미군기지를 포함한 공여지는 전국의 7,320만평에서 35개 미군기지 1,218만평과 7개 훈련장, 전국 7대 도시 기지 등 총 5,167만평이다. 한국이 미군에 제공하는 추가 공여지는 평택과 포항 등을 포함한 362만평이다.[7)] 신규 공여지 제공지역인 평택에는 현재 K-55 미공군기지(송탄)와 K-6 미육군기지(Camp Humphreys, 팽성)[8)]을 중심으로 2개의 미군기지가 있다.[9)] 특히 K-55 기지에는 미7공군 사령부가 있는데 주한미공군의 중추적인 역할을 수행하며, 주한미군 및 그 가족들의 출입국이 이루어지는 곳이다. 2012년 완공될 K-6 평택의 새 기지에는 용산 주한미군사령부, 유엔사령부(UNC), 한미연합사령부(CFC), 미8군사령부 등 미군 핵심지휘부와 한강 이북의 미2사단 예하부대가 차례로 추가로 이전될 예정이다.[10] 평택지역의 미군 공여지는 기존의 총 457만평에 추가로 349만평이 제공되어, 전체적으로는 806만평으로 확대된다. K-55는 기존의 291만평에 64만평이 추가되어 355만평으로 확대될 예정이다. K-6는 기존의 166만평에서 285만평이 추가되어 총 451만평으로 확대될 예정이다<그림 11-1 참조>.

〈그림 11-1〉 K-6 미육군기지(팽성) 및 주변 토지수용지역

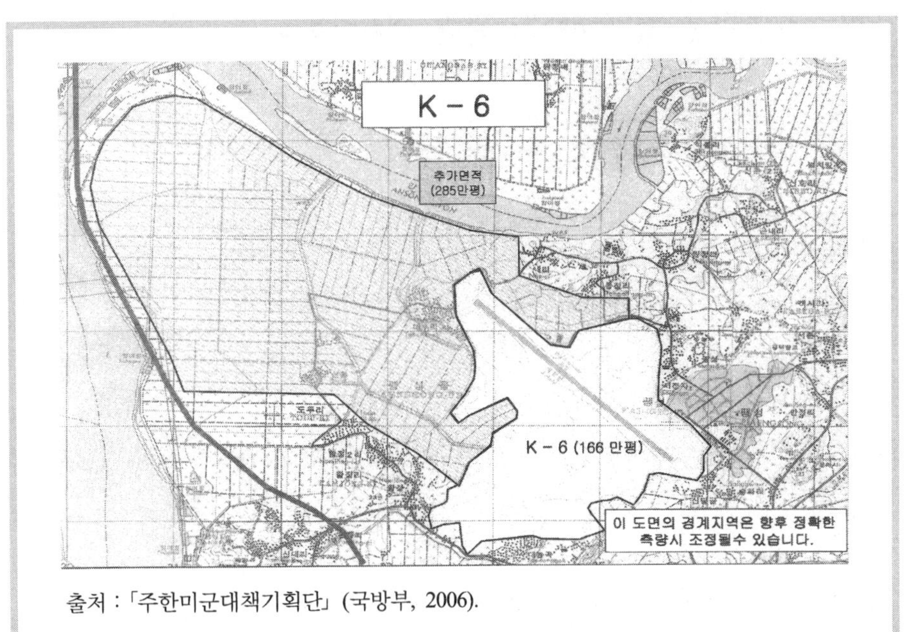

출처 : 「주한미군대책기획단」(국방부, 2006).

평택 주한미군 기지는 전체 기지의 약 86% 가량을 미2사단이 주로 차지하고, 나머지는 용산미군기지측에서 사용하게 된다. 계획에 의하면 연합사, 유엔사, 주한미군사 지휘본부 복합시설은 2007~2010년, 공동설비 및 인프라는 2007~2013년, 병원시설 2007~2012년, 아파트 2007~2012년, 연합사 한국측 지원시설 2008년 중반기~2010년, 2사단지역, 훈련지역, 철도 등은 2011년 중반기~2013년에 완공될 예정이다. 2011년 말쯤 '미 한국사령부(US KORCOM)'로 명칭이 바뀌는데, 주한미군사령부 건물은 지붕을 청색 기와로 단장하게 된다.[11] 기지 내 인원도 미군과 군무원, 가족, 한국측 지원인력 등 현재 9000여명에서 5배인 4만3300여명으로 증가된다. 미군 1만7000여명을 포함, 미군 가족 1만2800여명, 미국인 군속 4700여명, 한국인 근로자 및 카투사 8600여명 등이 포함된다. 기지에는 500여동의 본부 및 행정시설과 정비보급 및 저장시설, 숙소, 가족주택, 병원 등 각종 편의시설이 들어설 예정이다.

 주한미군 평택재배치 관련 주요 쟁점

3.1. 주한미군 방위비 분담금 협상

1991년부터 한국이 제공하기 시작한 주한미군 방위비 분담금(주둔경비지원금) 문제는 미래 한미동맹의 주요 현안이다. 한국의 분담금 규모는 국제통화기금(IMF) 사태 직후인 1999년과 2005년을 제외하고 매년 10% 가량 금액을 지속적으로 확대되었다. 예를 들면 2007년 한국은 국방예산의 2.94%인 7,255억 원을 부담했는데, 국방예산 가운데 전력유지비만을 기준으로 할 경우 10.78%였다. 이는 주한미군 방위비 전체의 42%(7억8천700만 달러수준)를 차지한다.

2008년 7월 21일 한미양국은 2009년 이후 적용될 제8차 방위비 분담 특별협정[12] 체결을 위한 주한미군 방위비 분담금을[13] 논의하기 위해 제1차 고위급 회담이 개최되었다. 한국은 현금 위주의 지급방식과 관련, 군사시설 건설비를 비롯해 현물로 지급이 가능한 부분은 현물로 지급하는 방안을 미국에 제안했다. 정부는 이미 지급된 방위비 분담금의 전용은 양해하되, 앞으로는 미국 쪽이 처음부터 분담금의 소요를 구체적으로 제시하도록 하고 한국의 분담금 또한 현금 아닌 현물로 제공해 집행 투명성을 높인다는 방침이었다. 또 정부는 주한미군에 고용된 한국인 근로자의 인건비와 군사시설 건설비, 연합방위증강사업(CDIP), 군수지원 항목으로 돼 있는 분담금을 그동안 총액 차원에서 증액하거나 낮추는 방식으로 협의해왔지만 각 항목 별

로 분리, 소요에 근거해 비용을 정하는 방식으로 변경하자고 제안했다.[14)]

미국은 주한미군 2사단기지 통폐합 이전 비용을 미 의회의 세출예산과 한국의 방위비분담 비용에서 충당한다는 계획이었다. 미국이 전액 부담키로 했던 의정부와 동두천 지역의 미2사단 이전비용을 양국이 50대 50의 비율의 '공동부담'을 요구했다. 또 방위비분담금 가운데 '군사건설비'를 미2사단 이전 비용으로 전용을 요청했다.

미국은 현재 미2사단 이전 재원 마련과 관련 하나는 미국의 비용에서, 다른 하나는 주둔국의 비용분담금에서 전용한다는 방침이다. 주한미군 기지이전과 관련해 미국이 부담해야 할 예산은 4조7천억 원 가량으로 추산된다. 미국은 2조3천억 원은 의회를 통해서 충당하고 나머지 2조4천억 원은 방위비분담금에서 충당한다는 것이다. 특히 방위비분담금 항목 중 군사시설 건설비가 약 3천억 원 가량 되는데 미국은 이를 5년간 2사단 이전비용으로 전용할 수 있도록 한국정부에 제안했다. 만약 5년간 군사건설비 1조5천억 원에다가 분담금 중 미사용액으로 미 연방은행에 예치해 놓은 8천억 원을 합하면 결국 정부가 50%를 부담하게 된다.

미국은 방위비 분담금 사용항목 중의 하나인 '군사 건설비'를 들어 이전비용에 전용할 수 있다는 주장인데 한국정부로서 수용이 쉽지 않다. 따라서 2사단 이전비용 전용 문제를 풀지 않고서는 방위비분담금 협상이 쉽게 타결되지 않을 것이다. 우선 국회에서 한미 방위비분담금협정에 동의할 때 사용처를 분명히 해주도록 단서를 달아놨기 때문에 전용이 쉽지 않다. 또 국회뿐만 아니라 군사건설비는 기지가 일단 조성된 후 들어서는 시설에 사용되는 비용으로 우리 정부의 부담이 커진다는 이유로 시민단체도 반대도 만만치 않다.

3.2. 주한미군 재배치 이전비용

현재 평택기지 건설을 위해 부지매각에 923억 원, 일반회계 전입금 5천187억 원이 투입되었다. 이는 부지매각이 지연되면서 나중에 갚아야 하는 공공관리 자금기금(공자기금)에서 차입해 사용 중이다. 국방부는 이미 3천131억 원의 공자기금을 차입했으며 앞으로 1조3천880억 원을 차입할 계획에 있다. 차입규모는 모두 1조 7천11억 원이지만 사업기간이 늘어나고 부지매각이 지연되면 추가 차입할 가능성도 없지 않다(군사저널, 2008. 7-8 : 52). 또 2012년 11월 완료될 평택기지이전 사업은 현재 일부 구역에서 부지조성공사가 진행되고 있지만 부지조성공사를 둘러싼 이견을 조율하는 과정에서 1년 이상 공사가 지연되고 있다. 최근 한미가 예산 20억여 원을 들여 공동으로 평택기지 조성공사와 관련한 비공개 보고서에 따르면, 이전공사 완료시점은 2014년에서 2016년으로 연기를 명시했다. 이에 국방부는 사업관리컨소시엄(PMC)이[15] 2008년 초 주한 미군기지 이전사업 계획을 총괄적으로 설계한 공식보고서인 시설종합계획(마스트플랜 : MP)을 근거로 평택 미군기지 완공시기를 2015년경으로 추정하는 보고서를 작성했다. 용산기지만 옮긴다면 2011년이면 가능하지만 2012년 연합사 해체 등을 고려해 볼 때 이전 완료 시기를 2012년 말로 추정했지만 LPP에 따른 주한미군 잔여부대의 이전까지 감안하면 최종 완료시기는 2-3년 더 지연 될 가능성이 커진다.

주한미군 평택기지 이전 비용 부담 원칙을 살펴보면, LPP 비용은 수혜자 또는 먼저 요구한 측에서 부담하기로 원칙을 정했다. 한국은 서울에 있는 시설과 LPP에 따라 우리정부가 먼저 요구한 8개기지 시설 이전비용을 부담한다. 반면 미국은 서울 이외 지역에 있는 시설을 이전하는 비용을 부담한다. 주한 미군기지 평택 이전에 소요되는 총비용 가운데 한국이 부담할 금액이 지속적으로 늘고 있다. 2007년 3월 국방부 주한 미군기지 이전사업단은 평택기지 마스터플랜(MP)을 통해 용산기지 뿐만 아니라 한강 이북의 미군부대를 평택으로 이전하는데 드는 비용이 총 10조원(100억 달러) 가량 소요될 것으로 추산되었다. 그러나 한국 부담액은 애초 추정됐던 5조5천905억 원에 평택 특별지원비(1조원), 반환기지 환경치유비 평택기지 밖 SOC(사회간접자본시설) 건설비 등이 더해져 7조9천478억 원으로 늘어났다. 더욱이 국방부는 2008년 3월 중순부터 2개월 동안 주한 미군기지 이전

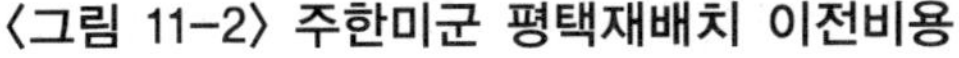

〈그림 11-2〉 주한미군 평택재배치 이전비용

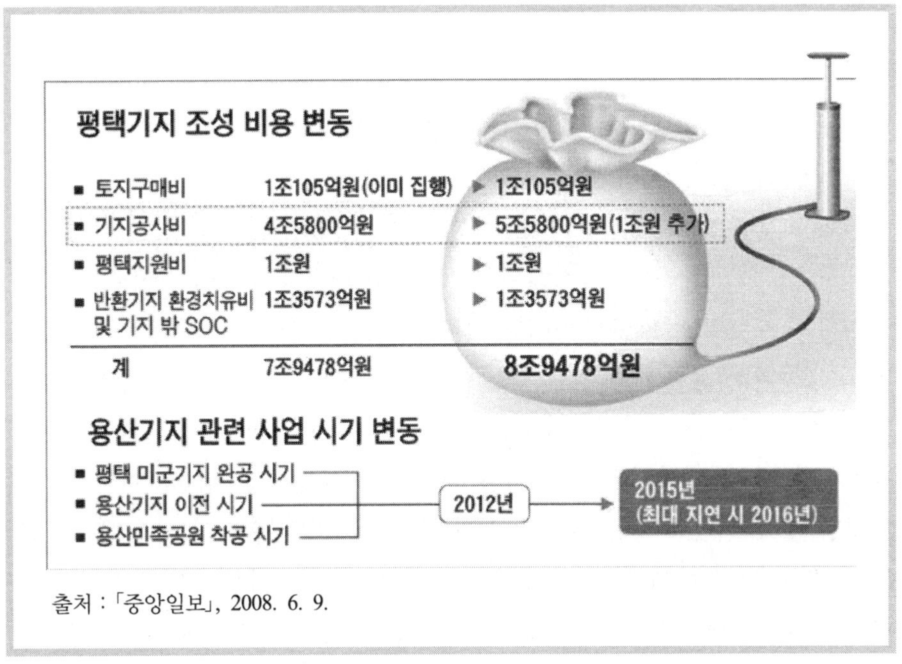

출처 : 「중앙일보」, 2008. 6. 9.

사업단에 대해 종합감사를 실시한 뒤 작성한 '감사 처분요구서'에서 기지 이전에 소요될 비용이 1조 원가량 추가되어 우리정부 부담액은 8조9천478억 원으로 증액될 가능성이 크다<그림 11-2 참조>.

주한미군의 근무여건 향상을 위해 평택기지 내에 건물을 추가 신축하는 것도 한국의 부담액을 높이는 요인으로 꼽힌다. 예를 들면 한미는 기지 내 극장이나 식당, 숙소, 병원, 학교 등 장병들이 같이 사용함으로써 '분담원칙'을 명확히 적용하기 어려운 일종의 공동시설에 대한 비용분담 문제에서 해석차이 때문이다. 국방부는 이를 일반회계(1조400억 원)와 부지매각 대금(4조6천784억 원)으로 조달할 계획이지만 계획대로 추진되더라도 2조6천184억 원의 재원이 부족할 것으로 판단된다. 국방부의 추산대로라면 1년여 만에 계획보다 3조3천여억 원이 증가한 셈이다. 따라서 미국정부의 부담액에 한국 부담액 8조9478억 원을 더하면 주한미군 기지이전 총비용이 애초 예상했던 10조원을 약 12~13조 원가량으로 예상된다. 주한미군기지 이전사업단에 의하면 정확한 비용과 기간은 8월 이후 이 검토 결과를 토대로 한-미 협의를 거쳐 최종 발표될 예정이다(한겨레 2008. 6. 9).

3.3. 주한미군기지 부지 공사방식 변경

이전 비용 외에 평택기지 기반 조성의 핵심사업인 특정구역 공사방식 변경으로 기지 완공 시기가 지연되고 있다. 2006년 1월 미군기지 이전지역 부지의 소유권이 국방부로 이전되었다. 이후 새 공여지에 대한 측량과 지반조사 등의 시설공사를 위한 준비 작업이 진행되었다. 정부는 2006년 중 「시설종합계획」을 작성했다. 이전부지에 대한 환경영향 평가와 문화재 지표조사를 하며, 대상지역 주민 이주지원 및 이주단지 조성 등 이주대책을 완료한 후 2007년부터는 기반 공사에 착수하기로 결정했다(국방백서, 2006 : 86-87). 이에 한미 양측이 새롭게 조성하는 평택 미군기지 부지 공사는 한미 양국이 2007년 3월 '평택기지 시설종합계획'에 합의에 의해 2012년 11월까지 Percel #1(1구역. 83만㎡), Percel #2(2구역. 815㎡), Percel #K(K구역. 45만㎡)등 3개 구획으로 나누어 공사가 진행 중이다<그림 11-3 참조>.

1구역은 주한미군이 지난 3월부터 부지조성공사를 맡아 시작됐고, 2010년 1월 완료될 예정이다. K구역은 지난 2007년 9월 한진중공업과 계약이 체결되어 11월에 착공되었다. 특히 시공업체 선정과 관련해 국방부 기지이전 사업단에서는 '국가를 당사자로 하는 계약에 관한 법률'을 준수해 공개경쟁을 원칙으로 하되 공사 규모와 성격에 따라 제한경쟁입찰 방식을 적용했다. K구역 공사를 위해 계약한 한진중공업의 경우 부지 전체가 농지로서 지반이 연약해 연약지반개량공사 실적을 기준으로 제한경쟁 입찰을 통해 선정됐다.[16] 반면 2구역은 '2008년 3월 입찰공고-8월 착공'을 목표로 했지만 사업방식 변경을 둘러싼 이견으로 지연되고 있는 실정이다. 한・미가 55대 45의 비율로 나눠 진행키로 한 2구역(Percel-2)에 대한 공사를 한국은 설계와 시공을 분리입찰하는 방식을 선택한 반면 미국은 설계와 시공을 일

〈그림 11-3〉 주한미군기지 부지 공사구역

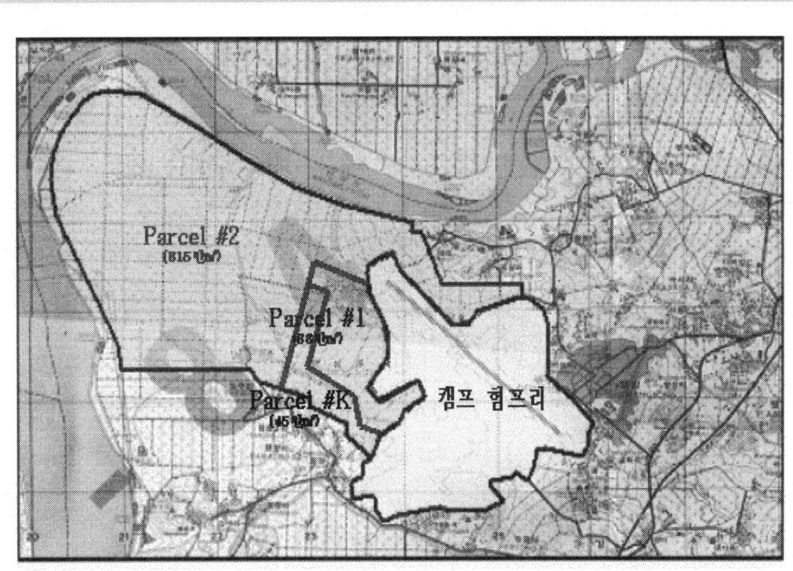

출처 : 「주한미군기지이전사업단 미군기지이전 Q&A」, 국방부(2007. 7).

괄 입찰하는 턴키(Turn-Key)방식으로 진행한다.[17] 2008년 2월 PMC(사업소관리컨소시엄)용역결과 중간보고에 따르면, 이미 공여 받은 부지 파슬(Parcel)-2공사의 발주방식을 설계와 시공을 한 번에 하는 '턴키방식'에서 따로따로 하는 '분리방식'으로 바꾸는 방안을 추진하고 있다. 사업단이 한미가 이미 합의한 파슬-2에 대한 공사방식을 시공과 설계를 '분리방식'으로 변경할 경우 공사 기간이 1년가량 더 늘어나 기지이전 사업이 최소 1년에서 4년 늦어지게 된다.

한국은 기지 이전 비용의 일부를 기존의 미군 기지를 매각한 돈으로 충당할 계획이었지만 미군 기지가 옮겨가는 각 자치단체에서 반환 미군 기지를 무상 기증 요구로 인해서 차질이 예상된다. 예를 들면 가장 많은 예산을 확보할 수 있을 것으로 예상했던 서울 용산기지도 민족공원으로 조성될 예정이어서 비용마련이 어려워질 전망이다. 더욱이 용산 미군기지가 이전할 평택 주한미군기지의 완공 시기가 3~4년가량 늦어지면서 용산민족공원 건립 계획도 착공 시기가 2012년에서 2015년 이후로 지연될 가능성도 제기된다.

당초 정부는 2007년 9월 2012년 용산기지를 용산민족공원으로 개발하기 시작, 2015년까지 공원기반을 닦아 일단 시민에게 개방한 뒤 20~30년간의 장기계획 아래 단계적으로 공원 조성작업을 추진한다는 방침이었다. 용산민족공원 건립비용 7조~8조원도 연간 1조원 이상 증가하고 용산민족공원과 용산업무지역을 연계한 용산지역 개발도 영향을 받을 전망이다. 용산에 있는 반환부지 가운데 수송부와 유엔사 부지는 서울시의 고도제한에 묶여 용도변경이 불투명한 상황이다. 수송부와 유엔사 부지(12만8천㎡)는 현재 용도대로 매각하면 8천900여 억 원이지만 일반상업용으로 변경할 경우 1조9천 억 원이 넘을 것으로 추산된다. 용산 미군 반환기지의 경우 용도변경 뿐 아니라 매각 전망도 불투명해 이전비용 재원 확보에 차질이 예상된다(중앙일보, 2008. 6. 9).

3.4. 평택신도시 개발과 발전 방안

이처럼 주한미군 평택기지이전 관련 분담금 협상, 이전 비용 확대와 부지공사 지연에 따른 최근 주한미군기지 평택 재배치 계획이 당초보다 4~5년가량 지연될 것으로 예상되지만 경기도 평택에 건설 예정인 평화신도시는 계획대로 추진될 전망이다. 즉 경기도는 평택 평화신도시는 미군기지 이전과는 별개의 택지개발사업으로 당초 계획대로 2013년 준공될 예정이라고 밝혔다. 또 현재 개발계획수립을 위한 용역이 진행 중인데, 2008년 말 실시계획 승인을 거쳐 2009년 3월쯤 착공한다는 계획이었다. 이에 따라 주한미군 평택 재배치 사업이 4~5년가량 지연된 2013년쯤 마무리될 경우 미군기지와 평택신도시는 동시에 준공될 것으로 예상된다.

현재 정부는 주한 미군기지 이전 사업을 원활히 추진하고 이전지역인 평택의 발전과 평택 및 오산 지역 주민의 권익을 보호하기 위한 법적 근거를 마련할 목적으로 "주한미군기지이전관련 특별법"을 제정했고, 이는 2004년 2월 말 국회를 통과해 2014년 12월 31일까지 한시적으로 효력을 발생하는 「주한미군기지이전에따른평택시등의지원등에관한특별법(이하, 평택지원특별법)」으로 제정되어 2005년 4월 1일부터 시행되었다.[18] 이 법은 미군이전 시설사업 지원 범위와 의무, 미군기지 이전특별회계설치, 평택시 장기종합발전계획 수립을 위시한 지원 대책 및 개발에 장애가 되는 각종 규제의 철폐 또는 완화, 기지주변지역의 지원 사항 등을 포함하고 있으며, 이 특별법에 근거하여 '평택지역개발계획'이 작성되어 시행되고 있는 상황이다. 팽성읍 안정리 캠프험프리스, 서탄면 일대를 포함한 미군기지 확장공사는 오는 2014년까지 약 1조1000억 원이 투입된다. 정부는 평택시에 2020년까지 총 18조8000억 원을 지원, 평택항 횡단도로, 첨단도시조성 등 각종 지원에 충당할 예정이다(강휘원 · 윤영미, 2007. 8 : 179).

「평택지원특별법」의 시행으로 61개 첨단업종에 대한 신 · 증설이 허용되었다. 평택지역개발계획이 확정(2005년 12월 6일)되었는데 연차별 계획의 수립을 통하여 지역발전이 현실화되고 있다. 평택지역개발계획은 평택시의 종합적인 발전 마스터플랜으로서 평택시, 경기도 및 관계 중앙부처와의 협의를 통하여 확정된 것이다(주한미군기지 이전사업<4>, 21세기 평택, 2006. 5. 14). 이 계획은 농업, 제조업, 도시정비, 교통물류, 관광 등 8개 분야 89개 사업에 2020년까지 총 18조 8,016억 원의 투자계획이 포함된다. 특히, 도시첨단사업단지 조성, 평택호 관광지 개발, 첨단농업 단지 조성, 기지주변 정비 등 4개 분야 16개 사업은 국고특별지원사업으로 중점투자하게 된다. 경기도와 한국토지공사가 공동 시행하는 평택신도시는 서정동, 고덕면 일대 528만평에 사업비 7조원을 투입, 6만 3000가구의 아파트를 건설하는 사업이다. 신도시는 2009년 6월부터 분양되고 2011년 6월부터 입주가 시작될 예정이다. 경기도는 평화신도시를 기존의 베드타운 형태에서 벗어나 세계무역 거점 마련을 위한 협력도시, 지역혁신을 선도하는 창조도시, 국제 감각의 문화 및 교육도시, 보전과 개발이 조화된 압축도시 등의 기능을 갖춘 전략적 거점도시로 건설할 계획이다. 특히 평택항 확장, 국내

외 첨단대기업 유치, 물류유통기지 조성 등을 통해 신도시를 환황해권 경제시대에 대비한 국제화중심도시로 육성한다는 방침이다. 또 외국교육기관 및 외국대학 유치 등을 통한 글로벌 교육타운 조성, 쾌적하고 이국적인 주거공간, 문화공원(Culture Park) 등을 연계, 문화교류가 촉진되는 국제문화 및 교류도시로 구현할 예정이다. 경기도는 신도시 사업으로 22조 1000억 원의 생산유발 및 72만 명의 고용유발효과가 예상되며 평택시에 연간 1674억 원의 재정수입이 증가될 것으로 예상한다(김정인, 2008. 4. 21 : 38-41).

 주한미군 평택재배치의 함의

주지하는 바 한미동맹은 국제 체제적 수준에서 1954년 체결이후 재조정 과정을 통해 한국의 군사 안보에 결정적으로 기여하여 왔고, 북한의 군사위협에 대처하는데 중추적 역할을 담당해오고 있음은 자명한 사실이다. 미국이 추구하는 자유민주주의, 시장개방경제, 인권 존중 등이 세계적으로 보편화되고 있는 점을 감안해 볼 때 미국은 한국에게 가장 중요한 정치·외교·경제·기술 협력의 파트너이자 전략적 동맹국이다. 한국군은 군사무기·장비 및 제도 측면에서 미국군과 호환성을 유지해 나가야 한다. 현실주의 측면에서 한미 양국은 이미 주요 현안을 원만히 해결함으로써 변화하는 안보환경과 미래 안보수요에 부합하도록 한미동맹을 강화하고 변환을 추진 중이다.

국가적 및 국내적 수준에서 2003년 4월 9일부터 시작된 FOTA을 통해 주한미군 재배치와 감축에 관한 한미 협상이 마무리되면서 주한미군의 이전 및 재배치가 본격적으로 진행되고 있다. 탈냉전기 포괄안보의 진전과 한국정부의 요청에 의한 한미동맹에 대한 재정립과 미국의 세계전략 변화와 군사변환 차원에서 해외주둔군 재배치계획 일환으로 주한미군의 재배치가 추진된다. 한미 양국이 진행 중인 주한미군 평택 재배치는 단순히 주한미군의 규모와 구조 변화가 아닌 향후 역할 변화와 한미동맹 자체의 성격 변화를 함축한다. 주한미군기지는 통폐합되어 향후 평택·오산권과 대구·부산·진해권의 2개의 허브(Hub)기지와 한수 이북의 연합훈련센터, 지휘통제본부 역할의 서울용산기지, 공군기지인 군산기지의 3개 기지를 유지하게 된다. 용산미군기지와 동두천 및 의정부의 미 2사단을 평택·오산 지역으로 통합은 평택항으로의 미군의 신속한 이동을 가능하게 하는 지리적 이점이 있다. 이런 점을 고려해 볼 때 한미양국은 전략적 미래 한미양국 구축 하에 상호 존중과 긴밀한 협의를 통해 북한의 위협에 대비한 연합전력의 강화해야 하며 주한미군 평택재배치 관련 부지공사 지연, 분담금 협상과 이전비용 등의 현안 문제를 투명성 있게 협력적으로 조정해가야 한다.

또 정책결정자 수준 내지 지역적 차원에서 주한미군의 평택 이전과 관련하여, 미군 이전사업을 원활히 수행하고 평택지역의 발전을 지원하기 제정된「평택지원특별법」에 근거해 법적 및 재정적 지원이 원활히 진행되어야 한다. 이 특별법에 근거하여 각종 경제적 보상, 규제의 철폐 또는 완화, 기지주변지역의 지원 사항 등을 포함된 '평택지역개발계획'이 작성되어 시행되고 있다. 용산미군기지 및 미2사단의 이전과 신규 공여지 제공과 환경오염 및 기타 기존 갈등유형의 확대 재생산에 대한 가능성도 여전히 높다. 미군이전이 종료된 후에도 지원이 계속 될 것인가에 대한 정부정책에 대한 신뢰의 문제, 지방정부 및 주민참여의 역할 문제, 중앙집권적·주도적 개발전략에 의하여 중앙의 독단, 주민과의 의사소통의 왜곡, 주민참여의 축소 등에서 오는 정책불응이 초래하지 않도록 중앙정부, 국방부, 주한미군, 지자체의 협력이 지속적으로 필요하다. 정부는 평택지역 미군 이전 사업과 관련 21세기 전략적 한미동맹을 발전시키는 동시에 지역발전과 미군과의 갈등 해소에 대한 현실적이고 바람직한 방안을 탐색하고 집행하는데 지속적으로 주력해야 한다.

▮ 미주 ▮

1) 국제정치에서 필연적으로 존재하는 가장 오래된 국가들의 행동 양식 중 하나는 동맹(alliance)이다. 동맹의 형성은 개별국가들이 조약체결의 주체가 되며, 공동의 적을 상정하는 국가들 간에 체결되는 공식조약에 근거하는 것이 일반적이다(이기완 외, 2005 : 14); 동맹은 국가의 생존이자 국가이익을 최대화하기 위해 내적으로 군사력을 극대화하고 외적으로 동맹을 적절히 활용해야 할 유용한 수단으로 간주된다(Bruno Tertrais, 2004 : 135-136).
2) LPP는 전국에 산재한 미군 기지를 기존 주요기지로 통폐합하기 위해서 형성되었다. 2001년 11월 제 33차 SCM에서 한·미의향서를 체결하고, 2002년 10월 말에 국회 비준을 받았고, 일부 재배치계획으로 기지조정이 수정됨에 따라 확정된 최종수정안이 지난 2004년 12월 국회 비준동의를 받았다.
3) 주한미군 평택기지이전은 1882년 청나라 군대의 주둔 이후 일본군, 미군으로 이어진 수도 서울 중심부의 외국군대 주둔 역사를 청산함으로써 국민적 자존심 회복차원에서 우리정부가 미국에 요구한 사업이다.
4) 한미상호조약(제4조)에 의거해 주한미군 공여지는 한국정부가 주한미군에게 기지, 시설, 군사훈련 등에 필요한 땅을 공여해 미군이 사용권을 가지고 있는 땅을 의미한다. 미군공여지가 지역사회에 미치는 가장 부정적인 영향은 사유재산권 침해, 도시발전의 왜곡과 저해, 미군의 군사훈련으로 인한 피해 및 환경오염을 들 수 있다. 공여지 관련 더 자세한 내용은 다음을 참조(윤영미, 2006. 9 : 66-67).
5) 주한미군기지 이전 관련 특별법과 조세특례제한법 개정안도 통과되었다.
6) 주한미군 평택지역 이전에 따른 지역주민의 여론 조사 결과는 다음을 참조(윤영미·강휘원, 2007. 1 : 1-2).
7) 평택에 349만평을 새 공여지로 제공하고, 평택 외 지역인 김천 3만평, 포항 10만평을 포함 향후 주한미군이 차지하는 공여지 면적은 총 2,525만평이 된다. 주한미군에게 제공하는 공여지는 과거에 비해서 66%가 감소하고, 주한미군기지의 숫자도 현재의 41개에서 17개로 축소된다(국방백서, 2004 : 95).
8) 주한미군기지 확대가 진행되고 있는 평택의 K-55기지는 미군이 1952년 3월부터 주둔하기 시작했으며 현재 미7공군의 사령부다. K-6 기지는 미군육군부대로서 팽성읍 안정리에 위치하며 청-일전쟁(1894~1895) 당시 일본군이 주둔지였다가 한국전쟁 이후 미군이 주둔하고 있다.
9) 법률 제4948호(경기도평택시등5개도농복합형태의시설치등에관한법률)에 의하여 1995년 5월 10일부로 송탄시, 평택시, 평택군을 각각 폐지하고 도농 복합형태의 평택시가 되었다. 21세기 서해안 시대의 중심도시로 성장할 수 있는 잠재력을 충분히 가지고 있는 경제적, 사회적, 전략적 요충도시이다(강휘원·윤영미, 2007. 8 : 177).
10) 『평택지원특별법』 시행으로 평택시 종합개발계획의 수립 및 시행, 국제화계획지구 지정과 개발, 평택항 개발지원 확대, 61개 첨단신규업종에 대한 신·증설 허용과 평택지역개발계획 확정 등으로 향후 18조억원 이상의 비용이 투자로 고용창출, 기업유치 등이 가능해졌다(평택시 장기종합발전계획, 2005 : 101).
11) 영문 호칭이 청와대와 같은 '블루 하우스'로 불리게 된다.
12) 방위비분담 특별협정은 한미상호방위조약에 따른 '주둔군지위협정(SOFA)' 제5조(주

한미군 주둔경비는 미국 쪽이 전액 부담한다)의 예외협정으로, 2~3년 단위로 새로 체결돼 한국이 주한미군 주둔 지원금을 제공한다.

13) 방위비 분담금은 주한미군의 한반도 주둔에 들어가는 비용 가운데 한국이 부담하는 금액을 말한다. 주한미군에 고용된 한국인 노무자 인건비와 군사시설 건설비, 연합방위력 증강 사업비, 군수지원 등 4개 분야로 구성돼 있다.

14) 2004년 한미간 합의된 용산기지 재배치 계획에서 한국은 용산 미군기지를 평택 캠프 험프리로 옮기는 것과 관련된 인프라 비용을 대부분 한국정부가 부담하기로 합의했다. 이런 절차에 따라 한국은 이미 100억 달러(10조원 상당) 비용 가운데 20억 달러를 지출했다. 미국은 캠프 험프리 내의 미군 가족 및 장병 주거시설을 15년간 임차하기로 했는데, 비용이 14억 달러(1조4천억 원)로 부담액은 15년간에 걸쳐 분할 상환하게 된다.

15) PMC는 용산기지를 경기도 평택으로 이전하는 주한 미군기지 이전사업을 초기단계에서 추진하는 임시기관으로 한-미 건설업체들로 구성돼 있다.

16) 국방부 사업단과 주한미군은 사업 추진에 프로그램관리(Program Management) 기법을 도입했다. 사업 규모, 시설의 양, 군사시설, 국제적 사업이라는 특성 등을 감안했을 때 전문지식·경험을 갖춘 종합사업관리자를 활용할 때만이 정해진 예산 범위 내에서 최소한의 인력으로 품질을 보장한 가운데 본 사업을 성공적으로 완수할 수 있다는 사업단의 판단에 따라 PM기법을 도입하게 된 것이다(국방일보, 2007. 11. 14).

17) 국방부 미군기지 이전사업단 내부에서 분리발주 방식에 대해 차이가 있다. 공사방식이 다를 경우 사업지연과 공사비 증가가 우려된다는 주장과 반면 분리되면 55(한국측)대 45(미국측) 비율로 공사를 진행한 다음 공사비 정산이 쉬울뿐더러 오히려 공사비용이 줄어들 수 있다는 이견이다. 이는 국방부 건설특별심의위원회의 심사를 거쳐 최종 결정된다(군사저널, 2008. 7-8 : 53).

18) 법률 제7271호(공포 2004/12/31, 시행일 2005/4/1). 일부개정(2005/8/4, 법률 7678호).

▌참고문헌▐

본 장은「한국동북아논총」한국동북아학회(2008), 13(4)에 실린 글을 수정 및 보완했음.

강휘원·윤영미(2007. 8), "주한미군의 평택 이전과 정책순응 : 판별분석에 의한 순응요인의 탐색,"「지방정부연구」제11권, 제2호, 한국지방정부학회.

김강녕(1999),「한반도군사안보론」서울 : 박영사.

김일수(2007. 9. 13), "민주화 이후 안보문제 정치화 사례연구 : 한미관계," 2007년도 한국국제정치학회 안보학술세미나 발표논문.

김일영·조성렬(2003),「주한미군 : 역사·쟁점·전망」서울 : 한울.

김영호 외(2005. 9), "주한미군의 재조정과 21세기 동북아 군사안보질서,"「국회국

방위원회 정책보고서」.
김정인(2008. 4. 21), “평택 경제와 평택지원특별법,” 평택대학교 주한미군연구센터 세미나 발표논문.
김태효(2004), “미국의 한반도정책 변화와 주한미군 재배치,” 「전략연구」 통권 제32호.
「동북아전략균형」(2006), 서울 : 한국전략문제연구소.
백종천 외(1998. 11), 「한미 군사협력-현재와 미래」 세종연구소.
백승주(2008. 3. 12), “새정부의 안보전략 방향,” 한국국제정치학회 특별기획 국내학술회의 발표논문.
윤영미(2006. 9), “한미동맹과 주한미군기지 이전의 파급효과,” 「군사저널」.
______(2007), “한미동맹과 신안보 : 주한미군 재배치 현황과 전망을 중심으로,” 「현상과 인식」 제31권, 제1/2호, 한국인문사회과학학회.
______ · 강휘원(2007. 1), “미군 주둔 지역주민의 인식 비교 및 정책적 함의 -동두천 및 평택 지역주민을 대상으로-,” 「2006년 국방정책 연구보고서」 평택대학교 주한미군연구센터.
오기평 편저(2000), 「12세기 미국패권과 국제질서」 오름 : 서울.
이기완 외(2005), 「동맹의 정치학」 서울 : 매봉.
이상현 · 조윤영(2005), “미국의 세계전략과 주한미군 - 80년대 말 철군 논의와 한반도 안보의 연계성에 관한 고찰,” 「한국정치외교사논총」 제26권, 1호, 한국정치외교사학회.
이영호(2003), 「SOFA와 미국바로알기」 예신 : 서울.
이춘근(2003), “한미동맹의 문제점 진단과 한미동맹의 강화 논리,” 「국가전략」 제9권, 3호.
「주한미군 조정과 동북아국가의 대응전략」(2004), 국방대학교 안보문제연구소.
「주한미군재배치」(2004), 서울 : 주한미군대책기획단.
조성권 외(2008), 「갈등과 통합의 국제정치」 서울 : 높이높이.
진시원(2005), “PSI와 한국의 안보,” 「전략연구」 제12권, 제1호.
「해외주둔 미군 재조정과 한미동맹」(2003. 10. 17), 외교안보연구원 정책 보고서.
최강(2003. 3), “한반도 군비통제와 주한미군의 장래 : 병존과 가능성의 한계,” 「전략연구」 통권, 제27호, 한국전략문제연구소.
「군사저널」(2008. 7-8).
「국방백서 2004」 서울 : 국방부.
「국방백서 2006」 서울 : 국방부.

「주한미군기지 이전사업<4> 21세기 평택 2006. 5. 14」 국방부.

「평택시 장기종합발전계획 2005. 5」 경기도.

「주한미군대책기획단 2006」 국방부.

「주한미군기지이전사업단, 미군기지이전 Q&A 2007. 7」 국방부.

법률 제7271호(공포 2004/12/31, 시행일 2005/4/1). 일부개정(2005/8/4, 법률 7678호).

법률 제7854호(공포 2006/3/3, 시행일 2006/9/4).

Mandel, Robert, 권재상 역(2003), 「The changing Face of National Security, 국가안보의 변모 : 개념적 분석」 서울 : 간디서원.

Snyder, Glenn H(1997), Alliance *Politics*, New York : Cornell University Press.

Tertrais, Bruno(2004), "The Changing Nature of Military Alliances," *The Washington Quarterly*, Vol. 27, No. 2, Spring.

Ulman, Richard H.(1983), "Redefining Security," *International Security*, Vol. 8, No. 1, Summer.

Walt, Stephen M.(1987), *The Origins of Alliance*, Ithaca : Cornell University Press.

제12장

주한미군의 평택이전과 정책순응 요인의 탐색

I 주한미군 이전정책의 당위성

미국이 2003년 11월 해외주둔 미군의 재배치 계획(Global Defense Posture Review, GPR)을 공식적으로 발표하면서, 한미 양국의 주한미군 재조정 문제는 용산 미군기지와 미 2사단의 평택 이전 등이 중요한 이슈로 등장하게 되었다. 이 이슈는 미군 이전으로 인하여 크게 영향을 받는 당해 지방정부들에게는 지역사회의 장래 사활이 걸린 중대한 문제가 되었다. 경기 북부지역의 동두천시 등은 미2사단의 평택 이전이 지역의 공동화(vacancy) 현상의 초래를 우려하여 이전해 나가는(going-out) 것을 강하게 반대해 온 의견이 존재하고 있는 반면, 경부 남부지역의 평택시는 미군이 이전해 옴으로써(coming-in) 미칠 수 있는 부정적인 영향으로 인하여 지역 내의 갈등이 확산되고, 지역의 성장과 발전이 저해될 것을 우려하여 이전해 오는 것을 강하게 반대하는 의견이 존재해 왔다(강휘원, 2004a & 2004b). 미군 이전에 대한 지역 내 찬반 의견의 충돌 및 이로 인한 지역사회의 분열이 심화되어 미군 이전정책의 진행과 향후 지역경제 및 도시발전의 왜곡을 우려하는 상황이 되었다. 사실, 주한미군이 주둔하였던 지역은 경제발전의 낙후와 범죄발생 및 환경오염으로 인한 피해를 겪으면서 미군 주둔으로 인한 피해보상 및 불편해소, 차별반대 및 문화적 갈등 해소를 위한 지역주민들의 생활정치가 확산되었다(김동성 외, 2001 & 2006; 최병두, 2003).

현재 미군 이전정책은 이전에 대한 결정단계를 넘어서 집행단계에 있다.

미군기지 이전 사업을 원활히 추진하고 이전 대상지역인 평택시의 발전을 도모하기 위한 목적으로 2014년 12월 31일까지 한시적으로 효력을 발생하는 「주한미군기지이전에따른평택시등의지원등에관한특별법(이하, 평택지원특별법)」이 2004년에 제정되었다.[1] 한편, 동두천, 의정부, 파주시 등 기존 미군 주둔지역의 공여지 반환 및 활용과 관련하여 「주한미군공여구역주변지역등지원특별법(이하, 공여구역지원특별법)」이 2006년에 제정되었다.[2] 그러나 주한미군 이전으로 인하여 영향을 받는 지역(기존 공여지 반환 지역 및 신규 공여지 제공 지역) 내의 찬반 의견의 갈등으로 인하여 지역사회 분열이 나타나고 미군 이전정책의 진행 및 향후 지역발전이 우려되며 실제 정책집행과정에 많은 장애물이 놓여 있다.

이러한 맥락에서 본 장에서는 주한미군 이전정책에 대한 당해 지역주민(동두천시와 평택시)의 정책순응 또는 정책불응에 대한 인식과 영향요인을 조사한 후,[3] 정책의 효과성을 제고하여 지역발전을 추구하고, 갈등을 해소하여 지역통합방안을 탐색하고자 한다. 미군 이전에 대한 정책이 확정되었음에도 불구하고 여전히 이 정책에 대한 주민들의 긍정적(찬성) 또는 부정적(반대)인 반응행태를 일종의 정책순응 또는 정책불응으로 보며, 이 반응행태에 영향을 미치는 요인들을 발견해 내고, 이를 기반으로 향후 지역발전을 위한 정책집행의 방향을 제시하고자 한다.

 주한미군 이전과 정책순응의 요인

2.1. 정책순응의 개념

일반적으로, 미군 이전정책을 포함하여 대부분 정책의 성공은 정책대상집단인 지역주민의 정책순응(policy compliance) 의욕과 능력에 의존한다. 이것은 그 대상집단이 정부 정책에 왜 순응하는지 또는 불응하는지에 대한 연구를 필요로 한다. 일단 정책이 결정되면 효과적으로 집행되어 소기의 정책효과를 발생시켜야만 비로소 정책목표를 달성하게 된다. 정책집행이 성공하기 위해서는 대상집단의 행태변화를 통하여 그 정책에 순응해주어야 되는데, 만약 대상집단이 불응할 경우 정책집행은 의도한 목적을 성취할 수 없고 중단하거나 실패하게 된다(하상근, 2003). 이는 많은 정책이 대상집단 구성원들의 행태에 영향을 미치거나 이를 통제하여 일정한 방향으로 변화시키기 위한 방법을 정책수단에 포함하고 있기 때문이다(Mazmanian & Sabatier, 1981). 정책목표와 정책수단 간에 인과관계가 존재하지 않았거나 정책집행 과정상의 잘못으로 정책효과가 나타나지 않을 수 있다(박용치, 1998). 이 경우 정책불응이 유발되며 이로 인하여 정책집행이 실패로 귀결된다. 정책순응은 학자들에 따라 다양하게 정의되고 있다(Young, 1979; Duncan, 1981; Anderson, 1984; 박용치, 1998; 정정길, 1999). 박용치 외(2004) 연구는 정책집행 과정에서 순응은 "정책대상집단이 정책목표의 달성을 위하여 결정된 정책지시에 일치하는 방향으로 행동하는 것"을 의미하며, 불응이란 "이와 같은 정책지시에 불일치하는 행동이 발생하였을 경우"라고 정의하고 있다.

국내의 정책 대상집단의 정책순응 및 불응에 대한 연구는 다양한 분야에서 이루어졌다. 많은 연구들이 정책이론의 전개과정에서 이론적 연구의 일환으로 이루어지기도 하였다(박용치, 1998; 정정길, 1999; 안해균, 2001). 또한 실증적 분석을 통하여 정책순응을 탐색한 연구들이 존재하는데, 이 가운데 주로 환경정책 중 특히 쓰레기 소각장이나 매립지와 같은 혐오시설 입지에 관한 연구(박병식 · 고재경, 1998; 박용치 외, 2004), 지하철 건설과 관련하여 송우엽(1988), 해운조직과 관련하여 배점모(1995), 국민연금과 관련하여 하상근(2003) 등을 들 수 있다.

현재 미군 이전정책은 정책과정 중 정책집행의 초기 단계에 있다. 정책목표와 정책수단으로 이루어지는 정책내용은 정책집행이라는 과정을 통해 실현된다. 이 연구는 미군 이전정책 즉, 주한미군의 재배치 계획과 당해 지역(동두천과 평택)의 발전계획의 수립 또는 시행 단계에 접어들게 됨에 따라 지역주민의 정책순응 행태를 조사하여 순응 및 불응에 미치는 영향요인을 검토한다.

2.2. 주한미군 이전정책의 순응 및 불응요인 탐색

1) 동두천의 기지 현황과 공여지 반환 및 갈등요인

(1) 미군기지 주둔의 역사와 현황

동두천시는 1951년부터 55년간 주한미군의 주력부대가 주둔하면서,[4)] 시 전체면적의 42%가 미군공여지로 제공되고 있다. 특히 역사적으로 동두천 시 지명의 유래가 된 중심부 지역의 동두천 천(東豆川 川) 일대의 평야지대를 미군이 모두 점유하면서 시민들은 외곽으로 흩어져 개발제약과 지역낙후로 인한 고통 속에 기지촌이라는 오명을 안고 살아오고 있다.

동두천시는 개발할 수 있는 지역은 거의 공여지로 묶여있고 더욱이 수도권이라는 이유로 「수도권정비계획법(이하, 수정법)」 에 의한 개발제한을 받고 있어 23년 전 시 승격 당시의 인구 수준을 그대로 유지하며 도시 성장에 어려움을 겪고 있다(오영균 외, 2004). 이에 따라 지역경제는 반세기 이상 미군 의존도가 심화되었고 2003년 현재 3천2백여 명의 시민들이 미군부대에 근무하고 있으며 부대주변 상가 400여개소 등 미군들과 관련된 소득이 2003년 현재 지역총생산액(GRPD)의 32.6%로 총 7천465억원 가운데 2천436억원을 차지하는 것으로 나타났다. 그러나 2004년 8월 초 미군재배치 계획과 함께 경기 북부에 주둔중인 미2사단 1만3천여명 가운데 제2여단 병력 3천600여명이 이라크 전쟁으로 차출되어 떠났으며, 부대별로 많은 근로자들이 해고되었다. 이로 인하여 부대 주변상가는 매출이 감소하고 철시하는 상가들이 늘고 있다. 지금 미군이 떠난 자리에는 8만여 동두천 시민 가슴속에 '민생경제 파탄'이라는 공허함과 지역 공동화에 대한 우려가 대두되고 있다.

(2) 주둔미군 관련 기존 및 신규 갈등 요인

Camp Casey, Camp Nimble 등 6개 미군기지의 공여지가 동두천시 전체의 약 42.4%에 해당하는 40.53㎢의 면적을 차지하고 있어 지역주민들의 사유재산권 행사에 많은 제약을 받아왔으며 원소유주들에 의해 지속적으로 민원이 제기되어 왔다. 뿐만 아니라 대규모 미군기지와 기지촌 유흥가의 존재로 지역이미지에 큰 타격을 받아 왔으며, 교육, 주거, 인권, 지역개발 등에서 타 도시에 비해 상대적으로 불이익을 받아 왔다.

지난 50여년 이상 미군주둔으로 인하여 지속적으로 지역사회 및 주민에 미친 문제의 유형은 대략 다음과 같다.

- 미군 공여지로 도시개발 왜곡[5)]
- 탱크 등 중장비를 이용한 군사훈련으로 도로 및 교통시설의 빈번한 파손과 보수비용 증가
- 미군기지 내 및 공여지 폐기물 불법투기
- 미군기지 내 내국인 거주지 및 묘소 방문 불편
- 미군부대 훈련 중 산불 피해
- 미군범죄 및 각종 미군 관련 민·형사 사건 다발[6)]
- 미군기지로 인한 재정수익 결함
- 미군과 주민 양 집단간의 사회문화적 갈등 심화
- 주변 유흥가 및 퇴폐문화로 청소년교육환경 저해

그러나 미군의 평택 이전과 공여지 반환에 따른 새로운 갈등요인이 발생하고 있다. 미2사단의 이전이 가시화될 경우 동두천시와 같이 대단위 미군 인력과 시설을 갖고 있는 기지가 이전하는 경우에는 반환 공여지에 따른 개발이익이 창출될 때까지는 그 부정적인 경제적 파급효과가 엄청난 수준에 달할 것이다. 주한미군의 이전과 경제적으로 이해관계가 맺어진 계층에게는 미군 이전이 극심한 갈등요인으로 등장하고 있으며, 도시 전체적으로 상가매출액과 종사자의 가계소득뿐만 아니라 사회간접비용과 운영비용 등

간접비용을 포함하여 분석할 경우, 동두천시의 경제는 상당한 어려움을 겪을 것으로 예측할 수 있다.

(3) 공여지의 반환과 지역발전을 위한 특별법과 개발계획

반환되는 경기 북부지역 내 공여지는 파주 13곳(830만평), 동두천 6곳(1천229만평), 의정부 9곳(178만평)등 14개 지역 51곳, 총 4천378만평에 이르고 있다. 이중 우선 매각 대상 공여지는 의정부 7곳(107만평), 파주 5곳(45만평), 동두천 6곳(1천229만평)으로 3개 지역 매입비용만 1조4천100억원으로 각 지자체 1년 예산의 최고 5배에 달하는 금액이다(이상규, 2005).

반환 공여지에 대하여 경기도는 무상양도를 요구하였으나, 중앙정부는 유상증여로 맞서왔기 때문에 각 지자체는 향후 1조원이 넘는 매입비용 때문에 '부지매입 후 개발'이라는 계획은 엄두도 못 내고 있는 실정이었다(경기신문, 2005. 7. 29). 이러한 문제를 해결하기 위해「공여구역지원특별법」이 통과된 상태이지만, 향후 실제 토지 반환 과정에서 토지 매입 및 활용방안에 대하여 많은 어려움이 있다. 반환 공여지가 시의 43%를 차지하는 동두천시는 공여지 전체가 우선 매각 대상으로 잡혀 있는데, 다음 <표 12-1>은 동두천시의 반환 공여지 활용계획을 나타내고 있다.

〈표 12-1〉 동두천의 미군 반환 공여지 활용계획

기지 이름	위치	반환 면적(평)	반환 연도	활용계획 (2006년 10월 현재)
캠프 케이시	보산동	4,278,937	2008 이후	택지개발, 공원, 언어마을, 대학, 테마파크
캠프 호비	불현동	4,251,417	2008 이후	골프 빌리지
캠프 님블	상패동	20,171	2008	주거, 공원 등
짐볼스	광암동	3,613,823	2006	골프 빌리지
캠프 캐슬	소요동	62,611	2006	주거, 공원, 산업단지
H-220 헬리포트	보산동	63,151	2008	유통산업, 공원 등

출처 : 경기도 지역개발과(내부자료),「주한미군 공여구역 현황 및 활용자료」.

이 「공여구역지원특별법」은 국가안보를 위해 간접비용을 부담해 온 미군기지가 주둔하였던 지방자치단체에 대하여 국가의 지원을 확대하여 지역간 균형발전을 촉진하고, 주민들의 삶의 질을 향상시키며, 주한미군 재배치에 따라 삶의 터전을 위협받는 지역주민들에 대한 생활안정 대책을 포함하고 있다.

2) 평택시의 기지 현황과 신규 공여지 제공 및 갈등요인

(1) 미군기지 주둔의 역사와 현황

평택지역의 군사기지는 일본이 2차 세계대전 당시 조성하였고, 해방 이후 반세기 이상 미군의 군사기지로 이용되고 있다. 평택지역에는 K-55 공군기지(송탄)와 K-6 육군기지(팽성) 등 2개의 미군기지가 기존에 존재하면서, 2004년 1월 현재 총면적 457만평에 10,569명이 주둔하고 있다. 평택시는 경기도 남부지역으로 서울로부터 약 65㎞ 떨어져 있으며, 면적은 452.26㎢로 서울의 약 3/4 정도이고 인구는 2005년 12월 현재 391,468명이다. 한편 법률 제4948호(경기도평택시등5개도농복합형태의시설치등에관한법률)에 의하여 1995년 5월 10일부로 송탄시, 평택시, 평택군을 각각 폐지하고 도농 복합형태의 평택시가 되었으며, 21세기 서해안 시대의 중심도시로 성장할 수 있는 잠재력을 충분히 가지고 있는 경제적, 사회적, 전략적 요충도시이다.

(2) 주둔미군 관련 기존 및 신규 갈등 요인

기존의 K-55 미공군기지(송탄)와 K-6 미육군기지(팽성)로 지역사회에서 발생하는 여러 가지 문제들, 즉 미군에 의한 사회적 범죄, 미군기지 영내·외 환경오염, 미군이 차지하는 공여지에 대한 문제들이 그 동안 지속적으로 발생하였다. 미군주둔으로 인하여 지속적으로 지역사회 및 주민에 미치는 문제의 유형은 대개 다음과 같다.

- K-55 미공군기지 주변 소음 및 진동
- K-55 미공군기지 주변 비행안전 구역 건축 제한
- K-55 미공군기지 전용 철도 도심 통과
- K-55 미공군기지 주변 구 탄약고 부지 반환 및 공원화 사업 지연
- K-6 미육군기지 경계부분 하수구 용량 부족으로 우천시 인근가옥 침수원인 제공
- 미군기지 오폐수 방출로 인한 수질 및 토양 오염 사고
- 미군기지로 인한 재정수익 결함
- 미군기지 주변 유흥업소의 난립으로 청소년교육환경 저해
- 미군기지 주변 미군들의 문란하고 무절제한 행동으로 주민 피해 등

그러나 용산미군기지 및 미2사단의 이전과 신규 공여지 제공과 기존 갈등유형의 확대 재생산에 대한 우려로 인하여 새로운 갈등요인이 발생하였고, 앞으로도 새로운 가능성이 높다. 미군 이전에 새로운 공여지에 거주하는 많은 농민들이 미군기지 이전으로 인하여 생활의 경제기반인 농토를 잃는 것이 가장 핵심적인 갈등이었다. 이는 지역사회와 주한미군과의 최대의 갈등요인이 되었는데, 보상수준의 미흡 등 지역주민의 사유재산권 침해 및 기형적인 도시발전이나 발전의 장애를 초래할 수 있기 때문이었다. 또한 미군의 확대로 인한 주민생활의 피해도 궁극적으로는 기존 피해유형에 더하여 피해가 가중될 것을 우려하였다. 평택항 개발과 같은 대규모 발전 가능성을 가지고 있는 평택시에 방대한 군사기지가 존재하는 것은 평택시의 도시발전을 위한 도시공간구조의 왜곡 및 효율적인 토지이용의 어려움을 야기하여 장기적으로 도시발전에 큰 걸림돌이 될 수 있음이 커다란 갈등요인으로 작용하였다. 그리고 미군 이전에 대한 적절한 정책적·경제적 보상과 개발이 없이는 생활환경과 자연환경의 악화를 초래하고, 도시의 기능을 상실하여 인구유출과 사회간접자본 낙후를 초래하여 도시공동화를 촉진시킬 가능성이 매우 높다.

(3) 신규 공여지의 제공과 지역발전을 위한 특별법과 지역개발계획

언급하였듯이, 현재 평택지역에는 K-55 공군기지(송탄)와 K-6 육군기지(팽성) 등 2개의 미군기지가 총면적 457만평을 차지하고 있다. 그러나 용산 미군기지 및 미2사단의 평택 이전은 349만평을 추가로 제공되어, 전체적으로는 806만평으로 늘어날 것이며 이는 평택시 총 면적의 약 6%에 해당한다.

현재 주한미군의 평택 이전과 관련하여, 미군 이전사업을 원활히 수행하고 평택지역의 발전을 지원하기 위한 법적 근거를 마련할 목적으로 제정된

〈표 12-2〉 평택지역개발계획 부문 · 사업별 투자내역

구분		사업수	사업비(억원)
특별지원사업	소 계	16	14,682
	도시첨단산업단지	2	900
	첨단농업시범단지	1	840
	평택호 관광지 개발	4	8,846
	기지 주변 지역 지원	9	4,096
특별회계사업	소 계	2	10,037
	자립형이주단지 조성	1	535
	주민편익시설	1	9,502
일반지원사업	소 계	71	163,297
	농업	8	1,365
	제조업	6	15,865
	상업유통	4	360
	관광여가	5	168
	사회개발	11	546
	도시정비	6	97,157
	교통물류	11	45,488
	교육인력	8	656
	환경경관	12	1,692
총 계		89개 사업	188,016

출처 : 주한미군기지 이전사업<4>, 21세기 평택(2006, 05, 14).

「평택지원특별법」은 미군 이전 시설사업 지원 범위와 의무, 미군기지 이전 특별회계설치, 평택시 장기종합발전계획 수립을 위시한 지원대책 및 개발에 장애가 되는 각종 규제의 철폐 또는 완화, 기지주변지역의 지원 사항 등을 포함하고 있으며, 이 특별법에 근거하여 '평택지역개발계획'이 작성되어 시행되고 있는 상황이다.

「평택지원특별법」의 시행으로 61개 첨단업종에 대한 신·증설이 허용되었고, 평택지역개발계획이 확정(2005년 12월 6일)되었으며 이후 연차별 계획의 수립을 통하여 지역발전을 현실화시키고 있다. 평택지역개발계획은 평택시의 종합적인 발전 마스터플랜으로서 평택시, 경기도 및 관계 중앙부처와의 협의를 통하여 확정되었다<표 12-2 참조>(국방부, 2006. 5. 14).[7)]

이 계획은 농업, 제조업, 도시정비, 교통물류, 관광 등 8개 분야 89개 사업에 2020년까지 총18조 8,016억원의 투자계획을 가지고 있다. 특히, 도시첨단사업단지 조성, 평택호 관광지 개발, 첨단농업 단지 조성, 기지주변 정비 등 4개 분야 16개 사업은 국고특별지원사업으로 중점투자하게 된다.

3) 정책의 내용과 정부에 대한 불신 및 의사소통의 문제로 인한 불응 요인

미군의 이전을 계기로 제정된 이러한 특별법들은 미군기지 이전을 위한 시설사업을 원활하게 시행하고, 기지가 이전되는 평택시나 공여지를 반환하는 동두천시 등 지방자치단체에 대한 지원을 통하여 지역발전을 촉진하며, 미군 이전으로 인하여 영향을 받는 지역 주민의 권익을 보호하고 인프라 구축 중심의 지원을 제공하는 보상적 차원의 내용을 포함하고 있다. 그러나 이러한 특별법들의 내용 및 이들을 기반으로 수립된 지역개발계획들을 살펴 볼 때 크게 4 가지 차원에서 우려가 제기된다(강휘원, 2005b).

첫째, 정책내용에 대한 우려로시 특별법 및 지역개발계획의 지원내용에 대한 재정확보 방안의 불확실성이다. 막대한 재정지원을 내용으로 하는 계획은 주민들로 하여금 미군이전에 대한 순응의 동기를 부여하여 정책집행에 대한 소망성을 높이지만, 그 비용을 어떻게 충당할지에 대해서는 정부에 대한 능력 및 자원 확보에 대한 불신으로 말미암아 정책불응을 초래할 수 있다.

둘째, 정책의 일관성 및 계속성에 대한 우려로서 중앙정부가 이러한 특별법 및 지역개발계획의 내용을 미군이전이 종료된 후에도, 또한 정권이 교체되어도 적극적으로 지원을 하며 실행에 옮길 것인가에 대한 의구심이 지역사회에 팽배해 있다. 이 특별법들의 내용이 지역주민으로 하여금 미군이전을 수용하도록 하여 미군 이전사업을 용이하게 추진하기 위한 단기적인 전시용 당근이 아닌가하는 정부에 대한 신뢰의 문제를 제기할 수 있다.

셋째, 정책집행의 수단 및 효과의 적절성의 문제로서 이러한 중앙정부 주도의 물량적이고 외부자원 의존형 개발전략은 관내 토지 가격의 급상승을 부추기며, 지역공동체 내의 행위주체들 간에 대립과 갈등을 심화시키고 단기적 이익추구 행위(자원의 타지역 이동)를 통해 오히려 지역의 핵심자원을 고갈시키지 않을까 하는 점을 우려하면서 정책불응을 초래할 수 있다.

넷째, 지방정부 및 주민참여의 역할 문제로서 지방자치 시대에 중앙집권적·주도적 개발전략에 의하여 지방자치단체 및 지역 행위주체(주민, 시민단체, 기업 등 포함)의 역할이 축소되고 정책의 결정 및 집행과정에서 중앙의 독단, 주민과의 의사소통의 왜곡, 주민참여의 축소 등에서 오는 정책불응을 초래할 수 있다.

 실증적 연구를 위한 조사 설계와 변수의 탐색

3.1. 조사목적과 설계

미군 공여지 반환지역인 동두천과 신규 공여지 제공지역인 평택시의 지역발전 및 미군 이전에 따른 대책을 수립하기 위해서는 직·간접으로 정책에 영향을 미치는 주민인식 조사가 선행될 필요가 있다. 인식조사의 목적은 공여지 대상 주민에 대한 보상수준과 지역발전에 대한 주민욕구에 대한 인식조사를 통하여 지역사회 행위주체로서의 주민의 특성과 의식수준을 인지하고 미군 이전에 대한 대응책의 우선순위를 정책에 반영하여 지역개발계획 수립 및 추진에 도움을 주는 것이다. 미군 이전문제에 대한 주민 의견을 알아보기 위해 동두천과 평택시 각각에 거주하는 19세 이상의 성인 남녀 300명씩을 대상으로 2006년 9월 6일부터 9일까지 여론조사 기관인 한길리서치에 의뢰하여 구조화된 설문지를 이용한 전화설문 여론조사를 실시하였다. 다음 <표 12-3>은 동두천과 평택시의 응답자들의 인구통계학적 특징을 보여주고 있다.

〈표 12-3〉 동두천 및 평택시 응답주민의 인구통계학적 특징

인구통계학적 항목		동두천		평택시	
		사례수	구성비율	사례수	구성비율
		300	100.0%	300	100.0%
성별	남 자	151	50.3%	156	52.0%
	여 자	149	49.7%	144	48.0%
연령별	19~29세	60	20.0%	65	21.7%
	30대	73	24.3%	82	27.3%
	40대	67	22.3%	68	22.7%
	50대 이상	100	33.3%	85	28.3%
거주 기간별	1~4년	36	12.0%	38	13.2%
	5~9년	16	5.5%	30	10.2%
	10~19년	49	16.6%	60	20.4%
	20년 이상	195	65.9%	164	56.3%
학력별	중졸이하	68	23.0%	59	20.3%
	고졸	132	44.5%	114	39.1%
	전문대졸	31	10.4%	33	11.4%
	대졸이상	66	22.1%	85	29.3%
직업별	농/임/어업	7	2.4%	16	5.7%
	자영업	52	17.5%	43	15.0%
	블루칼라	40	13.4%	31	11.0%
	화이트칼라	24	8.2%	46	16.2%

	가정 주부	91	30.9%	84	29.4%
	학생	23	7.8%	26	9.2%
	무직/기타	58	19.7%	39	13.5%
월평균 가구 소득별	199만원 이하	133	48.6%	97	36.3%
	200-299만원	72	26.3%	68	25.5%
	300-399만원	43	15.6%	53	20.0%
	400-499만원	11	4.1%	24	9.0%
	500만원 이상	15	5.5%	25	9.3%

이 여론조사에서는 주한미군 이전에 대한 찬반여부 등 총 20개 항목과 인구통계학적 문항 6개에 대해 인구비례에 의한 지역별·성별·연령별 무작위 할당방법으로 추출된 표본에 대해 조사하였으며 표본오차는 95% 신뢰수준에 5.7%이다.

3.2. 미군 이전정책의 변수 탐색과 분석방법

1) 변수의 선택 영역과 분석방법

Young(1979 : 18-25)은 불응을 "특정의 행위규범 또는 순응체계의 요구에 따르지 않는 행위"로 정의하면서, 불응요인으로서 ① 개인적 이익, ② 강제적 법집행, ③ 유인, ④ 사회적 압력, ⑤ 의무감, ⑥ 관습과 실례를 제시하고 있다. Nakamura & Smallwood(1980, 47)는 불응요인을 ① 정책자체 요인(정책의 소망성, 명료성, 일관성, 유인성 등), ② 정책기관 요인(정당성, 신뢰성, 조직구조, 구성원의 자질, 태도, 자원, 정보 등). ③ 정책대상집단 요인(능력부족, 의욕부족, 손익계산, 동료들의 압력, 무지, 조직화, 리더십, 경험 등), ④ 중간매개집단(Intermediary Group) 요인, ⑤ 환경적 요인(이익집단, 의회, 정당, 비제도적 정치단체인 재야세력, 언론 등에 의한 영향력 행사, 정치, 경제, 사회·문화적 환경 등)을 들고 있다. 이와 같은 요인들이 부정적으로 작용할 경우 불응이 발생한다고 볼 수 있다.

이러한 이론들에 근거하여 가설 설정 및 분석영역으로 이 연구는 미군 이전의 찬반이 첫째, 정부가 제시하는 정책내용의 영역으로서 미군 이전사업 및 지역개발계획이 주민들로 하여금 미군 이전을 수용할 만큼 충분한 보상과 지역발전을 담보할 만한 내용을 담고 있는가에 의존할 수 있다고 가정한다. 둘째, 정책효과의 영역으로서 미군의 이전이 지역에 미치는 효과는 긍정적 또는 부정적인가에 따라 그리고 미군주둔이 기존에 지역에 미쳤던 효과에 의존한다고 가정한다. 셋째, 정책기관의 신뢰성과 능력의 문제로서, 미군 이전의 찬반 및 정책의 성공여부는 정책을 결정하고 집행하는 정부가 주민의 신뢰를 담보하고 원활한 의사소통을 하고 있는가에 의존한다고 가정한다.

그리고 미군 이전 찬반에 영향을 미치는 요인들을 파악한 후에 지역발전을 위한 도시 미래상과 과제들은 무엇인가? 그리고 미군과의 갈등 해결을 위한 주체는 누가 되어야 하고 그 우선과제는 무엇인가 하는 점들을 살펴볼 것이다. 그리고 종속변수(미군기지 이전에 대한 찬성 또는 반대)에 영향을 미치는 독립변수를 판별하기 위한 통계기법으로는 판별분석(discriminant analysis)을 행하였다. 응답자가 어느 집단에 속하는지는 이미 조사를 통하여 이미 알고 있기 때문에 이 기법은 두 집단을 구별하는 변수를 찾고 순응(불응)에 미치는 영향력을 평가하는데 유용하다.[8)] 그리고 독립변수들에서 응답자들의 특성을 분석하기 위하여 빈도분석을 행하였다.

2) 변수의 측정과 요인의 특성 분석

(1) 종속변수

언급한 바와 같이, 이 주민인식 조사는 미군 이전정책의 결정이 마무리되고 집행이 개시된 후에 행하여졌다. 그 이유는 미군 이전에 대한 찬반의 행태가 향후 정책집행과정에서 대상집단(주민)의 외현적인 순응 또는 불응의 행동으로 전환될 수 있다고 보기 때문이다. 이 연구에서는 미군 이전에 대한 배경과 지원정책 및 정책순응(불응)에 대한 선행연구들을 바탕으로 미군 이전의 찬성과 반대의 형태를 정책대상집단인 동두천 및 평택 지역주민의 미군 이전정책에 대한 순응과 불응으로 간주하고 이를 종속변수로 채택하였는데, 이는 찬성이면 1, 반대이면 0으로 지정되는 모조변수(dummy variable)이다.

빈도분석의 결과 동두천시민들은 미군이 평택으로 이전해 가는 것에 대해 59.5%가 찬성한다고 응답한 반면, 33.3%는 반대한다고 응답하였다. 한편 평택시민들은 미군 규모가 확장되는 것에 대해 55.5%가 찬성한다고 응답한 반면, 37.6%는 반대한다고 응답하였다<표 12-4>.[9)]

〈표 12-4〉 미군기지 이전에 대한 찬반 비교

항 목	동두천		평택	
	사례수	비율(%)	사례수	비율(%)
찬성한다	179	59.5	167	55.5
반대한다	100	33.3	113	37.6
잘 모르겠다	21	7.3	20	6.9
계	300	100.0	300	100.0

동두천시민들을 지난 수십 년 간 미군주둔으로 인한 지역발전의 기회 상실과 기지촌의 이미지를 벗어나는데서 미군이 이전해 나가는 것을 상당히 찬성하는 반면, 오랜 세월 동안 미군에 의존해 왔던 지역경제의 침체를 우려하는 사람들은 이전해 나가는 것을 반대하는 것으로 추측할 수 있다. 그리고 각주(11)에서 보는 바와 같이 평택지역에서 미군 이전에 대한 찬성률은 현행 조사에서 상당한 수준 상승하였는데, 이는 미군 이전이 확정되면서 「평택지원특별법」이 제정되고 이에 따른 지역개발계획이 발표되면서 지역경제 및 지역발전에 기여할 것이라는 기대감에서 미군이 이전해 오는 것을 찬성하며, 반대하는 시민들은 여전히 미군 이전이 환경문제의 악화나 각종 범죄의 증가를 우려하기 때문으로 생각할 수 있다. 동두천 및 평택지역에서 미군 이전에 대한 찬성 비율이 비교적 높은 편이지만, 반면 반대비율도 상당한 비율을 차지하고 있다. 이러한 대립적 구도에 적절히 대응하지 못할 경우 지역사회의 갈등과 분열이 지속될 것임. 따라서 지역 내 갈등

을 해소하고 지역통합을 초래할 수 있는 정책 및 제도적 장치가 요구됨을 시사한다.

(2) 독립변수

종속변수에 영향을 미치는 독립변수를 밝혀내기 위하여 정책기관, 정책내용, 정책효과, 도시 미래상 등의 정책대상집단에 미치는 요인의 선정을 시도하였다<표 12-5>.

〈표 12-5〉 주민인식 조사 · 분석의 독립변수와 측정지표

요인	변수	측정지표	측정유형
정책내용	소망성, 보상성	미군 이전이 지역에 미치는 영향	서열(4점 Likert)
		특별법의 지역발전 기여 전망	서열(4점 Likert)
정책효과	미군이전의 영향	지역경제 활성화에 미치는 영향	서열(4점 Likert)
		교육문화에 미치는 영향	서열(4점 Likert)
		지역이미지에 미치는 영향	서열(4점 Likert)
		삶의 질 및 지역발전에 미치는 영향	서열(4점 Likert)
		환경의 피해 유형	명목
	미군 주둔의 기존 효과	도시발전 정도	명목
		도시 낙후의 원인	명목
도시 미래상	지역발전 가능성	도시 미래상의 형태	명목
		삶의 질 향상을 위한 당면과제	명목
		지역발전을 위한 중장기 과제	명목
정책기관의 해결능력	기관 신뢰성	특별법 및 개발계획의 실행 가능성	서열(4점 Likert)
	갈등해결 주체	미군과의 갈등해결 노력의 주체	명목
	갈등해결 과제	미군과의 갈등해결을 위한 과제	명목
	의사전달 효과	특별법의 제정 인지 여부	명목

측정유형 중 서열척도와 관련하여, 설문항목에서는 5가지의 응답유형을 취하였으나 '잘 모르겠다'의 응답은 자료 코딩에서 가치를 부여하지 않으

면서 0으로 입력하고 나머지 4개의 응답유형(긍정의 '매우'와 '다소' 그리고 부정의 '매우'와 '다소')을 1부터 4까지의 숫자로 입력하였다.

예를 들어, 미군 이전이 지역에 미치는 영향을 종합적으로 고려할 때에 긍정적 영향(2개 항목)과 부정적 영향(2개 항목) 사이에 긍정도 부정도 아닌 항목을 질문한다는 것은 논리에 적합하지 않고, 다만 판단을 유보하거나 내용을 잘 모를 경우에 '잘 모르겠다'로 응답하게 하고 이 항목에 대해서는 가치를 부여하지 않는 방식을 취하였다. 따라서 1부터 4까지 부여한 전체 응답자의 평균점수(mean)에 따라 긍정 또는 부정으로 기울어졌는지를 판단할 수 있도록 하였다.

① **정책내용** : 미군 이전에 대하여 찬성 또는 반대하는 이유로 정부가 제시하고 있는 정책내용의 소망성이나 보상성에 대한 주민의 만족도에 의존한다고 가정한다. 따라서 미군 이전의 찬성은 이전이 가지고 올 향후의 지역발전에 대한 소망을 담고 있는 정책내용의 긍정적 영향이 높을수록 찬성율은 높아질 것이다(가설 1). 그리고 미군 이전에 대한 보상 차원에서 제정된 특별법이나 이에 근거한 지역개발계획의 내용이 지역발전에 높은 기여를 소망할수록 찬성율

〈표 12-6〉 정책내용 요인에 대한 응답결과의 비교

<table>
<tr><th rowspan="2">측정지표</th><th rowspan="2">항목</th><th colspan="3">동두천</th><th colspan="3">평택</th></tr>
<tr><th>비율(%)</th><th>평균</th><th>표준편차</th><th>비율(%)</th><th>평균</th><th>표준편차</th></tr>
<tr><td rowspan="4">미군 이전으로 인한 지역발전의 소망 (이전종합적영향)</td><td>긍정</td><td>62.2</td><td rowspan="4">2.55</td><td rowspan="4">1.11</td><td>51.6</td><td rowspan="4">2.48</td><td rowspan="4">1.06</td></tr>
<tr><td>부정</td><td>30.4</td><td>44.0</td></tr>
<tr><td>잘 모름</td><td>7.4</td><td>4.4</td></tr>
<tr><td>계</td><td>100.0</td><td>100.0</td></tr>
<tr><td rowspan="4">특별법 및 지역개발 계획의 기여 가능성</td><td>기여함</td><td>77.3</td><td rowspan="4">2.91</td><td rowspan="4">1.03</td><td>66.3</td><td rowspan="4">2.73</td><td rowspan="4">1.03</td></tr>
<tr><td>기여 못함</td><td>16.7</td><td>27.7</td></tr>
<tr><td>잘 모름</td><td>6.0</td><td>6.0</td></tr>
<tr><td>계</td><td>100.0</td><td>100.0</td></tr>
</table>

은 높아질 것이다. 그러나 이는 특별법 제정 인지 지표와의 높은 상관관계로 인하여 분석모델에서는 제거한다. 이러한 측정지표에 대한 비교는 다음 <표 12-6>과 같다.

동두천시나 평택시 모두에서 여러 여건을 고려할 때에 미군기지 이전이 지역사회에 미치는 영향에 대해 긍정적인 견해가 부정적인 견해에 비해 높은 것을 보여주고 있지만, 부정적인 견해도 상당한 비율을 차지하고 있음을 간과해서는 안될 것이다. 한편, 조사결과로부터 두 지역 공통으로 미군 이전을 통하여 향후 지역의 고용창출과 주변상가 활성화(평택시), 반환 공여지 활용을 통한 산업 단지 조성(동두천시) 등을 통하여 지역경제 향상에 도움이 될 것이라는 기대가 가장 높음을 알 수 있었다.

② **정책효과** : 미군 이전에 대하여 찬성 또는 반대하는 비율은 관련 정책효과에 비례할 것인데, 정책효과요인 가운데서 미군의 이전정책이 지역에 미치는 영향에 의존할 것이다. 우선, 미군 이전에 대한 찬성율은 고용 및 소득 증대의 측면에서 지역경제 활성화에 미치는 영향이 클수록 높아진다(가설 2). 그리고 미군 주둔이 교육기관의 유치, 외국문화의 확대, 또는 청소년 유행환경의 측면 등을 종합하여 교육문화환경에 미치는 긍정적 영향이 클수록 찬성율은 높아진다(가설 3). 한편 현재 미군이 주둔하는 동두천에서는 미군 주둔이 지역 이미지에 대한 부정적인 영향이 높을수록 미군 이전에 대한 찬성율은 높을 것인 반면, 평택으로의 미군 이전은 지역 이미지에 대한 긍정적인 영향이 높을수록 찬성율이 높을 것이다(가설 4). 또한 현재 미군이 주둔하는 동두천에서는 미군 주둔이 삶의 질 및 지역발전에 대한 부정적인 영향이 높을수록 미군 이전의 찬성율은 높을 것인 반면, 평택으로의 미군 이전은 삶의 질 및 지역발전에 대한 긍정적인 영향이 높을수록 찬성율이 높을 것이다(가설 5). 다음 <표 12-7>은 미군 주둔 및 이전의 영향을 측정하는 측정지표들의 특징을 나타낸다.

〈표 12-7〉 미군 주둔 및 이전의 정책효과에 대한 응답결과의 비교

측정지표	항목	동두천			평택		
		비율(%)	평균	표준편차	비율(%)	평균	표준편차
지역경제 활성화에 미치는 영향 (경제활성화)	영향 있음	72.8	2.90	0.93	73.6	2.87	0.86
	영향 없음	24.6			24.5		
	잘 모름	2.6			1.9		
	계	100.0			100.0		
교육문화환경에 미치는 영향 (교육문화)	긍정적	42.7	2.29	0.94	42.0	2.26	0.98
	부정적	51.8			52.4		
	잘 모름	5.5			5.6		
	계	100.0			100.0		
지역 이미지에 미치는 영향 (지역이미지)	좋은 영향	26.4	2.04	0.82	42.3	2.33	0.88
	나쁜 영향	71.0			55.0		
	잘 모름	2.6			2.7		
	계	100.0			100.0		
삶의 질 및 지역발전에 미치는 영향 (삶의질)	좋은 영향	39.8	2.22	0.91	53.0	2.44	0.91
	나쁜 영향	54.3			43.0		
	잘 모름	5.9			4.0		
	계	100.0			100.0		

그리고 기존의 미군 주둔이 도시발전에 어떠한 효과를 미쳤는가는 측정하기 위하여 우선 응답자의 거주 도시(동두천과 평택)가 주변 도시와 비교하여 상대적으로 발전되었는가를 조사하고<표 12-8>, 발전되지 못한 낙후원인의 유형화를 시도하였다<표 12-9>. 한편 낙후원인이 유형 가운데서 '미군기지 등 군사시설이 입지하여'의 항목을 1로, 나머지 항목을 0으로 재입력하여 모조변수로 전환하고 미군 이전의 찬반 영향을 분석한다. 이 항목의 비율이 낮을수록 이전의 찬성율은 높아지고, 반대로 높을수록 찬성율은 낮아진다(가설 6).

〈표 12-8〉 현재 거주지역과 인접시군과의 발전 정도 비교

항목	동두천(%)	평택(%)
발전되었다	15.3	31.2
발전되지 않았다	82.0	62.1
잘 모르겠다	2.7	6.7
계	100.0	100.0

〈표 12-9〉 현재 거주지인 동두천시와 평택시의 낙후원인

항목	동두천(%)	평택시(%)
산업기반의 미약	26.5	23.0
미군기지 등 군사시설 입지	25.1	23.4
수도권정비계획법 등 개발 제한 규제	21.9	16.5
의료 및 문화시설 부족	8.4	4.3
중·고, 대학 등 중등 및 고등교육시설 부족	7.4	11.6
산악지역 등의 거주환경 열악 (평택은 농업 중심)	5.0	14.1
기타 및 잘 모르겠다	5.7	7.1
계	100.0	100.0

동두천시민들은 82.0%가 인접도시(파주, 포천, 양주)들과 비교하여 발전되지 않았다고 응답한 반면, 15.3%는 발전되었다고 응답하였다. 그리고 평택시민들은 62.1%가 인접도시(용인, 안성, 오산)들과 비교하여 발전되지 않았다고 응답한 반면, 31.2%는 발전되었다고 응답하였다.[10)]

③ **정책기관** : 정부기관에 대한 신뢰를 가지고 있고 정책과정에서 의사소통이 잘되어 많은 정보를 가지고 있으면 미군 이전에 대한 찬성율이 높아지리라고 가정할 수 있다. 정책의 내용이 아무리 좋고 기대할 만 하더라도 정부(정책집행기관)에 대한 신뢰가 없으면 정

책집행의 대상집단인 주민의 정책순응을 확보하기 어렵다. 제정된 특별법과 지역개발계획들을 정부가 계획한대로 실행할 가능성이 있는가에 대한 정부 신뢰가 미군 이전을 찬성하는데 중요한 영향을 미치며, 따라서 실행 가능성에 대한 신뢰가 높을수록 찬성율은 높아질 것이다. 그러나 이 측정지표는 특별법의 제정 인지와 상관관계가 높아 판별분석모델에서는 제거한다. 한편 정부 정책에 대한 낮은 인지도와 의사전달이 제대로 되지 않는다면 이것 역시 정책순응을 확보하기 어렵다. 이러한 맥락에서 특별법 및 지역개발계획 등의 수립에 대한 인식 여부는 정책과정의 의사소통 및 홍보 정도를 나타낸다고 본다. 따라서 특별법 제정에 대한 인식도가 높을수록 찬성율은 높아지며(가설 8), 0과 1로 나타내는 모조변수이다.

〈표 12-10〉 정책기관 요인에 대한 응답결과의 비교

측정지표	항목	동두천			평택		
		비율(%)	평균	표준편차	비율(%)	평균	표준편차
특별법의 실행 가능성	긍정	56.5	2.43	1.09	70.1	2.68	0.97
	부정	34.5			24.0		
	잘 모름	9.0			5.9		
	계	100.0			100.0		
특별법의 제정 인식	알고 있음	41.9	0.42	0.49	33.6	0.33	0.47
	알지 못함	58.1			66.4		
	계	100.0			100.0		

정부에 대한 신뢰도의 측정지표로서 해당 지역발전을 위한 특별법과 지역개발계획들이 수립된 그대로 실행될 가능성에 대한 인식을 조사하였는바, 특별법 제정 사실을 알고 있는 동두천시민 가운데 56.5%가 그대로 시행될 가능성이 있다고 응답한 반면, 평택시민은 이보다 훨씬 높은 70.1%가 그대로 시행될 가능성이 있다고 응답하

였다. 동두천보다 평택에서 훨씬 높은 비율로 실행 가능성을 믿고 있는데, 이는 평택에서 특별법과 이에 근거한 지역개발계획의 내용이 공표되고 2006년부터 이미 시행단계에 들어와 있어 많은 주민이 벌써 이 내용을 인식하고 있으며, 이에 대한 실현에 대한 기대감이 높고, 이 특별법의 제정 단계부터 정부가 수차례 공약한 내용의 집행에 대하여 정부를 신뢰하고 싶은 소망이 높은 것으로 사료된다.

한편 정부의 의사소통과 홍보의 측정지표로서 특별법 제정의 인지도를 조사하였는데, 동두천에서는 시민의 58% 정도가, 평택시에서는 시민의 66% 정도가 특별법 제정 사실을 모르고 있다고 응답하였는데, 이는 특별법 제정에 대한 인지도가 상당히 낮은 편이었다. 인지도가 낮다는 것은 정부의 주민에 대한 정책 의사전달(policy communication)의 유형이나 방법에 심각한 문제를 내포하고 있는 것이다. 정책이 주민에게 제대로 전달되지 못하였다면 정책목표 달성에 심각한 장애가 발생할 것이며, 향후 주민의 무관심을 어떻게 전환시켜야 하는지에 대한 과제를 안고 있다.

④ **인구통계학적 변수** : 위에서 언급한 정책내용, 정책효과, 정책기관에 대한 요인 외에도 인구통계학적 변수들을 채택하여 찬성과 반대 집단 간에 독립성이 있는지를 살펴보았다. 이러한 변수들은 성별(남자 1, 여자 2), 연령, 학력(중졸이하 1, 고졸 2, 전문대졸 3, 대졸이상 4), 거주연한(1～4년 1, 5～10년 2, 10～15년 3, 16～20년 4, 20년 이상 5), 소득(2백만 원 이하 1, 2백만 원대 2, 3백만 원대 3, 4백만 원대 4, 5백만 원 이상 5) 등인데 이러한 특징들이 미군 이전 정책에 대한 순응과 불응을 결정하는데 영향을 미쳤을 것이라고 가정한다.

Ⅳ 미군 이전정책의 순응요인 판별분석

다음은 미군 이전에 대한 찬성 요인, 즉 정책순응요인을 탐색하기 위하여 종속변수와 독립변수들의 관계를 나타내는 선형판별분석모델(the linear discriminant analysis model)을 보여주고 있다. 20여개의 변수 중에서 그들 사이의 다중공선성(multicollinearity)를 조사한 후 12개의 독립변수를 선정하였다.

- 미군이전찬반 = a0 + a1성별 + a2연령 + a3학력 + a4소득 + a5거주기간 + a6이전종합적영향 + a7경제활성화 + a8교육문화환경 + a9지역이미지 + a10삶의질 + a11낙후원인 + a12특별법제정인식 ……… (1)

이 판별분석에 사용되는 독립변수들의 집단 평균수치가 <표 12-11>에 예시되어 있다. 이 모델에서 사용된 독립변수들이 종속변수인 '미군이전찬반'에 따라 찬성과 반대의 집단으로 나누어지는바, 각 독립변수의 집단 간 차이가 있는지 살펴보았는데, 유의도 .05 수준에서 (*)로 표시된 변수들은 양 집단평균의 차이가 없다는 귀무가설이 기각되고, 양 집단의 집단평균은 차이가 있다는 대립가설이 수용될 것이다. 연령과 관련하여 동두천에서는 조금은 젊은 세대가 미군이 이전해 나가는 것을 더 원하고 조금 더 나이 많은 세대는 미군이 이전해 나가는 것을 원치 않는다고 말할 수 있다. 반면 평택에서는 나이 많은 세대가 미군이 이전해 오는 것을 더 원하고, 미군이 이전해 오는 것을 원치 않은 세대보다 연령이 높은 것을 알 수 있다. 마찬가지로, 동두천에서는 연령을 비롯하여 이전종합적영향, 경제활성화, 지역이미지, 삶의질 변수들의 집단평균이 다르고, 평택에서는 연령을 비롯하여 이전종합적영향, 경제활성화, 지역이미지, 삶의질 변수 이외에도 교육문화와 낙후원인 변수에서도 집단평균이 차이가 있다는 것이 통계적으로 유의하게 나타나고 있다. 즉, 통계적으로 유의한 변수들은 각 독립변수에서 찬성집단과 반대집단의 차이가 있다는 것을 언급할 수 있는 반면, 유의하지 못한 변수들은 양 집단 간에 차이가 있다고 말할 수 없다. 미군 이전이 지역안보, 경제, 교육, 문화, 환경 등을 종합적으로 고려할 때에 어떠한 영향을 미치겠는가를 묻는 변수인 '이전종합적영향'(매우 부정 1, 다소 부정 2, 다소 긍정 3, 매우 긍정 4)과 관련하여, 동두천에서는 찬성집단이 2.77, 반대집단이 2.26으로 큰 차이가 나지 않는 반면, 평택에서는 찬성이 3.09, 반대가 1.73으로 그 차이가 많이 벌어진 것을 볼 수 있는데 이는 긍정도 매우 쪽으로, 부정도 매우 쪽으로 약간 더 편향된 것을 알 수 있다.

〈표 12-11〉 판별분석에 사용된 독립변수들의 집단평균 수치

변수	동두천					평택시				
	찬성 (167명)	반대 (97명)	총평균 (264명)	유의도 (Sig.)		찬성 (151명)	반대 (96명)	총평균 (247명)	유의도 (Sig.)	
성별	1.51	1.53	1.52	.793		1.46	1.53	1.49	.302	
연령	44.28	49.44	46.17	.009	*	46.96	41.41	44.80	.006	*
학력	2.31	2.13	2.24	.197		2.41	2.31	2.37	.499	
소득	1.94	1.81	1.90	.360		2.23	2.19	2.21	.793	
거주기간	3.31	3.38	3.34	.638		3.32	3.23	3.29	.479	
이전종합적영향	2.77	2.26	2.58	.000	*	3.09	1.73	2.56	.000	*
경제활성화	2.80	3.19	2.94	.001	*	3.15	2.55	2.92	.000	*
교육문화	2.26	2.46	2.34	.068		2.81	2.01	2.50	.000	*
지역이미지	1.90	2.38	2.08	.000	*	2.68	1.91	2.38	.000	*
삶의질	2.04	2.61	2.25	.000	*	2.58	1.91	2.32	.000	*
낙후원인	.26	.17	.23	.102		.10	.22	.15	.009	*
특별법제정인식	.44	.41	.43	.628		.37	.27	.33	.105	

주 : missing values(결측치)로 인하여 사례수가 감소하였다.
* 이 변수들의 집단평균에 대한 동질성을 검정하기 위한 F-value의 유의도 값이 .05보다 작으므로 유의수준 5%에서 집단평균이 동일하다는 귀무가설은 기각되고 모든 변수가 판별분석에 이용된다.

미군 이전정책은 여러 가지 요인으로 말미암아 해당 지역주민으로 하여금 그 정책에 대한 순응과 불응을 초래하게 하였다. 우선 이 연구는 미군 이전(going-out 또는 coming in) 정책이 지역에 경제적 이익을 비롯하여 많은 긍정적인 영향을 미칠 것이라면 이에 대한 찬성을, 반면 지금까지의 미군 주둔이 삶의 질이나 지역낙후에 원인이 되어 온 것을 보아왔다면 이전해 오는 것을 반대하거나 이전해 나가는 것을 찬성하리라는 기본적 통념(conventional wisdom)을 가지고 출발하였다. 이 연구의 계량적 분석결과는 이 통념을 지지하는 것으로 나타난다. 즉, 이 연구가 사용한 판별분석은 '미군이전찬반'의 구분이 미군 이전으로 인하여 발생하는 이전종합적영향, 삶의질, 지역이미지, 경제활성화 등에 의해서 영향을 받는 하나의 함수(function)를 만들어 내었다<표 12-12 참조>.[11)]

〈표 12-12〉 미군 이전의 찬성·반대에 영향을 미치는 판별 변수

동두천		평택시	
판별변수	표준화된 판별계수	판별변수	표준화된 판별계수
이전종합적영향	-.525	이전종합적영향	.799
삶의질	.523	삶의질	.267
경제활성화	.441	지역이미지	.219
지역이미지	.361	소득	.212
		거주기간별	.196
Eigenvalue	.241	Eigenvalue	.892
Wilk's Lambda	.806	Wilk's Lambda	.528
Chi-square($\chi 2$)	56.194	Chi-square($\chi 2$)	154.647
Significance	.000	Significance	.000

미군이전찬반을 구별하는 데 있어서 이 함수는 표준화된 판별계수(standardized discriminant coefficients)에 따라 가장 영향력이 큰 변수로서 동두천에서는 이전종합적영향(-.525)이며 그 다음으로 삶의질(.523), 경제활성화(.441), 지역이미지(.361)의 순으로 이어진다. 그리고 평택에서는 가

장 영향력이 큰 변수로서 이전종합적영향(.799)이며 그 다음으로 삶의질(.267), 지역이미지(.219), 소득(.212), 거주기간별(.196)의 순으로 이어진다. 이 표준화된 판별계수의 크기는 변수의 상대적 중요도를 나타내고 있는 반면, 얼마만큼의 영향을 미치는지는 알 수가 없다. 이러한 수치(loadings)들에 따르면, 결국 미군 이전의 찬반은 미군 이전이 지역에 어떠한 영향을 미칠 것인가 또는 미쳐 왔는가에 궁극적으로 의존한다고 결론지을 수 있을 것이다.

<표 12-13>는 각 집단이 함수적 차원에서 얼마나 멀리 떨어져 있는가를 보여주면서 정형적인 위치를 나타내는 집단의 중심점(group centroids)을 역시 보여 준다(Klecka, 1975). 동두천에서 찬성집단의 중심점은 -.373이며 반대집단을 나타내는 중심점은 .642인데, 이수치는 이 함수가 찬성집단과 반대집단을 잘 분류하고 있는 것을 의미한다. 평택의 이 수치들은 각각 .750과 -1.180이다. 이 판별분석함수의 예측력(predictive power)이 역시 <표 12-13>에서 보여 진다.

〈표 12-13〉 판별분석 분류결과와 집단 중심점

집단 (groups)	동두천			평택		
	사례수 (Case No.)	Correctly classified (%)	집단 중심점 (Centroids)	사례수 (Case No.)	Correctly classified (%)	집단 중심점 (Centroids)
찬성 집단	180	75.0	-.373	154	83.1	.750
반대 집단	104	70.2	.642	96	84.4	-1.180
전체	284	73.2		250	83.6	

하나의 사례를 찬성과 반대의 두 집단에 무작위로 배분할 때 정확하게 할당되어 질 확률은 50%이다. 이 연구에서 판별분석함수의 사용은 예측능력을 동두천에서는 전체평균 73.2%이며, 평택은 83.6%로 동두천보다는 예측능력이 10.4% 높다. 평택의 경우 찬성집단 154개 사례 중 83.1%인 128개가 정확히 분류되었으며, 반대집단에서는 96개 사례 중 84.4%인 81개

가 정확히 분류된 것으로 나타나며 전체적으로 83.6%가 정확히 분류된 것이다.

 분석결과의 정책적 함의와 지역발전 과제

판별분석의 결과 우리는 동두천과 평택시 양 지역에서 미군 이전에 대한 찬반에 직접적으로 영향을 미치는 중요한 변수들의 선정을 시도하였다. 그 결과 가장 중요한 요인은 양 지역 공동으로 '이전종합적영향' 즉, 미군의 이전이 향후 지역의 미래에 어떠한 영향을 미칠 것인가에 따라서 찬성과 반대의 의견이 나누어지고, 그 다음으로 '삶의질', '지역이미지' 등 기존에 또는 현재 미군이 주둔하고 있는 상황에서 미군이 삶의 질이나 지역이미지에 미치는 영향의 인식 정도에 따라 찬성과 반대가 나누어지는 것을 알 수 있었다. 판별분석에 사용된 변수 외에도 설문조사에 사용된 변수들에 대한 분석을 통하여, 미군 이전정책이 정책대상집단인 지역주민의 순응을 불러일으키고 성공을 가져오기 위해서 다음과 같은 과제를 제시한다.

5.1. 지역경제 활성화 정책의 최우선 순위 인식

미군 이전은 긍정적 및 부정적 영향이 발생하는데, 적어도 미군 이전정책의 순응을 초래하기 위해서는 긍정적 영향이 부정적 영향보다는 커야 한다. 따라서 미군기지 이전이 지역에 미치는 부정적인 영향을 최소화하고 긍정적인 파급효과를 극대화하여 지역발전의 계기로 활용할 수 있는 방향의 제시와 이에 대한 추진을 지원할 필요가 있다. 두 지역 공통으로 미군 이전을 통하여 향후 지역의 고용창출과 주변상가 활성화(평택시), 반환 공여지 활용을 통한 산업 단지 조성(동두천시) 등을 통하여 지역경제 향상에 도움이 될 것이라는 기대가 가장 높았다. 따라서 미군부대 주변지역 정비 및 공여지 활용을 포함하는 도시개발정책과 아울러 미군 이전으로 인한 고용창출 정책을 포함하여 경제 활성화 정책이 우선적으로 고려되어야 한다. 또한 미군 이전정책에 대한 주민 순응을 높이기 위해서는 주민생활에 1차적인 영향을 미치는 소득, 교육, 주거환경에 대한 증진을 통하여 지역주민의 만족도를 향상시키며, 이것을 인구 유입과 도시 발전의 원동력으로 삼아야 할 것이다.

〈그림 12-1〉 협력적 거버넌스체제 모형

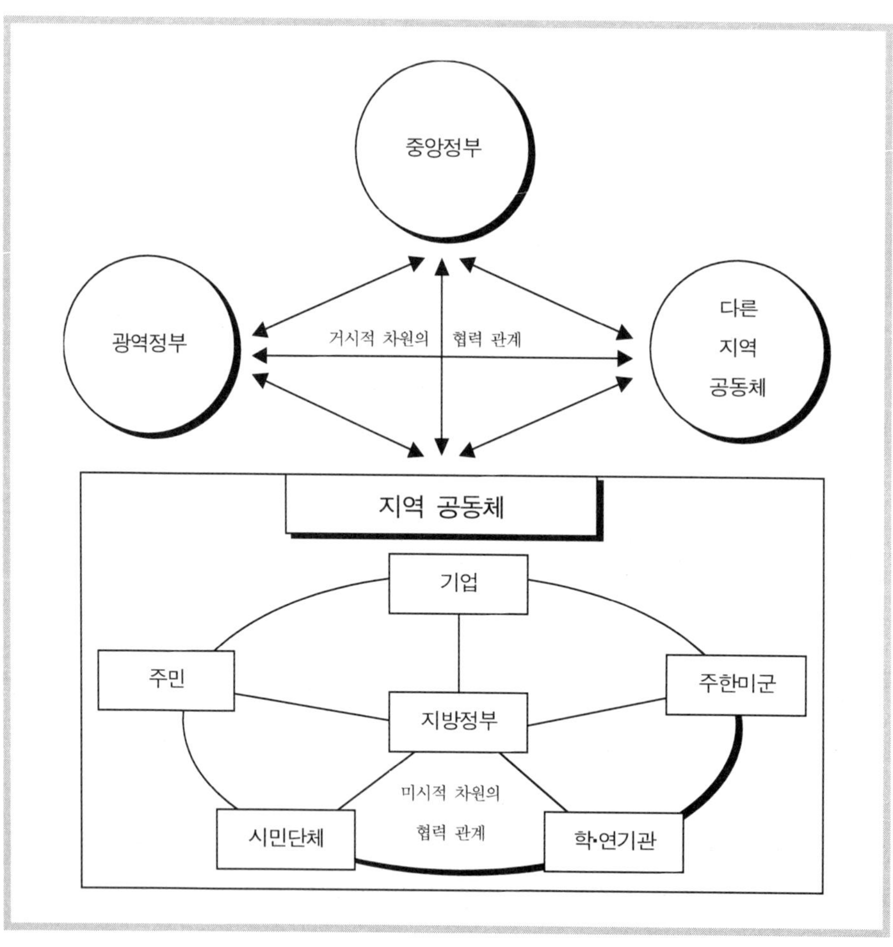

5.2. 협력적 거버넌스체제의 확립

미군 이전정책을 통하여 국가안보와 한미동맹을 더욱 공고화하며 미군 주둔지역의 발전을 초래하기 위해서는 중앙정부의 일방적인 정책결정만으로는 한계가 있으며, 지역주민들의 정책순응에 의존할 수밖에 없는 상황에 처하게 되었다. 이것은 미군의 이전과 더불어 평택이나 동두천 지역의 장기적 발전을 담보할 수 있는 지역공동체를 형성하기 위해서는 '참여에 기초한 미시적 차원과 거시적 차원과의 협력'을 필요로 한다. 이 협력적 거버넌스체제의 모형은 <그림 12-1>과 같다.

첫째, 이 협력적 거버넌스체제를 위한 조직 구성으로서 이 모형의 행위자 주체들의 대표로 구성되는 상설위원회를 설치할 필요가 있다. 지역공동체 내의 협의체를 미시적 및 거시적 차원에서 구성할 수 있다. 둘째, 미군 이전정책의 지원주체로서 중앙정부의 역할 및 지역사회의 문제해결 및 갈등 관리자로서는 지방정부의 역할이 필요하며, 미군 이전 지역 내에 미군 관련 민원 및 업무 전담기관 설치할 필요가 있다.

5.3. 특별법에 근거한 지역발전 방안 수립

1) 미군 이전 관련 지원정책의 시스템화(제도화)

미군 이전으로 인하여 당해 지역을 둘러싼 외부 환경이 지역주체들의 의사와는 무관하게 변화하고, 외부자원의 투입이 지역의 이해관계와 직접적으로 접촉하지 않는 중앙정부의 정책결정자들에 의해 결정됨에 따라 지역경제는 외부에서의 자원 유입이 없으면 언제라도 붕괴할 수밖에 없는 취약한 구조를 가질 수밖에 없게 되었다. 그리고 중앙정부가 지역주민에게 제시한 예산수준에 이르지 못하거나 또는 정권교체와 같은 가변적인 상황으로 계획수립에 그치거나 예산집행이 실행되지 못하는 경우 당해 지역의 발전 전망은 허물어질 수밖에 없다. 이러한 문제들을 방지하기 위하여 지원

정책의 제도화가 필요하다.

2) 정부 간 협력방안 모색

① **중앙정부 부처 간 협력의 명시적 규정** : 현재의 특별법은 현실적으로 부처 간 협조 없이는 사업추진이 어려운 사업이 있을 수 있음을 고려해 볼 때, 부처 간 협력방안이나 지원내용을 구체적으로 명시할 필요가 있다.

② **중앙-지방 간 협력에서 지방정부의 적극성 요구** : 미군의 이전 문제는 국가안보와 지역주민의 생존권이라는 서로 대립되는 차원에서 갈등관계를 유발하기 때문에 중앙정부와 지방정부간의 협력은 지역발전에 대단히 중요한 영향을 미친다. 지방정부는 이 과정에 적극적으로 참여하여 지방의 특성과 주민의 의견을 적극적으로 수렴하여 중앙에 전달하고 또한 중앙의 의지를 지역에 전달함으로써 지역의 특성과 주민의 요구에 부합하는 지역개발정책의 결정과 집행과정에서 핵심적인 역할이 요구된다.

③ **중앙-지방 간 정책적 시각의 정합성 강화** : 중앙은 전국적이고 통합적인 입장에서 전체 국가적인 문제해결을 중시하는 반면, 지방자치단체는 지역적이고 국지적인 문제를 중시하는 경향이 강하다. 따라서 이와 같이 정책에 대한 시각 차이로 향후 미군 이전에 따른 장기발전정책을 수립해야 하는 과정에서 상당한 갈등이 노출될 수 밖에 없기 때문에 양자의 정책시각의 정합성(congruence)을 높이는 것이 요구된다.

5.4. 정책홍보 및 의사전달의 효율성 향상

정책이 주민에게 제대로 전달되지 못하였다면 정책에 대한 주민의 순응이나 정책목표 달성에 심각한 장애가 발생할 수 있다. 요컨대, 특별법에 대한 주민의 인지도가 낮다는 것은 정부의 주민에 대한 정책 의사전달의 유형이나 방법에 심각한 문제를 내포하고 있는 것이다. 따라서 정부의 미군 이전정책 홍보 방안 개발 필요가 있는데, 미군 이전정책의 원활한 집행과 정책순응을 높이기 위한 주민의 의식과 행태를 변화시키기 위한 정책수단으로는 정보전략, 촉진전략, 규제전략, 유인전략 등이 존재한다.

지역발전과 경제 활성화를 위한 경제적 지원과 같은 유인전략의 확대를 통하여 당해 지역주민들의 관심과 끌고 행태를 변화시켜 순응을 초래하여야 할 것이다. 그리고 정보전략의 강화를 통하여 의사전달을 강화하고 국가안보 차원에서 미군 이전의 당위성과 필연성을 주지시켜 정책불응을 감소시켜야 할 것이다.

한편 언론매체가 보도하는 크기와 중요성에 따라 일반 시민은 해당 사안에 대하여 비례적으로 중요성을 인식하는 것이 일반적인 경향이기 때문에, 미군 이전정책의 내용과 중요성, 지원의 규모와 계속성 등을 공시하는 체계가 필요하다. 나아가, 정부기관(개별 관할 부처, 경기도, 지방정부 등)의 홍보담당 기관의 인력, 예산, 조직규모, 전문성 등에서 재정비가 필요하며, 국가안보환경 변화에 따른 미군 이전정책의 시급성 및 지원에 따른 미래도시상 등을 부각시켜 관심을 유도할 수 있어야 한다.

5.5. 지역갈등 해소 및 교류 확대방안

지역발전을 가져오기 위해서는 지역사회 내의 행위 주체(찬성 주민과 반대 주민) 간 및 주민-미군과의 갈등 원인의 해소가 전제되어야 한다. 공여지 편입지역 주민들에 대한 보상 대책, 미군 주둔으로 인한 주민 피해대책, 정부의 장기적인 발전대책 등이 구체적으로 제시되고 집행이 확보되면 미군 이전정책에 대한 지역주민의 순응이 높아질 것이다.

그리고 미군 이전에 대한 주민과 정부와의 인식 차이를 해소할 필요가 있는데, 갈등을 완화시킬 수 있는 가장 중요한 요인으로서 이들 대립적 이해관계 집단들 간의 대화와 타협을 이끌어 낼 수 있는 정부의 리더십, 충분한 경제적 보상, 피해구제, 미래 지역발전의 담보 등을 들 수 있다. 또한 지역주민과 주한미군과의 교류협력 프로그램을 개발하고 문화교류 시설을 확충하여야 한다.

 주한미군 이전과 지역발전

본 장은 미군 이전에 따라 주민 욕구를 존중하면서 미군 이전사업과 지역발전을 동시에 원활히 추구하기 위하여 신규 공여지 제공지역인 평택시와 기존 공여지의 반환지역인 동두천시의 주민 인식조사를 실시하고 분석하였다. 주민 인식조사 결과를 바탕으로 미군 이전의 찬반(정책순응과 불응)에 영향을 미치는 변수들을 판별하여 거버넌스(추진체제의 구조적 변화) 측면, 갈등해소 및 교류 확대 측면, 특별법을 위시한 법제도 측면 등 다양한 관점에서 미군 이전정책에 대한 주민의 순응을 확보하고 정책목표를 달성하기 위한 방안을 모색하였다.

끝으로 미군 공여지 반환 및 확장·이전과 관련하여 포괄적인 지원정책을 수립하는 과정에서 지역주민의 기본적 생활권의 중요성을 부각하고 이의 실현은 정당한 경제적 보상이 전제되어야 한다는 점을 강조하며, 입법 담당자들로 하여금 국가안보 목적을 달성함과 동시에, 사회적 정의 차원에서 지역주민의 생존권을 고려한 합리적이고 바람직한 지원정책을 정립할 것을 촉구한다. 또한 이론적 측면에서 뿐만 아니라 현실적인 제도와 실태에 대한 경험적 분석(주민인식 조사 등)을 토대로 한 미군 이전과 관련된 견해, 갈등 원인, 도시발전 방향, 주민욕구 순위, 지원 및 갈등 해소의 주체에 대한 총체적 분석과 이에 근거한 대안 제시는 미군 이전 사업과 지역발전 그리고 미군과의 갈등 해소에 대한 현실적이고 바람직한 방안을 탐색하고 집행하는 데 도움이 되리라고 본다.

▮ 미주 ▮

1) 법률 제7271호(공포 2004/12/31, 시행일 2005/4/1). 일부개정(2005/8/4, 법률 7678호).
2) 법률 제7854호(공포 2006/3/3, 시행일 2006/9/4). 이 공여구역지원특별법은 지난 2005년 11월에 여야의원 49명의 공동발의로 입법 제출하고, 2006년 2월 9일 국회를 통과하여 동년 3월 3일에 공포되고 9월 4일부터 시행단계에 있다.
3) 당해 지역으로서 이 연구는 동두천과 평택시에 한정한다. 공여지를 반환하는 여러 지역 중의 미군의 주력부대인 미2사단이 존속해 왔던 동두천을 공여지 반환지역의 대표지역으로 선정하고, 평택시는 미군이 새롭게 이전해 오는 지역이기 때문에 선정하였다.
4) 1951년 7월부터 약 3개월간 미보병 24사단이 최초로 주둔하고, 이후 지속적으로 1952년~1953년 사이에는 미보병 3사단 6연대, 미보병 25사단 24연대가, 1953년~1970년 사이에는 미제7사단이 그리고 1970년 이후 현재까지는 미보병 제2사단이 주둔하고 있다(http : //www.ddchistory.com/ddc_1_1.htm).
5) 일례로, 동두천시의 기간도로인 국도 3호선 확장공사가 인접 미군시설물의 이전 문제로 공사기간이 당초 예정보다 3년 이상 연장되었으며, 아울러 미군시설물 이전 및 공사비로 미군측에 보상금을 지급하고, 또한 다른 미군시설물은 그대로 나두고 도로를 확장하여 3호선 도로가 기형적으로 개통되며 이에 따라 교통의 병목현상을 초래하고 있는 경우를 볼 수 있다.
6) 특히, 2002년 6월 13일 미군 장갑차에 의하여 발생된 2명의 여중생 사망사건은 추모촛불시위가 확산되게 하였고 반복되는 미군범죄로 인하여 반미감정이 점증되며 국민의 한미동맹의식이 상당히 약화되는 분기점이 되었다고 볼 수 있다.
7) (http : //www.mnd.go.kr/news/mndNews/content.jsp ?enewsFlag=mnd§ion=hightec_sec_4&enewsId=155093886).
8) 판별분석은 집단들이 다른 특징을 갖게 하는 변수들을 선택하는데 사용된다. 판별분석의 유용성은 세 가지로 분류된다(Klecka, 1975) : ① 종속변수가 이원적(dichotomous)이거나 항목별(categorical)일 때는 다원회귀분석(multiple regression analysis)보다 더 적절하고; ② 집단들을 차별하는 변수들의 상대적 공헌도(relative contribution)를 측정하고; ③ 어느 집단에 속하는지 알려지지 않는 새로운 사례(cases)들을 종속변수의 집단으로 분류하는데 사용된다.
9) 2003년 10월 16일~20일 사이에 평택시민을 대상으로 행하여진 한 여론조사에서는 주한미군의 확대 이전(용산미군기지 및 미제2사단 이전)에 대하여 평택시민의 53.0%가 반대하고 37.8%가 찬성하는 것으로 나타났다(평택시민신문, 2003. 10. 23).
10) 평택시에 대하여 2004년 6월 28일-7월 2일 행하여진 한 여론조사에서 평택시가 수도권의 인근지역보다 발전하였느냐는 질문에 전체 응답자의 31.6%는 '예', 68.4%는 '아니요'라고 응답한 결과는 현재의 결과와 그 비율이 유사함. (장정민 외 3인, 「주한미군기지 이전에 따른 평택시 주민의식 조사 및 중장기 발전구상」, 2004. 11, 국토연구원 위탁과제).
11) 판별분석에서 창출된 함수(function)의 수는 종속변수의 항목(categories)보다 하나 적다. 이 연구의 종속변수는 이원적이기 때문에 창출된 함수의 수는 1개이다. 이 함수에서 어떤 변수들은 이 함수의 구별능력에 다른 변수들보다 더 공헌하며, 그리고 이

러한 변수들은 표준화된 판별계수(standardized discriminant coefficients)의 절대적 크기에 다라 정렬되어 진다. 이러한 변수들은 중요한 영향력을 미치는 변수들을 선택하는 기준으로서 Wilks' lambda에 의하여 그룹들을 가장 명백히 차별하는 변수들로 선택되어졌다.

▌참고문헌▐

본 장은 "주한미군의 평택이전과 정책순응 : 판별분석에 의한 순응요인의 탐색," 「지방정부연구」 한국지방정부학회(2007), 11(2)에 실린 글을 수정 및 보완했음. 공동저자는 평택대학교 강휘원 교수임.

강휘원(2004), "미군기지 평택 이전에 따른 정부 역할," 「사회과학연구」 8.

______(2005), "주한미군 이전에 따른 평택지역의 외부 의존적 발전전략의 한계와 대안의 모색," 「한국정책연구」 5(2).

오영균 외(2004), 「동두천 지역연구」 경기개발연구원 지역연구시리즈 16.

김동성 · 양기용 · 강혜정(2001. 10), 「주한미군과 지역사회 통합에 관한 연구」 경기개발연구원 연구보고서.

김동성 · 최용환 · Adam Evans · 박성호(2006. 9), 「미군기지 평택이전에 따른 주한미군과 지역사회 간 갈등관리 및 협력제고 방안 연구」 경기개발연구원 정책연구보고서.

김태우(2005), 「주한미군 보내야 하나 잡아야 하나」 서울 : 한국국방연구원.

김희경(1995), 정책집행에 있어서 중간매개집단의 순응요인 연구. 국민대 대학원, 석사학위논문.

박병식 · 고재경(1998), 공공시설 입지결정에 관한 연구-쓰레기 매립장을 중심으로 「한국행정학보」 32(4).

박용치(1998), 「현대행정학원론」 서울 : 경세원.

박용치 외(2004), 환경정책집행 대상집단의 정책순응에 관한 연구 : 구리시 자원회수시설의 사례를 중심으로, 한국행정학회 춘계학술대회 발표논문집.

박재공(1990), "정책대상집단의 순응결정에 있어서 효용이론의 한계," 「관동대논문집」 .

박준식(1997), "대안적 지역발전모델의 탐색," 「사회과학연구」 강원대학교, 36.

박호숙(1994), "중앙정부와 지방자치단체간의 합동정책결정," 「지방행정」 43.

송우엽(1988), “분배정책에 있어 대상집단의 순응확보에 관한 연구 : 지하철 종로선 건설을 중심으로,” 「경희행정논총」 6.

안해균(2001), 「정책학원론」 서울 : 다산출판사.

양기용(2003), “지역사회와 주둔미군과의 갈등과 협력체제 구축에 관한 연구,” 「동북아시대의 정부 역할」 한국행정학회 동계학술대회 발표논문.

양기용 · 김동성(2002), “지역사회와 주둔미군과의 갈등과 협력방안에 대한 시론적 연구,” 「지방정부연구」 6(3).

정정길(1999), 「정책학원론」 서울 : 대명출판사.

최병두(2003), “주한미군의 미시적 지정학,” 「한국지역지리학회지」 9(3).

최승범(2003), “미군기지 이전이 지역사회에 미치는 영향과 평택시의 대응방안,” 「미군기지 평택이전, 어떻게 볼 것인가」 미래사회연구소 세미나 발표논문.

최승환(1997), “주한미군 기지로부터의 환경오염 피해에 대한 법적 구제,” 「서울국제법연구」 4(2).

하상근(2003), “정책불응의 현황 및 불응요인의 상대적 영향력 검증 : 국민연금정책을 중심으로,” 「지방정부연구」 7(3).

Anderson, James E(1984), *Public Policy Making*. 3rd ed., New York : Holt Rinehart and Winston.

Coleman, J. S.(1975), Problems of Conceptualization and Measurement in Studying Policy Impacts in K. M. Dolbeare (ed.), Sage Yearbooks in Politics and Public Policy, Vol, Ⅱ : *Politic Policy Evaluation* (Beverly Hills : Sage Publication.

Coombs, Fred S.(1981), “The Bases of Noncompliance with a Policy,” in John G. Grumm and Stephen Wasby(eds.), *The Analysis of Policy Impact*, Lexington : D. C., Heath, 54.

Duncan Jack W.(1981), *Organizational Behavior* (2nd. ed.), Boston : Houghton Mifflin Company.

Klecka, William R.(1975), “Discriminant Analysis,” in Norman H. Nie et. al., eds. *Statistical Package for the Social Science*, 2nd ed. NY : McGraw-Hill.

Mazmanian, Daniel & Sabatier, Paul(1981), *Effective Policy Implementation*. Lexington, MA : D. C. Health and Company.

Nakamura Robert T. & Smallwood Frank(1980), *The Politics of Policy Implementation*, NY : St Martin’s Press.

Rogers Harrel R. and Charles S. Bullock Ⅲ.(1976), *Coercion to Compliance*. Lexington Books.

Sanders, Jimmy Devon(1989), *Noncompliance in policy implementation : A case study*, Doctor of PA Dissertation, University of Southern California.

Smith, Thomas B.(1973), "The Policy Implementation Process," *Policy Science*, 4(2).

Tyler, Tom R.(1990), *Why People Obey the Law*, New Haven, CT : Yale University Press.

Van Meter, Donald S. &, Van Horn, Carl E.(1975), "The Policy Implementation Process : A Conceptual Framework," *Administration and Society*, February, 46.

Young, Oran R.(1979), *Compliance and Public Authority : A Theory With International*, Baltimore : The Johns Hopkins University Press.

◎ 저자 소개 ◎

■ 지은이 윤 영 미(Yun, Yeongmi)

충주 출생으로 충주여고를 졸업하고 이화여자대학교 정치외교학과를 졸업했다. 애버딘대학(영국) 국제관계학 석사와 글라스고우대학(영국) 정치학 박사를 받았다.

2005년부터 평택대학교 교양학부 외교안보전공 교수로 재직중이며, 현재 국군방송(FM)의 "국방광장" 생방송 앵커(MC)이자 국방부 자체 및 기관평가위원, 민주평통자문위원, 경기도 선거방송토론위원 등으로 활동중이다.

한국정책방송(KTV)의 생방송 앵커(MC)를 걸쳐, 고려대학교 평화연구소의 연구교수, 한국국제정치학회 연구이사, 국방부 합참정책자문위원 및 통일부 정책자문위원 등을 역임했다.

「현대 러시아정치와 국제관계」(2011), 「21세기 세계정치와 상생의 외교전략」(2010), 「동북아시아의 외교와 안보」(2010), 「러시아의 자본주의 혁명」(2010, 공역), 「동아시아 철도네트워크의 역사와 정치경제학 I」(2008, 공저), 「중앙아시아의 문명과 반문명」(2007, 공저), 「현대비교정치론」(2007, 공역), 「혁명은 TV로 중계되지 않는다」(2006, 공역) 등의 저·역서와 "상하이협력기구에서의 러시아 역할과 입장," "국가전략 차원에서의 한국의 에너지 외교에 대한 고찰," "전략적 미래 한미동맹과 주한미군 평택재배치의 함의," "탈냉전기 카스피해 유전을 둘러싼 국제갈등체제의 쟁점" 등 다수의 연구논문이 있다.

인 지

동북아시아의 외교와 안보 –개정판

초 판 1쇄 발행 —— 2009년 9월 15일
개정판 1쇄 발행 —— 2010년 4월 15일
개정판 2쇄 발행 —— 2011년 3월 25일
개정판 3쇄 발행 —— 2013년 8월 31일
지은이 —— 윤 영 미
펴낸이 —— 전 두 표
펴낸데 —— 도서출판 두남
서울시 강동구 성내로6길 34-16 두남빌딩
신 고 : 제25100-1988-9호
TEL : 02) 478-2065, 2066, 2067, 2311
FAX : 02) 478-2068
E-mail : dunam1@unitel.co.kr
http://www.dunam.co.kr

정가 18,000원

ISBN 978-89-6414-087-1 93340